文化岭南

文化交流互动塑造广东

江冰 等 / 著

广东高等教育出版社
Guangdong Higher Education Press
·广州·

图书在版编目（CIP）数据

文化岭南：文化交流互动塑造广东/江冰等著. —广州：广东高等教育出版社，2024.6

ISBN 978－7－5361－7554－9

Ⅰ. ①文… Ⅱ. ①江… Ⅲ. ①地方文化—研究—广东 Ⅳ. ①G127.65

中国国家版本馆 CIP 数据核字（2023）第 224276 号

本书是广州市哲学社会科学发展"十三五"规划 2020 年度课题岭南文化专项课题"岭南文化与江南等多地文化的交流互动（2020GZLNO2）"的结项成果。

WENHUA LINGNAN：WENHUA JIAOLIU HUDONG SUZAO GUANGDONG

出版发行	广东高等教育出版社
	地　址｜广州市天河区林和西横路
	邮政编码：510500　电话：（020）87554153
	http://www.gdgjs.com.cn
印　　刷	广东信源文化科技有限公司
开　　本	787 毫米×1 092 毫米　1/16
印　　张	20
字　　数	327 千
版　　次	2024 年 6 月第 1 版
印　　次	2024 年 6 月第 1 次印刷
定　　价	48.00 元

前 言

目前中国有两大区域经济成绩亮眼——建设粤港澳大湾区与长江三角洲区域一体化发展；两大区域对应两大文化：岭南文化与江南文化。可以说，这是中国经济的两大发动机。本课题研究之缘起，就是从岭南文化与江南文化比较中获得启示：如何从文化角度来呼应总体国家战略设计，如何对广东（岭南）以及中国当代文化未来走向展开探讨。

粤港澳大湾区是我国开放程度最高、经济活力最强的区域之一，在新时代国家发展大局中具有重要战略地位。建设粤港澳大湾区，既是新时代推动形成全面开放新格局的新尝试，也是全面准确贯彻"一国两制"方针的新实践。在此背景下讨论岭南文化与江南文化比较对话的可行性与必要性，并回到我们岭南文化视野中的广东文化建设，具有多方面的意义与价值。

同理，岭南文化与中原文化、长江流域文化等区域文化也有源远流长的交流与互动。我们进行多年的"岭南文化研究"更多地属于内部研究，至少没有偏重文化传播"双向交流互动研究"，而"粤港澳大湾区"概念的提出，为我们的研究提供了全新的视野与学术目标，广东面临大海的"海洋性"将得到空前重视。

岭南文化的一个重要特征是，既八面来风，又特立独行；既兼容并蓄，又固守本色；既接受北方南下的文化影响，又面向大海，接受世界各国的文化。可以说，既具传统的本土性，又有现代的海洋性。因此，最土最传统与最新最洋气，时常并存于广东。岭南文化、中原文化、江南文化等属于完全不同的文化，各有个性，各有天地，文化性质迥异，各种文化之间的对话如何进行？文化传播交流互动如何一步步地塑造文化广东？这些正是本书的用力所在。

世界上许多事物，当其呈现不同侧面——尤其是看似矛盾的不同指向时，常常是最具魅力的，内涵也会因此而倍加丰富——广东文化恰巧如此。应该说，涵盖广东文化的岭南文化具有看似悖论的两大特点：与中原、荆楚、巴蜀、吴越、江南、闽南文化长期整合，慢慢成型；同时，由于文化结构复杂多元、地域特色鲜明而独树一帜。奇妙处还在于拥有一个双重性：封闭性与开放性。

五岭与大海一道形成地理障碍，使岭南具有一定的封闭性；但广东人很早就开始探索海洋，随着航海造船技术的进步，逐步走向世界。换言之，在封闭性中又具有开放性，看似矛盾，其实相辅相成。——此为岭南文化"外部研究"的想法依据。

岭南文化既有大传统，也有小传统；既有大文化，也有小文化。宏观微观，千变万化。比如，粤东的潮汕，自古有潮州八郡之范围，文化是一体的。而现在列入潮汕的汕尾，则向来不是潮汕文化的范围。汕尾是化外之地，海陆丰是多种文化交汇的地方。"天上雷公，地下海陆丰"，敢作敢为，民风彪悍，汕尾自有其文化个性。

广东文化的气场强大：这座城，把所有人变成广州人；这个省，把所有人变成广东人。——如此磅礴大气，表面不动声色，内里坚忍不拔，就是它的特殊之处。外来的文化过了五岭，在漫长的互动交流中慢慢落地，演变为广东本土文化。先秦以来的百越文化沉落底层，却仍然在发酵，或隐或现，遗韵犹存。所以，它既是相对封闭的，也是开放的。因为这里的人更多的不是向北方，而是向世界看。——此为岭南文化"内部研究"的想法依据。

本课题创新程度、理论意义、应用价值又是什么呢？首先是加入"粤港澳大湾区"视野，从全新时代高度与"站位"去观照原有的历史材料，去发现新鲜的现象与事物，而后者是我们尤其侧重的创新切入点。

本课题的关键词为"文化交流互动"，在肯定岭南文化于近代具有引领时代地位的前提下，在与其他地域文化交流对话中，描述文化个性，发现文化策略，寻找文化路径，塑造新的文化形象与文化观念，努力使研究兼具理论与实践的双重品格。

本课题对目前岭南文化研究突破有二：超越历史，面向未来，着重描述现状与未来走向；在强调"文献性"形态描述的基础上，努力寻找可行性的文化策略，为政府与企业界提供具有应用价值的指导。

在我们看来，政治、经济、社会、文化互相交融，密不可分。因此，我们撰写时要注重描述互动交流的具体形态，即保有学术专著的"文献价值"。具体说，就是一般读者可以通过阅读了解特定时空发生了什么，而不仅仅是几个简单的历史结论，给予读者时代风貌感；注重引用史料，注重形象描述，处理好理性与感性的关系，尽量使得学术著作在具有学术性的前提下，也具有一定的可读性，力避高头讲章、一本正经、学术八股。

为了凸显本课题主题，诗意概括如下——

广东背倚五岭，面临大海
自北向南，中原文化绵绵不断
海风拂面，海洋文化浪潮澎湃

中华文化"最后一道堤坝"
中华文化"再次出发起点"

恰如孙中山先生豪迈放言：
"世界潮流浩浩荡荡"
文化交流：翻过五岭大山塑造岭南
千年传播：穿越大洋潮汐塑造广东

一言以蔽之
文化传播交流互动形成伟力
北方与大海共同塑造文化广东

目　录

001 ··· **第一辑　对峙与碰撞——互动中的岭南文化**

002 ··· 第一章　岭南文化与江南文化的对话

017 ··· 第二章　岭南文化与中原文化的历史渊源

050 ··· 第三章　文化经济视野下的地域文化新质

066 ··· 第四章　广东改革开放与第二次"文化北伐"

079 ··· 第五章　城市空间与澳门文化精神的生成

091 ··· **第二辑　多姿岭南——岭南文化的内部版图**

092 ··· 第六章　粤西文化中的"百越底色"与外来元素

109 ··· 第七章　粤西：广东"三个半文化"的半个？

121 ··· 第八章　永恒的流动——客家文化的来来往往

141 ··· 第九章　世界史视野中的肇庆文化交流

160 ··· 第十章　侨乡五邑——近代海外文化交流的起点

176 ··· 第十一章　汕头开埠往事——商业发展与文化碰撞

189 ··· 第十二章　香山文化：为什么会诞生孙中山？

205 ··· 第三辑　历史流变与当代传播——岭南文化的表达

206 ··· 第十三章　"琼花"的文化位移图景——粤剧江南、岭南之源流考

224 ··· 第十四章　"消逝"的地景——关于20世纪80年代以来粤港小说的"地志书写"

239 ··· 第十五章　广府与潮汕文化交流探因 ——从陶瓷之路说起

250 ··· 第十六章　潮汕文化与闽南文化的交流与碰撞

261 ··· 第十七章　说不尽的东江故事

274 ··· 第十八章　中西打通——晚清广府文人的学术形态

296 ··· 参考文献

310 ··· 后　记

第一辑

对峙与碰撞
互动中的岭南文化

第一章
岭南文化与江南文化的对话

目前，中国两大区域经济成绩亮眼：粤港澳大湾区建设与长江三角洲区域一体化发展；两大区域对应两大文化：粤港澳大湾区——岭南文化，长江三角洲——江南文化。在此区域经济的宏观格局背景下，如何从文化角度呼应总体国家战略设计，是对于中国当代文化未来走向的一次探讨。岭南文化与江南文化属于两种完全不同的文化，各有个性，各有天地。表面看它们均受海洋影响，但文化性质迥异。岭南文化与江南文化的对话比较有无可能性？探究这个问题的意义何在，是本章的学术目标。

粤港澳大湾区是我国开放程度最高、经济活力最强的区域之一，在新时代国家发展大局中具有重要战略地位。建设粤港澳大湾区，是新时代推动形成全面开放新格局的新尝试。在此背景下讨论岭南文化与江南文化比较对话的可行性与必要性，具有多方面的意义与价值。

第一节 江南文化是中华文化由北向南千年培育的结果

所谓"江南文化"，在历史上涉及领域不小，边界并不十分明确。比如江苏，亦分南北，南北之中的南京可为例子——南京人不认为他们属于江南。目前公认太湖周围一带属于江南——苏南的无锡、苏州、常州、扬州——是江南的核心地带。上海近代崛起，对江南文化产生大的推动，也为她带来一些新的特质。浙江因为有了杭州，进入了"上有天堂，下有苏杭"的范围，历史上文风浩荡，与江苏同称"才子之乡"，习惯上也是同气相求，誉为"江浙"。不过，我们可以暂时不必纠结地域边界，更多地关注江南文化的特征与内涵。

中国文化有一个"北上南下"的发展轨迹，到南宋以后彻底"南方化"。南来北往中，江南是南北文化交流的重要区域。这也是江南文化成为中华文化主流的重要原因。比如，江苏有一个明显特点"才子文化"，为中国科举制度下最为彰显的地区，中国科举博物馆建在南京，可谓合乎情理。江苏与浙江在历史上的进士数量一向高居榜首。当代中国两院院士数量江南占80%，也是最高的。明清之际，江浙一带高度发展，科举也登上顶峰。再往前，南宋时，仅苏州地区就占了全国税收的1/8，物产丰富，富甲天下。江苏可谓人文荟萃、底蕴深厚。

第二节　岭南文化是中华文化有机组成：结构多元、独树一帜

岭南是一个明确的地理概念，五岭之南，南方的南方。"五岭"一词，2000多年前《史记》中已然出现。岭南，北枕逶迤五岭，南临浩瀚大海，实为"以山川之秀异，物产之瑰奇，风俗之推迁，气候之参错，与中州绝异"的人间乐土。[①] 岭南大致指广东广西，以及越南一部分；再包括海南——海南建省以前长期隶属于广东，其文化也与粤西密切相关。本书主要研究的是岭南文化中的广东文化。或者说，以岭南文化的代表广东文化为主要关注对象。

世界上许多事物，当其呈现不同侧面——尤其是看似矛盾的不同指向时，常常是最具魅力的，内涵也会因此而倍加丰富——广东文化恰巧如此。应该说，涵盖广东文化的岭南文化具有看似悖论的两大特点：与中原、荆楚、巴蜀、吴越江南文化长期整合，慢慢成型；同时，由于文化结构复杂多

---

① 屈大均.广东新语·潘序[M].北京：中华书局，1985：78.

元，地域特色鲜明而独树一帜。奇妙处还在于拥有一个双重性：封闭性与开放性。五岭与大海一道形成地理障碍，使岭南具有一定的封闭性。但广东人很早就开始探索海洋，随着航海造船技术的进步，逐步走向世界，因此在封闭性中又具有开放性，看似矛盾，其实相辅相成。海上贸易至秦汉始即培养了广东人的商业传统："广东富盛天下，负贩人多"。雍正皇帝也因此斥责：广东本土贪财重利，多将种龙眼甘蔗烟草之类，致民富而米少。因此，广东"被推为华商之冠"，经商已然成为广东男人气质之一。①

广东与广西关系融洽，但生意多让广东人做了。广东人去广西买米再转卖天下。即使明清海禁之时，仍有粤人铤而走险下海贸易，成为巨商。大批广东人出洋谋生，对西方先进的文化科技大多少有拒斥。尤其到了近代，反传统意识超前凸显，与古越族的遗风旧俗奇妙并举。这恐怕也是深知中西文化交流益处的著名学者林语堂先生，在《北方与南方》②一书中对中国人反思却意外地高度评价广东人之缘由吧。或许身为福建人的林语堂因地域近邻而读懂广东人。简言之，广东人不受中原儒家正统学说束缚，不受"父母在，不远游"观念限制，闯大海，闯世界，通过海洋找到"海阔凭鱼跃，天高任鸟飞"的开拓进取的人生境界。

2003年，我第一次访问珠江三角洲江门的开平碉楼看到一座座碉楼颇有些不协调地静静屹立在田野村落，惊叹于碉楼的中西合璧，知闻开平碉楼入选广东唯一世界非物质文化遗产，第一反应——外国评委看重其中西交流特征；同时心中愤愤——依旧是一副"欧洲中心论"眼光。我的迷惑还在于开平碉楼里看到的两幅放大照片：一幅是北美甘蔗林里戴着镣铐的华人劳工，衣衫褴褛，不堪折磨；一幅是上百男青年聚集在开平码头，准备随海轮赴国外务工，其人群蜂拥而至，其表情跃跃欲试。两张照片传达了完全相反的历史信息。难道码头是骗局，镣铐才是苦难真相？十年后，我在《广州文艺》杂志主持《广州人，广州事》专栏，一做就是六年半，因为获取了大量的广州信息使得疑惑渐渐解开。一个结论清晰地跃入眼帘：广东，离大海很近，离世界不远。而碉楼恰恰是面向世界的物证，中外文化交流的结晶。两张照片均为事实，展示了历史的不同侧面。"一枚硬币的两面"似无法囊括：一

---

① 司徒尚纪. 广东文化地理：修订本 [M]. 广州：广东人民出版社，2013：1, 16.
② 林语堂. 北方南方 [M]. 南京：江苏人民出版社，2014：15.

个多边形立体的多面,无数个交错的意外,抑或是并不意外的历史交错。比如海外移民,不同历史时期会呈现出不同情形,甚至有截然相反的结局。

2000年以来,"北上广"再加上深圳,一线城市构成热点话题,其中广州地位始终被质疑或"唱衰"。北京首都地位不可撼动,明里暗里较劲的就是上海、深圳,现在又有杭州、天津、重庆、武汉、成都等城市,大家都急不可耐地要挤入一线城市,既争面子又争口气。2016年,一张邮票选了北上深杭四地风景,广州一些文化人不乐意了,他们同时埋怨:广东本地人"不争气"还不要紧,"不生气"才是麻木。适逢我在广州老城荔湾区开会,有句话入耳:从从容容生,淡淡定定活。网上热议广东人之淡定——举例为腾讯微信总部曾经落户广州珠江电影厂对面的T.I.T创意园。据说当时微信总部连牌子都不挂一个,平凡普通如中低价位的花园住宅区。谁料到此处竟卧着一条大龙,价值连城却素面朝天。对于广州人不争的态度,有人认为:老广从不稀罕荣辱,一向处变不惊,既为南大门,有风自来,面朝大海,春暖花开;文化人急,与老百姓关系不大,茶照饮,地球照样转。也有人认为:这恰是广东性格,宠辱不惊,不卑不亢,淡泊自在。

2015年以来,广东财经大学社会学专业系师生在顺德乐从镇鹭洲村与沙滘村,对当地的华侨问题展开田野调查。这种"不放过每一片树叶"的乡村行动,从田野起步,从历史与现实中寻求真相,不受限于当下流行观念,竭力回到历史现场。世界、非洲、生存国、故土祖国,均已纳入其生存活动区域,同时亦进入其观念视野。麦思杰博士团队的调查中,有一位华侨堪称典型,即广东乐从沙滘村近代著名"侨商"陈泰(1850—1911)。陈泰最初在马来西亚挖矿致富,后回到沙滘村定居,他将三个儿子派往南洋、马达加斯加、留尼汪从事贸易活动,还大量资助族人在不同的地区投资贸易。在陈泰雄厚资本的支持下,沙滘陈氏族人的生意遍布南洋和东非。人员、资金、商品在这个以沙滘为中心的网络里来回流动。沙滘西村也因此成了乐从远近闻名的富裕之村。由此可见,几百年以来,广东人一直向海外、向世界流动、移民,谋生存、求发展。可谓"凡有日影处,皆有广东人"。

还有一个例子同样具说服力,即被誉为"中国第一侨乡"的广东台山,她不但在海外移民与本土居民人数的比例上全国领先,而且曾经是最早的国际化区域。台山被称为"小世界语社会",台山话夹杂英语成为习惯,台山人钱包里装着"万国货币",历史上曾有台山一县侨汇收入占全国侨汇1/3

的盛况。不仅于此，广东还有潮州的侨批、汕头的开埠、广州的十三行、黄埔古港、珠海的容闳、客家的下南洋等，不胜枚举。广东人的视野早就面向大海，广东人的足迹早就遍布世界，所以，他不会目光局限故乡，他不会纠结于一时一地的毁誉得失。明白了这一点，也就不难明白广东人特有的从容与淡定。明白此道理，将倍感"广东社会"精彩的一面。同时，也将其视作广东文化独特的一份魅力。

岭南文化有大传统，也有小传统；有大文化，也有小文化。宏观微观，千变万化。比如，广东粤东的潮汕，自古有潮州八郡之范围，文化是一体的。而现在列入潮汕的汕尾，则向来不是潮汕文化的范围。汕尾是化外之地，海陆丰是多种文化交汇的地方。俗话说："天上雷公，地下海陆丰。"敢作敢为，民风彪悍，汕尾自有其文化个性。海盗在广东绝对是个重大题材。广东文化的气场强大："这个省，把所有人变成广东人"。——如此磅礴大气，表面不动声色，内里坚忍不拔，就是它的特殊之处。外来的文化过了五岭，就慢慢演变为广东文化。广东先秦以来的百越文化沉落在底层，仍然在发酵，或隐或现，产生影响。所以它既是相对封闭的，同时它也是开放的，因为这里的人更多的不是向北方，而是向世界看。你跟他说天津、北京、秦皇岛，他说"好远!"你跟他讲马达加斯加、南美、关岛，他说"很近!"。本土的广东人大多有海外亲戚。在广东常常听到一个类似说法：海内一个潮汕，海外一个潮汕；海内一个江门，海外一个江门；海内一个台山，海外有可能有好几个台山。——它在外面的人口超过了本地人口。比如说一个人，他的爷爷奶奶在马来西亚，他的父母又跑到南美去，而他留在了中国——因此，他的内心有多重逻辑。其优点就是"向外看世界"。

需要再次说明的是：广东这个地方虽然外来人口多，文化结构多元，但地域气场强大，文化独树一帜。其明显带有海洋文化气质。上海也有海洋文化气质，但与广东有何异同？在不同历史时期有何不同遭遇？这些恰恰构成了具有难点的研究课题。

专门研究岭南文化的学者陈桥生写道："中原文化视尧舜周孔为正经，佛道为异术，岭南则合义者从，愈病者良，博取众善以辅其身，没有固执拘泥，择其善者而从，思想自由开放，兼容并包。"[①] 岭学前辈刘斯奋则将岭

---

① 陈桥生. 唐前岭南文明的进程[M]. 广州：广东高等教育出版社，2019：149.

南精神总括为"不定一尊,不拘一格,不守一隅"的"三不"主义,真是英雄所见略同。[1] 可见,广东文化的最大特点就是海洋性,具备一些中华文化主体主流之外的新质,时常显出"另类"。但是,当中原文化比较虚弱的时候,她就北上进一步补充。广东文化一直是中华文化的有机组成部分,它具有中华主体文化缺少的一些元素。[2]

第三节 两地文化交流对话的意义与可行性

江南之地是中华文化培育几千年的重要区域,由北向南,游牧文化与农耕文化交流碰撞几千年,江南成为北往南来最为深厚的积淀区。从吴国越国到六朝古都、南宋临安、明朝南京,几千年儒家道家佛家,加上整个西北、中原文化的支持、熏陶,江南文化愈加成熟,风姿绰约,蔚为大观。杏花春雨江南,已然成为中华雅文化以及斯文传统的代名词。笔者赞成这样一种说法:江南是北方南方文化交流碰撞积淀最为丰厚的区域,也是斯文传统的标志。与此对应的还有另外一种说法同样意味无穷:岭南,尤其广东,是中华文化由北向南流动的最后一道堤坝。所谓"南宋之后无中华",也从一个悲观的方面佐证了这一说法。但是,两地文化与政治经济也有不同起伏盛衰,其内在原因是什么?文化在其中扮演了何种角色?这是值得追问的有魅力的学术问题。

以《山坳上的中国》一书风靡海内外的中山大学教授何博传,早在2004年就撰写了《珠三角与长三角优劣论》,具体比较了两大区域的优劣势。他的一个重要的观点是:中国流域经济时代过去了,中国3000年的农业发展史正式转向,其中海港的地位上升,珠江口因此成为重要的对外窗口。两相比较,长江三角洲地区文化积淀深厚,人才素质高,院士、重点大学、国家级重点专业等分布数量远超过珠三角地区。但珠三角地区的优势在于外地人才大批涌入,以跨省区计,当年全国约1/3的外地人力进入珠三角地区。珠三角地区外来人口数量大,除经济原因以外,还与外地人同本地人的文

---

[1] 林岗. 史实与文心 [N]. 南方日报, 2019-09-01.
[2] 杨东平. 城市季风 [M]. 上海: 东方出版社, 1994: 532.

化隔阂相关。① 这里，就涉及文化问题。从 1994 年广东提出"珠三角经济区"，到 2003 年的"泛珠三角经济区"的构想，再到当下"粤港澳大湾区"，所有的努力，其实都落在"整合"二字。这种整合既是政治、经济的，肯定也是文化的。

因此，岭南与江南的比较，既有历史的基础，也有当下的意义。当代学者就不断地从历史发展脉络中，寻找岭南文化地位提升的理由。比如，文化学者曾大兴就认为：纵向地看，岭南文化经历了三个发展阶段——先秦土著文化阶段、秦汉至晚清的贯通南北与融合中西阶段、晚清至今的引领时代潮流阶段，并高度评价近代以来广东的崛起乃岭南文化的一种胜利，也是世界范围的大势所趋，是中国经济、政治、文化发展的内在需求。②

广州是一个"外向型"的城市，比较起来，广东的海洋性要超过江浙，它的外向型经济也超过江浙。广东的特点在于：更多地体现经济世界一体化。广东虽然在文化深厚方面可能不及江浙，但它的文化特性不差江浙。这就可能从两个地方构成彼此平衡。倘若将其视作天平，彼此对等，将有利于进行交流对话。

在这种交流对话过程中，还可以归纳出如下几种意义——

首先，可能是中国文化最具有先锋性和未来性的两大地区的文化交流。将来中国要产生思想家，或者新的生活方式、新的观念，可能不是在北京产生，更不可能在边远地区产生，就可能在长江三角洲、珠江三角洲，或粤港澳大湾区产生。所以，中国人在转型社会进行中，一定是要面向未来。而在面向未来过程中，我们不但要获得经济指标，同时我们要获得新的生活方式、新的观念。这种新的生活方式、新的观念，将在 90 后、00 后——他们身上可能出现新的文化。我们研究 80 后、90 后、00 后，带着一个学术使命：沟通几代人。

我们应该确认一种基本态度：所有将江南文化与岭南文化进行比试抑或打擂台的企图，均不可取。我们是站在中国乃至世界视野下，去研究这两大地域文化对于中国未来发展——它们之间的交流互动；然后，试图把它们提升到一个比较高的位置，未来的新质恰恰可能出现在这里。我们自信地认

---

① 何博传. 珠三角与长三角优劣论 [M]//黄树森. 广东九章经典大家为广东说了什么. 广州：广东人民出版社，2006：304.
② 曾大兴. 岭南文化的真相 [M]. 北京：社会科学文献出版社，2017：4.

定：这两大地区将引领中国未来的新的生活方式、新的思想、新的观念的发展方向。我们是站在这样的一个历史的交叉点——既有过去，也有当下，更有未来，去研究这个大问题。我们每一位研究者，虽然拥有地域标记，却不应该带有地域局限，更不应该带有地域的狭隘胸怀。重要的不是追溯谁更玄乎、更深刻、更有分量，我们共同的使命是拥有中华文化的大视野，去研究与展望她未来的方向。

其次，江南文化与岭南文化拥有不同性质、个性以及历史轨迹，在两者的比较中，将出现许多值得探究的学术问题。当我们写下一个"岭南文化与江南文化交流的历史可能性与未来走向"的类似话题，其实也就认定了两者交流的可能性。这是一个有意义的可以持续发展的工作。比如，我们可以在一个开放式的结构中，不停地观察、思考上海和广州，在不断的比较中彼此深化认识。

第四节
两地文化比较应该具有广阔视野

近年来，国内思想史研究大大拓展，学术界清楚地意识到思想史研究中，精英与民众、中心与边缘、文本与实践的分野。在惯常的精英视角中，文化思想的"古层"以及"执拗的低音"往往被视而不见。恰如耶鲁大学教授斯科特在《弱者的武器》中所言，历史亦具有"公开文本"与"隐藏文本"两副面孔。王明珂在《反思史学与史学反思》中描述了一个"青蛙争鸣的夏夜荷塘"：这个典型的情景中一个规律洪亮的声音，也就是"典型历史"压抑了其他的蛙鸣，即"边缘历史"。在他看来，对于历史的整体了解——就在于倾听各种青蛙之间的争鸣与合鸣，并由此体会荷塘蛙群的社会生态。学者葛兆光进一步认为，要尽量恢复历史的全貌，不扬善不隐恶，比较全面地让人知道什么是文化的真相。同时，我们要清醒地意识到：原有的思想史描述，往往过于精英化和经典化。其实经典本来不是经典，是一个重新逐渐经典化的东西。而那些没有被经典化的思想，可能就边缘化、私密化乃至世俗化了。总而言之，我们在两地文化比较研究中，应当接受这样的一种追溯文化真相的宏阔襟怀与广博视野。①

大国大城理论也给予启示与激励。陆铭的著作《大国大城——当代中国的统一、发展与平衡》是一部回答中国大城市如何发展的学术著作。全书一个中心论点，就是中国的大城市并没有达到不可收拾的地步，所谓城市病其实是一种假象；所谓外来人口给城市的承载力予以巨大的挑战，也是一种假象。他认为，世界的经济、人才、物流和人们的幸福生活，都集中在大城市，这是一个不可阻挡的趋势，也是符合人性的。从经济地理地图来看，中国的大城市仍然没有达到极限；从国际视野来看，中国的大城市也并不是很大。经济学家用夜晚灯光的亮度取决于经济和人口的集中程度——"空间集聚"的现象，形象地说明全球的经济活动，一向高度集中在少数地区。中国大城市生机勃勃，其包容性就在于它的就业创造。从全球视野来看，中国的大城市，比如上海、北京、广州，仍然具有大容量的发展前景，而且外来的人口并非是负担而是财富，城市人的养老，包括下一辈的养老，都需要不断补充年轻的劳动力。一句话，中国的大城市还有巨大的发展空间。

大城市有很多好的发展前景，除了更高的人口密度之外，大城市的人均GDP更高，大型企业更多，就业机会更多，基础设施更好，信息交流更快，大中小学、图书馆、博物馆、大型商场以及各种基础设施与文化设施，既可以满足市民的受教育的需要，也可以满足日常生活的各种需求，从物质到精神的。在人口高度集中的地区，服务业在GDP中所占的比重，也将随着城市化率上升而增加，因为消费型服务业是跟着人和钱走的，只有存在大量的市场需求，第三产业的发展才能够得到平台和机会。② 同时，在大城市可以更好地适应21世纪职业专业化的问题，可以让一个人教育水平提高了，在大城市找到相应的工作。而低技能者与高技能者，又可以产生一种良好的互补。

不必讳言，我们在城市里也看到歧视的现象，看到了不同阶层的固化，而且户籍也制约了消费，城市的身份问题已经提到议事日程，但是治理城市病，宜疏不宜堵。我们不能因为城市的拥堵以及环境等问题而取消大城市的发展。实际上，那些所谓的小城市，其发展承载力远不如大城市。毫无疑

---

① 唐小兵. 反潮流的思想史写作［J］. 读书, 2019（8）: 98.
② 陆铭. 大国大城：当代中国的统一、发展与平衡［M］. 上海：上海人民出版社, 2016: 161.

问，陆铭是中国大城市发展的推动者，其著作无疑是一曲大陆都市发展的欢乐颂。而江南文化对应的长江三角洲、岭南文化对应的粤港澳大湾区，正是大都市与城市群的地域板块。

法国艺术史批评家丹纳在《艺术哲学》提出所谓"三大支柱"研究艺术史，即种族、地域、时代。① 用此理论观察江南文化与岭南文化，可以打通历史、种族、文化、艺术、地域、社会、环境、氛围、时代、心理、民风和民俗之间的隔膜，尽量从整体去把握一个地域的文化。爱德华·萨义德在《文化与帝国主义》里提出的"对位法"的"对位研究"的方式或许对我们也有所启发。他认为："在一种重要的意义上，我们正在讨论的文化属性之构成不是由于它的本质特性……而是要把它作为一个有对位形式的整体。"② 萨义德把这种对位性的二元关系作为研究的"大框架体系"，通过考察"我"与"他"的相互塑造、相互建构的关系，来认识他们的文化身份。

当然，我们不能简单地照搬西方理论。也许江南与岭南，一个南方，一个南方的南方，并未形成对等的"对位"，也许两地文化的互动交流并没有我们了解的那么充分，也许两者之间历史文化种族地域尚有天壤之别乃至看不见的鸿沟……但所有这些无法阻挡我们的跨界，因为，时代已然不同。对中国学术界影响深远的《万历十五年》的作者黄仁宇当年在美国的研究困境不可能重演。世界经济一体化，地球互联网联结，人类向外与向内视野的拓展，让偏见与歧视逐渐云消雾散，让跨界与分享如虎添翼、水到渠成。同时，我们的跨界研究还有一个不可忽视的意义：有效抵抗世界一体化与大数据时代的负面效应。即所有地域文化同质化导致一个结局：所有的文化差异在冰冷的数字编辑与控制中走向消亡。

给予我们信心的还有近代以来，岭南文化不断提升地位的现实，其中广东尤其突出。中华人民共和国成立70多年来，特别是改革开放40多年来，广东一直处在改革开放排头兵的特殊位置。2018年全省生产总值跃升到9.73万亿元，2019年预计可突破10万亿元，连续30年居全国前列；进出口总额7.16万亿元，连续33年居全国前列。与此同时，广东省的区域创新能力、网上政务服务能力均跃居全国第一，PM2.5年平均浓度下降到31微

---

① 丹纳. 艺术哲学 [M]. 北京：人民文学出版社，1963：32.
② 萨义德. 文化与帝国主义 [M]. 北京：生活·读书·新知三联书店，2003：59.

克/立方米，成为我国经济大省、外贸大省、创新大省和全球重要制造基地。① 地域文化与历史机遇和经济持续发展之间的关系，如何形成时间和空间的匹配，也是广东留给学术界的一个值得研究的大课题。

一、上海与广州

我们通过表1更清晰直观地看到我们重点关注的广州与上海这两座城市，以及它们所代表的两大区域的相似性与差异性。

表1　上海与广州对比

领域		上海	广州
地理位置		长江三角洲	珠江三角洲
所属地区		中国华东	中国华南
简称		沪、申	穗
别名		申城、魔都、大上海、上海滩、东方巴黎	五羊城、羊城、穗城、花城
行政区类别		直辖市	国家中心城市，省会
面积		6 340 平方千米	7 434 平方千米
人口	常住人口	2 419.7 万人	1 490.4 万人
	户籍人口	1 450 万人	927.7 万人
	外来常住人口	980.2 万人	560 万人左右
经济地位		长江三角洲经济发展的核心和领头城市代表	珠江三角洲经济发展的主力城市，粤港澳大湾区核心城市之一
2018 年全球城市竞争力		第 14 位	第 34 位
2018 年中国城市竞争力		第 3 位	第 4 位
2018 年地区生产总值		32 679.9 亿元	22 859.5 亿元
2018 年人均生产总值		13.5 万元	15.6 万元

---

① 马兴瑞. 深化改革开放，推动高质量发展 [N]. 人民日报, 2019 - 09 - 04.

续上表

领域	上海	广州
2018年财政收入	7 108.2亿元	6 205.0亿元
国家级自贸区/示范区	中国（上海）自由贸易试验区	广州南沙自由贸易试验区
世界500强企业	7家	3家
上市公司数量	323家	106家
高新技术企业总数	9 200家（2019年）	1.1万家（2019年）
全国百强互联网企业	21家	5家
外资企业数量	4.8万家	2.7万家
方言	吴语	粤语
文化	海派文化、江南文化	岭南文化
地标性建筑	东方明珠	广州塔
高校数量	78所	82所
普通高等教育本专科在校生	102.9万人	108.6万人
文化馆	25个	13个
公共图书馆	24个	14个
档案馆	49个	27个
博物馆和纪念馆	125个	31个
菜系	本帮菜	粤菜

注：以上数据来自上海市人民政府、广州市人民政府网站以及媒体报道。

从地理区位看，两个城市都位于大江入海口冲积平原上，地理位置优越。上海土地面积小于广州，但常住人口体量却超过广州900多万，其中户籍人口比广州多出500多万人，外来常住人口比广州多出400多万人。从经济角度看，在全球城市竞争力上，上海高于广州；在中国城市竞争力上，两个城市紧挨在一起；2018年上海地区生产总值高出广州近1万亿元，经济体量比广州大，但广州人均生产总值高于上海2万余元，民更富。从商业角度看，上海在世界500强企业数量、上市企业数量、全国百强互联网企业数量及外企企业数量方面都远超广州，而广州在高新技术企业方面则超过上海。

文化方面，上海是江南文化特别是海派文化的核心，广州是岭南文化特别是广府文化的核心。虽然广州高校数量与在校生数量略多于上海，但在文化馆、公共图书馆、档案馆、博物馆、纪念馆等公共文化空间建设数量上，上海多于广州。或许我们还可以从两个城市的别名中窥见两个城市文化的差异：上海别称魔都、上海滩、东方巴黎，商业色彩浓厚；而广州别名羊城、穗城、花城，多与动植物、日常生活有关；上海的繁华是外露的、张扬的，而广州的繁华是内敛的，日常生活的烟火气是它的基调。

二、长江三角洲城市群与粤港澳大湾区

我们同样可以通过数据，将长江三角洲城市群与粤港澳大湾区这两个中国最富裕、文化高度发达的经济"引擎"进行对比。见表2。

表2　长江三角洲与粤港澳大湾区对比

领域	长江三角洲城市群	粤港澳大湾区
地理位置	中国华东长江中下游平原	中国华南珠江下游
下辖地区	上海及江苏、浙江、安徽部分地级市（26市）	香港、澳门及广州、深圳、珠海、佛山、惠州、东莞、中山、江门、肇庆（9+2）
面积	21.17万平方千米	5.6万平方千米
面积占比	2.2%	0.58%
人口	1.5亿人	7 000万人
概念始于	1982年	2015年
发展定位	六大世界级城市群之一	国际一流湾区和世界级城市群
中心城市	上海	广州、深圳、香港
2018年中国百强城市	24个	10个
国家战略	《长江三角洲城市群发展规划》	《粤港澳大湾区发展规划纲要》
2018年GDP总量	21.0万亿元	10.8万亿元
2018年GDP总量占比	23%	12.4%
GDP万亿元城市	6个	4个
2018年人均生产总值	13.6万元	15.6万元
国家级自贸区	上海自贸区、浙江自贸区	广东自贸区
重要功能性组织	上海合作组织、上交所	广交会、深交会

续上表

领域	长江三角洲城市群	粤港澳大湾区
证券交易所	上交所	港交所、深交所
文化产权交易所	上海文化产权交易所	深圳文化产权交易所、香港文化产权交易所
方言	吴语、江淮官话、徽语等	粤语、客家语、潮汕话等
文化	海派文化、金陵文化、吴越文化、淮扬文化、徽文化、皖江文化	岭南文化、广府文化、殖民文化
高校数量	300多所	180多所
"985""211"高校数	21所	4所（不含香港、澳门）
菜系	淮扬菜、浙菜、徽菜	粤菜、客家菜、潮菜

注：以上数据来源于相关媒体报道。

从地理区位、人口数据对比可知，长江三角洲城市群与粤港澳大湾区皆位于大江入海口冲击的三角平原上，长江三角洲城市群数量为粤港澳大湾区2倍有余，土地面积为粤港澳大湾区的近4倍，人口为粤港澳大湾区的逾2倍。从经济角度看，2018年粤港澳大湾区GDP总量为长江三角洲一半，但人均生产总值比长江三角洲高出2万元，粤港澳大湾区万亿元城市数量比重高于长江三角洲少，国家级自贸区比长江三角洲少，但证券交易所数量及文化产权交易所数量多于长江三角洲，重要功能性组织数量两个区域相当。虽然粤港澳大湾区经济总量为长江三角洲的一半，但人均收入更高，各类交易所数量也超过上海，商业交易比长江三角洲更活跃。从文化角度看，长江三角洲地域文化以江南文化为主，也包括了海派文化、金陵文化、吴越文化、淮扬文化、徽文化、皖江文化等地域文化，而粤港澳大湾区以岭南文化为主，融合了殖民文化（香港、澳门）；表格中显示的粤港澳大湾区"985""211"高校数量虽不及长江三角洲，但该数据不包括香港、澳门部分高校，而港澳两个地区的高校影响力更多体现在国际上。

关于这两个地区的一些比较以及相联系的地方，可以从表1、表2看出端倪①。同时，我们还可以在比较中提出一些概念——

  她是令人瞩目的国家战略

  她是中国经济最富裕并具有潜力的地区

  她是中国近代史以来思想、文化、艺术最活跃的地区

  她是中国现代史以来与世界发展中联系最多的地区

  她是中国当代产生创新人才与创新观念与产品最多的地区

  她是两个与市场经济发生联系最多的地域文化——全新大范围交流将促进文化获得大量新质——有利于文化转型去适应新的时代

  ……

  道路还长，方兴未艾。我们满怀信心，我们孜孜以求。

---

① 本章两表的制作由广州都市文学与都市文化基地助理研究员涂燕娜完成。

第二章
岭南文化与中原文化的历史渊源

人类历史的进步，离不开文化的交流和融合。对于任何一个民族文化而言，拥有文化输出和文化接受的健全机制，方能获得文化补偿，赢得空间的拓宽和时间的延展。① 岭南文化②自诞生之日起，就绝对不是一个自我禁锢的封闭系统，而是以迁徙、聚合、贸易、战争为中介，不断进行着文化交流。"岭南文化从来就不是一种独立自足的文化形态，尽管有着自己的若干鲜明特性，但它总是在中国文化传统中生存、发展与演变的一种区域文化，它的命运总是与整个中国文化的命运息息相关。"③ 所以岭南文化的发展始终伴随着与中原文化的交流与碰撞。

通过梳理岭南文化与北方文化交流的历史轨迹与时代特征发现，对岭南文化发展最具影响力、时代特征鲜明的当属以下五个历史时期：文化输入的

---

① 张岱年，方克立. 中国文化概论 [M]. 北京：北京师范大学出版社，2004：87.

② 岭南，也称岭外、岭表、岭海等，泛指五岭以南地区。唐代即以岭南为十道之一，范围包括今日广东、广西一部分和越南北部地区。后人也以岭南为广东的代称。古代的岭南文化是在本土越文化的基础上，逐渐吸收荆楚文化和中原文化而形成的。参见李权时. 岭南文化 [M]. 广州：广东人民出版社，1993.；陈乃刚. 岭南文化 [M]. 同济大学出版社，1990 绪论；李锦全. 岭南思想史 [M]. 广州：广东人民出版社，1993：第一章.；陈永正. 岭南文学史 [M]. 广州：广东高等教育出版社，1993：编写说明.。

③ 左鹏军. 岭南文化研究的立场与方法 [J]. 华南师范大学学报，2007（5）.

秦汉时期、文化融合的魏晋南北朝时期、文化交汇的唐宋时期、明清时期文化输出与交流的近现代。这五个时期的文化交流自然也就构成了岭南文化与北方文化交流、碰撞的主要内容。

离开了历史，文化便无以附着，所以我们通过考察岭南文化和北方文化的交流、碰撞和融合的历史，深入研究岭南文化形成及整合的历史，从文化交流的视角来了解岭南地域性文化生成、发展的机理和接纳、吸收、进步的文化张力。

第一节
秦汉时期中原文化的输入

自然生态环境是左右南北文化交流的基础因素。时代越早，地理环境对文化交流的影响越大。岭南，北面横亘五岭，西北面层峦叠嶂，南面是大海。五岭与大海一道形成地理障碍，使岭南具有一定的封闭性。所以岭南文化在漫长的时间里，基本上处在独自发展的状态中。岭南地区与中原的交往，秦以前虽有过零星记载，但大都近于传说。中原文化和岭南文化的交流碰撞，真正有明确历史记载，始于秦朝。

秦汉时期的南北文化差异巨大。经过春秋战国的动荡，北方地区进入封建大一统的稳定发展期。中原的政治、经济、社会和文化都获得了极大的发展。尤其是百家争鸣，造就了光辉灿烂的古代文化。而当时的岭南仍然处在原始社会发展阶段。生活在当地的南越族先民，已经创造了包括新石器和青铜文化在内的古代文明，成为南越文化主体，同时吸收其他文化养分，构成这一时期岭南文化的基本形态。南越先民"断发文身"，"岛夷卉服，厥篚织贝"，服饰简单，"习于水斗，便于用舟"，熟知水性，并且笃信巫鬼。诗人屈原在《楚辞·招魂》中说："魂兮归来！南方不可以止些！雕题黑齿，得人肉以祀，以其骨为醢些。"甚至有猎头、吃人之风。以上足见当时南越文化和中原文化之间差距巨大。

所以这一时期南北文化的交流主要表现为中原文化对岭南文化的输出，即汉化。秦朝设郡县，将岭南百越置于秦王朝的统一政令之下，南越国实行"和集百越"政策；西汉时在岭南重设九郡，推行儒家文化；到了东汉时，边吏致力于声教宣传——这些都极大地推动了中原文化在岭南的传播。同时秦汉疏通了中原通往岭南的道路，畅通了经济文化交流的通道；而秦汉时期中原移民南下，推动了岭南经济文化的发展，推动了民族融合与文化融合。

一、"和集百越"与两汉的文化传播

公元前214年，秦平定岭南，设置桂林、象、南海三郡，南海郡治在番禺。当时地方行政建制分郡、县两级，任嚣是首任南海郡尉，赵佗是首任龙川县令，此后岭南百越被置于秦王朝的统一政令之下，可以说是岭南文明史的开端，[①]为岭南文化从政治领域与思想领域上接受中原文化的强势影响创造了先决条件。秦朝短祚，但在推行封建制度和维护大一统国家方面，却势头凌厉，颇有成效。秦始皇先后采取过许多重要措施，包括置郡县、颁布通行全国的法律、书同文、统一度量衡、修驰道、"车同轨"等，即使并入秦朝版图最迟的岭南也不例外。岭南基本上结束了过去互不统属、政治上落后的状态，这为汉文化输入铺平了道路。

任嚣死后，公元前206年，赵佗自建南越国。南越国建立之后，沿袭了秦在岭南实施的政治制度，还吸收了当时刚建立的汉王朝的政治制度，包括实行郡国并行制、户籍制、军事制度、尊老政策、仿汉实行纪年，以及汉化的礼仪葬制等。此外，他还积极在南越国推广汉文字，因为彼时岭南土著虽然有自己的方言，但并没有形成文字。语言是文化的桥梁，文字的推广使用破除了文化交流的障碍，为中原文化的传播搭建了桥梁，对于促进岭南的融合意义重大。

赵佗在岭南采取了"与越杂处""和集百越"的政策，促进岭南与中原文化的交流。他一方面尊重地方习俗，尊重越人的道德观念和习惯，与之平等相处，尽力帮助他们发展生产，改善生活，搞好民族关系；同时又引进中原文化和礼乐制度，"以诗书化国俗，以仁义团结人心"，用儒家经学的道德伦理对当地人民进行教化，使岭南"华风日兴，学校渐弘"。此外，他大力提倡汉、越通婚，推动民族融合。粤人都拥戴赵佗，尊他为岭南的"蛮夷大长"。此时的岭南出现了前所未有的政治统一和民族团结的安定局面。"和集百越"政策，缓解了南北差异带来的文化矛盾，以及由于战争引发的民族冲

[①] 李锦全.岭南文化的生成、发展与评价[J].粤海风，1999（1）.

突，为南北文化交流营造了良好的政治环境和融洽的民族氛围。赵佗的这些举措，得到汉高祖刘邦的充分肯定，称赞他治理岭南"甚有文理，中县人以故不耗减，粤人相攻击之俗益止，俱赖其力"。(《汉书·高帝纪》)

汉武帝复了南越国，将岭南划分为九个郡，使岭南重新回归到汉帝国中央集权统治之下。这为岭南长期的稳定发展提供了制度保证。汉武帝采取董仲舒"罢黜百家，尊崇儒术"的建议，正式确立儒家学说为"正宗"的封建意识形态，儒家文化成为西汉的文化核心。同时，西汉在思想文化上开始对岭南进行儒家文化灌输，主要是通过建立"太学"来完成的。当时各郡国均设有传播儒家文化的太学，岭南各郡自然也有。东汉以后，不仅官学在岭南根基深厚，而且不少饱学之士开始兴办私学，比如士燮兄弟四人，"并为列郡，雄长一州，偏在万里，威尊无上"。(《三国志·士燮传》)儒家文化在岭南的传播，有效地改变了岭南"风俗脆薄""不识学义，不闲典训"的落后状况。岭南的道德伦理文化中，深深打上了儒家文化的烙印。儒家忠君、孝悌等道德观念已经逐渐渗透进岭南人的思想行为中。

东汉时期，为了促进南越的内地化或汉化，在西汉王朝经营的基础上，一大批官吏在岭南继续推进汉化工作，并做出了卓越的贡献。如《后汉书·马援传》记载：马援在交趾地区健全郡县制，推广封建法律，加强中央集权。同时，他还兴修水利，将中原地区先进的生产技术传入交趾地区，大力发展社会生产力，促进了交趾的开发和发展。在交趾，原来"言语各异，重译乃通。人如禽兽，长幼无别"，通过马援的教化，慢慢地"乃稍知言语，渐见礼化"。再如，"光武中兴，锡光为交阯，任延守九真，于是教其耕稼，制为冠履，初设媒娉，始知姻娶，建立学校，导之礼义"。这两个人在岭南传授农业知识，制定礼仪，建立学校，教导礼义，这使得他们颇受当地百姓爱戴。当时骆越习俗落后，"骆越之民无嫁娶礼法，各因淫好，无适对匹。不识父子之性，夫妇之道。"(《后汉书·循吏列传》)任延让骆越之民"始知种姓"。骆越之民认为"使我有是子者，任君也"，于是为报答和纪念任延，"多名子为'任'"。

当时致力于文化传播的不止上述几人，正如《安南志略序》中云："前后名将刺史都督之官其地者，无虑数十百人。如马援、士燮……之徒，尤表表著见。"除此之外，张翕、卫飒、王景、许荆等边吏在南越少数民族地区的影响也很深远。他们推进了中原文化在岭南的传播，促进了岭南的开发。

到东汉末，经过两汉王朝300多年的经营，"安南，古交趾也。唐虞三代，中国声教所暨；两汉以来为内郡"。(《安南志略》卷一《风俗》) 安南交趾地区已经被视同为"内郡"，足见其政治地位，而文化上的汉化也成效显著，"安南，古越地，虽在九州之外，或以禹旧服也。自昔置刺史，若守若牧，有地有治，教化所及"。(《安南志略》卷十七《至元以来名贤奉使安南诗•翰林学士嘉兴张伯淳送李仲宾萧方厓序》)。由此可见，岭南从原先的化外之地变成现在了教化所及的地域。

二、秦汉中原与岭南之间的道路建设

中原王朝管理和开发岭南是以交通为前提的，同样文化的交流也需要通畅的渠道，秦汉在此做了许多工作。以修驰道为例，秦始皇三十三年（前214）统一岭南，第二年即遣罪徒到岭南筑路，与已经修到岭北的驰道相接，所修之路，史称"新道"。秦代修了四条新道：一条从今江西大余南逾大庾岭入今广东南雄；第二条从今湖南郴州越岭入广东连县；第三条从今湖南道县越桂岭入今广西贺县；第四条从今湖南零陵入今广西全州一带。道路通畅，为南北商业贸易、民间往来、移民南下、文化交流奠定了基础。

在此基础上，汉初又建了三大关及一些"万人城"。三大关即横浦关、阳山关、湟溪关，而三关之间的山隘水口则营建了一些屯有重兵的"万人城"，如仁化城、乐昌赵佗城、英德万人城等。这些关隘城堡既是军事据点，同时也是传播中原文化的节点和通道。

在西汉五岭交通的基础上，东汉进行了几次大的修缮。首先，公元39年，桂阳太守卫飒发现，当时百姓住在深山，靠着溪水，沿袭过去的风俗习惯，不交田租。离郡远的地方，有的将近千里。官吏往来办事，总是调发百姓驾船接送，称之为"传役"。每一位官吏外出，徭役都要摊派到好几家，百姓为其所苦。为解决这一难题，他便凿山通道五百多里，修驿站，置邮驿，改善了郴州入连州一路的交通。其次，马援"修道桥，通障溪，储粮谷。"(《资治通鉴》卷四十三)，平定了交趾二征的叛乱，维护了国家的稳定，并促进了岭南与中原之间的交流。再次是建初八年（83），郑弘"奏开零陵、桂阳峤道"(《后汉书•郑弘列传》)，使岭南与中原内地的交通趋于完善，成为后世南北交通的常用道路。最后是汉灵帝熹平年间桂阳太守周憬对武水上游河道的治理，此后水路通畅，贸易繁荣。自此，水陆两道通便，加快了南北文化的交流融合。总之，交通的便利使中原王朝的各项政令能及时传达到岭南，方便使者往来，也推动了商贸往来，既有利于加强对岭南的控制，又能促进经济文化的交流。

三、秦汉移民南迁与民族文化融合

秦汉时，大批移民迁入岭南，出现了汉人与越人的第一次民族大融合。公元前214年，秦始皇"发诸尝逋亡人、赘婿、贾人略取陆梁地，为桂林、象郡、南海，以适遣戍"（《史记·秦始皇本纪》）。公元前213年，"谪治狱吏不直者，筑长城及南越地"（《史记·秦始皇本纪》）。第三次是"尉佗知中国劳极，止王不来，使人上书，求女无夫家者三万人，以为士卒衣补，秦皇帝可其万五千人"（《史记·淮南衡山列传》）。由史料可以看出，秦时移民主要为军队、"亡人"、"罪人"、"赘婿"、"贾人"等，以及后来为士卒"衣补"的妇女。随着中原移民与越人互通婚姻，友好相处，中原移民不仅增加了岭南的劳动力，同时也带去了中原先进的生产技术和生产工具，以及礼乐教化、风俗习惯、价值观念等。番禺（今广州）成为汉文化的生长点和对外传播基地，对岭南社会的进步起了重要的推动作用。

汉末由黄巾起义与东汉政府的镇压而产生的社会动乱，使黄河流域战火连天，大量人民流离失所，接踵而来的割据混战，进一步加剧了人民的苦难，致使"白骨蔽平原""千里无鸡鸣"。而当时的南越地区继续维持着稳定发展的局面。所以，为了躲避战火，中原人民大举南迁。南迁的中原人民，大部分入居长江流域，一部分则长途跋涉进入岭南。移民南迁，不仅大幅增加了岭南的人口，而且将中原和楚地大批铁器、耕牛及其他先进生产技术输入岭南，耕地开垦面积增多，粤北、西江甚至海南北部和西部土地开垦都增加了，农作物栽培技术也进一步发展起来。这些汉族人口进入少数民族地区以后，与土著居民错杂而居，交往频繁，加速了民族融合，更直接有力地推动着少数民族地区的汉化进程。

大量南迁的名人雅士带去了中原地区的先进文化。据《三国志·吴志·士燮传》记载，由于当时的交趾太守士燮能够保护民众，体贴人民，"体器宽厚，谦虚下士"，所以"中国士人往依避难者以百数"。如汝南人许靖、程秉，沛郡人桓晔等，都在北方战乱时避走交趾，投奔士燮。这些人多出自官宦之家，名重一时，满腹经纶。如程秉"博通五经"、许靖"英才伟士"，而"其他放臣逐客，多中朝名士"（《安南志略序》）等。这些避乱南下的士人，将中原先进的文化带去岭南，并通过私人办学，将中原文化广为传播。如北海郡人刘熙，往来苍梧、南海两地，教授生徒几百人。东吴会稽郡人虞翻，在虞苑（今广州光孝寺）讲学，门徒数百。这些人大大地推动了中原文化，尤其是儒家文化在岭南的普遍传播，"自东汉以后，特别是公元二世纪末叶，汉族的士大夫到交趾的越来越多。儒教比过去更得到普遍传播。儒家的'经典'著作《论语》《春秋》等书，在封建政权和士大夫开办的学校里普遍教授。"① 此时中原先进文化在交趾地区逐渐取得了支配性地位。

但是，文化的变迁往往需要一个长时期的潜移默化的过程，不可能一蹴而就，"在文化传播方面，个别官吏的教化只能是墨渍式的，只有移民的文化扩散作用才能是席卷式地起到改变风俗的作用。"② 南下移民杂居产生的潜移默化的影响，加之地方政府的推动，以农耕定居的生产生活方式，大一统的政治思想，君君臣臣、父父子子、男女有别的伦理道德观念，以中原文化习俗为内容的汉族文化在岭南得到广泛的传播和灌输，也逐渐被当地人民接受和采用，岭南渐入礼仪文明之境。其中最重要的表现是汉语言文字在岭南的运用和推广。东汉王充云："巴、蜀、越巂、郁林、日南、辽东、乐浪，周时被发椎髻，今戴皮弁；周时重译，今吟诗、书。"（《论衡》卷十九《恢国》）事实上，"自公元前二世纪，交趾地区使用了汉字，直到二十世纪。"③ 在这个漫长的过程中，百越民族经历了不同程度的汉化，南移的汉文化也多少受到岭南本土越文化的影响，岭南文化在文化融合中持续发展。到东汉末年，交趾地区不仅不再是蛮夷化外之地，而且"一时间交趾人文荟萃，学术大盛，成为我国南方的文化中心"。④

---

① 越南社会科学委员会. 越南历史 [M]. 北京：北京人民出版社，1977：75.
② 周振鹤. 从"九州异俗"到"六合同风" [M] //周振鹤. 周振鹤自选集. 桂林：广西师范大学出版社，1999：148.
③ 郭振铎. 略谈中国语言文字在越南文化史中的作用 [J]. 印度支那研究，1981（1）.
④ 何成轩. 儒学南传史 [M]. 北京：北京大学出版社，2000：114.

第二节
魏晋南北朝时期南北文化的融合

魏晋南北朝时期，北方多战乱，而岭南和平安宁，由此引发了持续300多年的移民南迁风潮，有力地推动了南北文化的融合。其中，"衣冠望族"南迁形成的客家文化，是中原文化和岭南文化交汇融合的产物。而"绥静百越"的开明的民族政策，则保障了岭南的安宁，推动了民族融合。

一、汉人南迁与汉越文化融合

西晋末年，统治腐朽，诸王争夺皇权引发了"八王之乱"。紧接着，北方少数民族南下大举进攻，形成了更为剧烈的"永嘉之乱"与五胡乱华，将中原人民完全推入了水深火热之中，出现了"人相食，死者太半"的惨状。与战火燃烧的中原大地相比，岭南无疑是一片宁静的乐土，有着相对安定的社会环境。考古发现，岭南晋墓中经常发现当时人民欢歌这种安定生活的吉语。如20世纪50年代初，在广州西郊和南郊的晋墓里出土的墓砖上，有"永嘉世，天下荒，余广州皆平康""永嘉世，天下荒，余广州平且康"的铭刻。[1] 这反映了在中原地区战火不断、民不聊生的时候，岭南一带因为较少受到战乱影响，人民生活安定。

在这种情况下，为了躲避战火，中原地区很多家庭举家、举族南迁，"南向而泣""北顾而辞"（《南齐书·王融传》）。明嘉靖《广东通志》说："自汉末建安至于东晋永嘉之际，中国之人，避地者多入岭表。"据史料统计，永嘉之乱中，南迁的中原居民大约相当于当时北方总人口的1/8，[2] 所谓"京洛倾覆，中州士女避乱江左者十之六七"（《晋书·王导传》）可见这是一次影响全局的、规模巨大的民族迁徙，是中华民族发展史上的一件大事。当时，这些南迁的居民，大部分仍散布于江淮流域，因为许多人企盼着一旦天下安定、战火平息，仍可回到自己的家乡，但其中的一部分则迁徙到

---

[1] 麦英豪，黎金. 广州西郊晋墓清理报导[J]. 文物参考资料，1955(3).
[2] 谭其骧. 晋永嘉丧乱后之民族迁徙[J]. 燕京学报，1934(15).

了岭南。如道教著名人物葛洪,"见天下已乱,欲避地南土,乃参广州刺史嵇含军事。及含遇害,遂停南土多年。"(《晋书·葛洪传》)葛洪后来上罗浮山,在岭南建立道教基地,为道教在岭南的传播做出了重大贡献。

南朝梁武帝暮年昏聩,引狼入室,造成侯景之乱。侯景之乱将长期较为安定的江东地区抛入战乱之中,江浙三吴地区人民陷入苦难。为躲避战火,他们从陆上与海上不同的道路涌入岭南,形成岭南地区接收移民的一次高潮。这当中有许多举族而迁者,如官吏萧引"与弟彤及宗亲等百余人奔岭表"(《陈书》卷二十一)。侯官令徐伯阳"浮海至广州"(《陈书》卷三十四)。吴兴章华"家世为农夫……侯景之乱,乃游岭南"(《陈书》卷三十)。

在众多的文化传播载体当中,人是最活泼的,发挥着其他任何传播渠道或者传播技术所不能替代的作用。在主要借助人工进行信息传递的古代,文化传播一般都是通过人的迁移和流动完成的。人口的空间流动,也就是人所负载的文化在空间上的流动,换言之,移民本质上就是一种"文化的迁移"①。所以魏晋南北朝时期汉人南迁,同时也是北方文化长时间、大规模向南方迁移的过程。这个过程中,虽然充满了文化矛盾和冲突,但更多的是文化融合和民族融合。这种融合、交流在生产工具、生产技术、手工业水平尤其是青瓷烧造、墓葬、商业贸易以及人口编户等各个方面都有明显的反映。② 它说明了彼此间文化交流增多,民族融合日益加强。民族融合促进了岭南社会的发展,而社会发展又反过来促进了岭南地区民族融合向更深层次推进。所以,这是汉越文化传播融合的重要时期。

二、"衣冠南渡"与中原文化的传播

当时南迁的移民中包括大量"衣冠望族和朝廷命官",他们多是魏晋以来形成的士族地主,甚至包括两晋统治集团的成员。他们在战火中不得已举家南迁,落籍岭南,"闽越遐阻,僻在一隅,永嘉之后,帝室东迁,衣冠避难,多所萃止。"(《文献通考·舆地考》)这些世家望族,具有较高文化素质,到达岭南后,"占籍各郡",在短期内发展为大族,并逐渐融合乃至取代

---

① 葛剑雄. 中国移民史:第1卷 [M]. 福州:福建人民出版社,1997:102.
② 杨清平. 试论三国两晋南北朝时期岭南少数民族与汉族的文化交流与民族融合 [J]. 贵州民族研究,1997 (3).

当地的土著文化，不仅左右当地政治、经济命脉，而且成为当地文化主宰。如阮谦之，其祖父东晋时举家迁入徐闻。数十年后，阮氏已经成为当地豪绅大户，是当时徐闻文化的代表。"只有那些掌握了较高文化和技能，有一定的传播和组织能力，又有足够的政治和经济地位的移民，或移民集团，才能迅速、有效地传播先进文化，促进迁入地的发展。"[1] 来自中原以"衣冠望族"为主体的人群，成为中原文化在岭南传播的中坚力量。

而且当时进入岭南的，不乏大量文化精英，比如颇负盛名的颜延之和谢灵运。南朝的大文豪颜延之，"好读书，无所不览，文章之美，冠绝当时"（《宋书·颜延之传》），刘宋景平元年（423年）他因触怒权奸，受到排挤，出任始安太守，始安郡的治所就在现在的桂林。他在任期间，奖励开荒垦殖，减免赋税，兴学促教，大力传播中原文化。相传今桂林独秀峰之名即来自其名句"未若独秀者，峨峨郛邑间"。独秀峰下有"颜公读书岩"，也是后人为纪念颜延之当年常来此读书而命名的。宋元嘉十年（433年）谢灵运也因恃才傲物、言行不羁被"徙付广州"，后因涉嫌谋反，几个月后在广州被杀。谢灵运在广州时间虽然很短，但以诗人当时"江左独振"的盛名，他带给岭南的影响却是久远深长的。[2]

此外，岭南地区还涌现出一大批具有较高文化素质的封建学者和统治人才。据《百越先贤志》记载，吴晋间南海人王范，好读书，有鉴识，晋平吴后，出任广州大中正，负责选举人才，皆惬舆论，并收罗百粤典故为书，名《交广二州春秋》。东晋始兴郡人张鲂，"明帝太宁初，举孝廉。咸康中，为洛涯令，三年化行，民歌颂之"政绩卓著，颇受百姓爱戴。西晋时南海人黄恭，历任封山令、广州大中正等，并撰有《十三州记》。其子黄整为平越司马，工于文词。新会冯氏，世为罗州刺史，梁陈间，能以礼义威信镇于俗，推行中原汉文化，其子孙多有较高的文化素养，历任显职。[3]

如果说绵延300年的移民，带给岭南社会的是人口的增加和民族的融合，那么这种文化碰撞融合更多地表现在生活方式中，是一种彼此的接纳与适应，是潜移默化地浸润在日常生活中的文化交流。"衣冠南渡"，来岭南的是当时中原文化的精英阶层，他们以及他们的后人持续进行文化输出，带给

---

[1] 葛剑雄：《中国移民史》发凡[J].《历史地理》，第九辑.
[2] 陈桥生. 谢灵运与岭南[J]. 粤海风, 2017 (4).
[3] 黄金铸. 六朝岭南政区城市发展与区域开发[J]. 中国史研究, 1999 (3).

整个岭南文化的影响是不可估量的,"自汉永安至于东晋永嘉之际,中国之人,避地者多入岭表,子孙往往家焉,其流风遗韵,衣冠习气,熏陶渐深,故习渐变,庶几中州。"①

三、"绥静百越"政策与冼夫人

汉越文化交流与各民族融合局面的出现,同当时历代统治者积极推行的"绥静百越"政策是分不开的。少数民族地区的生产关系和上层建筑都受到封建制度的强烈影响,其社会经济和文化习俗发生相应的变化,所以制度是民族文化融合的重要保障。

这时期的封建统治者对岭南俚僚民族总体上采取"服则怀之以德,叛则震之以威"的态度,镇抚并用、以抚为主。在少数民族聚居区设置郡县,以民族聚居地区为行政区划,少数民族保存本民族的社会组织、经济结构和文化习俗,官吏多用汉人,也派少数民族首领充任,采取"以夷治夷"的政策。

两晋时设置平越中郎将。《晋书·职官志》卷二十四载"武帝又置平越中郎将,属广州,主护南越"。其职能"绥静百越""绥怀安辑"。南朝时又设置了督护,督护为郡太守兼领,地位与护军相当。以后还增设了东江督护。平越中郎将特别是西江、南江、东江督护的设立,标志着南朝统治网络已散布粤地各个角落。

冼夫人是这一时期推动民族融合和文化交流的著名人物。冼夫人所在的高凉地区,由于地处偏远,汉文化的传播和影响还很少。历史记载,高凉郡在"汉晋之时,尚仍蛮"。之后随着岭南地区的进一步开发,民族间关系日益加强,经济和文化交流进一步密切。冼夫人积极推进民族融合,她与高凉太守冯宝联姻,这既是一种政治行为,也是俚汉文化融合的象征,开创了汉俚民族大规模友好融合的先河。

冼夫人积极提倡先进文化,改革俚僚陋俗,推行汉族的礼俗,"诫约本宗,使从民礼",首领若有犯法者,"虽是亲族,无所舍纵"。(《隋书·谯国夫人传》)此外,她协助汉族官吏冯融,"以礼义威信镇于俗,汲引文华,

---

① 黄瑜. 双槐岁抄 [M]. 上海:上海古籍出版社,1996.

士相与为诗歌,蛮中化之",封建的伦理道德、典章制度在岭南地区广为传播,改变了岭南地区的社会风气,落后偏远的俚僚地区呈现出一派开明的气象,"蕉荔之圩,弦诵日闻。"(道光《广东通志》)有了朗朗的读书声。这些举措开创了汉文化传播的新局面,推动了汉越文化融合,加强了百越地区与中原的联系。

汉文化在高凉地区以及整个岭南地区的广泛传播,逐步提升了岭南地区的文化水平,也造就了一批俚人地区的知识分子。唐贞观七年(633年),唐太宗在未央宫大宴群臣时,"命突厥颉利可汗起舞,又命南蛮酋长冯智戴咏诗"。冯智戴,即冯盎之子,冼夫人的曾孙。咏诗之举,足见汉文化对岭南地区的影响,才有了"胡、越一家,自古未有也"的佳话。

第三节
唐宋时期的文化交汇

唐宋时期,中原文化与岭南文化之间的传播和融合出现了又一个高峰,岭南文化在中原文化的输出影响下,呈现出上升的趋势,并开始在中国文化中占据一席之地。张九龄开通大庾岭新道,畅通了南北交流的通道,珠玑巷成为中原文化和岭南文化交汇的重要据点;两宋移民南下极大地推动了中原文化和岭南文化的融合,而韩愈、苏轼等唐宋"谪宦"为中原文化在岭南的传播做出了不可磨灭的贡献。

一、大庾岭和珠玑巷

南北文化之间的交流沟通,需要畅通的渠道,但是岭南地区特殊的地理位置,使得文化交流一直梗阻不便,史称"五岭以南,自李唐以前,声名文物远不逮夫中原"。直至唐张九龄奉命开通大庾岭通道,即梅岭新道后,这一状况才有所改观。自此,大庾岭道成为岭南北上主要交通线。

张九龄是韶州曲江人,对家乡岭南的开发十分关注,深感大庾岭古道(小梅关)崎岖难行,严重妨碍了岭南经济社会的发展。于是上书皇帝,新开大庾岭新道。这条新道长三十多里,路宽五丈,把浈水和赣江连接起来,沟通了长江和珠江两大水系,畅通了南北交通,加快了中原文化的输入,推动了岭南文化的发展,提高了岭南地区人民的整体文化素质。明代著名学者丘濬在《唐丞相张文献公开凿大庾岭碑阴记》中曾评价说:"兹路即开,然后五岭以南人才出矣,财货通矣,中原之声教日进矣,遐陬之风俗日变矣。"充分肯定了大庾岭道对南北文化交流的影响。唐朝自张九龄开始到唐末200多年间,出现了广东籍进士38人;北宋160多年间,广东籍进士则多达127人。① 两宋时,大庾岭新道成为中原人士南下的主要通道。

珠玑巷位于南雄保昌县沙水村,是由大庾岭进入岭南,前往广州和珠江三角洲的交通要冲。北宋末年,金兵攻陷汴京,中原大乱,许多宋人为躲避战乱越过大庾岭,在珠玑巷落户,南宋统治确立后,江南暂时无战事,珠玑巷在百余年间逐渐繁荣起来。至南宋末年,元军南下,战乱又起,珠玑巷落户的居民为避战祸,再次南下,流散到珠江三角洲各地。据史书记载,岭南的很多名人学士、世家望族,其祖先都是由中原迁至珠玑巷,而后又迁至珠江三角洲各地的。嘉靖《广东省志》引《南雄府图经》说:"(大庾)岭上古有珠玑巷……今南海衣冠多其子孙。"道光年间阮元的《广东通志》也说,"珠玑巷在沙水寺前,相传广州诸望族俱发源于此。"如明代著名思想家、哲学家陈白沙,明末清初学者屈大均,以及清代著名学者、思想家康有为、梁启超,他们的先祖都是南宋以来,经南雄南迁之人的后裔。可见,珠玑巷是中原文化南下的重要据点,起着文化交汇融合的作用。明代黄公辅诗曰:"长亭去路是珠玑,此日观风感黍离。编户村中人集处,摩肩道上马交驰。"清人罗天尺也有诗云"南渡衣冠故里贝奈,泪天赢得住烟霞。而今恰似乌衣巷,野燕低飞入酒家",反映了珠玑巷的繁荣景象,肯定了珠玑巷的历史文化价值。

所以,在唐宋年间,大庾岭新道和珠玑巷既是重要的移民通道,更是重要的民族融合的通道、文化交流的通道,为中原文化在岭南的传播发挥了重要作用,也为推动岭南文化的发展做出了不可磨灭的贡献。

二、两宋移民在岭南的文化传播

北宋末年中原人为躲避战乱大规模南迁。南宋末年,宋端宗及大批将士

---

① 黄志辉. 文史研究论稿 [M]. 广州:广东高等教育出版社,1995:28.

节节败退，转战潮汕、崖门一带，最后宰相陆秀夫背负幼帝跳海殉国，将士及大批庶民散落岭南。景炎二年（1277年）初，二王驻潮州，"时正军十七万，民兵三十万有奇，内淮兵二万"。所谓"淮兵"，即张世杰所率部队。即使到了景炎三年（1278年）五月帝昺即位时，当时宋兵尚有数十万。① 宋亡后，他们大部分留在了广东，其中包括宋皇室后裔赵氏家族、文天祥后裔文氏家族、陆秀夫后裔陆氏家族等。在蒙元灭亡南宋的几十年的过程中，中原地区战乱不断，元军到处杀戮、掳掠，中原之民及南方之民，不得不背井离乡，举家南迁，这些移民的后裔今主要集中在广东、福建、江西等地。② 从北宋初至南宋末的300年间，中原以及江南的移民陆续不断地前往岭南，其规模之大，人数之多，超过历史上任何时期。这些南迁的移民对南北文化融合起了非常重要的作用。

宋代文化非常发达，南宋移民延续了中原文化的传统，十分重视教育，坚守着儒家的传统思想，主张"万般皆下品，唯有读书高"。宋人南下后故国已亡，他们不愿做新朝的官员，宁可隐姓埋名，遁居山林，传授学业培养子孙后代成才，或者著书立说，让思想流传后世，如增城陈大震、廖金凤，东莞李春叟、何文季、番禺邵继贤，顺德罗铸夫，南海区适、黄哲，新会黎贞等俱是如此。南宋四大名臣之一李光在《儋耳庙碑》中说："近年风俗稍变，盖中原文人谪居者相踵，故家知教子，士风浸盛。应举终场者凡三百人，比往年几十倍，三郡并试时，得人最多。"所以当时读书好学的风气在岭南蔚然成风，中国传统文化在岭南得到了很好的传承与弘扬。

不仅如此，南迁人口中不少是官绅和宿儒，他们入籍岭南后，创办州学、县学和书院，使岭南的文化教育事业空前繁荣。南迁的大批官绅在岭南创办书院，延请名士讲学，教育培养本族子弟，因此书院繁盛。当时著名的书院有：南雄的孔林书院、潮州的韩山书院，以及海南的东坡书院等。这培养了一大批士人，提高了岭南的教育水平和文化素质。南宋学者王象之也说："渡江以来，北客避地留家者众。俗化一变，今衣冠礼度并同中州。"面对边远落后的蛮荒之地，这些来自中原政治文化中心的两宋移民们自觉承担起传播先进文化的责任，这极大地推动了岭南文化的发展。

---

① 黄淳，等. 崖山志·卷一：端宗皇帝［M］. 广州：广东人民出版社，1996.
② 邱树森. 南宋二王南奔对岭南经济文化的影响［J］. 北方民族大学学报（哲学社会科学版），2011（2）.

南宋末年的移民，规模超过历史上任何时候，他们不仅带来了先进的农业、手工业技术，而且极大地促进了岭南地区的商业发展，加强了南北商业的联系，最重要的是推进了汉族和南越各族的进一步融合。此后，除了壮、黎、瑶、畲等几个人口不多的少数民族之外，大部分都汇入了汉民族当中，岭南地区的居民开始以汉族为主，汉文化随之也占据了主导地位。

三、流寓谪宦推动岭南文化的发展

汉文化在岭南的传播除以大量移民为载体以外，个人的历史作用也是不可低估的。唐代岭南在中原人心目中，仍是"蛮荒之域""瘴疠之区"，是朝廷处置政敌和罪犯的场所。许多被贬最后流落岭南的官员，不乏有见识的政治家或文化人，他们来到岭南后，多致力于传播中原文化，推动当地文化发展。

郝玉麟《广东通志·谪宦录》载："唐以前得罪至岭南者，皆迁徙为民，至唐时始谪为宦，有责授左授之分。"又欧阳修《新五代史·南汉世家》载："唐世名臣谪死南方者往往有子孙，或当时仕宦遭乱不得还者，皆客岭表。"其实，自六朝以来，流徙岭南的显宦，多不胜书，如南朝谢灵运流徙广州，唐朝宋之问被贬钦州，李邕被贬钦州，韩愈被贬阳州、潮州，刘禹锡被贬连州，牛僧孺被贬循州，李德裕被贬潮州、崖州，宋朝寇准被谪雷州，曾布（曾巩弟）被谪廉州，郑侠徙英州，秦观徙雷州，姚铉被贬连州，苏轼被贬惠州、儋州，苏辙被贬雷州，李纲徙雷州，张浚徙连州，赵鼎徙潮州，等等。据统计，两《唐书》所载唐代有名有姓且有具体贬谪地者共211人，其中岭南道就有138人，约占贬谪总人数的65%，此外载有人名无具体地名或有地名无具体人名的岭南谪宦还有200人左右；而宋代整个岭南地区的谪宦，仅见于史籍者，即有400多人，湮没无考者，则更是不计其数。因此，宋人陈瓘曾戏言："岭南之人见逐客不问官高卑，皆呼为相公，想是见相公常来也。"[①]

诸人流徙南来，待在岭南的时间虽然有长有短，但都各有建树，对当地

[①] 李永杰. 唐宋流寓文士的岭南文化拓荒[N]. 中国社会科学报，2016-05-20（4）.

均有极大影响。如姚铉，被贬连州，尝采唐代文章，编为文粹，好事者于县中建楼，以贮其文稿，官属多遣胥吏抄录；再如郑侠，以绘流民图著名，贬英德，英德人民无论富贵贫贱，皆加以敬事，遣子弟从学。唐代李德裕，被贬潮州再贬崖州（今琼山区境），在逆境中不忘著述，在崖州城修建望阙亭。作一代名相，因谪居时对海南文化发展的贡献，千百年来一直为海南人所纪念和赞扬。刘禹锡被贬连州，带动连州文风迭起，吸引周边儒生前来求学。在唐代，广东共有48名进士，连州就有12名；到了北宋时期，广东共有进士127名，连州就有43名，时称"连州科第甲通省"。① 清人杨楚枝赞曰："吾连文物媲美中州，禹锡振起之力居多。"（《连州志·名宦传》）

至于韩愈、苏轼二人，在谪宦中与岭南关系最深，影响极广。韩愈贬潮州，在那里驱鳄鱼、放免奴婢、办学兴教、正乡音等，促进潮州风气改变。韩愈在潮州任职虽然只有八个月，但是因为他学识渊博、名望极高，以及他为兴办地方文化事业所做的巨大努力，在潮州文化发展历史上留下了深远的影响。此后，潮州文风大盛，士人辈出。苏轼在《潮州韩文公庙碑》中说："始潮人未知学，命进士赵德为之师。自是潮之士，皆笃于文行，延及齐民，至于今，号称易治。"为纪念韩愈而命名的韩江、韩山、韩文公祠、思韩亭等，皆为中原文化在潮州扎根的见证。

苏轼被贬惠州，再贬儋州，待黎族人民亲如一家，授徒讲学，影响深远。他亲自在载酒堂讲学，其学生不仅有本地人黎子云兄弟、符林、王霄等，还有从外地赶来的姜唐佐、葛延诸人，这些人后来多有所成，成为饱学鸿儒和地方上的一代师表。先前荒僻之地，"书声琅琅，弦歌四起"，人才渐盛。苏轼之前，海南未有人登第，苏东坡北归后3年，姜唐佐便举乡贡，王霄、陈功、李迪等举明经，杜介之、陈中孚举文学。大观三年（1109），符确登第，成为海南第一个进士。《琼台记事录》称："宋苏文忠公之谪居儋耳，讲学明道，教化日兴，琼州人文之盛，实自公启之。"儋州文风之盛和苏轼的教化和影响是分不开的。宋代李光《迁建儋州学记》说："（坡公去后）今十余年，学者彬彬，不殊闽浙。"足见苏东坡对儋州文化影响之深远。

这些谪宦之人多中朝名族子孙，世为衣冠之家，他们来到岭南之后致力

---

① 李永杰. 唐宋流寓文士的岭南文化拓荒［N］. 中国社会科学报，2016 - 05 - 20（4）.

于传播中原文化并热心发展文化教育事业，为岭南地区的文化发展做出了杰出的贡献。他们给地处荒僻的岭南输送了中原文化的精华，使中原文化与岭南文化得以融汇、交流。正是在两种文化的交流融合中，岭南文化逐步发展、成熟起来。早在初盛唐时期，岭南就出现了像六祖惠能、张九龄这样享誉中外、辉映古今的大家。所以经过长时间的文化交流，岭南文化一改落后荒蛮的形象，开始在中国文化中占据一席之地。

第四节
明清时期的文化浸润

明清时期，岭南文化与中原文化的差距逐步缩小。学术上，以陈白沙和湛若水为代表的江门学派兴起，加之岭南书院的兴盛，岭南文化甚至开始超越岭南影响中原文化。同时，明清时期的官方士绅在整饬民间陋俗的基础上，形成了以乡礼、家训为主体内容的乡村教化体系，与逐渐崛起的岭南家族文化一起，形成了一套以家达乡的家族伦理仪制，实现了儒家文化对岭南基层社会大规模、广泛深入的浸濡。

一、江门学派的崛起与岭南书院的兴盛

宋代以后，随着我国社会经济重心进一步南移，岭南社会经济开始崛起，文化教育也大有起色，出现了余靖、崔与之、李昂英等精英人物。至明代，广东已成为我国重要的经济发达区，出现了以陈白沙、湛若水、方献夫、霍韬、何维柏、庞尚鹏等为代表的"南海士大夫集团"。此时，岭南学术也开始独树一帜，能够与北方抗衡。

岭南在宋元以前，无学术可言。岭南有学术，且足以树立，实始于明代，始于理学。而明代理学的柱石，为陈白沙与湛甘泉。陈献章，广东新会人，后徙居江门附近的白沙村，世称白沙先生。陈白沙融儒、道、释于一体，创岭南理学新派——江门学派。黄宗羲在《明儒学案·白沙学案》中说道："有明之学，至白沙始入精微。"至此，岭南文化第一次有了自己的思想流派，并跨越五岭而汇入中华民族的主流文化，这是岭南文化作为地域文化的第一次升格。它标志着岭南文化作为真正意义上的区域文化的成立，它不

再仅仅作为中原文化的辐射地和衍生地,它已经有自己独立的特点、形态和学术流派。① 陈献章授徒讲学,学生不仅有广东新会人、番禺人、南海人、增城人、顺德人、东莞人,而且还有不少外省人,所以影响极大,当时"天下莫不知有白沙先生"。

陈白沙弟子中,最著名的是湛甘泉,他传承了陈白沙的治学精神和学风,当时与王阳明齐名。湛甘泉极力传播白沙之学,他先后任吏部、礼部、兵部三部尚书,生平足迹所至,必建书院,如南京、扬州、贵州等,但建得最多的还是在岭南。他在罗浮建甘泉精舍,在西樵建云谷书院、大科书院,在广州建天关书院,在增城建明城、龙潭、独冈、莲洞等书院,通过书院教育,把"以自然为宗""学贵知疑"等思想渗透入岭南文化当中。所以岭南理学,十之八九是白沙甘泉之学。正如清初学者屈大均所说,"自此粤士大夫多以理学兴起,肩摩踵接,彬彬乎有邹鲁之风。"因为江门学派的兴起,岭南文化开始超越岭南而影响中华的主流文化,在中华文化中取得一席之地。

明清岭南书院兴盛,极大地推动了岭南文化、教育和学术的发展。岭南书院的兴起在明代,尤在嘉靖、万历年间。据近人章柳泉所著《中国书院史话》的资料载,明代全国书院的分布是:长江流域51%,珠江流域30%,黄河流域19%。从书院数量的多少来排列,广东这时已跃居第二。到清代,书院再次快速发展,仅康熙、雍正两朝74年间,岭南地区就新创办书院101所。乾隆年间,珠江流域的书院已居全国之首。1824年由两广总督阮元创办的学海堂、1867年由大学者陈澧主办的菊坡精舍、1888年由两广总督张之洞创办的广雅书院形成了清代岭南书院的高峰。②

岭南书院培养了大量的人才。如黄佐主持的泰泉书院,是明中期岭南一所著名的书院。黄佐,是明代岭南三大学者之一,《四库全书总目》称赞他在"明人之中,学问最有根柢"。泰泉书院培养了不少弟子,其中最有名的就是岭南诗坛的"南园后五子":欧大任、黎民表、梁有誉、李时行、吴旦。清人擅萃认为:"岭南称诗,曲江(指张九龄)而后莫盛于南园,南园前后十先生,而后五先生为尤盛。"(《南园后五先生诗》序)

---

① 黄明同. 岭南文化的三次大兼容与三个发展高峰[J]. 学术研究,2000(9).
② 曾燕闻. 明清时期的岭南书院及其对文化的贡献[J]. 广州大学学报(综合版),2001(4).

晚清岭南书院的另一大重要贡献是刊刻印行了大量书籍，尤其是传统典籍。如清代著名书院学海堂，刊刻了经学名著《皇清经解》《三通》《两汉记》以及四库全书提要等；菊坡精舍，刊刻了《通志堂经解》《十三经注疏》等专著。此外，还有很多地方书局参与到刊印古典书籍的活动中，如广东书局、广雅书局等。这无疑对整个岭南文化的发展做出了巨大的贡献。

明清时期岭南书院兴盛，为岭南学术、岭南文化的迅猛发展铺设了路基；书院培养了大量的人才，这对于岭南学术、岭南文化的传播与发扬光大都起到了重要的促进作用。

二、广东官绅"以夏变夷"的民间教化工程

据黄佐《广东通志》记载，至明代，广东已是"衣冠礼乐，无异中州，声华日盛，民勤于食"。而当时的广州，"百余年间，礼教渐摩，名德辈出，缙绅之家，以不学无礼为耻，以导欲诲淫为戒"。但是散布岭南的各少数民族依旧保留了很多独特的文化，如信巫、鸡卜、男女同浴于川、女劳男逸等。"病尚巫鬼，死修佛事……贫民亲死则积薪而焚之。"而且这些杂居处的"夷习"尤其顽固，"素称难治"，如南雄府"俗杂夷夏"，"信觋巫，重淫祀……病不服药，止祭鬼求福，丧葬多用道僧，虽倾赀亦不惜"。① 所以《广东通志》感叹说："寰宇记则曰，妇女为市，男子坐家，虽其陋俗迄今稍变，然尉佗作令，龙川河源犹有摎氏之风焉，岂越之故俗犹未革欤。"②

这些"陋俗蛮风"的存在，对于深受儒家文化熏陶的官绅士大夫而言，是不能容忍的，推行王道、教化乡村，成为这一时期广东官绅的重要文化使命。黄佐《广东通志》记载，成化年间新会县丁积，为了激励风俗，振兴礼教，主张"墓祭田以崇节义，毁淫祀以去民惑"，算是明中叶广东推行乡约制的雏形。此后，顺德知县吴廷举要求百姓"四时八节，各祭宗祖，春祈秋报，共祭土谷"，主张以官方承认的里社祭祀，取缔民间"异端"信仰，共毁淫祠二百二十五所。而最为著名的是魏校，"大毁寺观淫祠，以为书院社学，使诸童生三时，分肆歌诗，习礼、演乐，禁止火葬，令僧民还俗"。

---

① 见明代张文海所纂嘉靖《增城县志》卷十八《杂志·风俗类》。
② 黄佐《广东通志》卷二十《民物志一·风俗》。

(《广东新语》卷九)

在整饬民间陋俗的同时，以乡礼、家训为内容的民间教化系统开始形成。明朝建立后，对于乡村教化政策便极为重视，大力推行民间礼教。后至明中叶时黄册崩坏，里甲废弛，地方礼学衰微。于是，地方官绅合力推行乡约保甲制，由家及乡端正地方风俗。广东乡绅黄佐著《泰泉乡礼》，开始了官绅在广东地方社会推行教化政策的历程。黄佐有感于广东风俗偷薄，于是撰乡礼，落实王道于基层社会。黄佐所修的嘉靖《广东通志》收录其乡礼后附论赞说："吾观于乡而知王道之易易也，于乎迩可远，固在兹哉。"乡礼的实行，也是士大夫王道理想向庶民世界的推广，将王道政治落实于地方、将教化实行于村民的日常生活中。黄佐的乡礼，被广东左布政使徐乾称为"医世良药"，令广州书坊刊刻，广为传布。黄佐的乡礼也受到当时士绅的极力拥护，认为"乡礼兴而盗贼息，教化行风俗厚"。整个《乡礼》，展示了一套士大夫进一步汉化岭南社会、使地方文化归于正统的理想。

与乡礼相伴随的还有家训。广东的宗族制在明中叶以后逐渐强化。清初广州大族建祠祭祖已相当普遍。清中叶后，情况更为普及，珠江三角洲普遍盛行修祠堂、编族谱、立族规、筑祖坟、建族产、兴族学等。所以这一时期，家训族规盛行，宣扬儒家伦理，增强宗族力量。如广东南海县大儒霍滔出身寒门，取得功名官阶后，即大力加强其家族在地方上的影响力，著《霍渭厓家训》，主张勤俭节约，谨守家业，内容详尽，强化儒家纲常伦理的思想灌输。此外，南海县名儒庞尚鹏也著有家训，以"务本业、考岁用、禁奢靡、严约束、崇厚德、慎典事"六事为本，若子孙故违家训，则会拘于祠堂，告于祖宗，重加责治。

到了 19 世纪，珠江三角洲已经成为岭南地区家族社会的核心，家族文化也成为岭南文化的一部分。乡约与家训于是把乡村礼治与家族伦理联系起来。魏校、黄佐、霍韬及庞尚鹏等官绅提倡礼教的活动，可以看为明中叶以来士大夫试图推行儒家纲常教化普及广东乡村社会的例证。[1] 这套文化以家为基础，上追远祖为宗，外延扩大成族，再由家及乡地将血缘与地缘关系勾连起来。家族遂成为地方社会的支柱。这套系统，其深入家内的渗透力

---

[1] 杜荣佳. 明代中后期广东乡村礼教与民间信仰的变化 [J]. 中国社会经济史研究，1992（3）.

— 36 —

之深，包容乡国天下的涵盖性之广，充分表征了齐家治国平天下理想的感染力和士大夫以礼治民的使命感，也反映了儒家文化对岭南基层社会的浸濡。①

综上所述，在中国古代，与中原相比，岭南文化是相对落后的，但这个差距并非始终不变。唐中叶以后到宋明时期，南方经济的发展已逐渐超过北方，岭南文化所孕育出的陈、湛江门学派，已经可以和盛极一时的阳明王学分庭抗礼。南派禅宗兴起，在佛教中的地位和影响，已是后来居上。而明清时期绵延几百年的儒化地方的教化工程，也使得岭南民间文化与中原基本趋同。所以说，到明清时代，岭南基本上已赶上差距，成为中国传统文化的重要组成部分。

第五节
近现代的文化输出与交流

历史发展到近代，南北文化的交流与碰撞出现了根本性的转折。在古代中国，岭南由于独特的地理位置，一直远离政治文化中心，是一个极不起眼的边陲之地，文化发展处于落后状态，岭南文化在和中原文化的交流中，往往处于弱势，是文化输入的一方。但是到了近代，因为岭南独特的地理位置，得风气之先，却站在了历史发展的前沿，大放异彩。岭南文化对中原文化产生了强大的辐射作用，从革命策源地、新思想的生发地，到文化北伐，不断为中原文化输送新鲜血液。岭南文化在与中原文化的交流碰撞中，完成了从输入到输出的角色转变。

鸦片战争爆发以后，广东被迅速推到了历史的前沿，此后的 100 多年间，在中国这块古老的土地上发生的意义最为深远的事件，就是社会变革和对外开放。而岭南，是近代社会变革的中心，是中国近代先进思想的发源地；是改革开放的排头兵、先行地、实验区。所以岭南文化站在了时代的前沿。

---

① 叶汉明. 明代中后期岭南的地方社会与家族文化 [J]. 历史研究, 2000 (3).

一、近代岭南的革命文化

近代中国第一次社会变革运动，是洪秀全领导的太平天国运动。洪秀全是广东花县（今广州市花都区）人，他率领农民起义建立了太平天国，颁布了《天朝田亩制度》。洪秀全的思想，糅合了儒家的大同思想、农民的平均观念以及基督教的某些教义，其思想落后于同期西方资产阶级的思想水平。但同期由洪仁玕撰写的《资政新篇》却是一部资本主义的治国方略，主张效法西方先进国家，学习西方的自然科学和工艺技术，"兴车马之利""兴舟楫之利""兴银行""兴器皿技艺""兴宝藏""兴邮亭""兴各省新闻官""兴市镇公司"，也就是建设现代的交通运输业、工矿业、金融业、专利业、邮政业和新闻业等，希望能够"与番人并雄"。洪仁玕的这个治国方略虽然由于太平天国的失败而未及实施，但是却被曾国藩、李鸿章等人所主持的洋务运动所借鉴。其在思想领域的开创精神意义深远。

近代中国第二次社会变革运动是戊戌变法，它的策划者康有为、梁启超是岭南人。康有为，广东南海人，在南海创设万木草堂，广收门徒，宣扬变法维新主张。公车上书、变法维新，震动朝野。其著作、思想被广为传播。戊戌变法虽然只进行了100天就失败了，但是它所留下的精神遗产和思想遗产却深刻影响了此后中国的历史走向。

梁启超，广东新会人，是中国近代卓越的思想家、政治家，是岭南地区杰出的文化大师。他明确提出要变法图强，学习西方资本主义国家的政治制度和文化教育制度，是维新变法的领导者之一。同时，他还是现代白话文的先驱，也是"小说界革命""诗界革命"的倡导者。他是现代中国第一流的报人，从事报刊活动27年，创办各类报刊多种，被时人誉为"舆论界之骄子"和"天才的宣传家"。他创办的《清议报》《新民丛报》等直接影响了胡适、陈独秀、毛泽东等人。胡适评论他创办的《时务报》《新民丛报》的影响时说："二十年来的读书人，差不多没有不受他的文章的影响的。"[①]

近代中国的第三次社会变革运动是孙中山领导的辛亥革命。孙中山，广

---

① 胡适. 五十年来中国之文学 [M] // 姜义华. 胡适学术文集：新文学运动. 北京：中华书局，1993：112.

东香山人。辛亥革命结束了几千年的封建帝制，对中国历史和当时中国社会的影响是巨大的。广东作为孙中山的故乡，是这场资产阶级民主革命运动的重要策源地。孙中山是岭南文化培育出的伟大的资产阶级革命家，此外还有廖仲恺、邓演达、朱执信、胡汉民、杨殷、谭平山等一大批资产阶级革命领袖人物。孙中山的《建国方略》对后代影响深远。他的"三民主义"实质上是中国新兴民族资产阶级的现代化纲领，是孙中山思想体系的灵魂，时至今日，依然是我们重要的思想资源。

毛泽东曾指出："自从鸦片战争失败那时起，先进的中国人，经过千辛万苦，向西方国家寻找真理。洪秀全、康有为、严复和孙中山，代表了在中国共产党出世以前向西方寻找真理的一派人物。"① 毛泽东在这里提到的先进的中国人代表中，广东就四占三，足可见广东在中国近代史上的分量。此外，容闳、何启、胡礼垣、郑观应、梁启超、黄遵宪等，他们在启迪民智、除旧布新中发挥了积极的作用。毛泽东就曾说过，他在青少年时代正是因为看了郑观应的《盛世危言》，才激发了"国家兴亡，匹夫有责"的救国救民志向，而康有为、梁启超则成为他早期接受资产阶级民主思想的主要来源和崇拜对象。另外，被誉为"中国开眼看世界第一人"的林则徐，早期向西方寻求真理的魏源、徐继畬等，他们虽然不是广东人，但他们的思想经历都与广东有关。

纵观近代社会变革，足可见岭南文化的地位。以广东为中心的岭南文化异军突起，是中国新思想、新观念的发源地。岭南文化经过洗礼，充满了开放创新精神和民主革命精神，"岭南近代思想文化在理论构成方面带有一种鲜明的开放精神，而不是在原有的封建旧学的基础上盘旋不进。"② 这种开放性使岭南文化走在了近代中国的前列，一改之前边缘化的文化地位，成为当时中国文化的主导者与引领者。文化传播以广东为中心，向北、向内陆辐射，推动整个社会的发展。

二、改革开放与"文化北伐"

中华人民共和国成立后，改革开放再次将岭南文化推到了历史的前沿。

---

① 毛泽东. 毛泽东选集：第四卷 [M]. 北京：人民出版社，1991：1469.
② 李权时. 岭南文化 [M]. 广州：广东人民出版社，1993：212.

改革开放的发起人、领导者和总设计师是四川人邓小平,但是他选定的改革开放的四个特区,却有三个在广东境内。广东是改革开放的先行者和排头兵,引进国外先进的思想、技术和经验,在广东先行先试,然后推广到全国各地。改革开放使广东创造了世界经济的奇迹,成为了名副其实的中国改革开放的试验区、桥头堡和孵化基地。前文化部部长孙家正说:"广东改革开放走在全国前列,开风气之先,广东人每天都在创造着新的生活,取得了辉煌的成就,这些成就不能仅仅看成是经济上的成果,实质上它也是一种文化的成果。"所以说,"广东对全国贡献的核心是文化。"[1] 改革开放给广东带来了经济的腾飞,同时也让广东成为新时代文化的发源地。

20世纪90年代,随着邓小平同志南方谈话的发表,深圳的"敢闯"意识迅速走红全国,正宗粤菜、生猛海鲜、粤语歌曲、炒更热、跳槽热等,莫不从广东走向全国,风靡大江南北。有人将这种新观念的传播称为"文化北伐"。[2] 身处改革开放之中的岭南文化迸发出勃勃生机,携带"敢闯"、"敢干"、"敢为天下先"的精神,由南向北影响全国。所以这一时期,南北文化的交流主要是南方文化以解放思想、改革开放的精神、流行文化,以及引领潮流的生活方式强势影响北方。

1. 解放思想、改革开放精神

"时间就是金钱,效率就是生命!"这个产生于改革开放初期的"口号",被誉为"知名度最高,对国人最有影响的口号"。口号一经提出,迅速传遍深圳,响彻全国,成为解放思想、改革开放精神的典型代表。

1979年8月,蛇口工业区在工程建设过程中,使用了新的奖励制度,即完成定额者每车奖励2分钱,超过定额者每车奖励4分钱,提高了工人生产的积极性,提高了劳动效率,但同时也引发了很大的争议,4分钱惊动了中南海。后来中央领导做了批示,说发奖金的办法可行,新的奖励制度才推行了下去。蛇口工业区的负责人袁庚和管委会一班人决定提出一个响亮的口号,来进一步激发人们开发建设蛇口的热情。于是,1982年年初,"时间就是金钱,效率就是生命"的标语牌,矗立在了蛇口工业区微波山下。

---

[1] 从"文化湘军"看核心贡献[J]. 领导决策信息,2005(20).
[2] 陈哲. 广东的意义(代序)[M]//颜长江. 广东大裂变. 广州:暨南大学出版社,1993:4.

1984年，邓小平视察深圳时，这句口号给他留下了深刻的印象，"这次我到深圳一看，给我的印象是一片兴旺发达。深圳的建设速度相当快……蛇口工业区更快，他们的口号是'时间就是金钱，效率就是生命'。"由于得到小平同志的肯定和赞许，"时间就是金钱 效率就是生命"这个的口号从此传遍中华大地，这句最能体现改革开放精神的口号，逐步成为人们的共识和行为准则，被誉为"冲破思想禁锢的第一声春雷"。①

1984年国庆，首都举行盛大的阅兵式和群众游行。深圳有两辆彩车参加游行，其中蛇口工业区的彩车上就是"时间就是金钱，效率就是生命"的口号，受到国内外广泛瞩目。从此以后，这个口号传遍大江南北，成为改革创新、效率优先的生动表述和典型标志。"深圳的'敢闯'意识迅速上升为全国人民的一致行动"。"'舆论北伐'，伐出了一个改革开放的新局面！"②

毫不夸张地说，"时间就是金钱，效率就是生命"口号成了20世纪80年代的时代格言，影响了整整一代人。当时"北伐"的观念远不只这个口号，但是，这个口号的确是最典型的代表，它反映了一种新型价值观的诞生，是改革创新的时代精神的反映。从文化精神和文化价值的角度看，这个口号是对传统价值观的颠覆，是对新型价值观的勇敢倡导和大胆实践。此后，效率观念逐渐深入人心，由此而生发开来的竞争意识、竞争而又合作的"竞合观念"、契约意识、权利意识、公正意识、法制观念等等，也逐渐增强，影响全国。"市场经济造成的经济民主渗透到社会生活之中，造成了一场名副其实的'观念革命'。""一种更为自主和平等的人格，更为自由开放的风气，也成为'挡不住的诱惑'向内地渗透弥散。"③

风靡全国的广东文化，其真正的魅力在于其中蕴含的时代精神。改革开放以后，广东率先经历了改革开放的浪潮，思想观念活跃，不拘陈规，敢闯敢干，"敢吃螃蟹，会吃螃蟹"是广东文化的鲜明标签。广东省委原书记汪洋说："在中国文化中间，广东文化元素是绝对不可或缺的。到北京感受长城故宫，到广东感受什么？到广东就来感受'解放思想、改革开放'的新时

---

① 蛇口春雷：历久弥新的"时间就是金钱，效率就是生命"口号［N］.经济日报，2018-01-24（14）.

② 辛向阳，倪健中.南北春秋：中国会不会走向分裂［M］.北京：人民出版社，1993：95-97.

③ 杨东平.城市季风：北京和上海的文化精神［M］.北京：东方出版社，1994：525.

期广东文化的精神。""'解放思想、改革开放'是广东文化最鲜明的时代特征和最突出的地域优势"①,也是这场"观念北伐"最核心的精神。

2. 风靡全国的流行文化

改革开放初期,广州被称为"南风窗"。由于地缘文化的原因,开放最早的广东地区一直是流行文化的集散地。从香港金庸和梁羽生的武侠小说到台湾琼瑶等的言情小说,再到诗歌热,从流行歌曲《涛声依旧》到主旋律歌曲《春天的故事》,从电影《雅马哈鱼档》到电视剧《外来妹》《情满珠江》,都从南方一路北上,风靡内地。广东流行文化在大众传媒的推动下异军突起,不仅促成了广东流行文化发展的第一个高潮,也一度引领全国流行文化发展的潮流。

(1)武侠热、言情热与诗歌热。

有人曾言,"从20世纪80年代走过来的人,尤其是所谓生于70年代者,大概没有一个人未曾受到武术狂热的洗礼。"② 这一说法虽然夸张,但是却形象地描绘了当时全国性的武侠小说热潮。因为地缘与历史的关系,武侠小说最早登陆广州,并从广州逐渐辐射到全国。1981年,《南风》杂志连载梁羽生的《白发魔女传》,《武林》杂志连载金庸的《射雕英雄传》,花城出版社出版了梁羽生的《萍踪侠影》。这三个同一年发生在广州的事件,标志着武侠小说正式进入中国内地,并从此开启了一个全国性的新派武侠小说热潮。

同时,以琼瑶为代表的言情小说也一夜之间红遍全国。1986年,随着国家对港台文学作品出版管制的放宽,花城出版社便推出了琼瑶的《菟丝花》,并反复加印了几十万册。此后花城出版社更几次获得琼瑶的出版授权,1996年开始出版琼瑶作品全集。琼瑶"已不单是个女性的名字,某个作家的名字,它变成几代中国人不可抹杀的集体记忆符号"。③

诗歌本不在通俗文学之列,但在20世纪80年代后期至90年代前中期曾风行一时。《南方都市报》在2004年4月9日《诗歌流行化:诗歌曾经的

---

① 广东文化产业强劲五年称雄全国 [N]. 羊城晚报,2011 - 01 - 05.
② 新派武侠小说传入内地,南风窗开新武侠长驱直入 [N]. 南方都市报,2004 - 03 - 26 (D92).
③ 刘雨虹. 琼瑶,永远留在青春时代 [N]. 深圳晚报,2007 - 09 - 03 (B16).

"黄金"年代》一文中坦言：改革开放以来，在诗歌界曾有一个不被认同的"黄金"时期。这一时期，席慕蓉的纯情、汪国真的小哲理、洛湃的"浪子情怀"，风行于少男少女之间。这段"黄金"时期发轫于广州，所以从这个意义上讲，广州无疑是诗歌流行化的先锋。

此外，广东作家刘斯奋的《白门柳》展示了17世纪中叶"天崩地解"的社会巨变，获得第四届茅盾文学奖；以《新三字经》为代表的道德教育读本，以《花季·雨季》为代表的学生题材小说，以安子《青春驿站——深圳打工妹写真》为代表的打工小说，以及张欣、张梅等为代表的都市小说、女性小说等，也广泛流传，风靡一时。

当时，文艺因摧残而正处于一片凋零的境地，国内的文艺创作刚刚开始复苏，人们精神文化生活比较贫乏，新派武侠、言情以及诗歌一经出现，就迅速冲击了当时单一沉闷的文艺环境，促进了社会文化环境的开放和多元化。

（2）领军全国的流行音乐。

1979年，广州东方宾馆开设了国内第一家营业性音乐茶座，并出现了我国第一支业余的轻音乐队，此后，一批豪华宾馆纷纷设立了音乐茶座，建立自己的"轻音乐队"。当时广州有"紫罗兰""红玫瑰""红珊瑚"等十多支乐队。每晚九点半左右，各大宾馆的音乐茶座开始上演流行歌曲演唱会，演唱当时流行的《霍元甲》《上海滩》等电视剧的主题歌，以及港台流行歌手的歌曲。随后，一些新的文化消费场所如歌厅、舞厅、录像厅等也相继出现，并很快风靡全国。

毗邻港澳的地理优势，让广州迅速成为流行音乐的前沿阵地。在源源不断地转手"兜售"从港台引入的流行音乐之余，广东音乐人开始"写自己的歌，走自己的路"，广州因此成为中国流行音乐的桥头堡。在北方还在讨论"什么是通俗、什么是流行"的时候，广州的流行音乐已经异军突起。当时广州聚集了一批流行音乐歌手和制作人，以及按现代市场经济模式运作的制作机构。歌曲排行榜、流行音乐协会等新事物在广东相继出现。广东的流行音乐迅速辐射全国，许多歌曲唱遍大江南北。

1985年的"红棉杯"新歌新风新人大奖赛，是广东流行音乐本土创作的一次检阅，也是其走向全国的一次集结。刘欣如、安李、吕念祖、唐彪等人崭露锋芒，后来都成了广东流行乐坛的中坚力量。陈小奇、李海鹰、解承强等人在这次大赛中脱颖而出,获得了在音乐创作方面的第一次重大激励。大赛催生了 20 世纪 90 年代中期广州流行音乐领军全国的繁荣局面,也推动了广东流行音乐向内地进军的步伐。①

20 世纪 90 年代初的广州流行乐坛群星璀璨,毛宁、杨钰莹、陈明、甘萍、李春波、李进……他们是中国内地当代流行乐坛第一代明星,身上深深地打着"广东制造"的烙印。"这个时段,大部分音乐人都进入了创作的高潮期,每人每年平均能够推出 30 首知名歌曲。"②《蓝蓝的夜,蓝蓝的梦》《为我们的今天喝彩》《轻轻地告诉你》《我不想说》《真的好想你》《小芳》《爱情鸟》家喻户晓,《在希望的田野上》《涛声依旧》《晚秋》《弯弯的月亮》人尽皆知,《一个真实的故事》《你在他乡还好吗》《一封家书》《春天的故事》《走进新时代》传唱一时!

富有创新精神的音乐人,紧跟时代潮流的音乐作品,优美的旋律,诗意的歌词,生活化、故事化的表达,充满情感的演绎,先进的音乐运作机制,再加上与广东传媒的通力合作,使得广东流行音乐能够横扫全国。它打破了当时乐坛枯燥僵化的氛围,充满了时代气息和创新精神,激发了年轻人的活力,对整个中国的流行文化影响深远!虽然广东流行音乐的辉煌不久就风流云散,但它是整个中国流行乐坛的起源和基础,对当时流行文化的开展功不可没!

(3)轰动全国的南方影视。

20 世纪 80 年代以来,港澳电影风靡华人世界,成龙、周润发、刘德华、张曼玉、周星驰等成为内地万众瞩目的巨星,深受内地观众的喜爱。得益于毗邻港澳的地理优势,作为改革开放的前沿阵地,广东以珠江电影制片厂为主要基地,输出了一批优秀的影视作品。

20 世纪 80 年代的影视作品如《虾球传》《雅马哈鱼档》《商界》《公关小姐》,充满了地域特色和生活气息。这些作品从不同的角度、以不同的方式、通过不同的人物,展示了广东文化背景下的人生百态,反映了改革开放初期广东的生活变革。如曾经风靡全国的《雅马哈鱼档》,记录了广州个体

---

① 田志凌.(流行音乐大奖赛)刺破羊城冬幕的春歌[N].南方都市报,2004 - 02 - 10(D89).

② 音乐作曲人写自己的歌走自己的路[N].南方都市报,2004 - 02 - 12(D88).

户如何靠自己的双手走向富裕的故事,被誉为"广东改革开放第一张亮丽的名片""当代广州的《清明上河图》"。

20世纪90年代广东的影视作品更是精品迭出,如反映打工者的生活与精神面貌的《外来妹》,全景式描述改革开放背景下社会和情感变迁的《情满珠江》,展示和平年代军人生活的《和平年代》,以及深入揭示改革开放后新刑侦问题的《英雄无悔》等,在全国轰动一时。《外来妹》是由广州电视台推出的十集电视连续剧,1991年在中央电视台播出,轰动全国。它主要描述六个从穷山沟到广东打工的女性的命运。时代的变迁,让一个农村女孩可以靠自己的努力走向人生巅峰,带给普罗大众心灵上的震撼。《情满珠江》是一部影响巨大的商战片,以南方某电风扇厂从乡镇小厂到国际集团为蓝本,展现了一群广东企业家如何借着时代变迁,乘着改革春风,挣扎成长的过程。它全景式地描绘了一幅几十年来广东由封闭走向开放的波澜壮阔的画卷,称得上是史诗剧了。

这些影视作品如同档案,记载了时代前进的每一个脚印。一部又一部的时代剧、史诗、纪录片,从不同的角度给我们展现了广东人在改革开放过程中的奋斗轨迹和心路历程,也揭示了一个时代的嬗变。更重要的是,这些影视作品传递了强烈的时代精神,昭示着"一个新的文化讯号正在叩响历史之门。广东人不只是送给了观众几部有可观性的电视剧目,广东人正在给社会、给时代奉送一种新的文化精神"。①

(4)引领潮流的生活方式。

随着改革开放后广东崛起,"广货"以迅雷不及掩耳之势,占领全国商品市场的半壁江山,"从这块土地上长出的观念、说法、语汇,连带着珠江水、广东粮、电子表、遮阳伞、家用电器、广式发廊、生猛海鲜,以及资本钞票,源源不断地向内地渗透"。② 跟随着"广货"一起风行全国的,还有广式生活方式,"当先生、小姐的称谓取代了同志、师傅之时,显然不仅意味着来自南方的时髦,而且意味着一种全新的生活方式。"正宗粤菜、生猛海鲜、广东名厨主理的粤菜馆在内地如同雨后春笋,粤语速成培训班的广告招摇于市,新潮青年以唱粤语歌曲为荣,健美比赛、模特表演、选美活动,

---

① 程文超."彼岸"后文化景观:广东当下题材电视剧琐谈[M]//程文超. 寻找一种谈论方式:"文革"后文学思绪. 广州:中山大学出版社,1997:479.
② 刘斯奋,秦朔."南风北上"与"北风南下"[J]. 南风窗,1996(4).

炒更热、跳槽热、股票热、房地产热等,"莫不是从广东走向全国"。①

广州服饰流行全国。当时有一个流行的说法叫"吃在广州、穿在上海、说在北京",但实际上,"穿在上海"在二十世纪八九十年代已经不是生活的现实,流行服饰的阵地在广东和香港,上海服饰的时尚和潮流也基本是以广东、香港为导向的。喇叭裤、蝙蝠衫、红裙子、大墨镜、牛仔裤……鲜艳的色彩、时尚的款式,从香港、广东一路北上,风靡全国。无论是国内第一批牛仔服的拥趸,还是第一家牛仔裤生产工厂,都在广东。广东今天依然是最大规模的牛仔服生产基地。广东批发市场的繁盛,让广式服饰更快更大规模地发往全国。今天,除了广交会之外,广州市、中山市、佛山市,及新塘镇、虎门镇等均有大型服装批发市场,对广式服装流行全国起了重要助推作用。

婚纱摄影风靡全国。因为毗邻港澳,婚纱最早进入广东市场。虽然一开始昂贵的价格让普通民众望而却步,但是随着婚纱制造厂商的大量增加,婚纱向着平民化发展,尤其在婚纱摄影这一特殊方式的带动下,婚纱终于突破了传统婚礼的观念,"带起了在20世纪90年代风靡中国内地的大中城市乃至中小城镇的婚纱摄影之盛行",许多女孩趋之若鹜,"至少有一天是最幸福的新娘"。② 婚纱摄影的盛行冲击了传统的婚礼方式,同时也大大推进了婚姻平等、新式婚嫁等观念的流行。

美容美发普及全国。自改革开放之初,广州就在美容美发方面走在了全国前列,并进而引发了席卷全国的美容美发浪潮。"广州发廊"一度是叫响全国的时尚标志。1979年,广州第一家个体发廊——罗维丽莎诞生在高第街,之后广州的发型艺术就遍地开花,成了时尚潮流中的先锋。不管是"冷烫"、数码汤、离子烫,还是"爆炸头""奔头""蘑菇头",都从广东迅速流行全国。20世纪80年代中期,一批香港人最早开始在广东传授美容技术。"广州美容院"也在全国具有广泛的号召力和影响力。从早期简单的脸部皮肤护理、按摩,文眉、眼线和唇线,到后来的SPA、美体,以及祛皱、祛斑、整形,美容业逐渐普及全国,而广州美容一直挺立潮头。

---

① 杨东平. 城市季风:北京和上海的文化精神 [M]. 北京:东方出版社,1994:528.

② 刘毓. 婚纱平民化 至少有一天是最幸福的新娘 [N]. 南方都市报,2004-03-12 (D92).

文化是一个民族的生活方式,体现在衣食住行当中,反映在人生理想、价值追求等各种精神风貌中。作为湖南人的易中天在《读城记·广州市》中这样写道:"显然,广州文化或以广州为代表的广东文化对内地的影响已远远不止于生活方式,而是直接影响到思维方式和思想方法,其势头比当年上海文化之影响内地要大得多、猛得多。如果说,上海人曾在全国造就了许许多多的'小上海',那么,广东人却似乎要把全国都变成'大广州'。"[①] 广东得改革开放风气之先,加之毗邻港澳的地缘优势,创造了诸多新的生活方式、价值观念,富有改革创新的时代精神,并且辐射、影响到全国,推动了我们的现代化进程,促进了当代中国文化的现代化。

三、南下打工潮与南北文化融合

从20世纪80年代中期开始,中国出现了一次规模宏大的人口大流动,数以百万计的人口,沿着每一条南下的路,穿过五岭山脉,涌向珠江流域,形成了持续十多年的人口流动潮。这次南下潮与历史上任何一次都不相同,这是一次没有人组织,并非出于军事和政治意图,而纯粹出于经济目的的人口大流动。大量北人南下,南北文化在岭南形成了一次大融合。

作为中国经济改革"先行一步"的带头地区,广东省成为中国经济发展速度最快的地区之一,创造了令人震惊的经济奇迹。据统计,全省国内生产总值从1978年的184.73亿元增加到1993年的3 225.3亿元,增长了16.46倍;人均国内生产总值从1978年的365元增至1993年的4 900元,增长了12.42倍,增长速度居全国前列。短短十几年的时间,以广州为中心,崛起了深圳、珠海、佛山、顺德、东莞、中山等一大批明星城市。经济的高速增长,使得城乡之间、地区之间经济收入的差距增大;再加上城乡隔绝二元体制的松动,使得广东省尤其是珠江三角地区成为外来人口集中的流入地,"东西南北中,发财到广东"。自20世纪80年代中期以来,每年数以百万计的外来人口涌入广东。据广东省有关部门统计,1994年广东省外来工达650万人。作为一座移民城市,深圳的常住人口大约是1 200万人,但是户籍人口仅仅只占人口的1/4。

---

① 易中天. 读城记 [M]. 上海:上海文艺出版社,1997:113.

从来源上看,珠江三角洲地区的外来工群体一般分为两类:一类是来自三角洲以外、广东省内其他地区的。这一类外来工占珠江三角洲外来工总数的近两成。另一类则来自其他省区,几乎遍及全国,以湖南、四川两省最多,分别占了两成多;广西也占约一成半;其余较多的省区是江西、湖北、贵州、安徽等。若以广东全省而言,流入省内的外来人口来源地则依次是广西、湖南、四川,这三个省区的外来人口总数占了广东省外流入总人数的62.16%。[1] 大量的外来人口,一方面推动了岭南文化的传播;另一方面促进了南北文化的融合,形成了一种融会南北、包容开放的新岭南文化。

广东的外来工将自己用青春和汗水换取的钱,大部分通过汇款寄回老家,一方面缓解了家庭经济困难;另一方面最直观地向他们展示了改革开放的成果,同时带回来了开放的观念、新的生活方式和人生追求。打工者在春节回乡时展示出来的变化,也成为生动的文化传播展示板。他们言谈举止落落大方,谈吐行为文明礼貌,也比较注意穿着打扮,给传统的乡村社区带来新的气息和景观,而且生活追求、思想境界都跟从前有很大的不同。这些都冲击着闭塞落后的传统小农经济及相应的社会价值观念。早期的打工者,大部分依然回到老家,成为南方文化天然的传播者。

人数众多的外来工来自全国各地,他们携带着各自不同的区域文化、不同的成长背景、不同的价值观念,在工作中、在生活中、在奋斗中,从生活习惯到思想观念,都进行着摩擦、碰撞、交融。一方面,打工者要适应南方文化,学习南方文化,比如,普遍以能学会"广州话"为荣,并经常作为在家乡父老面前炫耀的资本。"粤语学习"曾一度热遍全国,比如买单、打的、爆棚等,许多流行译名按照粤语发音,从香港、广东势不可挡地走向全国,比如镭射、T恤、菲林、的士、迷你、健牌、排队、唱碟等,展示了南风北上的势头。另一方面,南方文化也在这一过程中,丰富了自己的"粤味"。广州等地普通话越来越普及,吃北方的粗粮杂粮蔚然成风,北方餐馆食客如云,有些区域似乎像"南方里的北方",外地人在这里没有陌生感;北方知识分子、各种文化人南下,亦使广州的文化生态变得更加丰富……这就是"南风北上"与"北风南下"的文化融合。[2]

---

[1] 张应强. 广东外来工群体及其对区域经济文化变迁的影响[J]. 中南民族学院学报(哲学社会科学版),1999,(3).

[2] 刘斯奋,秦朔. "南风北上"与"北风南下"[J]. 南风窗,1996 (4).

中华民族在历史上一直不断地流动、融合，随着社会的进步、科技的发展，南北的界限注定要打破，南北的融合、交往是大势所趋。融合是时代趋势，地不分南北，人不分东西，"来了就是广东人"。这种南北交融的文化，塑造了岭南文化既开放创新又包容进取的文化精神。

综上所述，在漫长的历史发展过程中，南北文化一直在进行着交流和碰撞。从秦汉时期北方文化对岭南文化的强势传播，到明清时期北方文化对岭南文化的全面浸润，南北文化完成了深度融合。在这个过程中，岭南文化一步步发展提升，全面融入了中华文化当中。近代，岭南文化一枝独秀、大放异彩，成为近现代革命的策源地、改革开放的前沿地，开始强势影响北方文化。随着时代发展，南北方文化的界限被彻底打破，文化交流便不再特别划分南北，各区域文化都有自己的特点，又都融入了现代化文化的建设洪流当中，南北文化齐头并进、共同发展。

第三章
文化经济视野下的地域文化新质

在近现代中国的现代化进程中，文脉与商脉从来相辅相成。当下，经济文化化、文化经济化、经济文化一体化的趋势越来越明显；而未来，新的数字经济、网络经济时代，文化创新将成为经济创新的内生的与外在的驱动力。文化是行走的经济，经济是可持续的文化。建设粤港澳大湾区与长江三角洲区域一体化上升为国家战略，两大战略正对应着两大文化——岭南文化和江南文化。最具对应性的两种经济模式及其相应的两种异质文化，文化与经济在此奇妙地勾连，由此有了碰撞、互动乃至对话的可能。地域文化与历史机遇，和经济持续发展有何关系？如何形成时间和空间的匹配？如何从文化角度呼应总体国家战略设计？以是问题都是对于中国当代文化未来走向的探讨。

第一节
问题的提出："两南"文化对话的可能

过往的国内外研究中，在文化比较方面，岭南文化与江南文化几乎没有过交集；但作为单独的文化研究，岭南文化与江南文化分别对应有大量的研究成果，涉及的文化研究主题多样，内容庞杂。

梳理后发现，无论岭南文化还是江南文化，各自的整体研究主线是清晰的，多从文化人物、文化史及文化艺术研究进入，通常在两个研究范畴内展开：一是传统文化的范畴，二是地域文化的范畴。

传统文化范畴的研究，包括岭南/江南文化地理、岭南/江南文化传承与传播；地域文化范畴的研究，包括对岭南/江南文化在建筑、绘画、民间艺术设计乃至文学、戏剧等艺术形态中的呈现，对岭南/江南文化的内涵、特征、品格精神、价值的深入剖析，等等。

看似非常丰富的内容，实际上都没能跳脱出这两个基本研究范畴，都是囿于传统的文史研究，研究的范式相对单一。

建设粤港澳大湾区与长江三角洲区域一体化上升为国家战略的这几年，有学者开始关注地域文化与经济的关系，意识到无论是粤港澳地区还是长江三角洲地区，其各自语言、文化、习俗相同，有着共同的岭南/江南文化基因，基于深厚的地缘、史缘、亲缘等关系，形成不同文化特色和相互间独特的文化关系。有学者提出，粤港澳大湾区概念不仅是一个经济概念，也是一个文化概念。[1] 另有学者认为，在长江三角洲区域一体化过程中，江南文化构成了长江三角洲共同的精神家园。[2] 总之，它们都是强调应当充分发挥文化在各自地域经济建设中的助推作用。

上述所有研究，都是分别对应两个不同地区及其文化的各自分立的研究，而将岭南文化与江南文化联系在一起的相关研究基本空白，即使略有涉及，亦只散见于一些关于地域比较的简单描述中（如广州与上海的城市比较），缺乏深入的学理性，且始终无法突破传统地域文化或传统文化研究的视野局限。敏锐地将两者纳入到两大国家战略层面来探讨，以文化经济学的理论视角进行阐释的研究更是空白。

而从另一个视角来梳理，我们发现，自20世纪90年代后半期开始，西方经济地理学的研究亦呈现出一种文化研究的趋向，经济地理学家和文化地理学家开始思考并重视文化等非经济因素在经济活动及经济空间格局的形成和演化中的作用，并强调在社会文化与政治经济相互作用的动态过程中来认识资源、资本和劳动力等生产要素的空间特征，突出社会文化在经济增长中

---

[1] 徐远通. 充分发挥岭南文化在粤港澳大湾区建设中的作用 [J]. 岭南文史, 2018 (3).

[2] 王战. 解码江南文化 [N]. 社会科学报, 2019 - 02 - 28 (006).

所扮演的角色作用，引发了经济地理学的"文化转向"。①

由此，我们认为，在相关地域文化研究与经济地理研究的基础上，开创性地将岭南文化与江南文化进行比较，并创造性地将这种跨文化比较放在两大国家战略层面，基于文化经济的视野进行探讨，是非常有意义且具有极大拓展空间的论题。

将岭南文化与江南文化的对话放在文化经济的视野下，其意义在于对文化和经济两个领域都具有战略助推作用。探索文化的经济面，经济发展的文化脉络，将两大国家战略的文化与经济价值整合起来，讨论文化资本与经济发展下的文化新质，具有跨学科的研究价值。

基于此，我们思考：历史发展中岭南文化与江南文化在什么样的经济发展背景下发生过碰撞？各有什么样的不同姿态？各自产生了什么影响？当下，在粤港澳大湾区与长江三角洲区域一体化发展中，文化与经济渗透融合衍生出什么样的文化经济新形态？岭南文化与江南文化在其中有什么推进经济发展的文化共性？在两大国家战略发展进程中，伴随着经济的交流互动、互补合作，文化是否可以连接并对话？如何对话？需要建立怎样的文化实践与文化对话机制？又将产生怎样的文化新质？

文化对经济的影响是复杂而多层面的，涉及宏观经济、微观层面的个体行为与企业行为，即不仅会影响长期经济增长、地区经济发展、收入分配、公共财政、出口贸易等宏观经济变量，还会对个体的劳动力市场参与、个人消费决策行为、创业选择、是否参与社会保险等产生影响，而企业的风险承担、代理成本、并购绩效等也会受到文化因素的影响。②需要说明的是，我们的分析仅在宏观经济层面的框架下展开。

第二节　岭南文化与江南文化的碰撞——关于历史

回溯历史，以中原文化的强势文明为参照系，江南文化是中原文化在江南的积淀，深厚、精致、精英；而岭南文化作为弱势文化受中原文化冲击，

---

① 庞效民. 90 年代西方经济地理学的文化研究趋向评述 [J]. 经济地理，2000 (3).
② 吴琦. 文化与经济：近十几年国内外文化经济学研究综述 [J]. 现代管理科学，2018 (7).

但因其海洋性又具有强大的气场，自成一格，质朴、自然——她们都是中华文化的一部分，被中原文化深深影响，同时亦改变着中华文化的格局。回到当下，相对江南文化，岭南文化传统中的市场基因更强；粤港澳大湾区的复杂性，使岭南文化的内涵更具有多元性，文化融合更复杂、更具不确定因素，也由此有更多的文化可能性。岭南文化与江南文化在不同历史时期各自有其轨迹，在历史的框架中遥相呼应。我们需要厘清文化与经济碰撞的过程与结果。

文化对经济发展的作用机理近年为文化经济学所关注，自然地理和早期历史因素影响现代经济发展，其重要渠道是作用于代际相互传承的社会风俗、习惯、信念和价值观等文化因素，比如自我效能信念（self-efficacybeliefs），这一文化特质代代相传，从而提高了当地的社会资本。[①]

反过来看，区域经济的发展状况对地域文化的形成与发展起支撑的基础性作用，不同的区域经济水平和特色孕育出不同的地域文化。经历了数百年甚至数千年的一地的传统地域文化，是经历了一代又一代人的公共选择后所最终积淀在这个地区和民族的血液里的，构成这个地区社群特色和民族特质的文化底色，这种底色异常强大而稳定，会对该区域的经济发展产生巨大的反作用。因而，各具特色的地域经济总是体现出受不同类型地域文化影响的深刻印记。

一、岭南文化与珠江三角洲地区的区域发展

改革开放数十年，珠江三角洲经济的崛起与腾飞，乃至社会的全面进步，除了得益于政策先机外，一个重要的原因也在于该区域具有深厚而独特的文化底蕴、文化渊源和文化积累，或者说岭南文化传统。岭南，泛指五岭以南地区，范围包括今日广东、广西一部分和越南北部地区，后人也以岭南为广东的代称。珠江三角洲属于岭南文化区，广州是岭南文化形成的中心。先秦时期岭南文化已见雏形，由于相当长时间内岭南在天朝大国的版图上，是封建王朝的化外之地，使形成时期的岭南文化远离儒家中心文化，带有一

---

① GUISO LUIGI, PAOLA SAPIENZA, LUIGI ZIN-GALES. Does culture affect economic outcomes? [J]. Journal of economic perspectives, 2006 (20): 23-48.

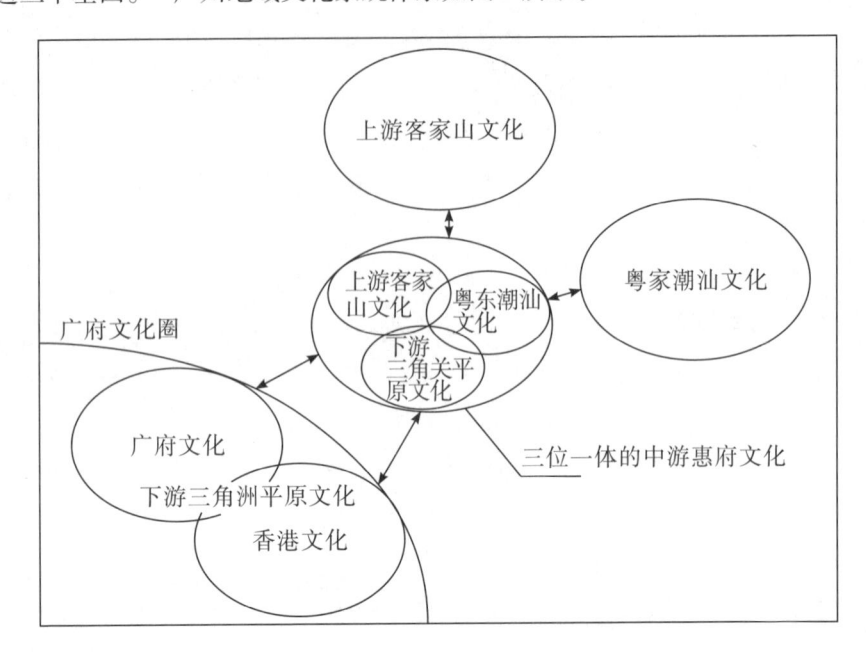

点边缘文化的味道。因此岭南文化一开始就具备了开放性、商品性和共处性这三个基因。① 广州地域文化景观体系如图1所示。

图1 广东地域文化景观体系示意②

一是开放性。岭南交通（现代交通出现以前主要的交通是水路）畅达，背山面海，远通域外，率先吸纳域外文化，兼容不同文化。岭南交通开放（也出现了杂陈和兼容），如岭南文化的中心广州，临南海之滨，扼珠江之口，对于吸收外来文化有天然的地理优势。在晋时，岭南中心广州就已经是华南地区的出海口；到了唐代，已成为中国南海大港，海上丝绸之路之一。此时，广州已设"蕃坊"，异邦习俗开始对广州的文化产生重要影响，也就是说，广州人在唐代就对"蕃鬼"习以为常。由此造就了广州人的开放性格。

二是商品性。岭南地区商业活动频繁，催生了与中原传统的重官抑商相抵牾的商品意识，也激发了区别于禁欲主义的享乐精神，这种享乐精神又反过来强化其重商特性；同时，由于岭南地区自古就是我国东南部手工业、小

---

① 徐李全. 地域文化与区域经济发展 [J]. 江西财经大学学报，2005（2）.
② 叶岱夫：广东东江流域文化地理研究与区域经济展望 [J]. 人文地理，1998（4）：13.

工业城镇的聚集地，使岭南文化具有较强的平民倾向，充满商业色彩。

三是共处性。即东西共存、各守一方。洋人生活方式和粤人生活方式，在岭南河水不犯井水，长期和平共处。近代以后，岭南文化继续完善发展，西方殖民主义者用武力对我国进行野蛮侵略，岭南人民以坚强和勇猛的斗争精神率先奋起反击，众多仁人志士开始探索救国之道，这里产生了洪秀全、康有为、孙中山、詹天佑、黄遵宪、邓世昌等一大批杰出的人才，岭南文化也因此注入了革命因素。随着西方资本主义思潮的传入，中西文化在这里汇合、碰撞、交流，岭南文化具有了学习、兼容西方文明的特点。魏源就明确提出"师夷之长技以制夷"的口号，林则徐则以实际行动迈开了学习西方的第一步，在学习西方军事、器物和政治体制等方面都发挥了重要作用。继魏源、林则徐之后，岭南人在接触、吸收西学方面继续走在时代的前列，并提出种种改革中国的措施方案。岭南文化形成了博采众长、兼容并蓄的胸襟和敢为人先、敬业乐群、务实奉献、富于开拓的精神。

总之，珠江三角洲在悠久的岭南文化传统、秀美的地理环境、特殊的政策优势和多种外来文化的整合下形成了一种"义利兼顾、自主开放、生猛鲜活"的区域文化性格，这是过往珠江三角洲能够成为改革开放前沿，成为中国经济最活跃地区的文化根源。

二、江南文化与长江三角洲地区的区域发展

长江三角洲地区主要包括上海、江苏和浙江。长江三角洲地区的江南文化相较岭南文化，构成显得更为复杂，以江浙的吴越文化为主。月泉指出长江三角洲区域具有明显的"善进取、急图利"的功利主义色彩，散发着"崇尚柔慧、厚于滋味"的人文关怀，具有顽强的生命力和开拓冒险的精神。王德峰曾将长江三角洲区域文化特点概括为合理的个人主义以及在文化价值上的宽容态度、务实精神和意识形态上的中立、善于学习先进思想和积极的对外开放心态。这些都与岭南文化有着共通之处。

长江三角洲经济繁荣，成为我国的经济中心之一，可从其源远流长的传统地域文化中追溯。古之吴越地处中国东南沿海一带，可看作是包含当今的江苏、浙江、上海的长江三角洲地带。历史上吴越地区作为一个具有较强的外向经济活力的东南沿海区域，对外商贸十分活跃。濒临大海、依托大海的

地理特点，使得该地区逐渐成为中国经济和文化东向传播与扩展的重要窗口，也使该地区的文化因子中融入了较多的创造性与开拓性精神，表现出了较多的对外发展、对外辐射的需求。正是该地区在地理环境、生产技术、经济方式、人文精神诸多方面的有利条件，如地缘海隅的地理环境、先进发达的航海技术、繁荣兴盛的港口贸易、开放开拓的地域心理等，促使江南文化一定程度地摆脱了中国传统文化中的一些固有的保守性与封建性，逐渐走向了东亚环海文化圈的大家庭中。

江南文化作为中国文化中一种具有海岸文明特点的地域文化形态，一方面保持了中华民族传统文化的许多固有的风格与特点；另一方面又呈现了深受海洋文化熏染的某些独特的地域文化个性。比如，吴人行事崇尚制度规范意识，具有较强的开放开拓的地域心理。缙绅以货殖为急，重于交易谋利，重商观念深入民心。吴越似乎自古以来就是富豪集聚地——古有越国上将军范蠡弃官从商，人称陶朱，逐什一之利，聚巨万资财，成为中国历史上最著名的富商大贾，被历代商家尊为祖师爷。大儒梁启超是这样描述吴越人的：其俗纤啬，其人机变。显然，这种文化个性和文化氛围有利于现代市场经济发展。当今浙江民营企业空前繁荣，市场经济异常活跃，上海成为我国经济和金融中心，江苏经济发展水平在全国名列前茅，都应是历史上形成的崇尚规范、开放开拓、重商观念深入民心的地域文化性格与市场经济契合的一种内在必然。[①]

从上海、江苏、浙江三地具体文化特征来看，它们又各具有独自的文化内涵。江苏属吴文化和淮扬文化的范围，受中原文化和吴文化的交织影响，价值观念体系上以勤劳、智慧、务实、求稳、开放和竞争意识等为主导，"苏南模式"的兴起和发展充分体现出了江苏在区域经济发展过程中的稳中求进的特征。浙江以越文化为主。浙江由于受自然条件和自然资源的限制，对外界没有明显的依赖心理，具有更强烈的忧患意识；同时由于受到海洋文化的影响，浙江人富有敢于冒险、开拓进取的创业精神。上海则具有鲜明的海派文化特征。海派文化是以吴越文化为基础，在江南工商经济传统下，融合西方文化和西方工业文明所演化发展出的以上海为城市形态的文化。上海地区文化的发展，体现出了传统与现代、本土与外来等多元文化融合的格局形态。

---

① 徐李全. 地域文化与区域经济发展 [J]. 江西财经大学学报，2005（2）.

长江三角洲区域文化模式和区域经济模式如表 3 所示。

表 3　长江三角洲区域文化模式和区域经济模式①

区域		江苏	浙江	上海
区域文化模式	文化背景	吴文化、淮扬文化	越文化、浙东文化	海派文化
	文化观念	勤劳、稳重、温和	冒险、奋进、吃苦	稳重、含蓄、细腻
	文化特质	人文沉淀、政府主导意识强	灵活经营、市场意识强	国际化、对外开放意识强
	文化共性	崇工崇商、崇文崇教、兼容和谐、开放创新		
区域经济模式	典型模式	苏南模式	温州模式	浦东模式
	经济载体	乡镇企业及其改制企业、外资企业	民营企业	大型国有企业、外资企业
	产业部门	机电、纺织、IT 等制造业	以大市场为依托的小商品行业	国民经济支柱行业
	政府作用	招商引资	政府管制较松	高效、强势的政府
	投入机制	集体、外资	民营资本	国家投资、外资

总体来看，长江三角洲地区江南文化的主要特征和文化共性主要为重视工商、注重功利、对外开放、开拓创新等。其中具体细分的不同区域的文化特征形成了长江三角洲地区各子区域经济发展模式的差异，如以吴文化为主的"苏南模式"、以越文化为主的"温州模式"以及以海派文化为主的"浦东模式"。尽管形成了上述不同的差异，但这些在全国具有典型特征的区域经济发展模式都是在江南文化的共同内涵特征影响下形成的，其内核是一致的。如江南文化中的创新精神和重视工商的市场意识在江浙地区造就了大批的企业家。以温州为例，温州市总人口中几乎 1/3 在办企业或从事市场交易活动，足迹遍及世界各地，以致形成了"哪里有市场，哪里就有温州人；哪里没有市场，哪里就会出现温州人"的说法。

如上所述，岭南地区的敢为人先、自主开拓与江南地区的重商求利、义利兼顾，这些共通又各具特质的文化因素，在当代的工业文明阶段，分别造就了珠江三角洲与长江三角洲地区的经济繁荣，其中带有显著的历史必然性。

---

① 陈柳，于明超，刘志彪. 长江三角洲的区域文化融合与经济一体化 [J]. 中国软科学，2009（11）.

第三节　岭南文化与
江南文化的共生——关于当下

文化的经济化,即文化逐渐具有经济特征甚至成为一种独立的经济形式;经济的文化化,即大量商品逐渐具有了文化的特征,甚至文化性占据主导地位。这个趋势同时发生在当下的粤港澳大湾区与长江三角洲经济带。文化与经济的融合更使原本异质的不同文化间有了共性,它们虽形态各自不同,但同时对地域经济一体化发展承担着相同的作用与功能,也以不同姿态在中国的文化版图中共生。

文化产业的出现,使文化内容可以转化为文化产品进入物质消费领域,文化创新与经济创新在某种程度上关联起来。近年来,文化创意相关的经济部门逐渐崛起,成为经济增长的新引擎。特别是网络时代,数字化的文化创意产品改变了人的文化生活和娱乐方式,文化创意的生产成了文化创新的主要来源之一,以文化创意形式出现的文化创新同时还重塑了经济创新的模式。因此,在数字经济时代要促进经济发展和提升经济创新能力,除了发挥我们已有认识的技术创新、组织创新和制度创新,无法忽视以文化创意为代表的文化创新。具有文化创新能力的经济创新才能适应数字经济时代的竞争趋势。

一、岭南文化聚合下的粤港澳大湾区文化经济

湾区是世界先进滨海城市群的标志,也是经济高质量发展的重要载体,如旧金山湾区、东京湾区和纽约湾区等城市群具有强大的产业聚散效应和国际交往功能。但世界级城市群并不是一个物质性的城市实体,活跃和高质量的文化活动和健全的文化市场体系才是世界级城市和城市群的重要特征。[①]

2018年10月发布的《中国区域文化产业发展报告(2016—2018)》指出,粤港澳大湾区是目前中国经济发展最快的区域,也是各类文化活动较活

---

① 王林生. 现代文化市场体系:粤港澳大湾区文化产业高质量发展的路径与方向[J]. 深圳大学学报(人文社会科学版), 2019 (7).

跃、文化产业发展环境较好的片区。大湾区其中一个建设目标就是世界级文化产业中心。因此，广东依托粤港澳大湾区的地缘优势、丰厚的旅游文化资源、尚未开发完全的历史名城和文化遗产，将成为湾区文化产业中一支独具特色的生力军。近年广东文化产业发展迅猛，文化产业增加值连年位居全国第一，约占全国文化产业总量的1/7。经广东省统计局核定，2017年全省文化产业增加值达4 817亿元，占GDP比重为5.37%。广东正在从过去单纯的制造业为支柱产业的产业大省向文化产业主导的文化大省转变，文化产业正在逐步加大其国民经济重要性地位。根据广东省文化产业"十三五"规划及电影等相关专项规划，到2020年，高附加值的创意文化产业占比将达53%。

据商务部门的数据显示，广东文化出口已覆盖160多个国家和地区，在出版、动漫游戏、创意设计、文化设备制造等领域培育了一批具有国际竞争力的重点出口企业和品牌。2016年，广东文化产品进出口437.9亿美元，其中出口418.1亿美元，居全国各省区市首位。广东省广州市天河区拥有我国首批公示的全国13个国家文化出口基地，在对外文化出口和文化交流中充分发挥"国家文化出口基地"的优势，培育外向型文化创意企业。2017年广东对"一带一路"国家文化产品出口66.94亿美元，同比增长28.5%，展示出广东在参与"一带一路"建设中具有较强的文化优势，并积极带动了香港、澳门文化产业的发展。

粤港澳大湾区在文化生产、文化产业大发展的同时，有一个趋势非常值得关注，就是除了传统意义上的文化产业之外，文化创意的融合现象最近几年大量出现在制造业等行业中。例如近年崛起的中国科技企业深圳"大疆"，其战略定位是"做全球飞行影像引领者"，将无人机等科技产品打造成为实现文化愿景的一种工具和手段。该企业着力打造"天空之城"网络社区、移动影像大赛等平台，以发挥文化创意的凝聚力。在类似这样的行业之中，文化创意发挥了创新的引领作用，同时还成为一种产业协同联动的黏合剂。不同类型的企业因为文化表达的需要，达成了围绕某一种文化的生态圈的协作模式。

文化生产与相关经济的融合，乃至产业协同，将成为粤港澳大湾区经济创新的具体实现形式之一。文化创意聚合形成新的创意一大部分是通过文化制造业或者其他产业的产品体现出来，这除了文化创意的聚合效应，还体现出文化融合进生产的过程，并且带动文化产业与其他（尤其是科技）产业的协同共进。文化创意只有成为一般商品的价值构成，才能成为经济创新的来源。

可见，粤港澳大湾区的文化经济发展模式主要以创新为引领和支撑，注重文化产业与资本、高新技术的结合，推动传统文化和现代文化深度融合，重塑产业发展新格局。毗邻港澳的地理优势，为广东文化产业发展注入开放、多元和创意的新元素，令广东本土的文化创意产业得以协同提升。这或许是新时代传统岭南文化的又一次开放、兼容的创新演进。

二、江南文化辐射下的长江三角洲经济带文化经济

江浙沪地区是继珠江三角洲经济圈之后的又一区域经济增长极。随着长江三角洲地区江浙沪两省一市经济一体化速度的加快和发展成果的日臻完善，该区域文化产业也呈现出极具竞争力的强劲势头，依托该地区雄厚的文化底蕴和资源禀赋，逐渐形成富含地方特色的文化产业带，上海、宁波、杭州、苏州、南京等地均成为该文化产业带的代表性城市。

与广东的行政区划的天然优势不同，长江三角洲经济带原本有着跨越两省一市的行政区隔障碍，但共同在江南文化的辐射下自成一体。

从文化形成来看，文化的产生同时是人类认识在文化空间集聚的过程，这种集聚形态在文化生态学中被称作"文化群落"。文化群落产生于文化个体对超越其上的价值标准的向上文化认同，文化认同是将文化个体集聚在一起的动力，而地理环境对区域文化特质有决定性的影响作用。这表明，文化本身是一种连贯、统一的社会产物，因此作为广义文化的一种分类，文化创意的生产不可能脱离社会文化的集聚发展特征成为分散式、独立式的生产形态。尤其是在经历了工业社会的规模化生产组织方式改革以后，文化创意的空间集聚特征更为明显。文化创意的空间集聚最后会形成一种制度上的产物即创意城市，其概念本身并不是来自于行政上的城市划分，而是创意发展到一定阶段后出现的特定社会组织形式。

从产业经济学和演化经济地理学的角度，文化创意生产的空间集聚与产业集聚、空间要素特征等相关。产业空间集聚的好处主要来自集聚带来的规模效应，以及企业可以从中获得的正外部性收益，文化及相关产业的集聚发展趋势表明，文化创意区域的形成对于产业发展具有重要作用。由于融合文

化创意的不同产业之间关联性加强，因此，可以把文化创意发生集聚原因的探讨从文化因素转移到与产业集聚相关的地域因素上来。

从全国范围来看，我国文化创意产业主要存在六大产业集群，分别是以上海、杭州和苏州为中心的长江三角洲文化创意产业集群，以广州、深圳为中心的珠江三角洲产业集群，以北京、天津为中心的京津冀文化创意产业集群，以长沙、武汉为中心的中部产业集群，以西安、成都和重庆为中心的川渝文化产业集群，以昆明为中心的滇海文化创意产业集群。而这六大集群中，长江三角洲文化创意产业集群规模最大，在全国所占比重最高。长江三角洲地区是我国经济发展水平最活跃的地区之一，也是江浙沪"两省一市"经济发展的主战场。

2004年11月上海创意产业中心成立，作为上海市文化创意产业推进机构，在此后两年内分批成立了75家创意产业集聚区，吸引了3000多家企业进驻，使上海市文化创意产业进入跃进式发展阶段。上海文化创意产业的快速发展带动了周边地区的积极性，江苏和浙江各自出台相关政策法规，加大扶植力度，有效开发利用文化资源，注重品牌打造，重视保护知识产权，保障文化创意产业进入快速发展轨道。江苏省依托科技和雄厚的经济实力，打造出苏州国家动画产业基地、无锡太湖新城产业园等64家文化产业园区，成为南方重要的文教与创意产业基地，同时将传统的历史文化与现代科技相结合发展独特的文化创意模式。从2013年起，南京和苏州文化创意产业增加值占GDP的比重突破5%的关键性门槛，表现出巨大的经济效益和发展潜力。浙江以杭州、宁波、温州等地为中心，依托当地文化资源和优势成立多个文化创业园区，杭州的软件、动漫咨询设计和休闲娱乐产业，宁波的工业设计、动漫和会展服务等全国知名。

如上所述，无论是粤港澳大湾区近年围绕文化创意核心崛起的智能化制造业，还是长江三角洲一体化经济中强势的文化产业乃至互联网信息产业，其集聚效应背后有着深厚的文化创新基础。即，一方面，文化资源市场化、资本化，使文化产业发展成为两个地区的新的经济增长点；另一方面，文化创意的生产形态、文化创意融合进生产过程中所带来的聚合、协同效应同时成为经济创新的源泉与动力，进而推动两个地区发展出新的经济创新模式。文化，在当下，以具有共性的创新方式共同推动着区域经济的发展。

第四节　岭南文化
与江南文化的新质——关于未来

　　岭南与江南的比较，既有历史的基础、当下的意义，更有未来的价值。进入数字经济、网络经济时代，我们豁然发现，文化的集聚效应有了新的呈现方式。除了地理空间集聚，数字经济时代文化创意的生产体现出网络空间集聚的特征。文化创意的生产是集聚式的，核心是人的集聚过程。一方面因为人是文化创意的创造者；另一方面所谓"物以类聚"，有相同创意才能或者文化偏好的人倾向于在相同的圈层内生活或交流。在地理上，集聚发展成为今天的创意城市以及城市中的创意区域，正如经济学家卢卡斯（Robert E. Lucas）所说："伟大的城市就算人口密集、喧嚣、物价高涨也照样会吸引人们前来居住，这是因为人们渴望与程度相当的人在一起的欲望使然。"文化创意聚集于城市，因为它是一个维持文化创新的生态系统。而在互联网上，集聚发展成为不同种类和大小的网络社群，通过虚拟世界的交流与沟通，新的文化创意诞生，进而又可以通过数字化或者实物生产的方式出现在产品市场。

　　随着网络技术的不断升级，麦克卢汉关于"重归部落化"的预言也日渐显现。不难发现，数字经济时代网络社交媒体的兴起，为个人（或企业）之间提供了信息交换和情感沟通的虚拟空间，这些开放式或者半开放式的虚拟社区事实上已经成为大小不等的亚文化群落。网络亚文化群落的形成，受到不同人群文化审美趣味和所从事活动的集体性文化的影响，比如游戏论坛、动漫社区、体育社区等亚文化群落的形成依赖于成员间的共同兴趣爱好，因而群体内部的交流语言与思维方式具有很大的共性。这些网络社群的产生既是社群内部成员个体与集体创造力的共同发挥，也是网络个体审美趣味、个体价值的张扬。值得注意的是，这些网络社群虽然有可感知的亚文化背景，但不是按照产业或地域来进行划分的，它们的社群边界是一种更模糊的人类思维或审美共识。因此，相比较地理空间集聚，网络空间集聚更有可能促进新的文化创意产生：网络发挥了更大的沟通便利性和提供了更广阔的创意伸展空间，同时也提供了更加精细和多元化的创意分类——基于思维和文化的分类，而不是基于统计和地域的分类。

因此，无论岭南文化还是江南文化，实际上都共同面临着突破地理局限的社会化网络文化的冲击。当与数字技术相遇，社会化网络的扩散效应与机制，使传统上各自相安的封闭的地域文化产生了新的对话的可能。

在数字时代，尤其是大数据、云技术条件下，粤港澳大湾区与长江三角洲经济带自身内部的区域协同变得更为便利与常态。华为云新增香港数据中心（2018年）、腾讯云技术接入澳门（2018年），这些都呈现出大数据环境下一体化深化的可能。而立足广东并辐射服务粤港澳大湾区的阿里云工业互联网总部落地广州，显示出不仅仅是区域自身，区域间的协同创新发展亦成为可能。它强化了粤港澳大湾区之间、大湾区与长江三角洲之间的数据整合，为加快现代文化市场体系中的大数据技术应用，推动文化生产的动态化、实时化提供了重要支撑。

面向未来而生的文化市场体系，必然代表着一种新的社会知识，必然要用新的标准、新的模式对固有的文化市场体系进行重构，以凸显文化市场体系的现代性。[1] 在数字化时代，数据不再是交易的痕迹，而是现代市场进行生产和资源配置的重要依据，是现代国家竞争力的战略制高点。过往，由于区域的行政分割和数据的分别持有；使得珠江三角洲与长江三角洲原已积累的大量数据，包括港澳的国际化数据，难以发挥其最大化的价值；而未来，粤港澳大湾区与长江三角洲经济带要在国家战略中发挥引领支撑作用，强化文化产业的国际竞争力，必须依靠它们的数据共享构建现代化的文化市场体系。这是必然的对话与互联互动的方向。

当代学者不断地从历史发展中去寻找岭南文化地位提升的理由，高度评价近代以来广东的崛起乃岭南文化的一种胜利，也是世界范围的大势所趋，是中国经济、政治、文化发展的内在需求。事实上，两者在不同历史时期有不同的遭遇，其盛衰起伏亦可相互借鉴。因此，我们不是旨在探讨两大文化的对峙或者冲突，而是力求在历时与共时的细细梳理、挖掘推敲中去发现，两者间对话交流互动、相互促进的可能。岭南文化与江南文化交相辉映，将依托粤港澳大湾区与长江三角洲经济带的经济体，成为中国文化经济的双引擎。

---

[1] 王林生. 现代文化市场体系：粤港澳大湾区文化产业高质量发展的路径与方向[J]. 深圳大学学报（人文社会科学版），2019（7）.

回顾历史，特别是近几十年来的改革开放发展史，岭南文化、江南文化的资源形式决定着其对应的区域经济发展模式。由于传统地域文化有着强烈的空间归属性，其多样化的文化形式显示出明显的局部特征，代表着一个城市、一个地区社会发展的物质和精神的成果。跨越了这个区间，就难以形成文化优势或作为资源利用。地域文化在所归属的区域内，不仅仅是一种资源，还是一种对地区经济产生深度影响的生产力因素，地域文化利用自身的道德伦理、生活习俗、价值观念以及历史遗留等精神遗产，将地区的经济发展引向最适合"文化经济"发展的道路上去，从而达到经济持续发展的目的。[1] 地域文化的各种经济要素的整合能力和整合方式，决定着区域经济发展的具体道路。

岭南文化与江南文化都有着自身较长的文化演进过程和深厚的文化留存，本身具有丰富的、区别于其他地域的特殊的文化形式，且在文化留存上有着鲜明的历史印记，因此，地域文化呈现出封闭性，对外来文化的抗拒性明显，其传播与输出的方式是非强势的，或者说是温和的，局限于一定范围的地理空间。它们可能在各自的演化发展中，所具备的一些影响经济模式的特质有不谋而合的共性，比如重商重利、海洋性、兼容性等，但现实中很难交集。我们仅从其比较中可以发现异质的文化是如何影响与推动不同经济发展的进程的。

考察当下，现代社会背景下的经济活动，已经演化成了一种在不同文化背景下的对传统的自然资源和文化资源的有效利用。几乎所有的经济活动和物质产品都被打上了文化的烙印。"文化经济"的出现，不仅改变了许多地区的经济发展格局，催生了新兴产业，也大大增加了文化的世俗价值。当文化商业活动、文化产业以及文化创意成为经济手段的时候，区域经济的发展必然更加倚重文化。文化对经济的渗透，已经成为衡量经济发展的深度指标。此时，无论岭南文化还是江南文化，都成为资本被充分张大利用，文化融入到生产过程，并以文化创新的方式推动经济的创新。至此，原本完全异质的岭南文化与江南文化，在聚合、协同、扩散效应乃至文化经济互动的机制上开始具备趋同性。网络环境下，文化的地理空间性被打破。

---

[1] 曹颂今. 地域文化：一种推动区域经济发展的新型生产力[J]. 生产力研究，2012（12）.

而未来，随着数字经济、网络经济不断发展，大数据、云技术、互联网＋文化，人才、物流、资金流、信息流资源突破地理区域的汇聚，推动游戏、新媒体、网络文化新经济等文化产业新业态呈指数型增长，推动传统文化产业升级提档，不仅将为古老而传统的岭南文化、江南文化注入新的活力，产生新的特质，而且通过区域间技术性的创新合作，必然会带动文化间新的交融与对话。

第四章
广东改革开放与第二次"文化北伐"

广州作为一线发达城市、国际化大都市,在改革开放以来取得了显著的成绩,不仅是经济上领先全国,在文化上也因为得天独厚的地理环境以及新时代新发展带来的变化,形成了多元开放、兼容并包的文化格局,令"广州是文化沙漠"的说法不攻自破。

改革开放后广东迎来第二次"文化北伐",带来了广东文化的新繁荣,这一方面离不开广东得天独厚的地域环境,另一方面离不开广东在政策指引下带来的文化体制改革。本章抓住改革开放的特殊时期,分析成就第二次"文化北伐"的根源,从广东改革开放后"文化北伐"呈现的具体样态中概括"文化北伐"的特点,总结"文化北伐"的意义和影响。

第一节
广东改革开放后的第二次"文化北伐"

改革开放后,广东经济发展势头迅猛,成为中国经济充满活力的龙头。各项改革不断推进,逐步从计划经济向社会主义市场经济转轨,城市生产力、经济实力、综合实力明显增强。在"经济北伐"的推动下,广东的"文化北伐"也逐渐展开。促进"文化北伐"发展有两个因素:一是广东人本身的性格，为"文化北伐"提供了先天条件，成为广东"文化北伐"的基础；二是基于经济原因，广东所处地域环境带来的文化互动促进了经济的繁荣，经济的发展是"文化北伐"的关键性要素，为"文化北伐"的胜利起到了决定性作用。

一、广东人的性格

广东兼有山地和海洋两种文化内容。首先广东面向大海，靠海为生，出海远航也成了广东人的生活方式，与南洋诸地来往密切，互动频繁，南洋的华侨皆以闽粤为主，广东人易受外来文化影响，海洋性文化为广东人提供了广阔的视野，形成了广东人开放的性格。

梁启超说"海也者，能发人进取之雄心；陆居者以怀土之故，而种种主系累生焉。试一观海，忽觉趋然万累之表而行思想，皆得无限自由。彼航海者，其所固在利也，然求利之始，却不可不先置利害以度外，以性命财产为孤注，冒万险而一掷之。故久于海之者，能使其精神日以勇气，日以高尚，此古来濒海之民，所以比于陆居者活气较胜利，进取较锐"[1]，指出了靠海而居的广东人在海洋文化的影响下具有"冒"这股精神的原因。

广东"离中原很远，离大海很近"，"在地理上，它与中原有一定距离；在思想上，因为一直受到西方和海洋文化的影响"[2]，广东人的性格正是受到西方和海洋文化影响，敢闯敢做，敢于天下先，勇于开拓，务实。正所谓："广东人属洋，有仰望于大海的开放性。封闭者少思进取，一举一动先得来义利之辩；开放者开拓，一思一想皆以实利为取向。"[3]

广东人的开拓务实还体现在对新思想的建构上，这要追根溯源到近代时期。中国清朝太平天国时期的政治家洪仁玕，广东花县（今广州市花都区）官禄布村人，提出《资政新篇》，提出要仿效西方资本主义国家经济制度，建立以机器为主的经济体系，破除旧制度、旧思想、旧文化，促进了近代新文化意识的传播，这在当时的中国是相当先进的思想。此外，中国晚清时期重要的政治家、思想家、教育家康有为，广东省广州府南海县丹灶苏村人，

---

[1] 李文飞，周树兴."品评"广东人 [M]. 北京：中国社会出版社，1995：57.
[2] 江冰，王燕子. 广东地域文化的文学"描述" [J]. 粤海风，2013 (6).
[3] 颜长江. 广东大裂变 [M]. 广州：暨南大学出版社，1993：39.

也身体力行地为广东人的开拓务实现身说法。康有为在《大同书》中提出废除私有制，实行财产公有，消灭阶级、人人平等的思想。而从师于康有为的梁启超，是广东省广州府新会县熊子乡茶坑村（今广东省江门市新会区茶坑村）人，他是资产阶级改良派的宣传家。维新变法前，他与康有为一起联合各省举人发动"公车上书"运动，此后先后领导北京和上海的强学会，又与黄遵宪一起办《时务报》，任长沙时务学堂的主讲，并著《变法通议》为变法做宣传。他推广"诗界革命"，推动君主立宪，倡导新文化运动，支持"五四运动"。

在广东这些有志之士身上有一个共性，那就是面对旧思想，勇于革新，这种革新精神生动地诠释了广东人生来的那股"冒"精神，展现了敢为人先的能力，广东人在新思想、新观念的吸收接纳上一直走在前列，这正是广东第一次"文化北伐"的成果。而第二次"文化北伐"延续了第一次"文化北伐"——体现出广东人与生俱来在海洋性文化熏陶下的开拓创新精神，第二次"文化北伐"出现在20世纪80年代改革开放以后。

邓小平南方谈话提出"没有一点闯的精神，没有一点'冒'的精神，……就走不出一条好路，走不出一条新路，就干不出新的事业"。[①] 可以说，广东人本身开放的性格成为实践"闯""冒"精神的内驱力，也为成就广东"文化北伐"奠定了基础。

广东人也是有自己个性的，喜欢标新立异。有人这样总结广东人的性格：

"开拓：广东人祖宗远行千里开发祖国边疆，要在广东荒山中扎根就必须开拓。

"变通：古时广东是瘴疠之地，又兼一路追兵，广东人祖先学会了兔子般的灵活变通性格。

"实在：广东人祖先深深意识到生存的重要和生存的艰难，因此很实在。

"政治淡泊、厌恶斗争；因为饱受战乱之苦，好不容易山高皇帝远，因此来广东后努力营造平和安定的社会环境，连做学问也讲究实用。久而久之，广东人性格平和，广东文化也不是政治文化，而是一种实用的市民文化、农耕文化、大众文化、经济文化。

---

① 邓小平. 邓小平文选：第三卷［M］. 北京：人民出版社，1993.

"开放：因为广东是开放口岸，与外联系甚广。据证南海县还有黑人的后裔。这种不同民族的交融与眼界的开阔，使广东人富有开放的因子。"①

可见，广东人是勇于开拓的，广东是思想的摇篮。"广东在古代受南洋东南亚文化的影响相当之深，今南洋风俗与南粤风俗自有一脉相承之处，及至近代，西方风气对南粤影响亦深，乃至广东成为近代西方民主革命输入的思想摇篮。"② 地域环境的影响，实现文化"走出去""走进来"，文化的相互影响，为广东人思想观念打开了新的视野。

"广东有公认的三大民系：广府、客家、潮汕，各有方言，各有民俗，各有历史渊源，另外粤西一片，似乎又是三系之外，难以完全兼容，这形形色色的人群，似乎又有自己的持守。四面八方，平安共处，看似包容，其实都有执着坚守的一面。"③ 因此，在山地及海洋文化的相互碰撞中，广东人的性格出现双重矛盾性。不同地域的风土人情和民俗文化既有相互的包容，也有各自的执着坚守。在这样地域熏陶下广东人的性格出现了双重矛盾性，表现在：一方面广东人精明但缺乏远见，另一方面广东人豪爽但偏执狭隘。精明豪爽的性格让广东人面对"北伐"大刀阔斧，敢闯敢做，但缺乏远见和偏执狭隘也使得"文化北伐"之路并非顺风顺水。广东人也在不断探索中寻求发展道路，广东人的性格为"文化北伐"创造了条件，推动了"文化北伐"的挺进。

二、经济的发展

中山大学李宗桂教授在《广东文化改革发展40年》一书中指出："改革开放40年来，就文化底气和文化气象而言，广东文化的发展经历了从对'文化沙漠'的自我抗辩，到'文化北伐'的短暂留恋，再到'文化广东'的平和建构的途程；就与经济社会发展的协调度而言，广东文化的发展经历了从'经济第一'到'文化搭台、经济唱戏'再到经济强省和文化大省建设并重的过程，从而开创了幸福广东、和谐广东、文化广东的平实建设的局

---

① 李文飞，周树兴."品评"广东人 [M]. 北京：中国社会出版社，1995：44.
② 李文飞，周树兴."品评"广东人 [M]. 北京：中国社会出版社，1995：42.
③ 江冰，王燕子. 广东地域文化的文学"描述" [J]. 粤海风，2013 (6).

面。"① "文化沙漠"说、"文化北伐"说、"文化广东"论是广东文化发展的三个不同阶段，展现出广东文化发展的思想轨迹，而促进广东文化不断发展的重要因素就是经济的发展。

广东文化依托于经济发展呈现出"北伐"之势，而助推"文化北伐"高调唱响的是1992年邓小平南方谈话。由于内地国民经济停滞，邓小平在广东找到改革开放的突破口——广东搞市场经济，深圳为试验区，先行先试。邓小平南方谈话加快了改革开放的步伐，赋予了发展以全新的科学的时代内涵，促进广东在思想观念上先行一步，带来了广东改革开放的丰硕成果。

改革开放推动了经济发展，带来了市场经济。在市场经济浪潮下，商品经济成为主流，消费经济满足人们日益增长的物质需求的同时，也在刺激着个体向更高的精神世界追求。

此外，改革开放打开窗口，香港文化进来，香港本来和广州就同根同源。基于深厚地缘、亲缘和史缘等关系，广东文化深受香港、澳门文化影响，无论在生活方式还是价值理念上，港澳文化都赋予广东新的时代精神。广东、香港、澳门三地互动频繁，包括城市建筑、风俗、语言、文学艺术、思想、宗教、价值观念等不断交流、碰撞和创新。

香港在英国管治时期实行殖民主义加资本主义的制度，形成了开放性、国际性与现代性并存的文化特征，在法律、建筑、艺术、风俗及行为习惯、生活方式、价值观念方面都凸显个性，呈现出商业化、欲望化、世俗化的特点。在改革开放之初，香港的时装、流行歌曲、影视作品、高科技产品等先锋产品涌入广州，带来对广州本土市场的冲击。香港的开放性和现代性为广东带来了全新的生活方式和消费理念。"当先生、小姐的称谓取代了同志、师傅之时，显然不仅意味着来自南方的时髦，而且意味着一种全新的生活方式。"② 在改革开放新思潮的引领下，广东城市居民逐渐从传统的生活方式中抽离，形成更为自由和开放的生活理念，而其全新的生活方式又逐步向内地渗透。

标榜着"正宗粤菜""广东名厨主理"的粤菜馆如雨后春笋，饭店餐厅

---

① 李宗桂. 广东文化改革发展40年 [M]. 广州：中山大学出版社，2018：2.
② 杨东平. 城市季风：北京和上海的文化精神 [M]. 北京：东方出版社，1995：528.

改为酒楼，理发店变成发廊，粤语歌曲成为新潮青年的主流，粤语方言也成为满大街随处可听到的语言，广东的新风尚渐渐席卷全国。"广东文明并不仅仅意味着粤式的酒楼，潮汕菜肴的一时振兴，喝早茶和夜生活等；都市的家庭革命；高级装修；厨房革命、厕所革命；更为合理的大、厅小室的住宅结构等，也是从广东发源的，健美比赛、模特表演、选美和跑马、超炒更热和跳槽热、股票热和房地产热等，莫不是从广东走向全国。"① 广东在市场经济的发展中走到了全国前列，将消费时代的消费理念带给大众，这不仅是文化的北伐，也是场观念的北伐。"商品经济造成了社会生活和个人生活的自由开放，便利的城市公共服务和民生系统，大宾馆对市民的开放，高度的社会流动性等等，减少了传统生活造成的人身依附和依赖心理，一种更为自由和平等的人格，更为自由开放的风气，也成为'挡不住的诱惑'向内地弥散。"② 经济的发展带来文化的发展，广东将重商务实的精神和以市场为导向的商品经济观念带到了内地，"广式文化潮"促进了文化事业的发展，在经济发展中观念革新、思想引领，为"文化北伐"提供强有力的保障。

第二节 第二次"文化北伐"的特点

"从文化学的层面看，文化精神是指一种文化的特有精神，一种文化中具有决定力的价值系统，以及由此而构成的在态度、评价及情绪倾向等方面表现出的精神品质，即一种文化独具一格的特色。"③ 这种文化精神受地域性影响，具有地域特色。"文化北伐"受到广东地域和广东经济的影响，展现出敢为人先、务实进取的精神，具体表现在以下两个方面：

一、先锋性

改革开放计划体制转向市场体制，市场的发展打破了既有的文化事业发展模式，广东率先推出"以文补文"，即"允许文化单位以有偿服务的方

---

①② 杨东平. 城市季风：北京和上海的文化精神 [M]. 北京：东方出版社，1995：529.
③ 李宗桂. 广东文化改革发展40年 [M]. 广州：中山大学出版社，2018：35.

式，为群众直接提供文化服务，获取经济报酬，以解决文化单位活动经费不足的问题。"① 这拓展了文艺单位的发展渠道，推动文化事业进入市场。随着文化活动的丰富，广东的文化市场逐渐走向繁荣，呈现文化新样态。广州在文化建设上开始了以市场化发展为取向、以满足大众文化消费需求为重点的实践探索，各种丰富多彩的群众性文化娱乐节目、娱乐场所、文化活动等都应运而生。

音乐茶座、歌厅、舞厅、咖啡厅、录像厅、迪斯科厅等文化娱乐方式相继出现，并从广东走向全国。在广播事业上广东创办了中国第一家经济广播电台——珠江经济广播电台，率先采取主持人直播、听众参与、双向交流的传播模式。这种"珠江模式"的提出，迈出了"窄播"化的第一步，改变了媒介生态，"以领头羊的姿态推出了在那个年代不敢想象的大体量节目构成和自由发挥的传播方式，这种示范让尚不开放的内地传媒大开眼界，激发了大家探寻新的传播形态的媒体意识，改变了当地百姓的收听习惯和选择取向，也带动了全国广播受众重新认识广播的思潮。它的出现对整个90年代广播电视的文化发展走向有一个大的影响"。②

广东文化事业以"文化精品"意识为统领，在文化事业的提升与发展上，将文化体制改革和文化产品提供、文化设施的建设统一起来。广东不仅推出了一批讴歌时代精神的获奖作品，如话剧《浪淘碧海》、粤剧《情系中英街》、舞剧《星海黄河》、歌曲《走进新时代》等；在文化设施建设中也大规模走向前列，全国最大的购书中心在广州落成，广东美术馆、星海音乐厅、文化馆、博物馆、剧院、体育馆投入使用，围绕文化事业发展的研究协会也相继成立。多渠道多元化的发展模式满足了群众文化需求，也带来了广东"文化北伐"的新气象。文化事业的发展形成两个先锋现象：一方面新兴文化产业引领潮流，如文化创意产业、数字出版、动漫游戏引领发展；一方面以传统为依托的出版发行、影视制作、印刷造纸、文艺演出、文化会展也在蓬勃发展，在引领全球文化建设上起到重要作用。

---

① 李宗桂. 广东文化改革发展40年 [M]. 广州：中山大学出版社，2018：41.
② 钱峰. "珠江模式"的文化意义 [J]. 中国广播，2017（3）.

二、自由性

广东素有重商传统,地缘与港澳毗邻,是改革开放的前沿地,因此思想相对比较开放自由。改革开放后带来了文化的发展繁荣,广东文化事业不仅起到了带领全国繁荣的先锋作用,也以独有的流行文化特质在大众传媒的推动下异军突起,展现出自由性,一度引领全国大众文化发展的潮流。观点前沿、姿态大众、内容雅俗共赏是这一时期广东文化呈现出的特点。"文化北伐"带来广东新发展,广东人敢为人先、务实进取、开放兼容、敬业奉献的精神,以及岭南文化特有的开放、务实、兼容、创新,展现出广东文化的地域特性。

"广东不但是全国经济的领头羊,而且文艺创作在不少方面也一直引领中国文艺的潮流,有的甚至是中国文艺创作'航母'的发动机。"[1] 广东文学没有按照内地伤痕、反思、寻根、改革的道路去走,而是走出了自己的文学之路,在通俗文学、流行音乐及影视作品上引领着文化的潮流,引领着中国文艺多样化、前沿化发展,在空间和时间上体现了时代和地域的特色。

港台新武侠小说的传入掀起了通俗文学的浪潮,武侠小说阵营《南风》和《武林》杂志发行量在1983年高达350万册,得到了男性读者的追捧,开启了武侠小说在全国一路畅销的势头。而广东,"仅1986年,就有超过20家出版社在同时出版琼瑶的言情小说"[2],推动了以琼瑶为代表的言情小说在国内的传播。汪国真、席慕蓉的作品也得到了青睐,推进了新潮诗在全国的流行。同时,以吕雷为代表的爱情小说,以郭小东为代表的知青小说,以《中国铁路协奏曲》为代表的报告文学,以安子为代表的打工小说,以张欣、张梅为代表的新都市小说,以黄爱东西为代表的小女人散文,都在当时掀起了波澜,文学生态表现出内容丰富、题材多样、主体不限的特点。自由的生态环境,呈现多主体的文学样式,写作主体从学院派走向职业作家,再向各个市民阶层延伸,打工文学的出现就是最好的例证。深圳《大鹏湾》杂志在1988年就为打工者开辟了专栏,为打工文学提供包容、开放、自由的生长土壤。

---

[1] 陈剑晖,徐南铁,郭小东. 改革开放与广东文艺40年 [M]. 广州:广东高等教育出版社,2019:2.

[2] 李宗桂. 广东文化改革发展40年 [M]. 广州:中山大学出版社,2018:150.

同时，广东的流行音乐也呈现出北伐后的自由态势，引导着中国流行音乐的发展。大批香港歌手登陆内地，比如说香港的"四大天王"，带动内地流行音乐创作。广东音乐受港台歌曲影响颇深，从最初的引进和模仿港台歌曲到后面自主创新，不断地形成本土风格，本土流行歌曲的推出带来了广东流行乐坛的新样貌，比如毛宁的《涛声依旧》、杨钰莹的《我不想说》。其中陈小奇的《涛声依旧》、李海鹰的《弯弯的月亮》是本土流行音乐创作的重要代表。

粤语歌曲风行在大街小巷，大众传媒的发展更将广东音乐推向全国，为广东音乐"造势"，提升了广东流行音乐在全国的影响力。改革开放借助北伐气候，"广东为中国流行音乐提供了许多新的思维和新的实践，这是其他省市所无法比拟的。在整个中国流行音乐发展过程中，广东流行音乐曾扮演着发动机和桥头堡的角色。许多新鲜的音乐念头，许多传唱大江南北的歌曲，都是在广东的流行乐坛产生的，这些新鲜的念头和歌曲影响着中国流行音乐的进程，引导着中国流行音乐的发展，有着重要的文化价值和历史意义。"[①] 广东流行音乐的发展离不开传媒的推动，在媒体的争相报道下，热度猛增，在全国掀起流行音乐的热潮。

广东的影视更是彰显着中国南派影视的品质特色。珠江电影厂是我国南方影视创作生产的重要基地，"是我国华南地区历史最早、规模最大、实力最强的综合性电影企业"。[②] 首先是《雅马哈鱼档》1985年获文化部优秀故事片二等奖和第五届中国电影金鸡奖最佳美术奖，随后珠江电影厂拍摄的《商界》《特区打工妹》《太阳雨》等具有岭南都市风情的影片也为中国电影的发展提供了宝贵的启示。广东电视剧借鉴了香港电视剧的成功经验，形成新的发展思路，为全国电视市场注入了新活力，《公关小姐》《情满珠江》《英雄无悔》《和平年代》等创下了当时中央电视台黄金时间段收视率的最高纪录。

网络时代的发展使得广东"文化北伐"呈现的自由性特征更加凸显。网络媒体平台的出现丰富了文化样式，网络文学、网络游戏、网络电影、网络艺术等一时激起千层浪，为广东文化注入新活力，网络文化也由此催生，广东文化利用网络特性传播更广，影响更深远。

[①] 陈剑晖，徐南铁，郭小东. 改革开放与广东文艺40年 [M]. 广州：广东高等教育出版社，2019：3.

[②] 李宗桂. 广东文化改革发展40年 [M]. 广州：中山大学出版社，2018：156.

第三节
"文化北伐"的意义

"文化北伐"推动了广东文化的发展,促进了广东文化的繁荣。新的视野带来新的局面,在广东各界的共同努力下,岭南文化资源不仅得到挖掘和保护,也得以传承与发展。同时,文化的繁荣带来文化的交流,促进了广东文化走进港澳,走向世界。在新时期不断发展下,广东文化已经形成了独具地域特色的时代精神。

一、岭南文化的传承与发展

广东"文化北伐"促进了文化的发展繁荣,也将岭南文化带入了大众视野。"岭南文化在历史发展过程中,逐渐以区域为基础,形成了包括广府文化、客家文化和潮汕文化在内的三大支系。三大支系文化同根同源又各有特点,共同构成了异彩纷呈的岭南文化。"[1] 广府文化有很强的商品意识,注重冒险和创新,对外来新事物勇于探索;客家文化吃苦耐劳,具有鲜明的开拓意识,重视文化教育;潮汕文化重商,善经营,有凝聚力。总体看,岭南文化有着"重商性、开放性、兼容性、多元性、享乐性、直观性和远儒性等特点"[2]。岭南文化以开放兼容的姿态吸收异质文化(中原文化、海洋文化等),不断实现自我变革,显示出强大的生命力。

广东岭南文化的资源丰富,无论是已经挖掘的岭南文化遗产,还是岭南非物质文化遗产,都从历史、文化和科学价值上展现出岭南文化在传承和保护工作上较为显著的成绩,更体现出岭南的人文精神。"岭南的精神文化是指岭南人民在其长期劳动实践中积淀并流传下来的具有稳定结构的思维方式、价值取向、伦理观念、理想人格和审美情趣等精神线下和精神成果的总和。"[3] 岭南文化遗产,岭南文化历史名人,都是对岭南人文精神的最好诠释。岭南文化历史悠久、名家众多,如赵拓、孙中山、康有为、梁启超、冼

---

[1] 李宗桂. 广东文化改革发展 40 年 [M]. 广州:中山大学出版社,2018:203.
[2] 李权时. 岭南文化 [M]. 广州:广东人民出版社,1993:22.
[3] 李宗桂. 广东文化改革发展 40 年 [M]. 广州:中山大学出版社,2018:211.

星海、黄遵宪、六祖惠能和张九龄等。南越王赵佗引入北方中原农耕技术与先进文化，使岭南地区迅速从刀耕火种时代平稳进入农耕文明时代，同时又将异域文化和海洋文化引进岭南，开启了岭南文明千年辉煌。冼夫人一生致力于维护祖国统一和民族团结，为促进岭南社会的稳定和经济文化发展做出巨大的贡献。他们在展现和传承岭南文化的人文精神上发挥了重要作用。

岭南文化也被融入到各界生产生活中，国学讲堂、专题讲座、文化节、民俗展、非遗传承人现场制作、特色产品展销等形式，全面展示了岭南传统文化的独特魅力。在岭南文化的保护和传承上，广东力图打造研究基地，建设岭南文化人才高地，为培育岭南文化研究者夯实土壤；古村落的修护和保护，既是对传统文化精髓的保留，也是在新的历史潮流中实现创新和升华。

二、新时期广东文化精神的形成

"文化北伐"开拓了全新的文化视野。在社会主义市场经济的冲击下，消费理念、商品意识都在影响着人们的生活方式，也影响着人们新观念的形成。"随着改革开放的深入，人们对外交往多了，接触新事物也多了，同发展商品经济相适应的竞争观念，时效观念，质量观念，人才观念，信息观念等新的观念逐渐建立起来。"[①] 经济的发展带来城市发展变迁，促进人民的观念更新，这不仅是"文化北伐"，也是"政治北伐""经济北伐""观念北伐"。

著名学者杨东平教授在《城市季风———北京和上海的文化精神》中以北京和上海文化为参照指出广东改革开放后经历了三大"北伐"："政治'北伐'，主要表现为金本位代替权本位、摸着石头过河、看见红灯绕着走、猫论。经济'北伐'则主要表现为'喝广水、吃广菜、穿广衣、吹广发'。观念'北伐'，主要表现为'时间就是金钱'的平等观念和效率意识，商品意识大普及，知识也是金钱（重奖有贡献的科技人员），实现自我价值（创造了人才流动的自由和合理欲求的自由）"[②]。广东正是在改革开放风气之先的有利条件下，开启了"北伐"之路，开时代之先河，创生了诸多富有改革

---

① 林若. 广东改革开放的实践与思考 [M]. 广州：广东人民出版社，2003：90.
② 杨东平. 城市季风：北京和上海的文化精神 [M]. 北京：东方出版社，1994：211.

创新的时代精神，并且辐射影响到全国，推动全国都市化进程，提升城市现代化水平。

"北伐"带来的是文化的延续和创新，既要对传统文化继承延续，又要对现代都市文化发展创新，要不断满足改革开放后广东人对精神文化的需求，接受先进思想和新文化，也同时对市场经济下的大众文化持支持肯定的态度，地域性为广东文化赋予新的内涵。新时期广东文化精神从思维方式、价值取向、审美情趣、精神面貌等方面呈现出现代化、大众化、地域性、先进性的特点。

新时期广东文化精神在改革开放实践中不断发展形成，既有中国特色，又有岭南风格，是广东改革开放背景下呈现出的文化品格。其以岭南文化为历史渊源，以改革开放为发展壁垒，在物质文化和精神文化相融合中形成，既有对传统的继承，也有对现代的延续。

第四节
"历史合力"助推"文化北伐"

世道人心与广东地域本土文化个性的结合是第二次"文化北伐"的内驱动力，而内地中原文化的虚弱又为第二次"文化北伐"提供了外驱动力，与西方融合的岭南文化就是在这样的大环境下崛起的，随即也迎来了"经济北伐""观念北伐"，一股"北伐"新热潮席卷开来。

"文化北伐"之后，广东经济 GDP 稳居中国内地第一，"文化北伐"也成功助力深圳成为"奇迹之城"，在提高城市经济增长的同时，也推动了思想解放运动，创造了诸多新观念，对改变中国当时僵化与停滞的状态产生了巨大的突破作用。

第二次"文化北伐"带来了相对开放的生活方式，社会生活和个人生活都有了多重选择，人们对各种生活方式的尊重和理解程度也在加深。在这种开放理念影响的生活方式下，人们越来越注重个人隐私，保护个人空间的居住理念也得到认可。

广东在市场经济的推动下，经济得以发展，"越是发展经济并且大赚其钱的地方，人们越是拥有更多的平等与自由。"① 物质水平的不同导致广东与内地观念取向的差异，这种逐渐形成的"金本位"使各种社会观念诸如人身依附关系、血缘关系、官本位等都淡化了。当内地还在受门第观念影响、讲究家庭出身时，广东已经形成相对公平的社会氛围，新的生活方式减少了传统生活造成的人身依附和依赖心理——由传统"熟人社会"转向"陌生人社会"，由单位转向社区，更益于培养独立与创新的人格。伴随着市场经济发展，广东人拥有了更多的自由。广东用它的包容性和务实性让人们在这里找到了归属感，"英雄不问来处"，移民社会形成。

恩格斯说："历史最终结果是从由许多特殊生活条件决定的单个意志的相互冲突中产生出来的，会有无数互相交错的力量形成无数个力的平行四边形而产生出一个历史合力，即历史结果，而这个结果又可以看作一个作为整体的、不自觉地和不自主地起着作用的力量的产物。"② 可以说"文化北伐"就是在诸多力量的融合碰撞交织下形成合力而成就的，这个力量在近代受到康有为、梁启超、洪仁玕等人助推形成第一次"文化北伐"后，又接力改革开放形成第二次"文化北伐"。未来，在更多单个意志的相互冲突下会再形成合力，即第三次、第四次"文化北伐"也都有可能。广东必然会迎来更多新探索、新发展、新辉煌。

---

① 颜长江. 广东大裂变 [M]. 广州：暨南大学出版社，1993：49.
② 中共中央马克思恩格斯列宁斯大林著作编译局. 马克思恩格斯文集：第10卷 [M]. 北京：人民出版社，2009：591-592.

第五章
城市空间与澳门文化精神的生成

　　法国社会学家亨利·勒菲弗作为"都市研究"领域最重要的思想家之一，特别强调空间问题在当代人文社会科学研究中的重要性，认为空间性与社会性、历史性的思考应该同时成为人文社会科学的内在理论视角。勒菲弗将空间的重组看成是战后资本主义发展以及全球化进程中的一个核心问题。全球化不是一个单纯的经济、政治或社会学的问题，而是一个文化认同问题，与全球化造成的时间—空间观念上的巨变紧密相连。勒菲弗把社会空间概括为感知的、构想的、生活的空间，由此凸显空间性的"三元辩证法"。勒菲弗认为空间不仅是物质的存在，也是形式的存在，是社会关系的容器，空间具有物质属性和精神属性。后来，美国学者爱德华·W·苏贾在《后现代地理学：重申批判社会理论中的空间》中倡导整个儿重新思考空间、时间和社会存在的辩证关系，并在《第三空间：去往洛杉矶和其他真实和想象地方的旅程》中正式提出"第三空间"的概念。他认为，第一空间是感知到和经验到的空间，第二空间是构想出来的社会空间，那么第三空间则是一个被边缘化的、沉默的、目不可见的多元空间。第三空间既是生活空间又是想象空间，它是作为经验或感知的空间的第一空间和表征的意识形态或乌托邦空间的第二空间的本体论前提，可视为政治斗争你来我往川流不息的战场，我们就在此地作出决断和选择。第三空间则是包含两者又超越两者。勒菲弗反对非此即彼的二元思维,以亦此亦彼的多元开放性强调空间的空间性、社会性及历史性,三维辩证法是他论述空间概念时特别强调的概念。"古往今来,我们始终生来就是空间的存在,始终是在积极参与我们周围无所不在的空间性的社会建构。"

有史学家认为澳门的"历史文化价值足以与敦煌文书及其洞窟壁画相媲美。如果东西方学者能够像研究敦煌那样来研究澳门历史文化,同样可以使澳门历史文化的研究成为一门国际显学。"① 上述假设足以说明澳门历史文化的丰富与深厚。澳门文化精神,已得到诸多学者的研究与关注。然而,虽然澳门这种华洋共处的文化景观历来是人们注意的问题,但其何以能够和谐包容地华洋杂处人们一直没有形成共识。澳门作为一个极具国际化的城市,并没有因为华洋杂处等产生剧烈的矛盾,很大的一个原因就是其特别的空间。澳门历史上远离政治中心的边缘性使其在与西方交往的过程中拥有较为完整的主体性。经过长期的历史沿革,澳门形成了独特的物理空间,同时又在物理空间基础之上孕育出独特的文化空间。自此,澳门的物理空间与文化空间交相辉映,并在日常生活的语言文字中得以延展,最终成就了澳门文化精神的多元辩证性。因此,以空间为切入点来认识澳门,可以更真切地理解澳门文化精神的内涵以及其与澳门自身空间之间的共存互生关系。

第一节
边缘性与主体性共存的澳门与岭南文化

文化评论人李展鹏曾以《在世界边缘遇见澳门》为题对澳门给予书写,认为正是"澳门的边缘状况却恰恰书写了世界","无论在数百年前的航海年时代,或是在今天的全球化浪潮,澳门都在世界变动的风眼中",并提出"了解澳门,原来可以了解世界"。澳门的边缘性构成了澳门文化精神的内核,在历史与现实中为澳门多元文化并存的人文传统奠定了基础。因为边缘,所以澳门在历史上躲过了"正统"历史的洗礼,使其现代化的转化成为一种自发性,没有"新"对"旧"的压倒性改变,成就了其主体性。以汉语文学为例,澳门文学没有经历"五四"时期的新文学运动,甚至也没有

---

① 章文钦. 澳门与中华历史文化 [M]. 澳门:澳门基金会,1992:274 - 275.

"国语的文学"与"文学的国语"之争辩，所以澳门文学始终以新旧、中葡等共存的方式存在。同时，澳门由于三面濒海的地理位置，又铸造了其开放包容的心胸。尤其是葡萄牙人在16世纪中叶在澳门立足后，耶稣会传教士就将澳门作为进入中国内地的跳板，带来了罗马天主教的教义，以及当时西方的科学技术和文化艺术知识。同时，传教士们还通过澳门把中国的哲学、语言、文化、历史、地理、工艺美术等向西方介绍和传播。

固定的陆地思维使澳门人有坚守传统的思维，而开放的海洋空间让他们具有了流动变通的思维，边缘性的自由与主体性自觉使得澳门文化在中西交流的历史衍变中逐渐呈现出多元共存性，即传统与现代、精神与物质、中心与边缘的融合。正是在这个意义上，有学者强调："我们关注澳门文化，并非仅指澳门的文化遗物和资料，它应该包括中西文化交融而形成的新的思想观念和开放精神，因为这当中有未成为过去而是属于未来的东西。"[1]

澳门，古称"濠镜""壕镜""濠镜澳"，别称"濠江""镜湖"等，旧属广东省香山县（今中山市）管辖，明嘉靖三十二年（1553年）借口暴晒水浸货物进入澳门，1557年通过贿赂当时的守澳官员得以在澳门半岛定居，距今已有400多年的历史。从地理位置看，其位于中国大陆东南部沿海珠江口西岸，东与香港隔伶仃洋相望，西与广东省珠海市的湾仔街道隔着一条濠江水道，北边与珠海市拱北相连，南面是浩瀚的南海，作为东南亚航线的主要中转站，是十六、十七世纪东西方贸易的重要港口。自明朝开始到鸦片战争，作为南中国最重要的对外开放港口之一，澳门在历史上曾扮演东西文化交流使者的角色。它既是不同文明的交汇点，也是海上丝绸之路的重要枢纽和西学东渐、东学西传的重要桥梁。2005年7月15日，联合国教科文组织世界遗产委员会第29届会议一致通过，"澳门历史城区"正式列入《世界文化遗产名录》，成为我国第31处世界遗产。澳门，方圆十里的不同民族虽然思想文化、宗教信仰、风俗习惯差异很大，却能长期和睦相处、和谐并进。在文化上，东方与西方共存，现代与传统并列，儒释道与天主教共兴，成为澳门别具一格的人文景观。

澳门历史文化的丰富除了呈现在文献典籍中之外，更体现在其"空间"

---

[1] 饶芃子. 澳门文化的历史坐标与未来意义 [M].//饶芃子. 饶芃子集. 广州：广东人民出版社，2018：221.

上，通过不同的空间不断地衍生出新的生产关系并形塑着澳门城市的文化。从历史上看，澳门原属广东省香山县，与广州距离仅 145 千米。秦汉以来，澳门一直在岭南地方政府管辖之下，极强的地缘关系使澳门与岭南的发展紧密相关。澳门在文化上与粤港一脉相承，都是有岭南特色的粤文化。"正是岭南文化开放性、兼容性、务实性和创新性的文化特征的保留和发挥，澳门才迅速地接受、吸纳、融汇、包容了外来的西方文化，形成既保留岭南文化特色又具西方文化特征的、别具一格的澳门文化。"① 澳门与岭南文化关系的发展可以分为三个阶段：第一阶段为 16 世纪中叶前，澳门文化作为岭南文化的一部分容纳于岭南文化。第二阶段是 16 世纪中叶到 1999 年澳门回归期间。第三阶段为澳门回归后。16 世纪中叶葡萄牙人入居澳门到清道光二十九年（1849 年），清政府对澳门拥有完整的行政权、司法权。清政府派官吏、军队到澳门，葡萄牙人在清政府允准下实施有限的自治。此时，澳门依托广东，开始成为东西方海洋贸易的东方中心；并伴随着贸易发展，又成为东西方文化交流中心。这一阶段，澳门因对西方科学技术、宗教文化、教育教学等内容的接受，而对岭南文化产生较强的辐射力，使岭南文化的内涵更为丰富。1887 年澳门被租借，其间长达 300 余年，澳门从传统岭南渔村逐渐变成中葡建筑文化高度融合的远东经贸及宗教中心。澳门长期作为中西文化交流的重要桥梁，西方近代的科学技术、宗教艺术、价值观念等深刻地影响了澳门，并经澳门传到广东及内地。澳门地理位置的边缘性，使其能够不受某种意识形态主导，在与外来文化交往的过程中更具主体性，能够自由又自觉地吸收多种文化，澳门的这一空间性文化特征为岭南文化汇入了新鲜血液。自此，澳门文化成为岭南文化乃至世界文化面向世界的第一个窗口，成为岭南文化格局中具有中外交流融会色彩的一种特殊的文化形态。

澳门文化对岭南文化产生辐射和促进作用，尤其是在科技、文化、教育、价值观念等方面，使岭南文化既"得风气之先"，又"开风气之先"，在近现代中国文化发展中占据了重要地位。近代以来，澳门既是中国维新运动和民主革命的一个重要据点和策源地，又是一批又一批有识之士认识世界、走向世界的窗口和桥梁，"澳门培育了岭南文化精英，使岭南成为近代

---

① 欧初. 五桂山房集 [M]. 广州：广东人民出版社，2001：570.

中国维新与革命的策源地和摇篮"①。容闳、郑观应、康有为、梁启超、孙中山等一批批有识之士，通过澳门看世界。同时，岭南文化精英们在澳门的活动又大大地催化了澳门文化的发展。特别是抗日战争时期，澳门的抗日救亡活动非常活跃：一方面，既有澳门青年回珠江三角洲参加游击战争；另一方面，澳门又成为文化人避难的场所，文化精英们在澳门的活动，提升了澳门的文化品格，促进了澳门爱国进步文化的成长。从文化传播的互动关系看，本土粤澳文化的历史传播关系以内地向澳门辐射为主。外来西方文化在岭南的历史传播，则以澳门为中介向内地辐射。在此过程中，澳门经常成为中国与西方认识、比较彼此文化以至缓和潜在冲突的中间地带。澳门作为岭南文化的重要组成部分，最大限度地呈现了岭南文化务实、开放、兼容、创新的特点；在西方政治与法制文化的影响下，形成了开放多元、中西合璧的独特文化。

澳门的边缘性及主体性决定了澳门文化的精神内核，其不断吸取和融汇岭南文化和海外文化的能力，其"不同而和、和而不同"的文化样态，一度被誉为"人类文明的实验室"。② 澳门文化"不只是人类一份值得珍惜的文化遗产"，更被期待在东方的新世纪里继续闪耀独特的光芒。③

第二节 文化的空间再生产——由"土生葡人"说起

"土生葡人"是指过去400多年来葡萄牙人管治澳门期间，在澳门与非葡国人士通婚生下的后裔。"土生葡人"被称为澳门的翻版，是澳门作为不同文化交汇地的一个最典型的范例，是澳门开埠400多年历史的产物，"乃中国、欧洲，以及整个东南亚沿海一带长期以来的互相接触和影响经过一个沉淀过程得出的产物"，"乃两个文化历时几个世纪对话的产物"。

人物关系的空间化是促使澳门多元文化融合的重要一环。澳门著名"土生葡人"诗人李安乐曾在诗歌中生动地描述了"土生葡人"的形象：心是中国心，魂是葡国魂；长着西方的鼻子，生着东方的胡须；既上教堂，也进

---

① 欧初. 五桂山房集 [M]. 广州：广东人民出版社，2001：574.
② 吴志良. 悦读澳门 [M]. 北京：作家出版社，2014：63.
③ 季羡林. 澳门文化的三棱镜 [J]. 文化杂志（澳门），(19).

庙宇。"土生葡人"在衣食住行等不同方面影响着澳门的空间文化及文化空间。如：最为典型的咖喱葡国鸡，糅合广东餐点的甜味和古老印度浓郁的滋味；在一个家庭中，既供奉中国的神，又供奉西方的天主。当这一生活方式携带的文化从家庭中走出之后，相互融合的文化也就成为自然而然的合理存在。尤其是"土生葡人"自身的流动性，带来了超越家庭的更广泛的多元文化空间，这一点在澳门的文学、文化活动中被多次展现。如李宇梁在《上帝之眼》中刻意模糊中国传统的"阴阳眼"和西方的"上帝视角"的界限，使得教堂空间附着了一层中国传统的"鬼气"；吴威如的《梦断澳门》将信教者在教堂做弥撒等同于和尚念经。从这些令其他地方的文化难以理解的地方看，澳门早已将本土的多元文化浸入到内心深处。1995年澳门国际机场开幕庆典上，在中葡两国领导人的见证下，佛教主持和天主教神父同时祈福，这种毫无芥蒂、和谐与共的场面，在澳门却是并不值得大惊小怪的事情。

在澳门，庙宇和教堂掺杂，人们在坚持自己信仰之余，也会尊重别人的信仰，不存在宗教的排他性。澳门的庙宇、教堂和各种宗教遗址，无不向我们昭示澳门宗教多元并存的景象。东方的道教、佛教、伊斯兰教，西方的天主教、基督教以及鲜为人知的琐罗亚斯德教、巴哈伊教、摩门教等，这些宗教能够和平共处，互不相扰。最为典型的就是小小的庙宇内分别供奉着三种宗教，这种和谐共存在其他任何地方都是找不到的。宗教的和谐相处与日常生活中的人们相互影响，同一空间内和谐共处就成为一种自然而然的文化惯性。正是因为澳门文化的多元并存，有学者认为"在中国文化的宏观语境中，在中西宗教融合、中西文化互补方面，澳门文化无疑是先行了一步"。[1]郑妙冰将澳门的多元文化状态概括为"三女神聚会之地"，"如果澳门被冠以'玛利亚之城'之名（因为澳门的大部分教堂都是以各种各样的形式为圣母玛利亚而建），那么将它称为'天后之城'（道教的海神）以及'观音之城'（佛教的慈悲女神）也不可非议。这三位来自三个不同宗教的贞洁女神在支配奥欧美宗教文化中构成了无可置疑的三人组。"[2] 路环山上妈祖文化村里面的庙堂，笔者记得有佛道基督妈阁，整体建筑都是新建的，那几尊塑像是什么年代的笔者印象不深了，正因为空间的互融性使得人们对文化的

---

[1] 王岳川. 后现代与中国文化建设 [J]. 中国社会科学季刊（香港），1997（春夏）.
[2] 郑妙冰. 澳门：殖民沧桑中的文化双面神 [M]. 北京：中央文献出版社，2003：82.

认知有一种不易觉察、分辨的自然。在其他地方可以因为信仰兵戎相见，在澳门则能因为生活的需要而和谐相处。就像"土生葡人"一样，其血脉之中已经融合了两种不同的文化，并不会有非此即彼的争端。"土生葡人的出现和作用，也从另一个侧面说明了澳门重视沟通的社会文化。"

"土生葡人"多元而包容，他们的语言不是单纯的葡语，当中还混合了法文、西班牙文和意大利文的特色；饮食上也是典型的混合特征，以葡国鸡为例，就是土生葡人结合葡国、中国和东南亚的烹调方法、香料和酱料制成。

第三节
澳门空间的多元生态性

除了"土生葡人"，最能展现澳门文化的是澳门实实在在的文物空间。由于自古以来没有经历战争，澳门众多文物景观得以保存。在澳门既有纯中式建筑风格的廉若公园，又有纯葡式建筑的白鸽巢诗人公园，更有融中西建筑于一体的国父纪念馆。针对这些独特的地理空间承载着的不同文化，有学者特别提出，澳门历史城区的价值不能单从个别建筑物的历史、艺术价值来看，而应该"作为一个整体，澳门历史城区主要的独特之处在于其建筑群反映了不同民族、不同文化、不同宗教、不同信仰在弹丸之地长时期和谐地共存共生的人文景观，体现出今天澳门古今同在、中西并存的特殊文化形态"。[1] 澳门的文化不是描述出来的，而是实实在在的多元共存，就像高大的乔木与低矮的灌木丛紧密相连，一起见证着岭南文化的多元与包容。澳门历史古城区、22座位于澳门半岛的建筑物和8片以以旧城区为核心的历史街区组成了澳门历史古城区。这里集中了我国境内现存年代最古老、规模最大、保存最完整的东西方风格建筑群：中国最古老的教堂遗址和修道院大三巴，最古老的西式炮台，第一座西式剧院，第一座现代化灯塔和第一所西式大学。澳门城区见证了澳门400多年来中华文化与西方文化相互交流、多元共存的历史。

澳门文化的中西合璧，体现在语言、宗教、建筑、饮食等多个方面，它

---

[1] 吴志良. 悦读澳门 [M]. 北京：作家出版社，2014：84.

们既相互融合又各自独立，展现出多元的生态性。当经过拱北关闸登上澳门的公交车，当报站的声音响起，你就可以伴随着车内的报站感受到澳门特别的文化。你会发现每一个站点会有英语、葡语、普通话、粤语四种语言轮番播报，这四种语言连接着澳门独特的历史与现实。来自葡萄牙、西班牙、荷兰、英国、法国、意大利、美国、日本、瑞典、印度等不同地方的人，在这里居住及进行贸易。到了17—19世纪，因为澳门在中西关系史上的重要地位，而被称为西方来华商人、传教士、外交官、旅行家们的中转站，是西人进入中国内地之前的桥头堡和"培训中心"。澳门并没有因为小而显得局促，反而是多项文化和谐共处。这种共处性从时间上讲就是澳门从来没有中断自己的历史，即便有葡萄牙的入侵，但中华文化、岭南文化始终是澳门的底蕴；从空间上讲，则是在中国极力阻挠华洋交往、葡萄牙也未有和中国进行文化或社会上往来的意愿的情况下，澳门的城市建设显示出中葡分割的状态，虽有贸易、通婚等相交的情况，但分离多于交集，这就造成澳门早期中西文化虽然没有融合，但却可以和谐相处的独特模式，为后来发展过程中相互尊重并逐渐相融奠定了良好的基础。

对此，我们不妨以至今较为典型的空间为例加以说明。氹仔岛上由官也街到龙环葡韵再到威尼斯人酒店，这一重要的文化空间恰像岭南多样的植物空间，显示出澳门文化的多元生态。龙环葡韵中的"龙环"是氹仔岛的旧称，"葡韵"是指这里有五幢翠绿色的，建于20世纪20年代的葡萄牙式建筑，原为澳葡政府高级官员的府邸及一些途胜葡人家庭住宅，后经澳葡政府修复，改为住宅式博物馆，这里经常举办美食文化节。在龙环葡韵的前面是一片海湾，环境安静而优雅，整个景区包括龙环葡韵住宅式博物馆、嘉模教堂、氹仔图书馆、氹仔市政花园和十字花园。博物馆前有一片红树林湿地，夏季荷叶飘香，更有白鹭、翠鸟等鸟类。而在马路对面，则是极尽豪华的威尼斯人和银河酒店。在方圆两公里内，传统与现代、中国与西方、自然与都市等相对而立的景观得到了最为全面的展现。这种并置性的存在无声地摈弃了自现代以来形成的固有的落后乡村与先进城市、传统与现代相对立的文明观念。"空间"作为历史的产物，以形式和内容相结合的方式出现，并与具有同样特征的"时间"形成对照。"以历史性的或自然性的因素为出发点，人们对空间进行了政治性的加工、塑造。空间是政治性的、意识形态性的。

它是一种完全充斥着意识形态的表现。"① 澳门的空间以自身的空间性与时间性相协调,较好地完成了传统与现代、西方与东方的融合。华人传统的平衡、含蓄和忍让传统,在与西方法治思想的交融中,具有了现代民主思维,同时葡人也学会了东方的宗教信仰和各种文化习俗。郑观应在《澳门感事》中曾深刻生动地描述了澳门的社会特征:"华人神诞喜燃炮,葡人礼拜例敲钟。华葡杂处无贵贱,有财无德亦敬恭。"

第四节
澳门空间文化的生活化及表征化

澳门的空间虽小,但在多种文化中展现着其生活化的一面。正是因为生活化使得人们少了很多的政治纷争与权力更迭,并能以最基本的生活基础达成最大的谅解而和谐相处。同时,澳门的空间又能以借助不同文字记录的方式而表征化,即少了文化之间的直接冲突,而是以互不相扰的方式形成"第三空间",并在第三空间里不断延伸文化的互融与交错。

首先,作为澳门公共空间的建筑在澳门文化中最能展现其文化的生活化及表征化的特点。如市政署大楼,其前身为市政厅,民间则多称"议事厅"。资深澳门历史研究者金国平和吴志良两位先生认为"议事厅"整体意思大概是指葡萄牙人在澳门实行办公的官署。民政总署大楼曾设有博物馆、卫生署、法院、监狱、邮局、图书馆等,几乎总理了澳门市民的一切生活事务。时至今日,"议事厅"依然是人们日常生活中指正地点的标志用语,如"议事厅前地"就作为公交车站的站名活跃在人们的生活中。在官方名字与民间称谓之间,民间称谓有时候成为最终被保留下来的名称。再如位于高士德大马路和罅些喇提督马路交界处的红街市大楼,原名"罅些喇提督市场"或"提督街市",因面向罅些喇提督马路而得名。其外形设计独特,以红砖块为外墙,澳门居民因此称其为"红街市",加上此地是澳门客流较集中的大型街市之一,于是"红街市"就成为活跃于人们日常生活中的名称。同样地,作为人们日常生活一部分的白鸽巢公园,也在历史沿革及不同语言的命名中建构出不同的文化特征。白鸽巢公园位于澳门半岛东部的凤凰山上,据传原

---

① 勒菲弗. 空间与政治[M]. 上海:上海人民出版社,2008:46.

为英国东印度公司的产业之一，在18世纪中叶是用于埋葬欧洲人的坟场，后坟场被迁移，此地被政府收购。后来葡萄牙富商俾利喇的女婿马葵士曾在公园内建有一栋住宅且饲养数百只白鸽，凤凰山被改叫作白鸽巢山。1874年，马葵士住宅受灾成废墟，后其将土地捐献给政府，由政府连同其后面山岗建成白鸽巢公园。从名字概念上看出，白鸽巢因数百只白鸽翱翔于蓝天而得名，在历史演变中人们会逐渐忘记有关白鸽主人的事项，由此将一个归属性的空间转变成为一个意象性的所在，削弱了其曾被外国人所属的政治含义。同时，用葡萄牙文命名贾梅士公园，又以文字架构起葡国文明，给在澳门的葡萄牙居民以归属感。自此，同一空间的不同命名使有限的空间生产出多元的文化空间，令官方与民间之间、中与外之间的文化交相辉映。

除了澳门建筑，澳门的街道名称在文化生产上更具有代表性，承载着多样的文化信息，这些多样的文化信息甚至不必经由过多的深入，单从澳门街道的路标就可以感受一二。因为澳门特殊的历史原因，澳门的街道路标一般都是蓝框白底，上下两格分别书以中文和葡文，中文与葡文的意思有时完全相合，有时又各有所指。如肥利喇亚美打大马路，又名荷兰园大马路、荷兰园正街，位于澳门半岛中部，东北—西南走向。据悉，肥利喇亚美打大马路为葡文译音，根据曾任葡海事暨海外部长的葡萄牙人阿尔梅达而命名。之所以又被称为"荷兰园"，则是因为"葡荷之争"。荷兰人因多次向明朝朝廷请求通商而不获允许，终于1622年向澳门发起战争。后来，葡萄牙人击败荷兰人，俘获荷兵700多人。被俘虏的荷兵被囚禁在"雀仔园"旁，此处就成了现在的"荷兰园"。"19世纪后半叶，在塔石球场附近开设马路，因为肥利喇亚美打大马路这个名称很不顺口，不易记忆，且1622年荷兰入侵澳门失败，战俘安置于此，此处便有荷兰园之称，市民便叫此街为荷兰园大马路或荷兰园正街。"[①] 路标上用不同文字、不同称谓指称街道的做法，不仅让我们看到澳门这座城市中葡文化的并存，同时还看到官方文化对民间文化的尊重，当前文化对历史的包容。"肥利喇亚美打大马路"这一被葡萄牙占领时期的命名没有伴随着澳门的回归而被废止，而是自然过渡到当下，透过名字可以感受到由历史深处延伸过来的文化，并参与着当前文化的生产。这

---

① 林发钦，胡雅琳，郭姝伶. 澳门街道的故事：上 [M]. 广州：广东经济出版社，2019：155.

一记录在册的官方名字在现实中并没有以唯一的合法性影响人们的生活，而是让位于民间习惯，展现出对民间文化的尊重。综观澳门的街道，这样的情况可谓比比皆是，如"亚马喇土腰"又是"关闸马路"，"伯多禄局长街"又是"白马行"，"亚美打利庇卢大马路"又是"新马路"等。街道的路标让人可以通过名字了解该道路的历史境况。

澳门的街道除了中葡文化的标识与对抗，还有古今变迁的历史印记，这些街道没有因为澳门近现代的发展而更换为更现代的名字，而是用过往的名字讲述着古老的故事。如位于风顺堂区（圣老楞佐堂区）的烧灰炉街和草堆街，这两条街都曾因为以往澳门人们的生活而得名。"烧灰炉"原是把牡蛎壳烧成白灰的火炉，烧火炉村则是该村村民采蚬取肉后把剩下的贝壳堆积起来，当堆到一定数量后集中放到火炉烧成白灰，再将白灰作为建筑材料卖给建筑商，作为维持生计的一种手段。后来，烧灰炉村变成了普通的住宅区，烧灰炉也经整治后仅存于史册，但留存于石碑上的命名依然以强劲的生命力昭示着历史，让人透过街名想起昔日的小渔村，就像早已成为澳门商务中心的草堆街，透过名字依稀还能看到当年柴草堆积满地的盛景。

总之，澳门文化是生活的文化，具有强烈的乡土气息。澳门的空间以超时空的媒介形式连接澳门的历史与当下，官方与民间，本土与海外，"混在一起的时空与人在澳门产生出一种非欧洲非亚洲的与众不同的是生活模式，存在着一种特有的不抵制接受其他民族风俗习惯的葡萄牙式的生存方式，一种共存的能力，一种力图入乡随俗而又不干涉他人的方式，和一种对世界各种生活方式中求和平的渴望。"[①] 澳门的空间以鲜明的生活化、表征化的特征参与到澳门多元文化的生成之中。

---

① 刘月莲，黄晓峰. 澳门：从历史失语症看跨世纪文化整合 [M] //吴志良. 东西文化交流. 澳门：澳门基金会，1994.

第二辑

多姿岭南
岭南文化的内部版图

第六章
粤西文化中的"百越底色"与外来元素

岭南，五岭（大庾岭、骑田岭、萌渚岭、都庞岭、越城岭）以南，主要包括今广东、香港、澳门、海南和广西大部分。岭南作为行政名称，始于唐贞观年间，置岭南道，治所为广州。咸通三年（862年）划分为岭南东道和岭南西道，东道治广州，西道治邕州，即今天广东和广西的前身。但岭南东道仅包含今珠江三角洲地区和粤东北。岭南西道则包含甚广，除今广西外，还兼及粤西、海南和越南北部。宋岭南则更名为广南，分广南东路和广南西路二路（简称为"广东"和"广西"），广南西路的行政区域除去越南北部外，与唐大体一致，故宋人常谓广南为粤地，广南西路为粤西，而广南东路为粤东。如李彦弼在其《八桂堂记》写道："湘水之南，粤壤之西，是为桂林。"① 至明代，朱元璋正式设置"广东承宣布政使司""广西承宣布政使司"，并将原广西管辖的粤西地区、"钦北防"地区、海南岛，统统划转广东管辖。但明人所指"粤西"地域仍很大程度上沿用宋人说法，主要指广西。在明清古籍中，广西别称"粤西""西粤""粤右"等屡见不鲜，如汪森《粤西诗载》《粤西丛载》、顾璘《粤西曲》、董传策《粤西山水歌》、王

---

① 李彦弼. 八桂堂记 [M] //黄盛录，等. 粤西文载校点 2. 南宁：广西人民出版社，1990：373.

世贞《闻粤西除命有作》等诗文中的"粤西"均指广西。"粤西"的这一指称直至民国时期终有所改变,此时"粤"不再囊括两广,缩小为广东的简称。而"粤西"也由以前的两广西部地域缩小为广东西部,包括湛江、茂名、阳江、云浮等地。本书所谓"粤西"即指广东西部地区。

班固在《汉书·地理志》写道:"凡民函五常之性,而其刚柔缓急,音声不同,系水土之风气,故谓之风;好恶取舍,动静亡常,随君上之情欲,故谓之俗。"[①] 自然环境和社会结构深刻影响着地域文化的形成,独特的文化特质和风格是地域文化差异的根本所在。作为远离中原、偏安一隅的岭南,其北靠五岭,南临大海,地处亚热带的地理位置赋予它独具特色的岭南文化风格。粤西文化属于岭南文化的亚文化,其地理更为偏远,气候炎热湿润,毒虫猛兽众多,瘴疠之气丛生,恶劣的气候与地理环境形成粤西粗犷剽悍、淳朴守义、冒险果敢的民风。《汉书·高帝纪》记载:"粤人之俗,好相攻击。"[②]《隋书·地理志》提到:"自岭已南二十余郡,……其人性并轻悍,易兴逆节,椎结箕踞,乃其旧风。"[③] 这种迥异于中原文化的"断发文身,好相攻讨"的异族文化便是百越文化。"百越"是南方各少数民族的总称。粤西土著居民为"百越"中的南越、骆越、西瓯等部族。他们有着断发文身、崇拜鬼神、长于航海、嗜食水产等奇风异俗。时至今日,这些风俗仍在粤西有很多残余。粤西文化还是移民文化,自秦至今,各种外来文化在移民潮的影响下先后进入粤西,并逐渐改变粤西文化风貌。在粤西这块天南重地,活跃着福佬人、客家人、中原人、广府人等各种民系,流行着雷州话、粤语、客家话等多种方言。粤西文化无疑是多元文化碰撞融汇的产物,它以"百越文化"为底色,融合进闽越文化、客家文化、中原文化、广府文化及海外文化,从而发展为独具特色又丰富多元的粤西地方文化。

第一节
粤西文化的"百越底色"

地域文化的形成与发展,离不开特定的自然地理环境,《晏子春秋·内

[①] 班固. 汉书 [M]. 赵一生,点校. 杭州:浙江古籍出版社,2002:568-569.
[②] 班固. 汉书 [M]. 赵一生,点校. 杭州:浙江古籍出版社,2002:17.
[③] 魏征. 隋书 [M]. 北京:中华书局,1973:887.

篇·问上》曰:"古者,百里而异习,千里而殊俗。"① 粤西文化是粤西地域内诸类文化的总和,是土著文化与各种外来文化交流融合并不断创新流变的结果。但地域文化亦具有强大的历史性和稳定性,它始终以基于自然环境之上的文化积淀为内核,作为显性或隐性的细流渗透于当地的风土人情与人们的血液之中,百越俚僚文化便是粤西的这一文化沉淀和底色。

一、粤西"百越文化"的发展与演进

百越文化为岭南土著文化,形成于先秦时期,彼时的粤西乃至岭南都未有行政建制,散居着一些氏族或部落。《吕氏春秋·恃君》曰:"扬、汉之南,百越之际,敝凯诸、夫风、余靡之地,缚娄、阳禺、骥兜之国,多无君。"②《汉书·地理志》中颜师古引臣瓒语:"自交趾至会稽七八千里,百越杂处,各有种姓。"③ 很明显,百越是南方各种族的泛称,具体到粤西,则主要生活着南越、骆越、西瓯等部族。南越亦称南粤,地理位置即今广东一带,主要有缚娄国、阳禺国、儋耳国等,其中儋耳国在今雷州半岛。骆越族是先秦粤西地区的主要部族。罗香林认为,骆越"其居地殆东自广西南宁西南,下及广东雷州半岛及海南岛,以达安南(越南)东部中部。这些地区约当西汉交趾、九真、日南、倍耳和珠崖等五都"。④ 西瓯越人则主要分布在柳江、红水河流域以北的广西区域,亦有部分西瓯人生活在广东西南部地区。《旧唐书·地理志》潘州茂名县条云:"茂名。州所治。古西瓯、骆越地,秦属桂林郡,汉为合浦郡之地。"⑤ 故茂名等地被认为是西瓯、骆越的杂居地。粤西土著文化便是由南越、骆越、西瓯等部族创造的多元文化。

粤西百越诸族在秦汉时期依然存在,秦统一岭南后,设置南海、桂林、象三郡,其中湛江划归为象郡,茂名分属象郡和南海郡,阳江则划分为桂林郡。秦末汉初,赵佗割据岭南,建南越国,粤西各部族均在治下,"佗因此

---

① 晏婴. 晏子春秋:诸子集成本[M]. 国学整理社,1935:89.
② 吕不韦. 吕氏春秋[M]. 黄碧燕,译注. 广州:广州出版社,2001:2150.
③ 班固. 汉书[M]. 颜师古,注. 北京:中华书局,1964:1669.
④ 罗香林. 古代百越分布考[M]//中央民族学院民族研究所资料室. 南方民族史论文选集. 北京:中央民族学院民族研究所,1982:34.
⑤ 刘昫,等. 旧唐书:卷41"地理志"[M]. 北京:中华书局,1975:1742.

— 94 —

以兵威边，财务赂闽越、西瓯、骆，役属焉"。① 赵佗死后，南越重归中央，史书不再记载南越、西瓯等部族，但百越土著文化仍为主体。魏晋到隋唐时期，粤西百越部族在汉化的推动下逐渐演变为"俚"族或"俚僚"。魏征撰《隋书·南蛮传》曰："南蛮杂类，与华人错居，曰蜒，曰獽，曰俚，曰僚，曰𦠘也。俱无君长，随山洞而居，古先所谓百越是也。"② 其中生活在粤西的即是俚僚人，他们的民族文化为俚僚文化。这一时期，高州是俚人的活动中心，粤西地区在俚人首领冼夫人的治理下逐渐与汉文化融合。隋唐以后，俚人不断汉化，而"俚""僚"或"俚僚"等称谓在史籍中逐渐消亡，粤西俚僚文化的主体地位为汉文化所取代，俚僚文化作为底层文化渗透于现代粤西文化中，并得到进一步发展。从方言来看，俚语或被汉语同化，或随着俚人南迁为黎族而变为黎语，俚语中的部分语词则作为底层语言保存在当地地名中。从风俗来说，部分俚僚文化根深蒂固，如雷州换鼓、石狗、雷神、冼夫人崇拜、游神年例等传统习俗大为流行。从习性来看，粤西人仍保留着远祖剽悍好斗、刚毅淳朴等性格特征，俚僚文化无疑是现粤西文化的主要源泉之一。

二、粤西语言中的"百越"古语

语言是文学的第一要素，是作家们表情达意的载体和工具，一座城市或一个人就活在语言当中。而语言又是民族文化的重要组成部分，它"忠实地反映了一个民族的全部历史、文化，忠实地反映了它的各种游戏和娱乐、各种信仰和偏见"。③ 粤西生活着广府人、福佬人、客家人、中原人等各大民系，语言亦相应地由粤语、雷州话、客家话等组成。其中粤语为阳江、云浮、茂名地区第一大方言、湛江地区第二大方言。粤语是岭南古越语与中原汉语、楚语、吴语等语言长期融合的产物，粤西地区流行的粤语为高阳片和吴化片区语言。粤语中的百越语词汇约占20%，且大多数为动词和形容词等核心词汇。如"削""拉""拔""想""啰唆""秃""不耐烦"等语言均

---

① 司马迁. 史记：卷113"南越列传"[M]. 北京：中华书局，1982：2969.
② 魏征. 隋书[M]. 北京：中华书局，1973：1831.
③ 帕默尔. 语言学概论[M]. 李荣，王菊泉，周焕常，等译. 北京：商务印书馆，1983：99.

由百越古语发展而来。雷州话属闽南话，通常称"雷话"或"黎话"，是湛江使用人数最多的方言。但雷州话与闽南话仍存在较大差异，福佬人南迁后，其闽语受到粤西土著语言的较大影响，语音、语汇、语法等方面都有相当的古越语残存。语音方面，今徐闻话浊音声母 b、d 受到黎语和壮语影响而形成；语汇方面，雷州话中有许多古越语借词，如"拜""吉贝""茼""子""背"等语词的借用；语法方面，雷州话存在不少倒装词和形容词叠用现象。如"台风"说成"风台"，"老鹰"叫作"鹰婆"，"阉鸡"为"鸡阉"，等等。至于形容词叠用则很常见，如"拉红红""头低低""山高高""花芳芳""手细细"等。由此可见，今日粤西话，有不少古越语方言残留。

地名既是语言的一种表达方式，还是区域文化景观的特殊传达。世异时移，朝代更迭，地名却较为固定，即便有一定变换，亦和原名有较大关联。粤西地名在隋唐以前较为稳定，大多保持古越语色彩。福佬人大量南迁不仅改变了粤西民系的主要构成，而且带来了汉语地名。但地名的相对稳定性导致现今粤西大地仍保留不少古越语地名，它们分布整个粤西，或以原名存在，或与汉名混合，呈现出独特的粤西风格。屈大均《广东新语》记载："自阳春至高、雷、廉、琼，地名多曰那某、罗某、多某、扶某、过某、牙某、峨某、陀某、打某。"① 这些地名是典型的古越名，至于三字、四字、六字、七字者众多。《湛江市地名志》对以上述古越字为起首的地名进行了统计："那"字有 65 处，"麻"字有 17 处，"马"字有 14 处，"谭（潭、覃）"字 36 处，"博（卜）"字 23 处等。② 其中，"那"在古越语中指水田，是粤西稻作文化的典型指称，"那"字地名分布广泛，可见古越地名流传甚远。诚如吴尚时、曾昭璇所言，"基于那字地名分布之辽广，占领土地之优良，内容之齐备等项想象测之，吾人可断定，'那'人实为两广一大部分土著，不少当属于彼等之后裔，而上古史上所称之'百越'或以为一重要份子。"③

---

① 屈大均. 广东新语：卷十一 [M]. 北京：中华书局，1985：340.
② 广东省湛江市地名志编纂委员会. 湛江市地名志 [M]. 广州：广东省地图出版社，1989.
③ 吴尚时，曾昭璇. 广东南路 [J]. 岭南学报，1947，7（1）.

三、粤西风俗中的"百越"遗存

"风俗是长期相沿积久成俗的社会风尚,是人类社会物质生活和精神生活的形式,是一定时代、一定社会群体的心理表现。每个民族都有自己的风俗习惯。"① 粤西自宋以来虽以汉文化为主体,但该地偏远落后,故土著文化保存较好,其"百越"底色多通过各种奇风异俗呈现出来。

年例无疑是粤西最为独特且流行甚广的一种风俗习惯,在湛江、茂名、阳江乃至肇庆、云浮都极为盛行,有"年例大过春节"的说法。许多外地人,不过春节,但年例却必须回家。光绪《茂名市志》记载:"年例"唯粤西鉴江、罗江两江流域的村落所独有,"自十二月到是月(农历二月)……乡人傩,沿门逐鬼,唱土歌,谓之年例"。② 年例以游神和摆宗台为核心,本质上是为了祈福禳灾,形成于唐宋年间,明清时广为盛行。现今年例与明清时期相比并没有较大改变,游神、摆宗台、赶船仍是主要活动,部分地区还可见传统的"穿令""翻刺床""爬刀剃"等极富原始宗教气息的年例活动。年例这一独特风俗具有典型的粤西原生态特征,考察其起源大多有两种观点:一是和冼夫人崇拜有关。"岭南圣母"冼夫人为五代时粤西俚人首领,在世时为保境安民、民族团结、粤西稳定做出了巨大贡献,为岭南人所敬仰,现今粤西不少地区均有纪念和供奉冼夫人的"冼太庙",也有很隆重的节日"冼太诞"。冼春梅等学者指出年例与"冼太诞"活动具有很大相似性,如年例中的游神"摆醮"仪式就是模仿当年冼夫人出游时的迎接阵容,而年例盛行地区正是冼夫人活动的主要区域。③ 二是古越文化传承说。部分学者认为,虽然年例渗透了浓厚的冼夫人崇拜色彩,但年例活动中部分神庙并不供奉冼夫人,年例的游神、摆醮等活动应源自古越祭祀文化。他们认为古百越人因生存艰难笃信鬼神之说,占卜问卦请神捉鬼祭祀等活动颇为盛行。年例中的游神与古越的请神颇为一致,而摆醮时用鸡血卜卦问神之法更是古越占卜的传承。《史记·封禅书》记载,汉武帝灭南越,越人建议立祠,

---

① 韩养民. 中国民俗文化导论 [M]. 西安:陕西人民出版社,2002:2.
② 郑业崇,许汝韶. 茂名县志:卷一"风俗篇" [M]. 上海:上海书店出版社,2003:40.
③ 冼春梅. 粤西的年例祭祀圈与冼夫人的历史记忆 [J]. 岭南文史,2011(1).

"乃令越巫立越祝祠，安台无坛，亦祠天神上帝百鬼，而以鸡卜。上信之，越祠鸡卜始用"。① 这种鸡卜习俗是越人鸟图腾在占卜习俗上的反映和遗留。

石狗崇拜是粤西另一个独特的风俗文化。在粤西地区，祭祀石狗随时随地可见，每逢重大节日如年例节、春节、元宵节，人们都会给石狗披红戴绿，表示祈福。在粤西的大小村口、路边、门旁、河边、码头、寺庙、墓前等地，更会看到大量或蹲或坐或伏的石狗雕像。有学者估算，粤西境内，仅雷州地区现存石狗便有 1.5 万 ~ 2.5 万只。② 这些散布在广大城乡的石狗成为粤西一道醒目的文化景观，见证着粤西人对石狗的喜爱与崇拜。粤西石狗崇拜的起源与百越文化有密切关联，"雷州石狗崇拜是以原始图腾崇拜为根源，以生殖崇拜、守护神崇拜为后续生成主体，具有多重性的、特征鲜明的区域民俗文化事象。"③ 粤西石狗图腾崇拜源远流长，百越先民有很多关于狗图腾的传说，百越后裔俚僚、壮族、黎族等均是狗图腾崇拜民族。他们尊狗贵狗，以狗占卜，用狗求雨。石狗在粤西民众心中占重要地位，不仅能祈福报喜、镇邪驱魔、守卫家园，而且还能祈雨赶雨，赐予子孙。古越人、俚人对雷神的崇拜、猺人、僮人对狗图腾的崇拜，逐渐发展为粤西百越族先民在生产生活中所认同共识的图腾，演变成俚人的狗图腾崇拜，也成为粤西石狗文化的源流。

粤西源自百越文化的原生态风俗还有铜鼓文化、雷神崇拜、人龙舞、傩舞等等。《隋书·地理志》说："俚僚贵铜鼓，岭南二十五郡处处有之。"④ 其中，雷州换鼓更是天下一绝。明冯梦龙在《警世通言》中提到，"从来说道天下有四绝，却是：雷州换鼓，广德埋藏，登州海市，钱塘江潮。"粤西铜鼓流行于西汉至唐朝，主要在祈福敬神等大型活动中使用，蕴含着太阳崇拜、雷神崇拜等文化内蕴。时至今日，粤西的雷神祭、冼太诞等活动仍会出现铜鼓。雷神崇拜在湛江地区非常盛行，雷祖或雷神庙广泛分布于雷州半岛。每年的雷神祭祀活动规模大、时间长，有"二月开雷""六月酬雷""八月封雷"等三次仪式。雷神祭祀源于古越人的自然神崇拜，汉代雷祖崇

---

① 司汉迁. 史记［M］. 易行，孙嘉镇，校订. 北京：线装书局，2006：75.
② 刘佐泉. 雷州半岛石狗文化探源［J］. 岭南文史，2002（4）：9.
③ 刘岚，李雄飞. 雷州石狗崇拜变迁与民族格局之关系［J］. 广西社会科学，2008（8）：143.
④ 魏征. 隋书［M］. 北京：中华书局，1973：888.

拜将自然神与人神合二为一，这一双重崇拜现今依然风行。在每次游神活动中，乡人们都会使用"雷州换鼓"举行傩舞、演唱等活动，广为人们欢迎。人龙舞和傩舞同样有鲜明的百越底色。傩舞，多在祭祀时进行，"祭无祀鬼神。祭日皆行傩礼，或不傩则十二月大傩。"① 尤以雷神祭拜为主。人龙舞则源于古越人的龙蛇崇拜，在气候干旱之年，多会行龙舞以祈求龙神降雨。人龙舞传至今日，已成为"东方一绝"，并获得很高声誉。

百越文化自诞生至今已过千年，在漫长的历史岁月中，因中原文化、闽越文化、广府文化、海外文化等异质文化的不断融入，百越文化逐渐丧失其主体地位，以底色形式沉浸于多元混合的粤西文化中。

第二节 粤西文化的外来元素

粤西文化是典型的移民文化，移民不仅带来新的文化传播，更促进了本土文化的创新与发展。历史上的多次大规模人口迁徙，使粤西民系由先秦较为纯粹的百越土著发展到今天的闽、粤、客三大族群；粤西文化则成为以广府文化、闽越文化为主导，百越土著文化与其他多种外来文化多元共存的局面。

一、荆楚文化

首先进入粤西、影响粤西土著文化的是荆楚文化。战国中期，楚相吴起"南并蛮越，遂有洞庭、苍梧"②。楚国势力远达苍梧，"南海服属于楚，作楚庭"，"地为楚有，故筑庭以朝楚"③；楚人大量进入粤西。《史记·货殖列传》记载："九疑、苍梧以南至儋耳，与江南大同俗，而杨越多焉。"④ 这里的"杨越"便是原生活在湖北汉水一带的楚人。随着杨越人的南迁，荆楚文化亦逐渐渗透，融入当地语言与民俗中。

---

① 屈大均. 广东新语：卷六"神语·祭厉"[M]. 北京：中华书局，1985：216.
② 黄体荣. 广西历史地理[M]. 南宁：广西民族出版社，1985：51.
③ 屈大均. 广东新语·人语[M]. 北京：中华书局，1985：460.
④ 司汉迁. 史记[M]. 易行，孙嘉镇，校订. 北京：线装书局，2006：541.

从语言来看，粤西流行的一大方言——粤语中有明显的古楚语因素。如粤西吴川、化州、信宜等地方言"无"与湖北武穴梅川镇的古楚语完全相同，方言"牛"的发音与梅川音都是滚音声母，也属于古楚语。从器皿来看，在粤西新石器时代遗址中发现的双肩石斧、印纹陶器残片跟湖北枝江、房县等地遗址发现的器皿非常相似，信宜、湛江等地出土的青铜器都来自楚地或深受其影响。从民俗来看，荆楚文化重鬼神淫祀，"昔楚国南郢之邑，沅湘之间，其俗信鬼而好祠，其祠必作歌鼓舞以乐诸神。"① 粤西人鬼神祭祀深受影响，故秦观贬谪雷州时写到海康盛事"杀牛挝祭鼓，城郭为沸动，虽非尧历颁，自我先人用。大笑荆楚人，嘉平腊云梦"（《海康十事》）。另外，粤西人与荆楚人一样风行"端午竞渡"，并将其视为凭吊屈原的主要方式，荆楚文化在现今粤西大地遗风尚存。

二、中原文化

秦汉时期，中原诸国开疆拓域，统一岭南，中原居民开始有组织大规模地进入粤西，从而开始了中原汉文化与百越文化的融合。汉初赵佗在岭南建立南越国，既大力引进中原先进生产技术，又强劲推行中原汉文化，鼓励越汉联姻，越汉之间出现了民族和睦团结的局面。魏晋时期，北方战乱频仍，中原汉人纷纷迁徙岭南，进入粤西的以流民为主。虽然俚人占人口多数，但先进汉文化逐渐产生影响，汉俚融合局面开始形成。隋唐以后，随着封建统一国家的进一步加强，中原主流文化对粤西影响更甚，并最终完成了俚僚文化被汉化、汉俚完全融合的历程。其中，冼夫人、雷祖陈文玉和各代流寓文人的贡献十分突出，现今粤西大地的冼夫人崇拜、雷神崇拜、书院等文化遗存可见三者对中原文化的传播作用。

冼夫人是南北朝时期粤西高凉郡俚人首领，为岭南地区的繁荣稳定、汉俚融合做出了巨大贡献，深为当地人所敬仰。语言方面，俚人无文字，冼夫人积极学习汉语汉字，并大力推广。清崔冀周《诚敬夫人庙碑铭》记载冼夫人"善读阃外《春秋》"。② 物质文化方面，冼夫人引进汉族耕作、纺织、铸

---

① 王逸. 楚辞章句 [M]. 长沙：岳麓书社，1989：53.
② 练铭志，等. 广东民族关系史 [M]. 广州：广东人民出版社，2004：190.

造等技术，使粤西经济有所改善。风俗文化方面，冼夫人"诫约本宗，使从民礼"①，效果显著。冼夫人信仰是粤西地区传承久远的民间文化现象，极具生命力。在粤西很多地方，遍布着冼夫人信仰的痕迹：祭祀和纪念冼夫人的冼太庙在茂名、湛江地区随处可见；冼太诞辰日，粤西民众尤其高州地区会举行隆重丰富的庙会活动；冼夫人雕像、冼夫人研究等各种围绕冼夫人的文化活动亦经常举行。冼夫人信仰文化展示出独特的文化意义。

陈文玉为唐代雷州人，任雷州刺史期间，励精图治，改善民生，促进民族融合，推行汉俗汉制，深受人们爱戴。陈文玉死后被雷州人尊为"雷祖"，当地人广建雷祖庙，以祭祀、游神等多种方式表达对雷祖的崇拜，并延续至今，成为一种全民性的文化现象。雷祖在推进中原文化方向的贡献主要有：打击叛乱势力，巩固地方政权、推行汉俗汉教、引进中原先进农耕技术，丰衣足食。陈文玉在俚汉融合方面的一系列举措有力地促进了雷州文化的孕育与成长。

粤西中原文化的传播还与历来贬谪和流寓文人关系密切。汉代以来，粤西便成为中原人贬谪或贬谪途经之地，唐宋时更有大量政治或文化名人来粤，如雷州西湖十贤：寇准、李纲、赵鼎、胡铨、李光、苏轼、苏辙、秦观、王岩叟、任伯雨。大量中原知识分子进入粤西后，利用其手中掌握的军政大权和文化影响力，推行汉化礼教、兴办学校、发展生产，极大地推动了粤西的经济与文化，也促进了中原先进文化的传播，提升了粤西文化的品位。流寓文人及其创造的流寓文化已融入粤西文化中，成为其重要的组成部分。

三、闽越文化

从粤西移民结构来看，闽南人占绝对优势。唐代时便有"徙闽南之民于合州"②。宋元时期，因北方动乱，闽人更是大量入粤，并成为粤西的主要居民。"化州以典质为业者，十户而闽人居其九，闽人奋，空拳过岭者，往

---

① 魏征. 隋书[M]. 北京：中华书局出版社，1973：1801.
② 宋锐. 雷州人是来自福建的闽南人[J]//政协海康县文史组. 海康文史. 1984(4)：30.

往致富。"① 阳江"邑大豪多莆（田）、福（州）族"②。苏辙在《和子瞻"次韵陶渊明劝农诗"》的小引里也提到："余居海康……其耕者多闽人也。"明代的移民垦荒政策加速了闽人的南迁，闽人大规模进入粤西必然会导致语言、风俗等各方面的变化，以闽语为基础的方言雷州话开始形成，以闽越文化为主体的雷州文化亦逐渐产生并定型。

雷州话，元明时称"东语"，是雷州半岛的第一大方言。明万历《雷州府志》卷五记载："雷之语三。有官语，即中州正音也，士大夫及城市居者能言之。有东语，亦名客语，与漳潮大类，三县九所乡落通谈此。"③ 东语即闽语，明代时为雷州半岛的主要交际语言，清代时改称为"雷话"或"黎话"，在雷州地区广为流行。

闽语在廉江、吴川、电白等地区亦为主要语言。如明代王士性《广志绎》提及："廉州，中国穷处，其俗有四：一曰客户，居城郭，解汉音，业商贾；二曰东人，杂处乡村，解闽语，业耕种……"④ 明陈全之《蓬窗日录》也说："廉州人作闽语，福宁（今福建霞浦）人作四明语，海上相距不远，风气相关耳。"⑤ 清张渠《粤东闻见录》则提到粤西地区普遍夹杂闽语与官话，"省会言语，流寓多系官音，土著则杂闽语，新会、东莞平侧互用。高、廉、雷、琼之间，益侏离难解。"⑥ 粤西闽语在清朝达到了高峰，它最终战胜了当地土著语言和官方语言，成为粤西的强势方言。闽语区的缩减主要来自粤语的冲击，清代闽语区几乎达粤西全境，但今化州、阳江等地均以粤语为主，粤西闽语区则缩小为雷州、电白、云浮等地。

闽人的大批入居、闽语的广泛流行，均使得闽越文化逐渐渗透粤西，并成为粤西的强势文化。首先，从地名来看，现今粤西地名带有明显的闽语命名习惯和特点。如粤西与闽语一样喜用"仔"为地名，粤西地名常带有海洋词汇，粤西惯用"田""宅""潭""坡""塘"等福建常见地名，其中

---

① 王象之. 舆地纪胜：卷一百十六 [M]. 北京：中华书局，1992：62.
② 刘天授. 龙溪县志：卷八黄朴传 [M]. 嘉靖刻本. 北京：中华书局，1965：73.
③ 欧阳保，等. 万历雷州府志 [M] // 日本藏中国罕见地方志丛刊：卷五. 北京：书目文献出版社，1990：80.
④ 王士性. 广志绎：卷四 [M]. 北京：中华书局，1981：103.
⑤ 李新魁. 广东的方言 [M]. 广州：广东人民出版社，1994：423-424.
⑥ 张渠. 粤东见闻录 [M] // 岭南丛书·方言俗字. 广州：广东高等教育出版社，1990：81.

"田""宅"音与闽语"塍""厝"读音一致。

妈祖崇拜是闽越文化的典型呈现，该风俗始于福建莆田，起初为当地民间奉祀，后演化为海神崇拜。宋代时妈祖崇拜由闽入粤，"某持节到广，广人事妃，无异于莆（田），盖妃之威灵远矣。"① 明清时期的妈祖信仰在粤西更为盛行，妈祖庙数量众多，达数十间。现今妈祖庙在粤西尤其雷州地区仍有不少，最大的一座在雷州城南，取名为"天后庙"，其庙门联"闽海恩波留粤土，雷阳德泽接莆田"清楚道出了雷闽文化之间的密切关联。妈祖崇拜在粤西还通过游神、妈祖诞祭祀等体现出来。如湛江赤坎平乐村、文章湾等地均有天后宫，每年正月十五左右平乐村会有妈祖像出游活动，文章湾则在年例时有妈祖巡游。至于农历三月二十三妈祖诞辰期间，粤西各地的庆祝活动更为热闹，人们斋戒诵经，祭祀演戏，往往持续数月。在粤西一些地方，小孩取名也表现出一定的妈祖崇拜，如湛江小孩习惯用名字中带"妃"或"妈"等字，如"妃二""妃三""妈生""妈二"等，寓意着妈祖娘娘庇护，健康成长，这无疑是妈祖崇拜的一种方式。

雷歌是雷州文化的重要代表，主要采用承传闽南语系的雷州话，故雷歌中的闽越文化元素颇为突出。从雷歌歌词来看，大量的闽南方言夹杂其中。如雷歌《雨景》"日头死去雷公哭，四山岭头戴白包"与闽南语民歌《日头起来甲迄高》"日头起来甲迄高，淡水过了是台湾"的方言词"日头"的使用完全一致。其他如"目汁"指"汗水"，"侬"指"小孩"，"炸姼"指"女孩"等用法亦相同。从民歌内容来看，雷歌中包含大量闽南民间传说。如雷歌《赛洛阳》便与泉州蔡襄修洛阳桥的史实相关联。从民歌韵律来看，雷歌韵律比较突出，一般每首四句，每句七字，押韵多为一、二、四字，这与闽南民歌非常相似。

四、粤语文化

粤语俗称广州话、广府话、白话等，在粤西极为流行，为粤西地区第一大方言，主要分为高阳片区、吴化片区和广府片区。其中，高阳片区包括阳

---

① 刘克庄. 刘克庄集笺校：卷一三五[M]. 辛更儒, 笺校. 北京：中华书局，2011：5419.

江、高州、茂名、湛江等地区,吴化片区包括吴川、化州、湛江,广府片区则包括云浮、电白等地。粤语在粤西的传播与闽人入粤大致同步,"唐宋以前,壮瑶杂处,语多难辨"。① 宋元以后,大批广府商人从珠江三角洲向西南部发展,带来了粤语与广府文化,如光绪年间《石城县志·舆地志下·风俗》记载,石城(今廉江)言语不一,有客话与广话相类,其余有厓话、雷话、海僚话等。② 广府文化区成为岭南核心文化区,粤语以一种强势扩散姿态传播至粤东西北地区。改革开放以来,随着珠江三角洲经济的崛起,粤语已成为粤西居民的主要用语,即便是雷州话地区,粤语亦占据重要地位,广泛通用,其地位仅次于或等于汉语普通话。

粤语的强势地位必然会带来粤语文化的进一步推广,如今的粤西地区,粤语文化尤为凸显:粤剧、粤曲、木偶戏等文化艺术广为流行,煲汤、早晚茶、喝凉茶等饮食习惯早已形成,飘色、醒狮、迎春花市、扒龙舟等民间习俗深入人心,而广府文化的重商逐利、敢为人先、开放包容等人文精神更是渗透于粤西人的血脉。

需要提及的是,粤语文化进入粤西后亦受到本地土著文化的影响而产生相应变化。从语言来看,高阳片区、吴化片区粤语与广州粤语均有较大区别。如高阳片区粤语有较多舌尖中音、浊擦音、喉塞音、舌面前鼻音等,吴化片区则较多浊塞音、浊塞擦声母,而广州粤语却较少见。词汇方面,粤西白话与广州白话亦存在鲜明差异,粤西白话留存有大量古俚语汇或语素。如茂名话将"树"称呼为"木"、"抬杠"称为"顶颈"、"猪肝"称为"猪湿",而广州话则依次叫作"树""抬轿""猪润"。电白将"玉米"说成"包粟"、"手套"讲作"手笠",信宜将"下雨"说成"落水"等,广州话均无此种称呼。从艺术文化来看,粤西曲艺有自己的文化特色和广泛影响。以粤剧为例,粤剧盛行于广州,清代传入粤西,成为"下四府"粤剧。受粤西本地剧艺和游神风俗影响,"下四府"剧目多为武戏,风格粗犷刚烈,与广府粤剧明显不同。至于风俗等各方面,广府文化进入粤西后也逐渐与粤西文化融合,并成为当地文化的一部分,共存于粤西大地,从而显现出文化的多元性与创新性。

---

① 《电白县志》卷三,1888 年修,1892 年刻印本影印本。
② 司徒尚纪. 雷州文化概论 [M]. 广州:广东人民出版社,2014:157.

五、客家文化

粤西客家人相对较少，其祖先多在宋以后由福建和广东嘉应等地迁移而来。客家祖地多为山区，耕地贫乏，当人口增加、土地压力变大时，他们便选择迁移到地广人稀的地区。另一方面，客家人迁徙和动乱、械斗有很大关系。如清咸丰年间，广东四邑（新会、开平、台山、恩平）的部分客家人因"土客大械斗"造成惨烈死伤。为避难，四邑地的客家人被迫迁往粤西。这是"历史上客家人入迁粤西以来人数最为众多、时间最为集中的一次移民运动"。[①] 粤西客家人的分布并不集中，他们大多与其他族群杂居，这就造成客家人往往持客粤双语的现象，并进而为粤语文化所同化，粤西客家方言板块亦渐渐萎缩成小型的方言岛。今天的粤西客家人主要分布在高州、电白、廉江等地，占粤西总人口的17.5%。[②] 粤西客家话俗称"涯话"，有"大涯"与"小涯"的区分。"大涯"主要分布在纯客地域较广、客家人口较为集中、受粤语影响较小的地区。如廉江的塘蓬、化州的兰山、信宜的茶山、高州的马贵等地。"小涯"是指客粤杂居、受粤语影响较大的客家话。粤西客家话与其他地区的客家话在声调、语音、词汇等方面并没有太大区别。据李如龙、张双庆所编《客赣方言调查报告》所列，大约2/3的客话条目粤东、粤北和粤西部是相同的，有明显差异的条目大约350条。如粤西客家话中反面（板着面孔）、流杀（流血）、锅寮（锅铲）、鸡乱（母鸡）、妹子拐（女孩子）等词语为粤西独有，需作特别注释才能为外人所理解。

客家人大多笃信"宁卖祖宗地，不忘祖宗言"的信条，虽然族群杂居一定程度上影响了客家话的纯粹度，客家文化与土著文化也有一定程度的融合，但粤西客家人仍保留着自己的某些特质。首先，粤西客家人重视祖宗崇拜，建宗祠、修族谱、祭祖先，有强烈的宗族认同感。如化州长歧镇的华山李氏大宗祠，占地3 000平方米，有600多年的历史，已成为研究岭南文化历史的珍贵遗迹。河唇钟氏大宗祠钟氏供奉的高曾祖灵牌位多达几百，清晰记载着钟氏家族的迁移和发展史。其次，粤西客家民系突出祖宗神和功名神

---

① 李如龙，等. 粤西客家方言调查报告[M]. 广州：暨南大学出版社，1999：3.
② 詹坚固. 广东客家人分布状况及其对客家文化发展的影响[J]. 探求，2012(4)：91.

崇拜，广建各类庙宇，如天师公庙、三仙公庙、医灵庙、观音庙、土地庙、牛庙社等。再次，客家人崇文重教，大力兴办族学，很多祠堂都兼作学校，而宗族社会地位的高低也往往与家族中士绅子弟的数量、学问的高低密切相关。客家地区至今流传着很多劝学的谚语，如"子弟不读书，好比没眼珠""只有郎子出得众，不要银子堆家中"等等。最后，粤西客家仍保存着独特的风俗习惯，如特有的客家饮食盐焗鸡、酿豆腐、梅菜扣肉等，特有的飘色、擂茶、客家山歌等风俗。粤西客家文化散发出自己独特的文化魅力。

六、海外文化

粤西的海外往来由来已久，早在赵佗建立南越国时，便有发达的造船和航海技术，南粤国民开始往来海外。不过，海上丝绸之路的正式开启应为汉武帝年间。《汉书·地理志》载："自日南障塞、徐闻、合浦船行可五月，有都元国；又船行可四月，有邑卢没国；又船行可二十余日，有谌离国；步行可十余日，有夫甘都卢国。自夫甘都卢国船行可二月余，有黄支国，民俗略与珠厓相类。"[1] 由此可知，徐闻、合浦西汉时即为海上丝绸之路的始发港，海外文化经此传播到全国各地。

佛教是粤西海上丝绸之路传入的重要海外文化。《南齐书》曰："越州献白珠，自然作思惟佛像，长三寸，上起禅灵寺，置刹下。"[2] 其时越州包括今雷州半岛，佛教寺院在粤西出现也大多是南北朝时期。现今粤西佛教文化仍十分流行，粤西人喜好参禅礼佛，不仅信徒众多，而且出家人数量庞大，寺院庙宇星罗棋布。湛江雷州和徐闻是全省佛教徒和寺院最多、佛教活动最活跃的地区。据统计，雷州寺庵达100多间，雷州城区便有大小寺庵42间，雷州半岛无疑是岭南最大的佛教中心。[3]

西方宗教文化在粤西大地亦有较大影响。明代天主教已在徐闻、海康、茂名等地活动。鸦片战争后，广东沦为半殖民地，湛江广州湾为法国租借，西方宗教文化广泛传播。民国时期，天主教和基督教获得大规模发展。据统计，到1949年，雷州半岛的天主教徒约1.2万人，大小教堂20多座。直至

---

[1] 班固. 汉书 [M]. 赵一生, 点校. 杭州: 浙江古籍出版社, 2002: 577.
[2] 萧子显. 南齐书·祥瑞志: 卷一八 [M]. 北京: 中华书局, 1972: 366.
[3] 司徒尚纪. 雷州文化概论 [M]. 广州: 广东人民出版社, 2014: 256.

今日，天主教和基督教在粤西的传播仍较为广泛，宗教活动也颇为活跃，落成于光绪二十九年（1903）的霞山天主教堂积极开展对外活动，在国内外享有很高知名度。

粤西建筑、社会习气等亦受到海外文化的影响。广州湾成为法国租界后，在城市规划、建筑格局、管理体制等各方面均采用法国现代手段，对当地城市发展起到很大影响。时至今日，法国公使署旧址、霞山天主教堂等多种法式建筑已成为粤西城市建筑文化遗产，骑楼街区等颇具中西融合特色的建筑在粤西亦有大量遗存。在社会习气方面，法管广州湾时期，走私、贩毒、赌博猖狂，这些不良习气对当地造成极坏影响，雷州百姓的赌博吸毒风气不无广州湾殖民文化残留因素。

第三节
创新流变的粤西多元文化

粤西地处天南重地，南海交通要冲、背靠五岭、三面环海的地理位置赋予它既封闭又开放的文化特性。从封闭性来看，远离中原的边陲位置使得粤西经济发展缓慢，文化趋于保守，故粤西土著俚僚文化表现明显，石狗崇拜、冼夫人崇拜、雷神崇拜广为流行，年例、游神、傩舞等传统习俗原汁原味，雷歌、雷剧等民俗艺术虽受粤剧、粤曲等外来文化较大影响，但粤西曲艺兼收并蓄，仍保留地域独特风格。从开放性来看，粤西在民系、语言、风俗等各方面均表现出多元融合特征。作为一块移民沃土，粤西民系由单一的百越土著发展为福佬、客家、广府、中原、壮族等多元混合民系；粤西语言由俚僚土语演变为雷州话、粤语、客话等几大方言同时并存；粤西风俗既有年例、人龙舞、傩舞等古老习俗，妈祖祭祀、伏波神祭祀、饮茶煲汤等外来风俗亦在粤西生根发芽，雷歌、雷剧、雷神崇拜等更是闽越文化、广府文化、俚僚文化、中原文化等多种文化融合的结晶。2000多年来，粤西大地以宽广雄厚的胸怀接纳着因屯军、垦荒、商贸、贬谪、流放等缘故迁徙而来的各类移民，也以开放兼容的姿态吸收融汇着各种各样的外来文化。如今在粤西这块土地上，我们既可以看到俚僚文化、闽越文化、中原文化、荆楚文化、客家文化、吴越文化的存在，也可以窥见基督教文化、天主教文化、西方现代文化的身影，开放的粤西文化并不固守于本土文化，而是以俚僚文化为底色，在对各种外来文化的接纳消融中极大地丰富自身的文化组合，从而呈现出创新多元流变的面貌。

任何地域都不是一个单纯的地理空间或行政空间，它涵盖着特定的文化传统，指向有独立标识与文化认同的特定区域文化。粤西文化在漫长的历史岁月中，经过多种文化的碰撞与融合，形成了独具一格的区域文化。它既兼有广府文化的开放包容、平民务实特性，又融会了闽越文化的重商逐利、开拓冒险的精神，还承传了土著俚僚文化的好勇斗狠、果敢刚烈的习气——粤西文化无疑是多元异质文化融汇创新的结晶。在逆全球化趋势愈演愈烈的今天，地域文化该如何发展成为学者们热议的话题。于粤西而言，有人认为要珍惜并保护本土原生态文化，充分发掘粤西特色的传统文化资源。有人则以为要多方开展文化交流，彻底解决粤西文化边缘化问题，融入粤港澳大湾区文化发展潮流。一味倡导本土化容易落入狭隘地方主义和本土主义的陷阱，片面强调大区域化乃至全球化又会导致地域文化的面目模糊难辨。如何解决这一矛盾？保持基本底色，寻找共同契合点，谋求共生与创新的多元跨文化交流无疑提供了一个较好的可能性路径。

多元文化的融会贯通一向是岭南文化持续充满创新活力的力量源泉，新时代粤港澳大湾区建设的推行更是强化了这一趋势。以往，我们大多强调大湾区在地缘、史缘、族缘等方面的文化相似性，努力使各种异质文化融合为一个大岭南文化。但湾区共同体的形成并不意味着区域文化差异的消融，粤港澳大湾区无疑是典型的异质空间。从空间布局来看，粤港澳大湾区形成了以广州、深圳、香港、澳门等为节点的多中心都市群；从体制来看，一国两制凸显了城市文化的差异性；从语言来看，普通话、粤语、英语、葡萄牙语等多语种共存更是丰富了大湾区的文化多元性。大湾区多元异质空间的典型性特征决定了新世纪岭南文化的发展方向：在求同存异的基础上谋求多元文化的共生与创新。粤西属于粤港澳大湾区的"紧邻圈层"。新时代粤西发展应及时抓住大湾区建设机遇，主动将粤西文化融入大湾区文化发展中。但多元文化融合必然会存在一定的文化冲突与身份错位，加入粤港澳大湾区建设是否会因为湾区经济一体化而丧失文化的独特魅力？新时代粤西文化发展应坚守多元异质文化的差异性共生与创新性融合：既要向内转，找寻本土文化的根脉与灵魂；还应向外转，以发展开放的眼光接纳大湾区各种异质性文化的进入，努力发掘本土文化与他者文化的差异性和共通性，找寻不同文化语境中的审美契合点，从而使粤西文化不断更新、永葆活力。

第七章
粤西：广东"三个半文化"的半个？

粤西指广东西部，包含4个地级市——湛江、阳江、茂名、云浮，总面积约占全省18%，总人口占广东1/5。广东向来戏称"一个省为三个省"，即指广东地域文化分三个特色显著的本土文化板块：广府、潮汕、客家。近年来，粤西地位上升，受到重视。政府承认其为独立的文化体系，也就是粤西文化。

但文化界有一种说法，称广东文化是"三个半文化"，粤西就是这"半个"。对此说法粤西人颇为不满，他们认为粤西是独成体系的。确实，承认粤西的前提在于，她不仅仅是包含四个地级市的行政区域，而且是一个文化区域。但粤西文化有没有它的核心？靠什么来统摄？这个问题，一向有争议。

第一节
多源并举，难以统摄的粤西文化

粤西给人留下的印象可谓琳琅满目、眼花缭乱。它不似广府文化，以广州为中心、珠江三角洲为区域而耀眼；也不似潮汕文化，潮州历史最长，汕头后来居上，但有潮汕古代八郡为基本版图；客家更不用说了，不仅仅广东，与福建、江西三省交界之处有客家的广大区域，而且广东客家以梅州为中心，也没有太多异议。

粤西却大大不同。粤西文化在政府文件里，虽以雷州半岛为中心，但其无法统摄高凉文化，云浮六祖慧能的禅宗文化似乎也在雷州文化影响圈之外。还有吴川多种非遗项目，电白与高州互争嫡传的冼夫人文化，以及近代后来居上的湛江法租界文化和茂名石油城文化……它们此起彼伏，各有渊源。多种文化形态，均不是雷州半岛文化所能统辖或涵盖的。

不妨挑重点文化标志具体说说——

先说六祖慧能横空出世。很难找到什么兆头，或者文化土壤，来解释六祖慧能为何会诞生于今云浮所辖的新兴县。

一个大字不识的樵夫，长年给庙宇送柴火，窗前聆听师傅布道，日有顿悟，遂告别寡母，赴湖北黄梅求佛。六祖初见五祖弘忍场面，至今读来称奇。五祖说："你是岭南獦獠，凭什么求学佛法？"慧能颇为自信答道："人分南北，但佛性并不分南北。"后来，他又在继承人竞争中咏出千古名句："菩提本无树，明镜亦非台。本来无一物，何处惹尘埃。"

六祖慧能最终得传衣钵。但传道历程漫漫，经过许多艰辛，甚至生命危险，最终创立禅宗南宗，并传播中华乃至世界。传世的《六祖坛经》曾受毛泽东高度评价。如此禅宗奇人，与粤西到底有什么样的关系？其人才成长的外因内因，的确是渺渺不可求矣。

再说粤西"冼夫人崇拜"。冼夫人是比唐朝高僧六祖慧能出生年代还要久远的魏晋南北朝时期的高州俚人首领，被誉为"岭南圣母"。她是当地土著领袖，但与汉族官僚冯氏结亲——可谓当地土著俚人与汉族统治者亲密合作的典范。

冼夫人的伟大之处，在于整个粤西以至海南省一片将其奉为神灵，建庙祭祀千年，至今仍有几百座冼夫人庙存世。笔者曾在高州冼夫人祖庙祭台前伫立半小时，观察所有祭拜的男女老少，一律虔诚真挚，而且与世人拜菩萨佛祖道观有所不同，功利世俗之心明显减少许多。在粤西靠海一片的百姓心目中，冼夫人是一位亲切的历史人物："唯一用好心"——精神实质就在保一方平安，促进俚汉文化友好相处。她是一位懂政治、晓经济、会打仗、有策略、有胸襟的巾帼英雄，顺应天命，成就伟业。其事迹历经千年而影响粤西，地方本土崇拜本身就值得重视。

雷州石狗，粤西一谜。雷州石狗属于雷州半岛，亦是粤西醒目的文化标志之一，它是雷州人民世代繁衍生息中遗留下的宝贵文化，一种独特的民间艺术创作。整个雷州半岛，据说有一两万只石狗，分布于村庄屋舍、河流田野，随处可见，乃先秦时期当地富有神灵的祭拜物。

雷州石狗博物馆内，陈列着几百件石狗雕像，令人震撼。石狗神态各异，千奇百怪，眼神中透露出人一般的神态与情感，艺术创作中的"拟人"状态异常凸显。但，粤西区域广大，雷州石狗作为文化符号亦难以统辖全境。

到了近现代，粤西又有两个地方与时代接轨：一是湛江——法国人占领湛江，误认为就是具世界名声的广州，直接在地图上标示为广州湾——法租界对湛江有深刻的外来文化影响；二是共和国成立后，由苏联专家设计的石油城茂名。茂名年代资历很浅，在高州电白之后。但由于行政区域的划分——成为地级市政府所在地；20世纪50年代石油工业的重要地位，也使这座新城快速发展，为粤西新添一抹现代工业色彩。

粤西的复杂之处还在于，既是广府、客家、潮汕文化的边界地，又与当地土著文化融汇了千百年。一个历史事实十分明了：文化并不似行政区域那么简单清晰，文化交界处常常包含更加复杂的元素，甚至你中有我，我中有你。相对广府、客家、潮汕方言齐整统一的状况，粤西方言亦相当复杂，是方言学者研究的富矿。而来自客家、潮汕、广府的语言，又似海浪拍击一般由近而远地影响着粤西的方言。粤西文化中，历史上移民迁徙及其文化的不同流向，交叉碰撞冲突融合的状态，比比皆是。

在外人看来，粤西的印象在模糊与清晰中沉浮：几个纪念碑式的标志难以忽略，但无法成为今天四个地级市统一的文化标志。同时，她又是广东百越土著受到外来移民挤压后的最后一块栖息地，包含了更多百越余韵与先秦遗响。

一张图画缓缓铺展开来：中原人、东吴人、客家人、潮汕人，他们通过南雄古道、珠玑巷、粤东海航道，或翻越五岭，或航海登陆，奔赴广东寻找新的居住地。人们争夺森林土地河流水源等生存环境，战火连天，械斗不止，致使竞争力相对落后的百越部落原住民节节败退至粤西海边，并逐步向广西、海南岛以至更远处迁居，其中一部分人遁入大山，成为壮族、瑶族、黎族、畲族的祖先。粤西的文化包含了更多史料记载甚少的远古信息，文化基因与迁徙轨迹神秘莫测、变化无穷。

对粤西文化的初步结论如下：

第一，粤西文化体系复杂，历史源头多，缺少统摄一方的文化符号，更重要的还在于缺少统一的方言。

第二，因为文化多元，所以雷州半岛文化很难成为核心并统摄整个粤西地区。雷州从古至今只是粤西文化的一部分，而非中心。

第三，史料少有提及俚人去向，学界认为向广西、海南以及越南东南亚等地迁徙。其中包含了文化迁徙转移，千年流变的重要历史信息。俚人等少数民族显然参与并融入了汉民族的历史进程。

史料与考古发现或可双向引证：唐宋后史料少提俚人，宋前后俚人文化特征有消亡迹象。由此看来多种文化融汇与汉文化影响进程明显。

比如粤西特有的"年例文化"就是以冼夫人文化、雷州文化为主体，受高凉文化、诸神信仰、祖宗崇拜交叉影响，历年南迁带来的多元文化与土著文化交融汇合发展演化而成。"拜潘仙"信俗，也为年例注入道教元素。历史人物潘茂名为道士，治病除疫造福一方，因此头戴道观、手拿拂尘的道士身影亦活跃在年例中。今天的茂名地名，就源于这位姓潘名茂名的道士。可见，文化融汇色彩斑斓，多姿多彩。

纸上得来终觉浅，绝知此事要躬行。十年来，笔者访问了粤西许多城乡，回到历史现场，寻找先人气息。谜语般的粤西始终诱惑着人们去揭秘。访高州时，古城之魂魄，难于明言，却隐隐约约，亦真亦幻。南朝时的俚人与冼太夫人，博物馆里的瓮棺习俗从茂名高州延伸出去，俚人是出走还是同化？俚人与黎族、壮族等有无血缘？千年历史之谜由此铺开，弥漫粤西，直至海南广西。

简而言之，粤西文化是目前广东三大民系文化之外，尚未得到充分研究的一块最具"广东本土性"的地域文化。统一规划的广东本土文化资源，不可能轻视粤西。其远古性、复杂性、丰富性，以及珍贵的独特性，又岂止"半个文化"可以承载呢？

问苍茫大地，谁主沉浮？粤西魂归何处，中流砥柱何在？如何穿透遥远而繁茂芜杂的历史？

千古之谜，文化不朽。

第二节
雷州半岛——粤西极具争议的文化片区

在粤西的文化版图里,有一块地方,位于中国大陆最南端,犹如一条巨龙冲向南海,被誉为"中国大陆南极村",它就是雷州半岛。自古以来,雷州半岛远离国家中心区域,长期出现频繁的自然、社会灾害,被视为蛮荒之地,是古时候充军、流放犯人的地方。雷州半岛文化是粤西的一块极具争议性的文化片区,在政府文件中它曾作为粤西文化的中心,却无法作为文化中心统辖粤西其他文化标志,还有人提出它可以作为"广东四大文化之一",却没有在文化圈得到权威认可。但不可否认的是,它身上有着一系列独特而矛盾的特质,耐人寻味。

一、亦神亦祖,神祖共生

雷州有雷神,亦有雷祖,神人合并为"雷公祖"。笔者曾游览雷祖祠,发现其"亦神亦祖、神祖共生"的这一神奇现象。只见正门口楹联:霹雳开天南一祖,声名为海北同尊。"霹雳开"指的是雷祖陈文玉的诞生,有"闪电劈开石卵"之传说,而"天南一祖"则是因为雷州被誉为"天南重地",故雷祖为"天南一祖",代表着雷祖陈文玉在雷州人心目中绝无仅有的地位。下联中"海北同尊"之"海北"即琼州海峡之北,表示雷祖声名得到半岛人尊崇。走进雷祖祠,主殿神阁端坐着雷祖神像陈文玉。陈文玉唐贞观五年(631)出任雷州刺史,多年来励精图治,维护了民族和国家统一,受到多次褒封。他本为历史人物,在多次皇帝册封中逐渐变成地方神明。在唐代及以前,雷祖的概念还没出现。而宋元时期,由于官府需要开发雷琼地区,大兴水利,经营珠池,需要加强地方认同和维持社会稳定,故给予陈文玉以雷神封号和祭祀,加强雷神和社稷的联系。另一方面,移风易俗,复兴儒学,将雷神士大夫化,实现地方教化。直到明清时期,受政策影响,地方宗法关系进一步加强,为获得更高的社会地位和资源,陈氏族人将陈文玉奉为先祖。朝廷为平定海寇,需要发展地方势力,也满足这一诉求。于是雷神的形象,从唐之前的神怪变成人格化的神,再变成功于社稷的祭祀之神,再被陈氏族人塑造为祖先和乡贤。

二、崇狗也吃狗，拜雷也斗雷

众所周知，雷州有石狗信仰，信仰则不杀生，人之常理。但到过雷州的人都知道，当地也有食狗之风俗，甚至以狗肉为地方特产。一面大肆宣扬信仰文化，一面则照吃不误，这岂不是相互矛盾？是出于何故？原来，古雷州是古越族俚、僚、傜、僮、苗、黎人聚居之地，各部族都有各自的崇拜图腾。[①] 在各民族迁徙和融合之中，狗图腾逐渐成为各部落的共同图腾，渐渐衍生了石狗之物，还有连带的许多传说和文化，例如《山海经》中的"其东有犬封国"的故事，晋代干宝《搜神记》中狗头人首的盘瓠等。

古雷州的原居民本不食狗，不仅不食狗，还将狗作为保护动物而无人食用。到了明清时期，大量外地汉人进入雷州半岛，他们迁徙至此，流离失所，饥肠辘辘，见狗遍地奔跑，而人不逃，便抓之而食，不想营养丰富，味道极好，于是食狗成风。后来汉人发现了狗肉中的药用价值，利于生养孩子。据《本草纲目》记载，狗肉可以"安五脏，轻身益气，宜补肾、胃，暖腰膝，壮气力，补五劳七伤、血脉等"。因为这个药用价值的发现，雷州各郭族的族人逐渐有了"啖狗肉求子"的想法，将吃狗肉和求子生育的信仰完美融合。而汉人也慢慢地接受了雷州郭族的石狗文化信仰，在村落或者家门口安置石狗，有镇宅辟邪之意。

完全矛盾的文化观念可以互相融合且流传千古，可知文化在抗争和融合中生存。它始终在更换血脉，以更好地适应人们的生活和发展。文化因人而生，为人而变。

雷公是天上的神，负责打雷下雨，予以人间雨露丰收，是人们敬仰的神仙。而雷州却有一则为人津津乐道的"斗雷"传说——通过和神争斗，斗赢了而达到自己目的。这看起来似有冒天下之大不韪之嫌疑：雷人遇到大旱，农民成群结队到"雷公庙"祈求下雨，并送上了大量的祭品。但一个月过去了，毫无效果，还是"赤日似火，野禾半枯"。这时，农民陈鸾凤大胆闯入雷公庙，指着雷公大骂其不司其职，并一把火烧了雷公庙，并拿雷公最厌恶之物——"彘肉杂鱼食"惹怒雷公。只见天降猪怪，陈鸾凤挥刀砍去，砍断

---

① 黎江. 雷州石狗 [J]. 当代检察官，2020.

了"雷公"大腿。顿时,电闪雷鸣,倾盆大雨。因此陈鸾凤被尊为"雨师"。一般来讲,神在人们的眼里,如同救世主,似乎无所不能,神圣不可侵犯。而这个故事却把雷公描述成"猪怪",由此一股古雷州人"我命由我不由天"的蛮荒野性暴露无遗。

三、一次更名引发的认同危机

"雷州文化"中的"雷州"是指古代的雷州府,而现在雷州半岛内,也有一个县级市叫雷州市,而雷州市又属湛江市管辖。古雷州府、雷州半岛、湛江、雷州市这四个概念常常令人云里雾里,混淆于其中。正是因为它们的混淆,改变了雷州文化的命运,也对它的传承和发展产生了重大影响。

首先需要厘清的是这四个概念的来源。从秦始皇一统天下到唐代初期,中国有36个郡。今湛江属合州郡一带,但古代的合州郡很大,囊括了现在的广西和海南至阳江地区等。唐太宗时期,雷祖陈文玉担任刺史,认为合州郡太大、难以管理,因此地多雷,靠近擎雷山和擎雷水,故上书将"东合州"改为"雷州",此为古雷州府的来源。直到民国初期,古雷州府的管辖范围为"三雷"——徐闻、海康和遂溪三县。当时遂溪县范围除了现在的遂溪,还包括现在的赤坎市区、霞山市区、麻章区,和东海岛、硇洲岛经济开发区。

1899年,今湛江市区被法国"租借",当时名为"广州湾"。

1913年,民国建立之后,雷州府被废除。

1945年抗战胜利后,法国人归还广州湾,民国政府将广州湾改为"湛江",管辖范围覆盖了明清时期的雷州府,还有高州府、廉江府的部分地区。

而"雷州半岛"的地名出现在地图中是民国初期,比"湛江"少了廉江和吴川部分地区。

1994年,古雷州府的府治海康县撤县建市,更名为"雷州市"(县级市)。从上面描述可看出,湛江的范围最大,雷州半岛大致和古雷州府重合,而现在的雷州市,范围远远小于古雷州府。

此次更名,引起了巨大争议。有人猜测这是为了更好地记住"雷州"这个名字,使得雷州古民俗传统延绵不断。但许多老人觉得自己还是"海康人"。在雷州话中"雷州"的通俗表达就是"海康"。此次更名更多的是引起了雷州之外的遂溪、徐闻、麻章及湛江市区人们的不满,因其地域在"雷州"称谓之外,久而久之,他们子孙后代就会忘记自己的祖辈是"雷州人"。这次的更名事件,使得雷州文化的认同感和辐射范围大大缩小。

而雷州半岛地区的多方言现象也是影响文化认同的一个重要方面。明清以来,商业发展,水运贸易繁荣,使得广府、客家人都来粤西地区做生意,白话和客家话在湛江市区、吴川和廉江等地流行起来。渐渐地,雷州半岛形成了一个多方言区。20世纪30年代,日军入侵广州,大量香港人和广州人跑到广州湾(现在的湛江市区)避难,带来了白话(广府方言)和先进的生活方式,白话成为当地上流社会的语言。改革开放后,香港影视文化如狂风席卷湛江,使湛江市区的雷州话进一步"白化",大街上的年轻人都抄着一口"雷州普通白"。更重要的是,湛江地处广东边缘,对广州的向往和学习模仿,也是白话在湛江市区流行的原因。英国的语言学家帕默尔说:"语言忠实地反映了一个民族的全部历史、文化,忠实地反映了它的各种游戏和娱乐、各种信仰和偏见。"每一种方言都有特定的词汇去表达地域文化,当雷州话的影响在缩小时,文化认同的范围也在发生变化。

犹如谜语一般的雷州文化,在社会日新月异的变动和内外矛盾中生长,在生长中融合矛盾,推陈出新。这是文化发展的必然。

第三节 沿海地区的龙文化:
海洋文化和中原文化的混合体

粤西内陆文化多元发展,而沿海文化的海洋文化也独树一帜。文化随着人类的迁徙而变迁融合,中原的龙文化遇见海洋文化,形成了独有的海龙文化,人龙文化。

一、粤西沿海地区的海洋文化

粤西沿海地区,海岸线曲折绵长,并有东海岛、南三岛和硇洲岛等岛屿。临近海洋的地理环境,台风、咸潮多发,对当地种植业有着不良影响。而好处是渔港众多,可发展远海捕捞业、近海养殖业。粤西沿海的人们不仅养殖鱼类,还有珍珠等,海洋成为人们获取资源的来源。不同于岛内人民,沿海地区没有大面积的农田可种植，所以沿海地区的人们就会用贩卖海产品所获得的钱去购买自己的其他生活用品，这样就促进了市场和当地贸易的发展。①

粤西沿海地区的养珠业曾繁荣一时，因珍珠产量有限，而大部分要上供朝廷，剩余的则稀贵，富商们不惜花重金购买以彰显身份。粤西的商业贸易发展繁荣。宋代以来，粤西沿海地区海上贸易十分发达。汉代徐闻、合浦港作为丝绸之路始发港，与东南亚诸国往来频繁②，逐渐演变成岭南地区重要的货物集散地。

同时，海上贸易繁荣也带来了隐患，海盗、海贼在东南沿海活动频繁，抢劫来往商船。元代以后，又有倭寇不断骚扰。历代统治者都制定了相关的海防政策，甚至实行"海禁政策"，禁止民众下海经商。在保守的海洋政策下，海洋贸易经济由盛转衰，但历史遗留下来的文化印记却深深地刻在沿海人民的民族记忆里，形成当地的风俗习惯。直到现在，粤西沿海地区，如雷州半岛等地方言中仍带有大量的海洋特性。如"太阳下山"在方言中表达为"日头落水"；还有因为出海捕鱼，收成多寡、性命安危都系在那艘并不牢固的小船上，所以忌讳"翻""倒""破""沉"等字眼。无论是生产和生活，粤西沿海人民都受海洋影响极深。他们缺乏安全感，渴望寻求精神庇护，海神、龙神的信仰由此而生。

二、粤西龙文化——由中原龙文化和海洋龙文化凝聚而成

从古到今，龙是中国人心目中至善至美的图腾，是融合狮头、鹿角等多重动物和云雾、雷电等多种自然现象而成的神物，为包容万物、翻云覆雨之意。中国人将智慧、勇敢、吉祥、尊贵等一系列最好的品质凝聚于龙的身上，龙的意象代表着中华民族奋发向上、不屈不挠、威武雄壮、团结自强的精神，和龙有关的一切都是最高规格的，如皇帝才能穿龙袍，名为"真龙天子"，到了现代，喜欢自称为"龙的传人"。

据考证，中华民族的龙文化起源于中原。上古时期，人文始祖太昊伏羲，在今河南省周口淮阳一带首创龙图腾，实现了多部族的首次大融合；人

---

①② 汪进超. 雷州半岛文化中的海洋特性 [J]. 广东海洋大学学报，2015.

文始祖黄帝，在统一黄河流域各部落之后，也用龙作为新部落图腾。中原众多习俗和龙图腾息息相关，如每逢喜庆之日舞龙灯，农历二月二祭龙王、吃龙须面，端午节赛龙舟等。①②

粤西地区，自古以来远离政治中心，又是瘴疠之地，有"南蛮之地"之称，历来被朝廷视为流放贬逐之地，在唐宋明期间曾有大批历史文化名人被贬到此地。例如苏轼、苏辙、秦观、汤显祖等文人墨客，还有雷州西湖十贤祠所祀奉的10位宋代大贤等。这些知名人物在流落边疆之时，影响力依然源源不断地扩散着，带来了诸多的中原文化包括"龙文化"，推动当地经济建设和文化发展。每到中秋，远离故土的南迁居民就会用人龙舞的形式，表达自己对故土的追思和纪念。因此人龙舞从诞生之初，就带有浓郁的中原文化符号。

文化是融合的产物，从中原流传过来的龙文化，在粤西地区生根发芽，和当地的地域文化、民族风情密切结合，衍生出具有粤西特色的人龙舞。

粤西沿海地区的人龙舞，除了带有典型的中原"龙"文化特征以外，还具有海洋文化的特色，沿海自然灾害严重，百姓们寄希望于主管水族的龙，希望龙神能平息水患。因此人龙舞在粤西沿海的创设，目的之一就是驱邪镇魔、耕海丰收，具有深刻的海洋文化内涵。③ 特殊的天气也造就了人们奔放火爆、豪放直率的性情，这些体现在人龙舞的表演形式和风格上。人龙舞的表演形式复杂，最初是没有借助任何道具进行表演，需要舞龙者之间高度密切的配合和团体协作意识，体现出了海边的人民不畏艰险困苦、团结一致、战胜灾患的决心。

粤西沿海地区不仅要跳人龙舞，还会兴建龙王庙：在夏季暴雨洪涝时，兴修水利，同时祭祀龙神，祈求工程顺利；干旱无雨的时候，请出龙王，求乞天降大雨，润泽庄稼。

---

① 徐光春，《中原文化与中原崛起》[M]．郑州：河南人民出版社，2007年．
② 张桂中．中原文化生命力探讨[J]．中共郑州市委党校学报，2009年．
③ 安剑群，樊花梅．非物质文化遗产保护视野下"人龙舞"的文化传承研究[J]．西安体育学院学报，2011．

三、以东海岛"人龙舞"为例

在粤西"龙文化"的背景下,产生了"鱼、龙"舞蹈、龙舟竞渡、陆龙船等一系列的传统文化活动,较为常见的有:湛江的人龙舞、草龙舞、舞公母龙、舞高跷龙等,茂名的香火龙舞、龙船舞、鳌鱼舞、龙鱼舞,阳江的鱼龙舞,云浮的双龙舞,等等。当地民众独具匠心,农闲之时,用稻草、渔网、竹篾等简易材料做成龙,并创造了丰富多样的动作,如翻滚跳跃、迂回穿插、伫立摇摆等,再现渔民与大海搏斗的场面。[①] 堪称一绝的有湛江东海岛的人龙舞,曾载入上海吉尼斯纪录,为首批国家级非物质文化遗产,在2008年北京奥运会的开幕式中为全世界展演。

东海岛的"人龙舞",每年元宵节前后表演,常常作为游神节目之一出现。人们通过这样的形式,娱龙敬龙、祭海祭祖。东海岛人民世代以捕鱼为生,遇上天气恶劣,暴风雨频发,他们便会祈祷得到海里龙神的护佑,以求温饱平安、风调雨顺。在舞蹈之中更有一种自强不息的龙之精神。人龙舞也分很多种,有布龙、彩龙、泼水龙、泼火龙等,分别有团结一致、追思祖先、风调雨顺之寓意。

东海岛人龙舞源起于明末清初,是被清军打败的南明政权军队南下海南,建立反清复明基地时,当地百姓为鼓舞明军士气而组织的表演。人龙整体结构可分为龙头、龙身、龙尾三部分。一技艺娴熟、身材壮实的大汉当龙头,扮演"龙舌""龙眼""龙角"的三个小孩挂在他身上。龙身也由青壮年大汉和6~10岁的男孩组成——大人在下,名"龙桩";小孩在上,呈俯仰姿势,戴着龙冠,为"龙脊"——如此拼成一起,环环相扣,为"龙身"。人龙舞少则几十,多则几百人,浩浩荡荡,气势恢宏,在鼓乐铿锵有力的伴奏声中,"龙点头、龙穿云、龙卷浪"等多种造型变换,左旋右转,如泼逐浪,宛如真龙,妙趣无比,弥漫着浓浓的传统气息和海岛特色。神龙路过每家每户,家家都要用香火、酒肉供奉龙神,以得到龙神保佑子孙兴旺、家人平安。传统人龙舞表演有请龙—出龙—舞龙—送龙的程序,后来渐渐增加了古代祭海仪式:拜天地、拜四方、拜海神、读祭文等。早期的人龙

---

① 张桂中. 中原文化生命力探讨 [J]. 中共郑州市委党校学报,2009.

舞有着天人合一、膜拜神灵的思想，后期渐渐变成娱人娱己、强身健体的舞蹈艺术活动。

人龙舞不仅仅是作为凝聚群众力量的象征，它在中原龙文化和海洋龙文化的结合下，已然成为华夏民族龙的传人的文化精神纽带，人龙舞中的龙由人组成，龙的精神和人的气魄相辅相成，龙中有人，人中有龙，人龙合一，交相辉映。

粤西地区的文化虽然多源头并举，现今无法统摄出一个广为认可的文化核心，但其各类文化的综合影响力却丝毫不逊色于广东三大文化区。或者可以说，这样的"散装文化"正是粤西与其他三大文化的区别和特色之处。现如今，粤西一些欠发达的乡村地区，随着年轻人口的迁移，与远古传统文化的距离越来越远。当务之急，是要抓住自身优势，挖掘粤西民族传统主题文化旅游资源，复兴特色的民俗文化活动和文物古迹，结合开发特色旅游商品和特色海鲜美食，把民俗特色文化、海洋文化特色、历史文化特色与旅游项目综合开发起来，实现文化传播和经济效益更好发展。

第八章
永恒的流动——客家文化的来来往往

在广东三大民系中，客家犹如一位低调而有内涵的男子，虽历尽苦难与沧桑，却静静地蓄积力量，在世事浮沉中来来往往，不屈不挠地追求独立自由的生命绽放。永恒的流动，是客家文化的宿命与使命，也正是这种流动，令客家文化展现出独特的魅力。

第一节 客家：一直在路上——
地理空间流动中形成的文化心理

一、地理空间的流动是客家民系形成的直接原因

"客家"，是"客而家焉"的意思。客家是在迁徙中形成的民系，他们"处处无家处处家"，到了一个地方便随遇而安，把客地当作家。历史上大规模的迁徙，客家人经历过五次。

据罗香林先生在《客家研究导论》中的考证，自东晋以来，客家先民或因战乱，或因饥荒、匪盗等各种外忧内患，历经千辛万苦，从中原大地自北南徙，步步辗转来到福建、广东、江西三省交界处。并且，所到之处，只剩

穷山恶水之处可供开垦了。因此,迁徙,意味着失落、漂泊、无定与苦难,也意味着融合、奋发、新变与重生。到了南方山区后,又因地少人多、土客械斗等,自清康熙中叶起,客家人复向四川、湖南、广东沿海地区,以及台湾、海南等地迁徙。实际上,直至今日,客家人的迁徙从未停止过,他们的足迹已遍布五洲四海,梅州、惠州等客家地区华侨众多,梅州还被誉为"华侨之乡",祖籍梅州的华人华侨及港澳台同胞多达900万人,其中台湾500万客家人中就有180万人祖籍在梅州。

谈到梅州的华侨,不能不提起一个地方,那便是千年古镇松口。松口镇,地处梅州市梅县区东北部,在梅江的下游。这里是客家重镇。宋代以降,松口各姓氏先祖从闽粤赣迁居松口镇,开发建成闽粤赣商贸集散地。宋代伊始,特别是清末民国初期,松口成为梅州乃至闽粤赣客家人向海外迁徙的重要驿站、世界客侨"海上丝绸之路"的始发地、客家人"印度洋之路"的第一港。历史上,这里的乡民与海外通邮、通航、通商不用经过嘉应州(今梅州)城,经汕头港直接转松口,可见当时的松口有多"牛"。因其繁华盖过州城,以至有"松口不认州"的说法。这里的水上交通十分发达。20世纪50年代,梅县在松口设立松口港务所,为广东省内河一大港口。当时闽粤赣等地客家人下南洋,大多以松口为中转站,从这里搭乘电轮到潮州或汕头港,再转乘木船、商船、帆船等到南洋国家。小小的松口镇,建有火船码头、天后宫码头、关帝码头等29座码头,停靠船只最多时有1 000多艘。其中最有名的要数火船码头,它是梅江水运经韩江、汕头港出海的最大码头,也是闽粤赣水上交通枢纽、物流集散中心。当年,有多少客侨从这里登船出南洋,又从这里回到梦中的家。虽然昔日熙熙攘攘的火船码头今日已归于平静,客家人外出已不再选择水上交通,而有了更便捷的交通工具,但繁华一时的火船码头乃至松口古镇见证了客家人一次次离乡背井、开拓新世界的步履,也见证了客家人的悲欢离合。2012年,松口镇被联合国教科文组织确定为"中国移民纪念地";2013年,由联合国教科文组织设立的中国唯一的移民纪念项目——中国(梅州)移民纪念广场在松口建成;2017年,松口镇获评"广东十大海上丝绸之路文化地理坐标"。松口,见证了客家文化的来来往往。

客家人的意识深处,因不断的流动而有了一种与生俱来的宿命感,它在流动中形成,又在流动中逐渐加强,那便是:只有在不断的流动中才能获得更好的生存与发展机会。有趣的是，梅州泮坑景区寺庙供奉的"公王"只"保外乡"而不"保内"，"公王"俨然成为客家人漂洋过海到达客乡后的保护神，这看似有悖于中国传统文化对乡土家人的眷恋，实则深刻地反映出客家社会的特殊性及客家人骨子里向外发展、不断开拓新世界、不死守在一个地方苟且偷安的意识。由此，立足于业已走过的征途，义无反顾地继续前行，似乎成了客家人无以改变的命运。

二、客家文化在流动中形成并始终保持着独立的个性

客家民系不仅在地理空间的流动中形成，而且还在地理空间的流动中创造了独特的文化。这种独特的文化既源于客家民系血脉里对中原文化的认同，又得益于颠沛流离的大迁徙中不断地与客地的文化相冲突、相融合，以至于发展出别具一格的客家文化来。从今日来看，虽然客家人的分布很广，广东、福建、江西、广西、湖南、四川、海南、台湾等省乃至世界各国都有客家人的足迹，但客家民系的语言、文化却能一直坚守下来，客家始终作为一个独立的民系而存在，这确实是一个奇迹。客家，也是唯一不以地域命名的民系。自有史料记载以来，南下的汉人不可谓不多，这些汉人大部分与到达地的民系及文化融合，成为粤人、赣人、闽人、川人、湘人，唯独客家人始终被视为"客"，竟没有与他们所到达的南方诸省之人融为一体，而一直保持着自己的道德观、价值观与人生观。在与当地土著的相处中，有对抗，也有学习和融合，但仍然具有一种特立独行的文化品格，显得与众不同。这别具一格的文化是一种边缘性的文化，既有对中原文化的传承，又有与岭南海洋文化等的融合，对这两种文化既认同又不依附于任何一方，而在两种文化的边缘形成了自己的文化边界。因此，客家文化也是一种多元化的文化，因数次大规模的流动而被激活。

客家民系何以能始终保持独立的个性不被同化，自成一体？究其原因，一方面，是由于自北南徙的客家先民大多为中原的衣冠士族，本身就觉得自己有着高贵的血统，他们骨子里的优越感并没有因为离开故土而削弱。他们崇尚教育，敬仰祖先，对中原文化有着"根"的认同，即使远离了故土，仍以中原文化的传承者自居，比如重义轻利的价值观就一直为客家人所津津乐道，以至在商业发达的南方沿海地区显得格格不入，客家人也因此被视为

"清高"与"迂腐"的代表。另一方面，由于长期的流浪、漂泊，想要维系一个民系的生命力与凝聚力，必然需要一种共同的精神信仰，不然很容易被同化。所以，客家人一直教导子孙"宁卖祖宗田，不卖祖宗言"，要将古汉族的"活化石"一直传承下去，将客家民系的优良传统发扬光大。正是出于与生俱来的文化优越感与团结民系的需要，在被迫南迁的过程中，客家人每每以自己的文化为正宗，他们出人头地的思想格外强烈，到哪个地方都有主人公的意识，这与同为流浪民族的犹太人形成鲜明对比，犹太人到了哪里都认为自己是"客"。只是，客家人所到之处只剩下穷山恶水，生存条件先天就存在劣势，这又使得客家人总是被边缘化，他们对生存与发展的危机感比其他民系都要强烈，这对于一个优秀的民系来说，反而激起了他们一种无所畏惧的主人意识与使命感，并凭此保持了自身的独立及倨傲的特点。

三、地理空间的流动激活了客家文化的多元化特点

然而，客家文化又因流动而具有多元化的特点。由于大规模的迁徙，客家文化没有被其他文化同化，但并不代表她与其他文化没有过交流、融合。恰恰相反，客家文化是在一路迁徙的过程中逐步形成的，与途经地、到达地的文化都有着密切的关联。譬如，被誉为客家文学明珠的客家山歌，就鲜明体现了因流动而激活的多元化特点。

客家山歌是客家民众在山村乡野即兴唱出的原汁原味的民歌，多为男女对唱。有学者认为，客家山歌作为客家文化的基本要素，体现于其中的文化整合和定型是确定客家文化乃至客家民系成型的标志之一。而追溯客家山歌的渊源，也可窥探客家文化多元化的特点。客家山歌源自中原文化，尤其是《诗经·国风》中赋、比、兴等艺术手法在客家山歌中的大量运用，说明了客家文化与中原文化的密切关系。并且，客家山歌在南迁途中，还接受了楚辞、汉乐府、荆湘歌谣以及江南吴歌的文化传统。如有名的客家山歌："榄树打花花榄花，郎就榄上妹榄下。掀起衫尾等郎榄，等郎一榄就回家。"这首歌的意思是一位姑娘看到小伙子在树上采橄榄，并在树下掀起衣襟等着接小伙子扔下的橄榄。但在客家方言里，"榄"与以手相抱的"揽"同音，从谐音双关的角度来看，其隐含之意是多情的小妹希望得到小伙子热烈的拥抱，并相拥着回家。类似这样对谐音与双关语的娴熟运用，是吴歌鲜明的艺

术特点。客家诗人黄遵宪说："土俗好为歌，男女赠答，颇有《子夜》《读曲》遗意"①。而吴歌，据郑振铎先生的研究，与晋永嘉之后东迁的中原移民尤有关系，是"中原的人，迁到了江南"之创作②，即吴歌自身也有中原文化的因子。文化是相互影响和交融的。在进入南方山区之前，于江淮一带辗转了七八百年的客家人，他们的山歌在形成过程中显然受到了吴歌的影响。

到了新的居地，即闽粤赣山区，客家山歌又在相当程度上受到了当地僚、疍、畲、瑶等少数民族文化的影响。正如罗香林先生所说："客家初到闽粤赣的时候，不能不与畲民互相接触，接触已多，就想不与他们互相混化，亦事势所不许。"③ 以在客家地区被誉为"歌仙"的刘三妹为例，相传刘三妹是唐中宗年间人，其歌唱形式与客家山歌一样，均是隔山对歌，歌唱内容多为男女情爱。刘三妹的故事中涉及僚、瑶、僮等少数民族，而刘三妹可能就是其中某一民族的歌手，她"淹通经史"，受中原汉文化影响较深，并谙熟各族语言，"遇某种人，即依某种声音作歌，与之倡和"④，所作之歌包括僚、瑶、僮等各族之歌，或将各族山歌融为一体，是岭南少数民族歌谣的代表人物，而受到包括"齐民""山子"在内的各族人民的喜爱、尊崇与学习，"歌仙"的美誉即是明证。这充分说明了在客家先民迁入之前，当地少数民族就有好歌、善歌的传统，到了新居住地的客家山歌无疑接受了当地少数民族歌谣的影响。

从客家山歌的内容与风格上来看，男女情爱的内容占了相当大的比重，且其风格极其奔放大胆，这与后世士大夫眼中温柔敦厚的诗教大相径庭，却与受礼教束缚较少的少数民族歌谣相似。但客家文化又是一种善于学习与创新的文化，这体现在客家山歌上，即表现为其吸收融合了各种歌谣文化的同时总能保持独立的个性，而成为独树一帜的民歌形式，鲜明地体现了客家文化特立独行的品格。如经典的客家山歌："入山看到藤缠树，出山看到树缠藤。树死藤缠缠到死，藤死树生死也缠"，"生要恋来死要恋，不怕官司打眼

---

① 黄遵宪：《人境庐诗草》卷1《山歌》，民国排印本。
② 郑振铎. 中国俗文学史：上册 [M]. 上海：上海书店，1984.
③ 罗香林. 客家研究导论 [M]. 广州：广东人民出版社，2018：73.
④ 屈大均. 广东新语注 [M]. 李育中，邓光礼，林维纯，等注. 广州：广东人民出版社，1991：235.

前。杀头好比风吹帽，坐牢好比逛花园","妹子约郎榕树下，月出嘣到月西斜；夜静三更露水大，有情你爱脱衫遮"，等等，如此直率、刚烈、火辣的爱欲表达在客家山歌中不胜枚举。如果说这些歌谣都是出自客家女性之口，则不免令人有惊世骇俗之感。然而，客家女性历来备受称赞的是她们的勤劳、贤惠与节俭，这与山歌中那个奔放、自由的灵魂如何联系在一起？本书认为并不矛盾。客家女性的优点除了贤劳善良，还有刚强果敢的另一面。不畏礼教束缚，敢于追求真爱，坦露相思情欲，实则与客家文化的流动性相关。千百年的辗转迁徙，以及远离了政治中心，加上与当地少数民族的交往甚至相融，让客家女性在道德伦理上受到的捆绑比其他地区要少。又由于所到之处多为穷乡僻壤，客家男子多出外谋生，因此客家女性比其他地区的女性尤为能干，可以独当一面，她们"向不缠足，身体健硕，而运动自如，且无施粉及插花朵者"（《清稗类钞》），这就让她们在生活上、经济上乃至于政治上有了更多的发言权，并在生活的重压下更显刚强与自立。山歌是她们释放自我的重要方式。清代"诗界革命"的倡导者、客家诗人黄遵宪称客家山歌为"天籁"，正在于其"妙绝古今，正以妇人、女子矢口而成"[①]。而漂洋过海外出谋生的男人们又带回了"海洋文化"的新观念。客家文化的这种流动性与社会的特殊性都给了客家女性得天独厚的条件，使她们中的许多人在一定程度上有别于中国封建社会的传统女性，而具有了淳朴天然的性别平等信念和女性自觉意识。这也是客家山歌乃至客家文化能够独树一帜的重要原因。

第二节 流动中的固守与拓新——客家性格的矛盾性

在千百年的辗转迁徙中形成的客家文化，不可避免地需要面对一个又一个难题，如新与旧、异乡与故乡、优越感与边缘化、独立与融合等复杂矛盾的问题，集中体现为客家人文性格上固守与拓新之间的矛盾。

谢重光在《客家民系与客家文化研究》一书中对客家人文性格做了较为全面客观的分析，认为客家文化是多元复合的山区农耕文化，"多山的环境、

---

① 钱仲联. 人境庐诗草笺注[M]. 上海：上海古籍出版社，1981：54.

山地农耕的生存方式及多民族多族群间的长期斗争融合，是客家人文性格由以形成发展的基本因素"①。他一针见血地指出了独特的地理环境在客家文化形成过程中的重要作用，并将中原文化与土著文化之间的此消彼长、互相制约与涵化看作解开客家人文性格矛盾的钥匙。此论颇有见地。

一、客家性格中的固守

固守，可以从正面与反面两个不同的角度去理解。从正面理解，固守有坚守信仰、安分守己之意；从反面理解，固守则有保守、清高、固执之意。客家性格中的固守，兼有正反两层意思。

首先，客家人对儒家文化的自觉认同和坚守显然要强于广府人和福佬人，特别明显地体现在对"根"的认同上。骨子里、血脉里，客家人曾出身高贵，作为衣冠士族，位于一国之中心，优越感、倨傲感在客家人祖上便先天存在着，代代传承，绝不会因为地理位置的变迁而减弱或消退。直到如今，你和客家人谈起历史，他们仍会眉飞色舞、滔滔不绝地向你讲述历史上特别是近代以来客家涌现的无数英豪，如洪秀全、孙中山、丁日昌、朱德、叶剑英、谢晋元、黄遵宪、林风眠、郭沫若、李金发、张资平、李惠堂……如数家珍的自豪感如同注入了他们的血脉般难以掩藏。

对"根"的一往情深典型地体现于客家人的祠堂文化上。客家的祠堂大门上端无一例外都书写着醒目的堂号，如陈姓的颍川堂、李姓的陇西堂、曾姓的三省堂、林姓的西河堂……过春节的时候，家家户户都要在自家大门挂上写有堂号的一对灯笼，夜色下更显璀璨辉煌。这些堂号作为客家一种典型的文化符号，无一例外地言明本姓本族的渊源所自。有些是炫耀远祖的丰功伟业与美德，如吴姓的至德堂，讲述的是周太王之子泰伯兄弟让而奔于句吴之地，并被孔子誉为"至德"的故事。而祠堂大门两旁还贴有一对堂联，如叶姓为"南阳世泽，东粤名家"，上联溯源，下联则言开基梅州后叶家的发达景象；曾姓为"三省流徽，忠恕家声"，上下联均叙述曾子格言，曾子曾提出"吾日三省吾身"的修身之道，主张忠恕是儒家一以贯之的思想。由以上可见客家人的中原情结是何等浓烈与深沉，他们对儒家文化的认同是代代

---

① 谢重光. 客家民系与客家文化研究 [M]. 广州：广东人民出版社，2018：382.

相传的。除了建祠堂、书写显赫的堂号和优雅的堂联，还有修族谱、立族产等一系列强固中原正统观念的活动。"根"，在客家人这里更多是一种精神的归宿，是对故土的凝望，将客家人紧密联系在一起的无形的纽带。在强固中原观念一系列活动潜移默化的影响下，客家人的族群观念和优越意识不断得到增强。他们尚礼义，富于民族气节和家国情怀；特别当宋明理学在客地深入传播之后，客家地区的知识精英服膺儒家教化愈深，并自觉地将儒家"三纲五常"与客家人因农耕文化而固有的质直、尚气等品质结合起来，形成了独特的客家品格。在民族和国家的危急关头，总会涌现出一大批敢于冲锋陷阵的客家人，如文天祥、丘逢甲、谢晋元等千千万万的愿意为国家和民族挥洒热血的客家英雄儿女，这很大程度上是儒家文化的传承所致。

客家人的固守还典型地体现于对"客家言"的珍视，有名的客家格言"宁卖祖宗田，不卖祖宗言"，似一股无形的精神力量鼓舞和团结着客家民系。客家先祖每每迫于战乱、迫于生存的压力，不得不打破安土重迁的传统观念，"宁卖祖宗田"，四海为家，但"祖宗言"却是容不得半点亵渎的。"祖宗言"说的便是现今汉语七大方言之一的客家话，也可引申为客家精神、客家传统，意即客家人无论在什么情况和环境下，都不能舍弃自己的方言与文化。在物质与精神的单选题中，客家人义无反顾地选择了后者，"不卖"表现出的是一种在强压之下仍固守民族气节，面临千钧重压而凛然不屈的骨气。"田"——物质的一切都可以舍弃，但"言"——客家的精神却无论如何不可以丢弃，不可以贩卖！

"言"，是一个民系最显著的特征，民系的区分通常以方言为标准。并且，不同的方言实则代表了不同的思维和文化，这已是语言学家与思想家们所共同揭示的了。因此，对"言"的固守，也就是对客家文化的坚守，是一种精神的自卫。客家方言，将不同国度、不同地域的客家人联系了起来，千百年都没有失散。广东三大民系、三种不同的方言，在对"言"、对文化的重视上，广府和潮汕民系似乎没有客家人那么"严重"。广府和潮汕，他们除了有方言相连，还有属于自己的地域——广府人有富饶的珠江三角洲平原，潮汕人则有宽广的潮汕平原。唯独客家人，没有一片广阔的地域独属于他们，居住之地极为分散，老乡的认同，不是故土，只余乡音：客家方言。除此，再没有任何事物可以作为认同的依据。这就是客家人将"言"看得比"田"更重甚至性命攸关的原因了。

"言"所传达的又是一个民系的精神与文化。失去了安身立命的物质的家园，精神的重要性便格外显现出来，并由此得到飞升。这使客家人不再役于"物"，而在"言"上找到了精神的家园，获得了更为广阔的自由空间。因此，他们重义轻利，重精神轻物质，敢于发声，敢于立言，这也是近代以来客家民系英才辈出的重要因素。且不说近代客家的军事家、政治家、思想家之多，就是近代客家的文学家、画家、文化人亦如恒河沙数。他们所发之"言"往往振聋发聩，如黄遵宪大胆倡导"我手写我口"的"诗界革命"，李金发是中国现代象征派诗歌的第一人，张资平可说是中国现代第一位市民小说家，林风眠则是中国近现代美术的启蒙者和融合中西的中国现代绘画开创者之一，他们的"立言"都曾遭受挫折和打击，甚至重压，但他们却始终没有更改过内心的坚守；他们之"言"悠远而绵长，为了熔铸这万古不朽之言，这些客家豪杰们倾注了全副心血，甚至生命。从他们所发之"言"，我们看到了闪光的客家精神，那便是：对自由独立生命孜孜不倦的追求，不论遇到怎样的艰难困苦。这也正是客家人所固守的精神命脉。西方著名语言学家维特根斯坦这么说过："我的语言的界限意味着世界的界限。"[1] 语言不仅仅是工具，它本身就是一个世界。守住了"客家言"，也就守住了客家的世界。客家人正是凭借着这"不卖祖宗言"的强大精神而光耀了世界。

客家性格中的固守还包括对教育、对耕读传家的执着，对儒家重义轻利价值观的认可等，这些都是客家人能够特立独行、开创一个又一个辉煌的法宝。又因为客家民系成长于南岭闽粤赣边区山地，他们有一个与当地土著相互交流、相互砥砺的过程。客家先民从中原带来的儒家正统观念作为当时一种较先进的文化，因了客家人的固守，也影响和同化了当地土著，他们中不少人也逐渐转化成客家人。如客家地区的"蓝""雷"二姓，过去曾被称为"广东畲客"，是比客家人先到的少数民族，他们逐渐被同化为客家人，讲客家话。谢重光所说的中原文化与土著文化的此消彼长，正是此意。

但固守的另一面却是固执、清高和迂腐。客家人爱面子是出了名的，他们羞于谈钱、谈利，商业意识较为薄弱，和重商求利的广府人较难走在一起。客家人的清高也常常被视为"不开化"，这也在相当程度上限制了客家地区经济的发展。并且，相比广府人和潮汕人，客家人思想较为保守，他们

---

[1] 维特根斯坦. 逻辑哲学论 [M]. 韩林合，译. 北京：商务印书馆，2015：92.

总是企望多一些理性与稳定,因为这个民系为安稳的生活遭受过的艰辛实在太多了,大迁徙中的不测与无常,被边缘化、被挤压……这使得他们养成了忍辱负重的习惯,无论在怎么卑下、恶劣的环境中,都葆有一种精神的高昂,怀有理想主义的情结,只有在被压迫到了无法呼吸的时候才奋起反抗,为尊严和自由而战。客家民系的清高和保守,与其经历及处境密切相关。因此,对于客家性格中的固守,必须客观辩证地看待。

二、客家性格中的拓新

在世人眼中,客家地处山区,客家人多半质朴、敦实,求安稳,重义轻利,受传统守旧的儒家文化影响较深,似乎缺少了点冒险精神和海洋精神。但这个观点却又无法解释客家人在中国近代史上推翻封建帝制、抗击外来侵略乃至中华人民共和国建立过程中所体现的历史主动精神;也无法解释客家人早早拓荒海外,与现代西方先进文化接轨,在华夏文明发展中起到的不可磨灭的历史作用。客家文化的基因里,固守与拓新虽看似矛盾,但又有机融合在了一起,拓新建立在固守的基础上,固守又以拓新为养分,固守与拓新的矛盾统一是客家文化的独特之处。

拓新,有开拓、创新、革命之义,它首先却是由客家文化的边缘性引发的。客家文化的边缘是多重的:首先,是地域的边缘。从泱泱大国的中央,走到了东南沿海的边缘,并且还不能走进那里的城镇、商港,只能退居于荒无人烟的穷山恶水间,重新开垦以求生。地理位置的边缘,意味着极其严峻的生存危机。其次,是被后来的中原人视为边缘。后来的中原人,虽几经变动,也还是在中原恢复或重建了汉文化的中心,唐、北宋、元、明、清等朝代莫不如此。中原人对于南迁的汉人所知甚少,并不会因为客家人来自中原就认为他们是中原文化的代表和传承者,毕竟客家人早已远离了文化中心,被中原忽视是合乎情理的事情。最后,是被东南沿海的土著视为边缘。比客家人更早来到东南沿海的是百越系统中的若干支系,他们已在这里生了根,长成了大树,形成了他们自己的文化传统,尤其是海洋文化传统。这里商旅活动颇为活跃,人们的商业头脑也颇为发达,于是也就有了相应的文化价值观,并且此价值观与中原重农抑商、重义轻利的传统是不一样的。由于经济的发达,在这里生活的人们对自己的文化更为自负,他们的人情观念较为淡薄,而将客家人看重的重义轻利视作"不开化"。他们与客家人是格格不入的,甚至称客家人为"獦獠""仡贼""客贼"。反观客家人,他们的主人意识并没有因为走到了边缘而减退,与土著的冲突也就在所难免了。

在这多重边缘之下,客家人的生活举步维艰,四处碰壁,身心都忍受着巨大的煎熬。查阅一部客家史,可以看到惨烈的土客械斗绵延了几百年甚至上千年。如太平天国前后,广东境内就爆发了一场连绵十多年的、在客家史上血泪斑斑的"仇客分声"的历史大灾难。关于大灾难的原因有多种说法,但结果都是:客家人伤亡惨重,死亡、负伤、失踪的人数有数十万之多,并且,客家人不得不再度被迫离开自己勤劳致富买下的土地,又一次流落他乡。即使到了近代,如毛泽东在《井冈山的斗争》一文中,也写到了湘赣边界上土客械斗的情形。可见,在多重边缘的困境下,特别是在长期与当地土著的斗争中,客家民系处于相当可悲的劣势。可以想象,客家民系在千百年的压抑之下,身心何其苦痛。他们一方面以中原文化的正统自居,文化素质较高,有强烈的主人公意识,想要出人头地;另一方面又迫于现实不得不忍辱负重,临危感无时不在,稍有不慎就可能鲜血淋漓、身首异处。

但正是这种无时无处不在的危机感和苦痛,激发和促进了客家人的自省与自我批判,他们受到的压迫有多深重,激发起的生命力就有多旺盛。凭着中原衣冠士族的高贵血统,他们能够在危机四伏的环境中破釜沉舟,在"文化自尊"的强大使命感驱使下不断检查自身的不足及缺陷,从"自在"走向"自为",以至于不仅没有消亡,反而坚守住了自己的文化边界,并得到发展壮大。这在人类文明史上几乎称得上是一个奇迹。客家文化的坚守绝不可能是封闭的、单一的和保守的,否则,就不会有过去和今日客家文化的辉煌。那么,身处中原文化与海洋文化两种文化夹缝中的客家文化,是怎么开拓创新、自我更新的呢?以下试作探讨。

为了在边缘生存,客家人摒弃了传统中原文化中滞后的、陈腐的部分,如安土重迁的保守思想。他们信奉"好男志在四方",并将足迹踏遍了世界的每一个角落,以至于海外流传这么一句话:"世界上有太阳的地方就有客家人。"这又与东南沿海的海洋文化精神相契合。可见,客家文化在长期与当地文化相互排斥的过程中,仍然相应或审慎地吸收了某些自己尚能契合或接受的部分,如海洋文化的开放与兼容并包。当然,客家人的海洋视野还因为生存的重压,被逼到了海洋边缘,不漂洋过海已无退路了。但客家人又极其认真地捍卫着自己的文化边界，他们保留了中原文化极富生命力的精华部分，如讲伦理、重道义、好学问、守礼节等，并向前发展了它，例如客家人传统中并不是经商的民系，但他们却将客家人的"无信不立"融合到了商业文化中，并凭此取得了巨大的成功。可见，客家人的拓新是建立在固守的基础上的。可以说，客家人既是中原人，又不完全是中原人；相比传统的中原士族而言，客家人要善于学习得多，视野也要开放得多，这要得益于他们从苦难的大迁徙中不断增长的见识和主动学习各种文化精粹的精神；并且，他们不自负，有强烈的忧患意识，其自省能力、学习能力与融会贯通能力促成了客家文化的自我更新。因此，客家文化是一种具有开拓与创新精神的文化，内蕴了海洋文化的气质。

谭元亨在《客家圣典》中认为，边缘性还蕴含着种种机遇和可能，"'边缘'在其意义上暗示某种文化的延伸与拓展，一个模糊的大空间及相对的历史的延续期，甚至是一种生命强力的辐射范围。它是一种强大的文化的外围。也同样是脱离轴心束缚力的自由空间"[1]，此论颇有见地。客家文化因了边缘而始终处于种种模棱两可之间，相比起中心文化的限定性，自然要丰富很多，这样就不难理解客家文化固守与拓新之间的矛盾统一了。客家文化因了这种边缘所带来的自由而总是充满激情，充满旺盛的生命力。

拓新，在客家人身上典型的表现是有胆识、有魄力的革命精神。客家民系大约形成于宋末，却到了明清末年才真正为世人所知。谭元亨将客家文化这种长时间的忍辱负重视为蛰伏，是力量爆发前的回旋。蛰伏了太久时间的客家人，背负着颠沛流离、含辛茹苦、忍辱负重的历史，他们在第一次鸦片战争后不久，慧眼洞察到了民族的命运，并在民族兴亡的关键时刻揭竿而起，向中国封建帝制发起有力攻击，这便是太平天国运动（1851—1864年）。太平天国运动也被称为"客家人的革命"，这是客家人首次在中国历史上以群体方式掀起的一场翻天覆地的大革命，是客家人为争取自由平等权利的惊天一啸，犹如撕裂长空的闪电，驱开了近现代中国历史上几乎化不开的黑暗，连清政府也为之闻风丧胆，强有力地动摇了千百年来中国传统封建帝制的根基。客家人的开拓精神在太平天国运动里表现得淋漓尽致，尤其表现在他们的开放视野，如对西方文化的活学活用上。当时除了众多客家人从

---

[1] 谭元亨. 客家圣典［M］. 广州：广东高等教育出版社，2012：155.

海外带回的西方思想文化外，西方传教士在 1842 年鸦片战争后势力也不断扩张。因特殊的地理和人文环境，不少客家地区成为西方教会势力发展的重要地区。西方传教士们创办了一系列以西学为主的学校，并将西方先进的科学技术、政治理念、思想文化等传入客家地区，使客家人感受到了世界发展的脉搏，对他们的思想起到了启蒙的作用。如客家人洪秀全开始发动和宣传革命就是借用西方基督教传教的小册子《劝世良言》，组织起"拜上帝会"，向封建统治思想宣战。太平天国的教义和制度，体现了天赋平等的西方民主思想，并且将西方基督教里所宣扬的"天国"移到了人间，"人间天国"就是太平天国的政治理想。这些对长期深受封建压迫的贫苦农民们来说，无疑有着巨大的吸引力。因此，太平天国运动能够汇集排山倒海般的社会力量，席卷了 17 个省，攻占 600 余座城。洪秀全之后主持太平天国大政的客家人洪仁玕，对当时西方的思想文化有着较透彻的理解，发表了中国近代史上洋洋洒洒的大作《资政新篇》，明确提出要"以资为政"，把这作为"立国之本"，是对明末资本主义思潮的进一步发展。他提出了一系列切实可行的经济、政治、文化等建设措施，如兴银行、兴器皿技艺、兴宝藏、兴各省新闻官、兴市镇公司、施行工商水陆关税之法、兴士民公会等，指出要"工商皆本"，学习西方的立法制度等"体"上的东西。当时能提出这些较为先进的思想是极难得的，也说明了客家人不仅接受了西方思想的影响，还以客家人的敏锐，对中国历史及传统文化进行了深刻的反思，开拓性地提出了民主政治的思想。包括后来客家人孙中山的《建国方略》，都毫不介怀地去学习西方的先进制度和文化，相比"中学为体，西学为用"的思想前进了一大步。虽然太平天国最终失败了，但它的开拓意义是不可磨灭的。

太平天国运动之后，以洪秀全继承者自居的客家人孙中山领导了开天辟地的辛亥革命，推翻了封建帝制，为民主共和政体的建立奠定了基础。在辛亥革命中，客家人起了巨大的历史作用。同盟会成立大会上，领导核心成员中客家人就占了 46%，如外务部部长廖仲恺、评议部议员胡汉民、会计部长谢良牧、司法部部长何天瀚等均是客家人，加上邹鲁、姚雨萍、邓铿、张民达、邓演达、邓仲元等一大批客籍将帅，客家人在辛亥革命中展现了翻天覆地的气概。翻开一部 20 世纪的中国史，那些改变中国命运的人物名谱中，客家人可谓群星璀璨。不唯辛亥革命如此，在中华人民共和国的创建史上也涌现了众多卓越的客家英豪，如朱德、叶剑英、叶挺、黄琪翔、杨成武、曾生、吴奇伟等。客家人在20世纪的历史上可谓"反客为主",开拓了一片新的天地。

这种革命开拓精神不仅与海洋文化精神相关,也与客家人受中原儒家文化影响较大相关。首先,漂洋过海的客家人众多,他们接受新思潮的影响比别的民系要大,这也为西方传教士的传教提供了有利条件,因而客家人的思想文化较早地受到了西方先进思想文化的启蒙。又由于山高皇帝远,客家文化作为一种边缘文化受封建制度的约束较少,加上家中家人始终以教育为重,更使客家人的思想不断更新,乐于学习和接受新事物,视野开阔。其次,来自中原衣冠士族的高贵血统让客家人富有高度的民族与文化使命感,能够坚韧不拔地为着独立自由的理想而将革命进行到底。客家人由于长时间的迁徙,加上地处偏远山区,如果没有强健的体魄是无法抵御外侵、保卫家园,更无法闯荡世界的,因此,他们大多吃苦耐劳,身体强壮硬朗,就连客家女子都不怕苦累,包揽重活,不缠足不束胸。客家人还十分重视对军事和体育人才的培养,如梅州松口就兴办军事学校,培养军事骨干,不少学员在历次战役特别是广州黄花岗起义中英勇捐躯。客家人的这种精神气概被形象地称为"硬颈",指的便是其刚毅、坚忍又执着的精神。罗香林先生曾对此大加赞赏,认为客家人的这种精神"最富气骨观念",容不得被"无端地藐视",否则"必誓死抵抗"或"发愤自立"①。并且,客家人的这种"硬颈"精神往往又与崇尚文化结合起来,所以客籍革命将帅大多刚柔并济,能文能武,富于军事胆识和魄力。日本学者山口县造说:"没有客家,便没有中国革命,换言之,客家精神,是中国革命的精神。"② 此言不虚。据统计,辛亥革命后,客都梅州籍的将军就有540多人。

我们可能会疑惑,为何广府人和潮汕人的海洋文化色彩较客家人浓重,在军事和政治上的发言权却不如客家人呢?原因是,广府人和潮汕人的海洋精神多与商业、与经济联系在一起,他们出了许多大企业家、大商人,但受中原儒家文化的影响较小,在政治上的热情没有客家人高;反观中原地区,又由于处在农耕文化的中心地域,受封建专制统治约束较大,也没几个人能走在近现代历史大潮的前端。历史在这个时候将客家人推上了潮头浪尖,客

---

① 罗香林. 客家研究导论 [M]. 广州:广东人民出版社,2018:146.
② 张卫东,王洪友. 客家研究:第一集 [M]. 上海:同济大学出版社,1989:175.

家人在接受先进文化包括海洋文化上是一马当先的。但光有海洋文化精神，在近代史上也并不一定能够成就大气候。客家人的革命开拓精神，还与中原文化的影响密切相关。耕读传家是他们祖祖辈辈信奉的教条，在政治上出人头地、建功立业是他们祖祖辈辈传承的理想。历史总是将机遇留给有准备的人或者群体，而这个历史机遇，客家人把握住了，他们在中国近现代史上留下了浓重的一笔。概括地说，客家人的这种开拓精神正是在中原文化与海洋文化的相互交流、相互砥砺中交融生成的。客家人的革命精神，实则是固守与拓新的统一，二者缺一不可。

第三节 流动的成果——客家文化的辉煌与出路

流动，意味着不确定，是一种危机；流动，也意味着生机，意味着不断与异质文化的交流、碰撞，不断摩擦出新质，迸发出新的活力。客家文化正是在与异质文化的来来往往中，展现了其独特的魅力，硕果累累。本节将重点从文教方面来阐释客家文化取得的成果及其特质，并探讨客家文化的出路。

一、特立独行的客家文化

据载，客家民系约形成于宋末，而它的辉煌却始于明清之际，以文教的兴起为重要标志。明清以来，客家地区文教兴盛，人才辈出，梅州是最典型的代表。客家人的崇文重教是出了名的，在失去故土的千年流离中，在穷山恶水的生存环境中，客家人唯一依靠的，就是教育这一法宝了。而梅州，古称嘉应州。对千里辗转的客家人来说，这块群山当中的盆地是休养生息的福地，又是一个加油站——从这里再度起航，下南洋、赴五洲，而移民又将梅州的客家文化辐射至全国乃至世界各地。这个山中盆地的文教奇迹和客家文化中心地位的确立，当在清代康乾之际。梅州客家诗人黄遵宪这样评价嘉应州（今梅州）："嘉道之间，文物最盛，几于人人能诗。置于吴越齐鲁之间，实无愧色。"① 此言不虚。清朝时，梅州的学宫、书院、私塾、社学、义学等各类学校遍及城乡，有"十室之邑，必有一校"之说。其中乾嘉期间，五次乡试，嘉应州人物独占鳌头，出现"五科五解""一科五进士""父子四进士""三代三翰院"等盛况；1921年，仅梅州梅县一县，就有中学生3 000余人，当时全国各县中学生有3 000人者，仅梅县一县而已。虽地处偏远山区，梅州却连获"人文秀区""人文为岭南冠""文物从来第一流""文化之乡"等美誉，不能不说是一大教育奇观。且不说宋湘、黄遵宪、丘逢甲、林风眠、李金发、张资平等文化名人，光说中华人民共和国成立以来叶剑英、李国豪、丘昌涛、刘焕彬、李元元等梅州籍的300多位大学校长，丘成桐、钟世镇、江欢成、王佛松等40多位院士，就已经令人赞叹不已了。

　　正如客家文化的流动性一样，客家文化中心是不断变迁的。罗香林从交通层面分析了客家文化中心区域的嬗变，认为交通的便利是一个地区繁荣发达的重要条件。而客家文化中心从宋、明的福建汀州、江西赣州等地，转移到广东梅州，一个重要的原因是清朝嘉道之后海运渐兴，而梅州毗邻潮汕、厦门，较易泛海远出，在地理交通上占据了优越地位。② 本书认为，梅州文教的兴盛，除了政府和宗族的重视，还在于流动性所带来的各种新鲜元素的碰撞，特别是东西方文化的交错，给边缘性的客家文化带来了多元化色彩；而这种交流所带来的积极效应是双向的：客家文化迅速吸收、消化、调和与转换其他文化的能力很强，它吸收了新质之后更为蓬勃发展，甚至开创了文艺的新时代，客家文化的影响也随之日益显现；而客家人走出去，成功了，不仅带回新鲜的事物与经验，还让客家社会崇文重教的风气更加浓郁，产生精英的群体效应，同时也让客家人走出去的愿望更为强烈，并将客家文化传播出去，以此循环往复，形成了特立独行的客家文化。在20世纪融贯中西的艺术大师林风眠身上，我们深切感受到了客家文化的这一特点。

　　20世纪初，林风眠怀揣着学习西方绘画的梦想来到法国。其时的法国各种流派的绘画门派如印象派、未来派、表现派等让人应接不暇。在自由的艺术氛围里，林风眠从一开始的全盘学习西方，到后来渐渐领悟到蓦然回首中国传统艺术的重要意义，于是他在中西绘画的对立中找到融合，并开创了中

---

① 黄遵宪. 黄遵宪文集 [M]. 中文出版社，1991：142.
② 罗香林. 客家文化研究导论 [M]. 广州：广东人民出版社，2018.

国现代国画的新纪元，画中既有传统中国国画的意境，又有西方画派在线条、构图、色彩等方面的技法，造就了中西绘画共通的艺术语言，为国画的"改朝换代"指出了一条生路，于是有了《生之欲望》《摸索》等惊世之作。林风眠回国担任国立艺专校长，更是海纳百川、兼容中西，虽遭到了多重阻力与困窘，但始终坚持自己的信念与理想，成为中国现代美术界的一代宗师，独领风骚半个世纪有加。

世人对林风眠的景仰，一是其艺术成就，二是其人格气骨，恰恰林风眠在这两方面的成就都展现了客家文化的特点。

首先是在艺术上，当时艺术界要么主张全盘西化，要么主张国粹一点不可舍弃，在这激烈的东西文化冲突中，林风眠不是顽固抵抗，也不曾生吞活剥。经过多年的留法学习与思索，他在中西文化融合上采取了一种相当积极和开放的姿态，不卑不亢，用西方艺术的眼光重新观照东方艺术，发现专事写意的传统中国国画的弊端，常因形式过于不发达反而不能表达情绪上之需求；又用东方艺术的眼光审视西方艺术，发现西方艺术因形式之过于发达而缺少情绪的表达，而走向机械主义的弊端，进而认为东西方艺术要相互取长补短，才能开拓世界的新艺术时代。其远见卓识在艺术界产生了重大的反响。林风眠何以能有如此胸襟与见识，成为"中西融合"艺术理想的倡导者、开拓者和最重要的代表人物？笔者认为与他作为客家人的人文个性有关。如前文所述，客家文化是在中原文化与海洋文化的交融中生成的一种边缘而又多元的文化，既坚守自己的文化边界，懂得时时返顾和观照自身，又由于其不确定的边缘性和海洋性，客家人处事很少走极端，并且较少受到各种教条约束，而能有放眼世界的视野，敢于开拓与创新，勇于汲取外来优秀文化的成果，兼容并包，又不崇洋媚外，善于吸取民族民间的养分，秉持东方的艺术理想。林风眠以客家人的历史胸怀兼收并蓄，集各门派的长处于一身，正如他自己说的，要将东西方艺术嚼碎后，汲取有益的成分，转变为自己的东西，再进行自由创作。有了独立的意志和自由的精神，才有了林风眠艺术创作上的大突破，开拓了一个全新的画域，从而确立了他作为一代艺术大师的地位。

其次是在人格气骨上，林风眠同样令世人钦佩和景仰，这凝练于他的艺术画作中，令人回味无穷。他一生悲苦，幼年丧母，中年丧妻、丧子，后来在断断续续的几年间，他的亲人一个个离他而逝；事业刚有起色又由于他所坚守的独立自由的艺术理想而被打入谷底,甚至在政治上受到非人的迫害,他为此不得不亲手毁灭了自己几十年来所有的画作。命运似恶魔一般紧紧钳住了他的喉咙,孤独、灾难接踵而至,林风眠的孤寂凄楚无人理解……然而,正如他将各门派的艺术嚼碎后变成自己的养分,面对人生的苦难,他也是默默地嚼碎,然后又温润地吐出来。在他的画作中,我们看到了苦难但没有抱怨,感受到悲情但没有绝望,他的画作一直带着艺术沧桑的诗意,其中隽永的感情深深感动了我们。他的一生实在太难熬,但林风眠熬过去了。他说:"艺术,是人生一切苦难的调剂者。"他曾画过无数张孤鹜振翅飞翔的作品,无论眼前的云层多么昏暗厚重,最终都要穿越重重阻碍达到心灵深处的自由彼岸。所以,尽管世事变迁,境遇窘迫,林风眠的画作却愈发平和。欣赏他的画作,你会感受到一种自然的美好,一份心灵的安宁。客家人的"隐忍"精神在这位艺术大师身上得到了充分的体现,就像客家人在力量爆发前的"蛰伏",虽承受着方方面面的重压,却低调而乐观地在艰难困苦中坚守着、实践着自己的理想,并暗暗蓄积力量,而后或优雅或痛快地发出自己的声音,向世人展现出客家人的生命热情与理想。地处偏远山区,自然生存环境恶劣,又有出人头地的雄心壮志,便只能选择隐忍和低调,内心却始终是向阳的,这是客家文化的基调。

除了隐忍,客家人的精神里,还有一种敢于坚持独立人格,敢于发出内心所思所想,敢作敢为的勇气。从宋湘的"自家曲子",黄遵宪"我手写我口"的"诗界革命",一直到林风眠的自由艺术精神,李金发的艺术独立理想,无不展现了客家人特立独行的人文性格,这与客家文化作为一种边缘性文化是密切相关的。客家人身处异地,在经济、政治、人丁等各方面都处于弱势,只有不断打破常规、冲破传统、开拓进取,才能跨越各种障碍,出人头地。特别是当客家文化受到国内外海洋文化的影响之后,这种特性愈加突出。林风眠留学回国后就力图以艺术来拯救一个民族的精神生命。在任职北京艺术专门学校校长和国立艺术院院长期间,他敢于无视权势,敢于打破各种教条,坚持艺术自由的主张,这是他在艺术和教育上成为一代宗师的重要原因。而在无法施展自己的抱负时,林风眠宁为玉碎、不为瓦全,毅然辞职,走上遗世独立的清苦之路。林风眠一生的经历都深刻体现了客家人的"硬颈"精神,有着刚毅、执着而又坚忍的气骨。也许是遗传了母亲敢爱敢恨、自由放达的天性,林风眠自小便充满了对独立自由的向往和对专制的仇恨，以至终生都不为任何教条所束缚，我行我素，哪怕饿死也不乞求；也正因如此，因追求自由而遭受族法酷刑，最后被贩卖的母亲是林风眠心中永远的伤痛，他19岁留学离开家乡后就再也没有回去过，家乡成了他画中的梦境，而林风眠的遗言"我要回家"，是这位倔强而又深情的客家游子对家乡、对独立自由的精神原乡最后的呼唤。他的一生在那里起步，也在那里终结。这是林风眠这位一生悲情的艺术大师留给世人的精神财富，而伟大的作品总是同杰出的人格无法割裂的，独立人格、自由精神与林风眠的画作一起，生动展现了特立独行的客家文化精神。

二、客家文化的出路

客家文化的过去无疑是辉煌的，但21世纪近10年以来，客家文化却正在失去以往在文教等方面的优势。拿广东省的情况来看，从2021年高考前200名考生在各市的分布情况来看，客都梅州已失去了往日的光芒，只有一名考生入围前200强；其余客家人较多的城市中，惠州有5人入围，河源、清远各有1人入围，韶关则无人入围。广东高分考生排名靠前的城市是广州、深圳、佛山、东莞、汕头、湛江等，其中广州有47人入列，深圳45人。和客家文教的鼎盛时期相比，梅州已风光不再：自从2014年出了一名广东高考文科状元之后，就几乎没有再出过全省拔尖的考生了，而且和经济发达地区相比起来，数据差距也不是一般的大。虽然数据并不能绝对说明一切，但可以肯定的是，客家地区的文教已经落后了。究其原因，同样与人的流动有关。据统计，梅州是广东省近十年来人口负增长率最高的城市，而人口流失严重的根本原因是本土产业较为低端，对高层次人才的需求不大。这就带给我们一个新的课题：流动是客家人永恒的宿命，可人口的流失如果超过一定比例，本就落后的客家地区的经济会进入一个恶性循环。在经济对教育所起的作用越来越关键的今日，客家地区的学子想要像以往一样靠寒窗苦读来取得出类拔萃的成绩是十分艰难的。并且，从客家地区走出去的精英，他们的下一代很多已经不会讲客家话了，更缺乏作为客家人的身份认同。在全球化高速发展的今天，客家文化是否会逐渐失去个性？这些无疑都是新时代客家文化面临的挑战。如何增强客家人的认同感及文化自信，将是解决这些问题的关键。

客家文化的研究方兴未艾，并已取得了不少的成果，但与广府文化、潮汕文化等相比，仍然在宣传的热度与力度上有所欠缺。我们对客家文化的历史和内蕴不是讲得太多了，而是宣传得还远远不够，特别是从审美角度深入挖掘客家文化的价值、阐释客家人文性格的有影响力的文学作品、学术成果等并不多见，客家文化的自觉还有待进一步加强，这些都是与客家文化的地位与成就远不相符的。千百年来，特立独行的客家文化在流动中形成、发展，客家人在故乡与他乡奇妙的交错感之间来回守望，起起伏伏，永不停歇，不断去创造比"故乡"更璀璨的文化，这个"形而上"的民系值得被大书特书。而客家文化的自觉是实现文化自信的需要，也是适应后现代文化转型的需要。有人说，客家人太执着于过去了：过去的苦难，过去的辉煌，却不太在意今天与明天。但笔者认为，对文化记忆的回望，对"根"的认同本身就是客家文化的安身立命之本，没有对"根"的守望便没有这个民系的千百年不散。只是，如何让客家文化在保持其精髓之时又融入世界大潮流，是新时代给客家人提出的新难题。客家人的世纪长旅，将又一次艰难地启程。

第九章
世界史视野中的肇庆文化交流

肇庆地处西江流域，具有2000多年历史，是国家历史文化名城，是岭南文化的发祥地之一，是粤语的发源地，也是中原文化与岭南文化最早的交汇处，其作为明清两广总督府的时间有180多年，即从明嘉靖四十三年（1564）至清乾隆十一年（1746）。这种说法在今日虽可谓实事求是，但也不够全面。肇庆虽然地处偏远，但是就其历史文化而言，却有着较为深厚的底蕴，而这应该归功于其文化的交流。在一定程度上，肇庆在中国史甚至世界史上都占据一定的位置，因为肇庆不只是肇庆的肇庆，它还是中国的肇庆与世界的肇庆。

第一节
西江及肇庆文化的流通性质

文化需要交流，而交流很大程度上需要河流。中国文化与河流有着密切关系。就全国而言，中华民族的母亲河是黄河与长江，河流孕育、滋养了中华民族，成为中华民族文明的摇篮；就广东而言，广东的母亲河是珠江；而就肇庆而言，肇庆的母亲河则是西江。

西江自有肇庆历史以来就已存在。先秦时期肇庆属南越。秦始皇三十三年（前 214），秦平定岭南，设"桂林、象、南海"三个郡。南海郡包括今粤东、粤北、粤中和粤西的一部分。今肇庆部分地域属桂林郡、南海郡。秦置四会县，辖区包括现四会、广宁、怀集等市县的全部或部分，隶南海郡。汉武帝平定南越国之后，在今高要、肇庆市区、高明和三水西部、云浮东部等地设置高要县。隋朝开皇九年（589）置端州，宋政和八年（1118）设肇庆府。从桂林郡、南海郡到肇庆府，再到今天的肇庆市，西江一直伴随左右，贯穿全境，滋润着肇庆的人与土地、肇庆的历史与文化。

有关资料显示西江是珠江水系最大的干流（古称郁水、浪水和牁牂江），发源于云南省沾益县马雄山，分五个河段，上游称南盘江，至贵州省蔗年汇北盘江后称红水河，到广西石龙汇柳江后称黔江，到桂平汇郁江后称浔江，到梧州汇桂江后称西江。其流经肇庆境内的封开、郁南、德庆、云浮、高要、端州、鼎湖等县（区）。西江干流至三水县思贤窖全长 2 075 千米，流域面积 35.31 万平方千米。主流在思贤窖口折向南流，经磨刀门水道珠海市企人石注入南海。西江干流至企人石 2 214 千米。宋朝以后，由于河道淤塞及修堤导致一些古河道消失，并且形成现今西江的正干。西江水量丰富，在全国各大河流中仅次于长江。但是肇庆的河流又不只有西江水系，还有北江水系：西江水系有贺江、罗定江、新兴江等 3 条，北江水系有绥江 1 条。全市集水面积 100 平方千米以上河流共有 76 条，其中属西江水系的 50 条，北江水系的 24 条，漠阳江水系的 1 条，谭江水系的 1 条。[①] 西江是华南地区最长的河流，为中国第四大河流，珠江水系中最长的河流，长度仅次于长江、黄河、黑龙江；航运量居中国第二位，仅次于长江。西江与东江、北江及珠江三角洲诸河合称珠江。[②]

正因西江源远流长，连通南北，故此肇庆文化与西江可谓息息相关。

在肇庆文化交流的历史长河中，有不少从北方沿着西江顺流而下到达肇庆的历史人物。如唐代的李绅、李北海、荣睿、龙母，宋代的包拯、苏东坡、周敦颐、祖无择、李纲，明代的利玛窦、罗明坚、王泮、陈白沙，明朝俞大猷、吴国伦、郭都贤、陈璘、屈大均，清代的全祖望、黎简、冯敏昌、

[①] 肇庆市地方志编纂委员会. 肇庆市志 [M]. 广州：广东人民出版社，1999：169 - 170.

[②] 百度百科. 西江. (2013 - 11 - 14) [2021 - 02 - 06]. https://baike.baidu.com/item/%E8%A5%BF%E6%B1%9F/32356?fr=aladdin

陈恭尹，现代的孙中山、叶挺、郭沫若、唐骮、朱德、叶剑英。简言之，"肇庆是历史文化名城，地处交通要冲，仕宦、流寓、过境的名人、文学家代有其人，他们在肇庆写景状物、寓目遣怀，留下大批诗歌，其中不乏佳作，肇庆的诗歌园地也得以丰富多彩。端州入诗，始于唐代初年。唐代的宋之问、张九龄、李贺，宋代的梅尧臣、周敦颐、黄庭坚，元代的范梈，明代的陈献章、伦文叙，清代屈大均、朱彝尊，现代的郭沫若、齐白石、启功等先贤文豪，皆在肇庆留下精美的诗文。"① 正因为诸多文人墨客顺流而下，通过西江到达肇庆，故此"在小说方面，其实以肇庆为背景的小说在中国小说史的早期便已出现。晋代干宝撰的《搜神记》中的志怪小说《鹄奔亭》，故事发生在高要县和广信（封开）县，女主人公是广信县妇女苏娥，时代背景是东汉。唐末文学家裴铏的传奇文学作品《孙恪传》（又称《袁氏》），故事发端和结局在端州的峡山寺和羚羊峡"。②

当然，在肇庆历史长河中，也有肇庆人，从肇庆逆流而上而创造的文化交流史。如陈钦、陈元父子，是沟通南北文化交流的汉朝经学大家。唐代的六祖惠能、石头希迁禅师，是致力于南北文化交流的禅宗大师。特别是六祖惠能的禅宗，由于影响较大，已经成为一种具有世界影响的宗教，从南北交流走向了中西或中外交流。唐代的岭南第一状元莫宣卿，也沟通了南北文化。他17岁考取状元后，被任为翰林书院修撰。但因母亲不愿随其北上定居，莫遂上书朝廷请求改委他在南方任职以奉养母亲。唐懿宗允准，改委他任浙江台州别驾（刺史的副职），他即奉母携眷往台州上任。清朝的彭泰来，字子大，鼎湖区广利镇龙头村人，自小聪颖过人，14岁能写诗，曾被当时的著名文学家翁方纲称为粤东三才子之一。进入近现代，随着广东作为通商口岸的开放与便利，以及西江的航运能力增强，肇庆的文化交流更是从南北文化交流。走向了中西或中外文化交流，例如陈焕章，致力于儒家与西方经济学（孔门理财学）研究。他是末代进士，是康有为的弟子，是中国第一批甚至最早获得留美博士学位的人物（1911年获哥伦比亚大学哲学博士学位）；例如吴大猷，是致力于中西文化交流的物理学大家，曾任北京大学、西南联大、美国多所大学教授，是诺贝尔奖得主杨振宁、李政道的老师；例如黎雄才，致力于中日、中西文化交流，是岭南画派宗师；例如邓文中，是致力于

---

①② 黎保荣，杨芳. 关于肇庆文学与文学地理的对话 [J]. 特区文学，2020 (4).

中西文化交流的世界桥梁专家,美国国家工程院院士,中国工程院外籍院士,获得多项国际大奖,2000年入选世界建筑工程界最具权威性的杂志《工程新闻报道》周刊(Engineering News Record)所选出过去125年对建筑工程最有贡献的125位顶尖人物之一。除此之外,肇庆出生的军政界历史人物也不算少。例如梁寒操(1898—1975),广东省高要县人,中华民国时期政治家,早年在广东高等师范学校毕业,后投身政界,1927年起历任中国国民党中央党部书记长、铁道部参事司长、三民主义青年团中央团部常务干事。例如余汉谋(1896—1981),字幄奇,广东肇庆西门正街人,中国国民党高级将领,曾任国民党陆军总司令,1965年9月授陆军一级上将(相当于元帅)。

一言以蔽之,肇庆文化交流主要可以归纳为如下几种交流类型。一是宗教文化的交流,如六祖惠能、石头希迁等肇庆本土人,也有利玛窦、龙母、荣睿等外来者。二是学术文化的交流,如李绅、李北海、苏东坡、周敦颐、陈白沙、屈大均、全祖望、陈恭尹、郭沫若、唐弢等外来人,陈钦、陈元父子、莫宣卿、彭泰来、陈焕章、吴大猷、黎雄才、邓文中等本土人。三是政治文化交流。肇庆在明清两代作为两广总督府所在地,起到的主要是一种政治文化交流的作用,而就肇庆政治文化交流的知名人物而言,有包公、孙中山、叶挺这样的外来者,也有陈一龙、苏廷魁、梁寒操、余汉谋、周其鉴这样的本土人。如果说肇庆宗教文化交流是最具世界史价值的文化,尤其是利玛窦(耶稣会)与六祖惠能;那么学术文化交流与政治文化交流则是在中国史上具有一定价值,其中吴大猷、邓文中、黎雄才等学人也有着一定的国际影响。而就肇庆历史文化名人的走向来说,如上所言,或者是外地人或外国人路过肇庆,留下南北或中外文化交流的踪迹;或者是本地人离开肇庆,去开拓自己的南北或中外文化交流路径。从历史来看,肇庆文化交流在汉朝、唐朝、宋朝、明朝、清朝和现代这几个时期,都可谓代不乏人,但是最繁盛的应该算唐朝、明朝和现代,那也是由于肇庆在那几个时代都出了一些有影响力的文化名人,例如唐代的六祖惠能、石头希迁禅师,现代的陈焕章、吴大猷、黎雄才等,至于明代,则是由于被誉为中西文化交流第一人的利玛窦在肇庆的六年传教和文化传播。

然而无论历史人物是顺流而下,还是逆流而上,要么是开辟西江航道,要么是利用了前人开拓的西江航道,使得西江航运热火朝天,为西江航运史添色加彩。尤其是罗明坚、利玛窦等从澳门坐船到肇庆，通过西江到达肇庆上清湾登陆（据高要市文史资料记载，由于要等待两广总督府的正式批准，利玛窦等来到肇庆后从西江的南岸登陆，暂居在现在的高要市南岸街道上清湾村。上清湾村是一个紧靠西江的小村，村中现在依然留存明代的码头）。换言之，罗明坚、利玛窦他们无意之中开辟了西江航运史的新篇章，而这条航线也成了中西文化交流的一条航线。

然而，要论真正的较大的世界影响，肇庆文化中也许只有利玛窦和惠能可担此角色。

第二节
世界史视野中的利玛窦

来自意大利的天主教耶稣会传教士利玛窦，被称为真正意义上的中西文化交流第一人，而他进入中国大陆传教的第一站就是肇庆，他从现今的肇庆市高要县上清湾登陆，之后一住就是六年（在中国则近28年）。正因为罗明坚、利玛窦等传教士的到来，及其文化传播活动，使得肇庆成为中国大陆中西文化交流的第一站或起点，由此也使得肇庆成为世界史的一个焦点或坐标。

但是，提及罗明坚、利玛窦等传教士在肇庆进行的文化传播与交流，我们则需要思考几个问题。一是他们为什么选择肇庆？二是他们在肇庆做了哪些文化交流？三是肇庆是什么？或者说他们使得肇庆变成了什么？

我们先来看第一个问题：他们为什么选择肇庆？

第一，耶稣会传教士有进入中国传教的强烈愿望。耶稣会沙勿略神父想在广州传教而未果，1552年身死于上川岛。后来的范礼安神父在印度听说中国秩序井然、国富民安、地大物博，他相信这样一个勤劳智慧而又知书达理的民族，不会拒绝一些过着圣善生活的神父们进入他们的国家进行传教与文化交流，所以选出一些神父，让他们居住在澳门，学习中国的语言文字，伺机找到进入中国的门径。就这样，1579年7月罗明坚神父、1583年8月利玛窦神父陆续来到了澳门。① 值得注意的是，明朝时耶稣会传教士通过疏通中国官员来获取澳门居留权，而澳门与广东的距离并不远。

第二，澳门的传教士1582年接到了两广总督的邀请。这要提到明朝时广东省的都堂或称总督，是中国的高级官员之一。广东省由于地处边疆地区，远离北京，又有漫长的海岸线，所以长年内有土匪作乱，外有日本海盗侵扰。在此情况之下，广东的总督同时担任广西的非常总督，旨在能在必要时调动两省兵力，以求集结成一支人数更多、战斗力更强的军队。故此，当时的两广总督坐镇广东省距离广西最近的城市肇庆，而不像其他省的总督一样在本省的首府供职。② 那么，两广总督为什么要邀请澳门的传教士呢？因为，按照利玛窦的说法，当时的两广总督陈瑞，非常狡诈，而且唯利是图。他得知澳门的主教和主管掌管着住在澳门的所有外国人，希望从澳门捞些好处，所以下令让澳门的主教和主管到肇庆府衙去见他。鉴于不安全与不恰当，所以澳门方面派罗明坚神父代替主教前往，派检察官助理本涅拉代替主管前往，而罗明坚还奉范礼安神父之命，看看能否伺机留在肇庆。但这只是利玛窦的一面之词，实际上这是由于1580年（明万历八年），住在澳门的葡萄牙人擅自选举首席法官，并在当地实施葡萄牙法律。1582年新任两广总督陈瑞奉命前往查办此事，澳门葡方派出与中国官员关系密切的司法官本涅拉和罗明坚为代表去与总督周旋。他们对陈瑞大加吹捧，又把随身带去的一批天鹅绒、水晶镜等价值超过1 000金币的厚礼送给陈瑞。故此，陈瑞不再谴责澳门葡方的违法行径，并允许他们在澳门继续居留。③

第三，在第二次给两广总督陈瑞送礼的时候，罗明坚神父因病倒而未成行，陈瑞在收到检察官助理送来的礼物后，由于听说罗神父病愈之后，会将自鸣钟送给他，故吩咐书记官给澳门方面写了一封信，期待罗神父大病初愈后马上将这件珍宝送来，"对于澳门方面来讲，这封信就等于是一封总督下发的通关文书，批准修院的神父们进入中国，并在那里修建教堂寓所。因

---

① 利玛窦. 耶稣会与天主教进入中国史［M］. 文铮，译. 北京：商务印书馆，2014：82－83.

② 利玛窦. 耶稣会与天主教进入中国史［M］. 文铮，译. 北京：商务印书馆，2014：87－88.

③ 刘静. 明代来华的西洋传教士［N］. 环球时报，2005－02－25.

此，在修院内外引起了很大的反响。"① 于是罗明坚病愈后便以送礼的机会，被总督安排居住在肇庆的天宁寺四五个月，并从总督的书记官那里获得通关文书，允许利玛窦神父来与他们做伴。这期间，总督陈瑞被革除职务，遣返原籍。陈瑞于自身难保之际，求继任的总督开恩，允许神父们留在城中，并给神父们一张盖有总督大印的公文，让广州海道批给神父们一个地方居住和修建教堂。新总督郭应聘到任后，发现未获答复就被发送回来的有关神父们的公文，派人向广州海道咨询调查，但最终未获海道批准，于是神父们不得不返回澳门。②

第四，罗明坚等第二次到肇庆的时候，被当时丢了官的两广总督陈瑞遣送到广州，临行前神父们向这位总督的下属许诺，如果谁能够说服新总督让神父们回来，就可以得到一大笔奖赏，"这样，一个很穷的卫队长便以神父翻译的名义呈给新总督一封信，信上请求总督允许神父们在本城定居并在此修建住宅和教堂。总督把信转给了知府，这位知府名叫王泮，是浙江人，正是他下发了通关文书，并命那个总督的卫队长带着文书来到澳门。"③ 由于以上这种种原因，以及罗明坚、利玛窦等神父们仰慕中国国阜民安，希望在中国拥有一席之地，不受澳门的商人和凡俗干扰的言论，他们在1583年得到了知府王泮的热情接见，获得了在肇庆居住的权利，一住就是六年（1583—1589）。

那么，我们来看看罗明坚、利玛窦这些神父们在肇庆做了哪些文化交流。

当时到过肇庆的耶稣会传教士有罗明坚、巴济范、利玛窦、卡普拉莱、孟三德、麦安东六位，而在肇庆帮助过利玛窦他们的中国人则有知府王泮（后来升任岭西道、湖广布政司参政）、继任知府郑一麟、同知方应时、新岭西道黄时雨、南京礼部尚书之子瞿太素。利玛窦在肇庆认识的其他官员还有徐大仁、滕伯轮、郭青螺、蒋之秀、王玉沙等。凭借着这些同事和官员的帮

---

① 利玛窦. 耶稣会与天主教进入中国史 [M]. 文铮, 译. 北京: 商务印书馆, 2014: 89.
② 利玛窦. 耶稣会与天主教进入中国史 [M]. 文铮, 译. 北京: 商务印书馆, 2014: 89-93.
③ 利玛窦. 耶稣会与天主教进入中国史 [M]. 文铮, 译. 北京: 商务印书馆, 2014: 94-95.

助,罗明坚、利玛窦他们在肇庆的六年做了不少中西文化交流的事情。利玛窦指出,在肇庆时,"神父们在中国取得了很大的信任,随后天主教和大量关于我们西方国家的科学和宗教的书籍也得到广泛传播。……神父们还总把一些精通汉语的优秀读书人请到家中,夜以继日地向他们刻苦学习中国的语言文字,为此神父们还购买了大量中文书籍,不遗余力地研读。"①

现在有一种说法认为罗明坚在肇庆的贡献被遮蔽了,其实从利玛窦的《耶稣会与天主教进入中国史》,顾长声的《传教士与近代中国》,法国谢和耐的《中国和基督教》,英国崔瑞德、美国牟复礼编的《剑桥中国明代史》,以及《中国基督教史》等重要著作来看,它们都提到了罗明坚,并没有遮蔽罗明坚。当然,如果这种说法的意思是罗明坚在肇庆传教的贡献也不小,但学术界对此研究不够充分,对此,笔者并不否认。但是与利玛窦专心在肇庆六年不同的是,罗明坚在肇庆的五年期间,曾有大概一年半时间离开肇庆,换言之罗明坚在肇庆传教的时间只有大概三年半:第一次是1583年初冬罗明坚返回澳门,筹集建教堂的款项,直至1584年4月方才携带巨款及珍奇礼物返回肇庆。第二次是罗明坚欲跟随进京述职的新任肇庆知府郑一麟到北京传教,但郑氏顾虑政治风险,又碍于情面,遂邀请罗明坚前往他和王泮的家乡浙江绍兴传教。1585年10月罗明坚启程离开肇庆,11月又在广州与麦安东神父为伴,一起搭乘王泮之弟的商船从广州北上,1586年1月到达绍兴,受到王泮亲友和绍兴地方官员的款待。数月后,王泮家人鉴于罗明坚、麦安东传教活动影响日大,担心不利于王泮、郑一麟的仕途,于是伪造广东来信催促罗明坚、麦安东二位神父尽早返回。罗氏虽心有不甘,但最后在郑一麟的强令下不得不离开。其间,罗明坚还曾北上游历杭州。1586年7月,罗明坚、麦安东两位神父返回广东。② 第三次是1587年1月,罗明坚带领一名翻译离开肇庆,抵达广西桂林,本欲拜访桂王,却遭到桂林布政司的驱逐,在广西的传教活动无功而返。③ 何况,在当时的条件下,信件往返的时间很长传教活动主要还是在肇庆的传教士在做,在发挥作用。而且,罗明坚

---

① 利玛窦. 耶稣会与天主教进入中国史 [M]. 文铮,译. 北京:商务印书馆,2014:103.

② 徐海松:《明清之际欧洲传教士在杭州活动的历史真相》[EB/OL]. (2019-05-05) [2021-02-08]. http://www.hangchow.org/index.php/base/news_show/cid/4365.

③ 刘志庆. 广西天主教教区历史沿革考 [J]. 《中国天主教》,2015 (1).

在肇庆时的工作，不少都是集体的结晶，很难说是罗明坚一个人做的。更何况，利玛窦不仅1583—1589年六年传教，更在中国传教将近28年（1583—1610），其贡献是有目共睹的。我们不能因为要还原罗明坚的贡献，而否定利玛窦的贡献。

从上可知，一方面，他们传播天主教文化。

在肇庆时，利玛窦等神父发展了一些信徒。如陈某某（教名若望），一个身患不治之症的穷人，一个福建秀才（教名保禄），"陆续有很多人归信了圣教，接受了洗礼"，"我们的天主教在这片土地上日益壮大起来，每逢那些庄严的节日，教堂就会被挤得满满当当，人们来此庆祝、望弥撒或学习教理。最近的一次洗礼仪式上，有十八人受洗，其中还有一些诚信的贵妇。"[①]后来在南京传教之时，更有从肇庆等地，"开始的时候只有百余人信教，而现在教徒已愈两万"的传闻。[②] 当然，他们也在肇庆崇禧塔附近修建了教堂和寓所仙花寺，"寓所里每天都挤满了各式各样的大人物，他们的轿子把门前的街道堵得水泄不通，门前的河岸边也泊满了又大又漂亮的官船。……这个机会使神父们不仅在两省，而且在整个中国都扬了名"。[③] 除了建教堂、发展信徒之外，利玛窦他们在肇庆时期也带来了圣像、圣母像等天主教物件。他们还翻译了《天主十诫》《圣母经》《天主经》，又在一位家庭教师的帮助下，把《天主圣教实录》翻译整理为中文，其中罗明坚主创或翻译了《天主实录》《葡汉词典》。当他们离开肇庆之后，利玛窦写或翻译了《天主实义》《交友论》《天主教要》《二十五言》《主的祈祷》《圣母赞歌》《教理问答书》等书籍，以儒家经典来解释天主教义，"说明西方传入的天主教和中国固有的儒家思想是相一致的，以此笼络中国的士大夫阶层和统治集团"。[④]

另一方面，他们传播西方科学文化。

有学者指出，利玛窦在洞悉中国传统文化与社会各阶层心态的基础上，

[①] 利玛窦. 耶稣会与天主教进入中国史 [M]. 文铮，译. 北京：商务印书馆，2014：120-137.

[②] 利玛窦. 耶稣会与天主教进入中国史 [M]. 文铮，译. 北京：商务印书馆，2014：438.

[③] 利玛窦. 耶稣会与天主教进入中国史 [M]. 文铮，译. 北京：商务印书馆，2014：136.

[④] 顾长声. 传教士与近代中国 [M]. 上海：上海人民出版社，1981：6.

采取了补儒抑佛反理教的策略，并且辅以西方的科学知识，来博取中国士大夫的好感，但是造成的结果是徐光启等教徒接受和信仰的并非单纯的天主教教义，而是包括科学技术在内的大杂烩。[①]

利玛窦等人传播的西方科学文化包括彰显西方地理学的世界地图。肇庆的寓所大厅原来挂了一幅注有西方文字的世界地图，因中国人不知为何物，于是知府王泮就令利玛窦把图上所有注释翻译为中文。利玛窦在罗马时，曾经随拉维奥神父学过几年舆地学，于是在一个文人朋友的帮助下，很快完成了比之前更大的《山海舆地全图》，还增加了一些中国的地名与说明。这是中国历史上第一幅世界地图，这幅地图为天主教在中国的传播打下了基础，因为原来中国人也曾制作过名为《天下总图》的世界地图，使中国居于中心地位，中国周边只标注了一些小国，这些国家的面积加在一起也没有中国的一个省那么大。换言之，这彰显了中国作为天朝大国处于世界中心，世界其他国家都是蛮荒无知、渺小的。当他们看到利玛窦制作注释的中文世界地图，才知道世界是如此之大，中国只是其中的一隅。从地图中的精确的经纬度、赤道、回归线、五大洲，以及标注中显示的世界各国的风俗习惯、各地地名，令中国人不得不相信这是真的。在此基础上，"在此后的许多年里，无论是在两京，还是在中国的其他省份，利玛窦神父都不断修改和完善这幅地图，一次又一次地重印，使它在中国广为流传，与它一起流传的还有神父们的声誉与欧洲学者的美名，因为他们掌握并绘制出了这样精美的地图。……这幅地图还有一个相当大的作用，即显示出神父们的国家离中国非常遥远，中间有大洋阻隔，这便打消了他们的顾虑——他们当初很担心我们的人会来侵占他们的领土，这也是神父们在此传教所遇到的最大的障碍。"[②]

根据利玛窦的《耶稣会与天主教进入中国史》，利玛窦他们在肇庆期间传播的西方科学文化，除了中国第一幅世界地图《山海舆地全图》，还包括西方的书籍（如地理和建筑类书籍）、三棱镜、浑天仪、地球仪、日晷、自鸣钟，以及西方油画、西方乐器与音乐。他们还在仙花寺内辟出一室展览西文图书，算是建了中国第一所西文图书馆。这些科学器械主要是利玛窦做

[①] 谭树林. 马礼逊与中西文化交流 [M]. 北京：中国美术学院出版社，2004：导论第3页.

[②] 利玛窦. 耶稣会与天主教进入中国史 [M]. 文铮，译. 北京：商务印书馆，2014：108－109.

的，因为他在1586年的书信中写道："这些年我制作了一些地球仪，最近我还做了一个天球仪，这是都堂派人向我索要的，但他不会使用。我现在正在做着一些诸如此类的小事。如果不是这样，就没有人尊重我们和我们的圣教。"[1] 利玛窦是格里高里历的主创者之一克拉维斯神父的爱徒，而地图、浑天仪、地球仪、日晷、几何学等，都与天文学、历算学有关，是他的强项。除此之外，后来利玛窦被迫离开肇庆之后，慢慢传播的西方科学文化还有印行《世界概述》，传播记忆术、历算学、数学。尤其是几何学，利玛窦与徐光启等人合译了欧几里得《几何原本》（前六卷），还与徐光启、李之藻等共同翻译了《同文算指》《测量法义》《圜容较义》等。客观来说，利玛窦将西方的几何学在中国进行传播与翻译，可谓中国数学史的一件翻天覆地的大事，因为它对中国原有的数学学习和研究的观念进行了非常有力的甚至可以说是震撼性的影响，从而改变了中国数学发展的方向。

在社会科学方面，离开肇庆后，利玛窦后来写了第一部中文著作《交友论》，假托当时中国皇帝与利玛窦的对话，阐述了欧洲对友谊问题的看法，汇集了欧洲哲人、圣贤和所有古代、现代作家的观点，包括文艺复兴时期人文主义大师关于友谊的许多格言。

如此种种的西方科学文化，开启了晚清士大夫学习西学的风气，也开启了真正意义上的西方文艺复兴文化在16—17世纪中国的传播，"第一个阶段是由利玛窦主导的三十年"。[2] 诸如此类的西方科学文化传播取得了良好的效果，中国人"看过这些东西，又听神父们介绍了西方的科学，这要比他们的科学精深得多"，[3] "中国的文人和官员们之所以赏识利玛窦神父，原因之一就是利神父通晓的西方科学是他们闻所未闻的。"[4] 当然，传播西方科学

---

[1] 利玛窦. 耶稣会与天主教进入中国史 [M]. 文铮，译. 北京：商务印书馆，2014：65.

[2] 章可. 中国"人文主义"的概念史（1901—1932）. 上海：复旦大学出版社，2015：40.

[3] 利玛窦. 耶稣会与天主教进入中国史 [M]. 文铮，译. 北京：商务印书馆，2014：136.

[4] 利玛窦. 耶稣会与天主教进入中国史 [M]. 文铮，译. 北京：商务印书馆，2014：243.

文化只是利玛窦他们的一种手段，其最终目的是借此对中国人进行基督化教育。① 神父们利用科学传播的机会，"开始介绍我们的圣教。虽然那些大官们不会马上信奉天主，但至少可以让他们对圣教的真理与神圣有一个深刻的认识，而这些东西又都能在他们与神父的接触中或从神父的品行中反映出来。"② 这样的影响，导致跟利玛窦几度会面的大文豪李贽对他表示出很深的仰慕的心情以及对于他到达中国动机的某种困惑不解，认为利玛窦"欲以所学易吾周孔之学"。③

但是，与此同时，利玛窦还积极向西方传播中国文化，例如他首次将《四书》译为拉丁文，融入了西方文艺复兴末期的潮流；与郭居静神父一同编修了第一本中西文字典《平常问答词意》，首次尝试用拉丁字母为汉字注音。神父们表现出对儒家的尊重，以及对佛教的敌视，但对六祖惠能却表现出相当的尊重。④ 神父们还能够入乡随俗，从原来的僧人打扮改变为文士打扮；学习中国的礼仪和语言文字。就拿利玛窦来说，他在1585年10月、11月的书信中分别说明他"已能在不用翻译的情况下与中国人讲话了""我已能讲一口流利的中国话，……我在阅读和书写方面也取得了同样的进步，虽然他们的文字成千上万。我自己已能读很多中国书籍"；⑤ 而在人际上，神父们也可谓交游广阔，结交了很多文人和官员。

接下来，我们思考第三个问题，即肇庆是什么？或者说他们使得肇庆变成了什么？

肇庆是第一次真正意义上的中西文化交流的出发点，也是世界史的一个坐标。由于地理大发现，16世纪西方商人和传教士不断东来，于是中国成为他们的目标。出于巧合或出于天意，肇庆成为被耶稣会传教士选择的城市。我们当然可以说耶稣会传教士们可以不选择肇庆，而选择从其他城市进入中

---

① 利玛窦. 耶稣会与天主教进入中国史 [M]. 文铮，译. 北京：商务印书馆，2014：164.

② 利玛窦. 耶稣会与天主教进入中国史 [M]. 文铮，译. 北京：商务印书馆，2014：136.

③ 谢和耐. 中国和基督教 [M]. 耿昇，译. 上海：上海古籍出版社，1991：28-29.

④ 利玛窦. 耶稣会与天主教进入中国史 [M]. 文铮，译. 北京：商务印书馆，2014：153.

⑤ 利玛窦. 耶稣会与天主教进入中国史 [M]. 文铮，译. 北京：商务印书馆，2014：50-55.

国内陆传教,但是历史就是如此,不以人的意志为转移。两广总督陈瑞的贪婪导致了他邀请耶稣会传教士来见他,给他送好处,却无意中开启了中西文化交流的新篇章,这正应了马克思所言的恶(如贪婪)也是推动历史发展的动力。当时小小一个肇庆,却令西方世界兴奋不已,"天主教进入中国的消息传到欧洲,传遍了整个天主教世界,人们为此热烈庆贺,……教宗西斯克特五世在耶稣会内举行大型庆典",为中国方兴未艾的传教事业向天主祈祷。[1] 而利玛窦去世后第五年(1615 年),他根据教务报告、记录和回忆写成的《耶稣会与天主教进入中国史》被耶稣会传教士金尼阁翻译为拉丁文,并加以改编,改题为《耶稣会进行基督教在中国的远征/自同会利玛窦神父的五卷本回忆录》出版。此书的出版在欧洲引起了强烈反响,出版十年内被再版了三次,又被转译为法文、德文、西班牙文、英文。只是将近 300 年后,该书的意大利文原版才被耶稣会传教士文图里整理出版。[2] 自此以后,天主教或基督教的中国传播史的起点,就与肇庆密不可分。而真正意义的中西文化交流的出发点或起点,也与肇庆息息相关。利玛窦他们也是从肇庆出发,走向韶州、南昌、南京、北京,开辟了天主教中国传播或中西文化交流的新天地。就像法国著名汉学家谢和耐所认为的那样:利玛窦他们进入中国传教的 16 世纪才是中西"以彼此之间完全独立的方式发展起来的两大文明首次真正地开始互相交流",这是由于在中国基督教历史著作中提及的唐代的 7—9 世纪的景教教团与元代北京 14 世纪初建立的天主教总主教教区,都不过是历史上的新奇,并无利玛窦他们那次交流那样的影响持久。即使是产生过某些影响的唐代景教,也始终是叙利亚血统的商贾们的宗教,并非纯正西方人的宗教。[3]

胡适指出,第一次中西文化接触是在晚明,当时的耶稣会传教士深知如果被派往中国的分会,不能表明并使得中国的士大夫相信欧洲文化的优越性先进性,传教就永远不会成功;第一批耶稣会传教士中最著名的是利玛窦,他是格里高里历的主创者之一克拉维斯神父的爱徒。利玛窦等耶稣会传教士

---

[1] 利玛窦. 耶稣会与天主教进入中国史 [M]. 文铮,译. 梅欧金,校. 北京:商务印书馆,2014:119.

[2] 利玛窦. 耶稣会与天主教进入中国史 [M]. 文铮,译. 梅欧金,校. 北京:商务印书馆,2014:译者前言第 3 页.

[3] 谢和耐. 中国和基督教 [M]. 耿昇,译. 上海:上海古籍出版社,1991:3.

不仅把西方的宗教，而且把十七世纪欧洲最新的机械发明和科学知识输入了中国，尤其是北京时期四派科学家预测月食竞赛，耶稣会士的预测精确到秒，而其他三支本土派的预测却大打折扣。故此，明朝于1643年宣布以耶稣会传教士修订的历法作为明朝的历法，后来清朝也沿用之。科学的胜利极大地推动了基督教（天主教）在中国的传播，为它赢得了不少当时最富有才华、思想严谨的学者，使得徐光启等中国知识分子受到较大影响。[1] 这种震撼性的结果，其实早在1605年，利玛窦就以书信的方式向欧洲的神父表明，并预测到了："虽然我在这里没有占星术的书籍，但我还是用一些星历表和葡萄牙人的序列表，多次预测了日食和月食，比中国人预测的要准确得多。……如果这里能来一位我所说的那种数学家，我们便能把西方的运算表译成中文，这对我来说轻而易举，我们也可以接受修订中国历法的任务，这会给我们带来巨大的声誉，从而进一步打开中国传教工作的局面，我们在这里也将更加稳定、自由。"[2] 万历十一年（1583），利玛窦在肇庆收了第一名信徒，1585年发展到20人，1589年发展到80人。换言之，利玛窦在肇庆六年只发展了80人。而到万历三十八年（1610）利玛窦去世的时候，大概有2 500人，包括"圣教三柱石"徐光启、李之藻、杨廷筠，他们是利玛窦在中国传教时期所训练出的第一代基督徒里最有成就的三个人。而40年后，至清顺治七年（1650年），教徒发展为15万人，这应该是出乎利玛窦当初的意料之外的。

这样的影响，在权威的《剑桥中国明代史》中是这样表达的：代表着天学的著作汇编，提供了另一个文化传统的知识，这个文化传统在地理上距离甚远，并且在先前未曾为中国人所知，它以其外族性和新奇性，被不少文人和官员崇拜，被普遍地宽容，在当时及随后的两个世纪中，抗议者及其著作在士子受众的评价方面，却没有天学的著作和支持者做得好，耶稣会士传播的许多新思想，尤其是有关天文学与其他技术知识，被吸收进士子的著作中，成为一种新型的、足以成为中国所传下来的学说的另一个不同的选择。[3] 就这样，西方文化成了中国文化的一部分，延绵不绝，影响至今。

---

[1] 耿云志. 胡适论争集（中卷）[M]. 北京：中国社会科学出版社，1998：1623.
[2] 利玛窦. 耶稣会与天主教进入中国史[M]. 文铮，译. 梅欧金，校. 北京：商务印书馆，2014：249.
[3] 崔瑞德，牟复礼. 剑桥中国明代史：下卷[M]. 北京：中国社会科学出版社，2006：809 - 810.

第三节
六祖惠能及其世界性影响

六祖惠能与利玛窦不同,利玛窦等耶稣会士是从西方国家到东方的中国,然后又在中国从南到北,进行文化交流,他们在肇庆时就得到了欧洲或西方的关注,利玛窦去世几年后更是世界闻名。而惠能则是在中国从南到北、从广东肇庆到湖北黄梅求师问道,修禅参悟,之后又由北向南,在成为禅宗六祖之后慢慢获得了岭南周边的名气,去世很多年后才名满全国,8世纪之后,他的名声与禅道才逐渐地传到国外。

根据《坛经》,惠能的经历是这样的。

惠能严父,本贯范阳,左降流于岭南,作新州百姓。此身不幸,父又早亡,老母孤遗,移来南海。艰辛贫乏,于市卖柴。时有一客买柴,使令送至客店。客收去,惠能得钱。却出门外,见一客诵经。惠能一闻经语,心即开悟。遂问:"客诵何经?"客曰:"《金刚经》。"复问:"从何所来,持此经典?"客云:"我从蕲州黄梅县东禅寺来。其寺是五祖忍大师在彼主化,门人一千有余。我到彼中礼拜,听受此经。大师常劝僧俗:但持《金刚经》,即自见性,直了成佛。"惠能闻说,宿昔有缘,乃蒙一客取银十两与惠能,令充老母衣粮,教便往黄梅参礼五祖。

惠能安置母毕,即便辞违,不经三十余日,便至黄梅,礼拜五祖。祖问曰:"汝何方人,欲求何物?"惠能对曰:"弟子是岭南新州百姓,远来礼师,惟求作佛,不求余物。"祖言:"汝是岭南人,又是獦獠,若为堪作佛?"惠能曰:"人虽有南北,佛性本无南北,獦獠身与和尚不同,佛性有何差别?"五祖更欲与语,且见徒众总在左右,乃令随众作务。惠能曰:"惠能启和尚,弟子自心常生智慧,不离自性,即是福田。未审和尚教作何务?"祖云:"这獦獠,根性大利!汝更勿言,著槽厂去。"惠能退至后院,有一行者,差惠能破柴、踏碓。经八月余。①

从上可知,其一,惠能是广东肇庆新州(今新兴)人。虽然说1994年新兴已经从肇庆划分出来,划归云浮市,但是文化不会因为行政区域的重新

---

① 钟明. 金刚经·坛经[M]. 太原:山西古籍出版社,1999:59-61.

划分，就与原来城市的历史完全断绝关系，就像一个人，不会因为出国了，就完全与祖国文化无关，或者像一个人与父母分家了，就完全没有了父母的血缘，所以在此我们仍把惠能归属肇庆文化，毕竟惠能1300多年的肇庆文化归属①，其根源远比只有20多年的云浮行政归属深厚。其二，惠能悟性很高，24岁听《金刚经》开悟而去湖北拜师，一开始就得到五祖赏识。其三，惠能任劳任怨，破柴、踏碓八个多月，且能在日常生活中不忘修行，做到了"家常日用即是道"。

惠能是南方人，但他一句"人虽有南北，佛性本无南北"，可见其慧根。但是从"惠能严父，本贯范阳，左降流于岭南，作新州百姓"，即惠能的父亲是贬官来看，惠能很可能并非如经书所云的目不识丁的文盲，至少是粗通文墨之人，否则他也不会念出"菩提本无树，明镜亦非台。本来无一物，何处惹尘埃"的佛偈，明心见性，顿悟即佛，这比神秀的"身是菩提树，心如明镜台。时时勤拂拭，勿使惹尘埃"更符合佛教的空境。经书如此记载，也许是强调惠能的惊为天人的慧根。总之禅宗五祖弘忍以"若悟大意，付汝衣法，为六代祖"，让众弟子作佛偈比赛，最终秘传惠能衣（袈裟）与法（佛法），并让惠能逃避神秀等人的追杀，"逢怀则止，遇会则藏"，②藏匿于肇庆的怀集与四会的猎人队伍之间15年，惠能藏身怀集冷坑十年的小石洞，后来被名为六祖岩，③ 四会则自唐代开始建有六祖庵

---

① 惠能生于唐代638年，从唐代算起是1356年，从宋1118年设置肇庆府算起是876年，从明代洪武元年（1368年）将惠能故乡新兴县纳入肇庆府算起，也有626年，而新兴县被纳入云浮市管辖只是从1994年开始。

② 钟明. 金刚经·坛经 [M]. 太原：山西古籍出版社，1999：62-74.

③ 怀集六祖岩位于怀集县冷坑的龟嘴岭上。据旧《怀集县志》和韶关南华寺有关记载，谓唐代名僧惠能六祖禅师于龙朔年间（662年左右）到怀集避难时曾在此岩栖住而后得名。该岩由3块巨型的花岗岩天然组成，上面一块自西向东伸突3米多，仰望坦荡如砥。洞内石柱、石凳、石桌和石香炉至今尚在。岩顶滴水不断滴注香炉之中，水质清澈，香炉水永不满溢。山上林茂岩幽，立岩前俯视平野，远近景物尽收眼底，龟嘴岭下原有"六祖禅院"，规模雄伟壮观，今已被拆废，但门前两株古榕仍青葱如故。岩上正壁刻有"六祖岩"三个每个一尺见方的楷体大字。岩口侧壁有一幅长140厘米、高62厘米的石刻诗句，其中有："峭壁悬崖叩上宫，慈悲救世释儒同，如何十载修真地，一任嚣尘历劫红。"此诗为县令蒋航于光绪三十三年（1907年）登六祖岩所题。参见怀集六祖岩 [EB/OL]. (2013-09-13) [2021-03-05]. http://www.fjdh.cn/ffzt/fjhy/ahsy2013/09/101424284948.html.

(今名六祖寺)①。换言之，惠能在肇庆至少39年。正因为藏身于猎户、平民之间多年的经历，惠能才能放下高大上的佛学理论，直抵本心，"下下人有上上智"，不立文字，中得心源。15年的参禅修行之后，惠能结束了躲避的生活，到广州弘扬教义，在广州的法性寺，他以"不是风动，不是幡动，仁者心动"②的佛偈，继而展示五祖的衣钵，使得该寺的印宗法师对他顶礼膜拜，随后开启了他的六祖生涯。惠能后来更是到韶关南华寺传道，看似他离开了肇庆，但他也回新兴故乡老家省亲。相传他曾在路过肇庆市端州区城西的梅岗之时，于岗上植梅，以锡杖掘井，后来宋代的智远和尚为了纪念先师，遂于此建庵，名曰梅庵。

人有南北，佛性无南北，求佛者亦无南北，所以惠能的弟子也不分南北。根据《坛经》记载，惠能的知名弟子有广东韶州的法海、江西南昌的法达、安徽寿县的智通、江西贵溪的智常、广东佛山的志道、江西吉安的行思、陕西金州的怀让、浙江永嘉的玄觉、河北的智隍、四川（西蜀）的方辨、江西吉州的志诚、江西的志彻、湖北襄阳的神会、山西长治的法如，还有法珍。③也正因为惠能的弟子不分南北，来自五湖四海，所以也将惠能的佛法传至五湖四海，使得禅宗顿教开枝散叶，源远流长。

胡适认为禅宗六祖惠能当时仅仅是知名一方的一位区域性的和尚，当时的影响局限于广东北部韶州（今韶关）一带。他的顿教教义之所以能够北传，是因为他的弟子、菏泽宗的神会一个人把他宣扬起来的。神会为他拼命，冒着杀头的危险，不顾生死，多年被迫害，受流放，经过数十年的奋斗，因在安史之乱中有恩于朝廷而获得朝廷加惠，最终才把惠能南方禅宗的教义传入中原。④那么，神会怎样有恩于唐朝廷呢？这是因为安史之乱，政府财政非常拮据，士兵无饷可发，朝廷只好以发放佛道二教的"度牒"来筹

---

① 我国佛教禅宗六祖惠能（638—713年）曾因避难藏身于四会龙甫镇营脚村扶卢山达多年。六祖姓卢，当地村民为纪念他，故以山为"扶卢"名。山上有"六祖池"，山下建有"六祖庵"。该庵为唐代所建，清嘉庆十四年（1809）重修，改为六祖惠能寺，旧址至今存存。现六祖惠能寺是1998年动工兴建的。以上资料参见百度百科"六祖惠能寺"。
② 钟明. 金刚经·坛经 [M]. 太原：山西古籍出版社，1999：77.
③ 钟明. 金刚经·坛经 [M]. 太原：山西古籍出版社，1999：135-184.
④ 胡适口述. 胡适口述自传 [M]. 唐德刚整理翻译. 合肥：安徽教育出版社，2005：229-230.

集款项，每一度牒索款十万钱，这类似于国家公债。朝廷借助神会这位德高望重而又能说会道的老和尚，在东都洛阳进行推销，神会的推销成绩甚佳，对戡乱的顺利进行起到很大的作用神会死后多年，终于被朝廷追封为"禅宗七祖"，因此他的师傅惠能也被间接公认为正统的"禅宗六祖"。故此，神会是个大毁灭者，因为他推翻了北派禅宗；他也是个大奠基者，因为他奠立了南派禅宗。①

至于胡适所认为的《坛经》是神会的伪托，②印顺虽然否定了胡适的观点，但也认为神会门下（而非神会）的确对《坛经》有所补充，但并非造一部《坛经》，这是由于《坛经》不仅是惠能禅宗的教义，也是付法的信物，神会以五祖弘忍传衣给惠能来证明惠能是六祖，但是神会自己却没有信袈裟，故此神会门下便在《坛经》中补充说明六祖惠能之后不再传衣（信袈裟），而以《坛经》传宗。③ 从《坛经》内容来看，这也许是对的，因为提及神会的"顿渐品第八"，虽然惠能批评了神会，但是也实事求是地指出"祖师灭后，会（神会）如京洛，大弘曹溪顿教，著《显宗记》，盛行于世"。④

在南派禅宗逐渐成为禅宗正统之后，它取得了全国性的影响。而从唐代开始，禅宗先后传入越南、朝鲜。从宋代起，禅宗大规模传入日本，最有影响的是临济宗和曹洞宗两家。12世纪的时候，禅宗在亚洲地区逐渐形成禅宗文化圈。至19世纪下半叶，禅宗传入东南亚的新加坡、印尼、马来西亚等国，至20世纪初，在日本禅宗人士的弘扬之下，禅宗逐渐被欧美所知。1950年以后，西方掀起禅宗热，西方人认为禅宗能令心灵净化。1960年，西方成立欧洲禅宗联盟。简言之，经过1 000余年的传播，禅宗已经走向了世界。⑤

对于利玛窦和惠能，肇庆作家显示出对肇庆文化的挖掘性写作，如钟道宇写利玛窦的长篇小说《仙花寺》，杨芳的散文《利玛窦与一条大江航运史

---

① 胡适口述. 胡适口述自传 [M]. 唐德刚整理翻译. 合肥：安徽教育出版社，2005：230 - 231.

② 胡适口述. 胡适口述自传 [M]. 唐德刚整理翻译. 合肥：安徽教育出版社，2005：236.

③ 耿云志. 胡适论争集：下卷 [M]. 北京：中国社会科学出版社，1998：2485 - 2486.

④ 钟明. 金刚经·坛经 [M]. 太原：山西古籍出版社，1999：176.

⑤ 黄夏年. 禅宗对中国和世界文化的影响 [J]. 百科知识，1996 (4).

的碰撞交汇》、何初树的长篇小说《六祖风幡录》，谢远谋等的戏剧《梅花六祖》等。它们可以说显示出作者对肇庆文化的热爱，也可以说是作者对肇庆文化曾经的世界性影响的一种追慕与怀念。如果没有热爱，那么肇庆就没有动力与活力；如果没有影响，那么肇庆将还是原来那个偏远的山区——文化"山区"，虽然安静，但是孤独。只不过，边缘也有边缘的价值，因为没有边缘，也就没有中心，边缘并非中心的衬托，而是中心的基石。有学者指出"以内陆腹地的成都为例，李劼人、郭沫若等知识分子的个人趣味、思维特点就与京沪主流有异，形成了近现代嬗变的地方特色。这一'地方路径'值得剖析，它与风姿多彩的'上海路径''北平路径'一起，绘制出中国文学走向现代的丰富性。沿着这一方向，我们有望打开现代文学研究的新的可能。"① 这对于文化交流的"肇庆路径"而言，可谓不谋而合，值得重视。

---

① 李怡. 成都与中国现代文学发生的地方路径问题 [J]. 文学评论，2020（4）.

第十章
侨乡五邑——近代海外文化交流的起点

1848年，美国加利福尼亚州发现了金矿。通过五邑海外侨民寄往家乡的一封封家书，这一消息带着咸湿的海风，迅速在五邑大地传播开来，江门五邑地区第一次大规模的移民潮便由此开始。伴随着移民潮的出现，作为移民主要输出地的江门五邑地区也开始了和海外大规模的文化交流。大量的移民涌向海外，他们自身固有的文化心理结构和价值体系在和一种全新文化体系的碰撞交汇中开始悄然发生改变，这种改变又通过五邑地区海外移民输入本土，从而潜移默化地改变着五邑地区自身的文化内质。在历经百年的华侨移民历史进程中，五邑地区通过海外移民的沟通关联，形成了独具特色的侨乡文化，其中所呈现出来的中西文化多元融合交汇的文化特色，使之在整个粤港澳湾区的整体文化中形成了自己鲜明的特点。

第一节　广海古镇：移民之路的起点，海外文化交往的始发地

作为五邑华侨海外移民之路的一个最为重要的节点，广海古镇在五邑地区华侨移民史和海外文化交流史上有着重要的意义。

广海镇位于台山市城区南面，其南面的海域是海上丝绸之路的航道，隔

广海湾与上川岛相望。广海镇是一座拥有600多年建镇历史的古镇,早在北宋时期,广海镇因其北依大陆、南临大海的独特地理位置,就成了外国商队海上登陆中国的一个重要的港口,也是中国大陆商船出海的"放洋"之地,《萍州可谈》中曾记载了当年的宋朝政府为了便于管理海上贸易,在广海(古称"溽州")设置"望舶巡检司"的情况:

> 广州自小海至溽洲七百里,溽洲有望舶巡检司,谓之一望。稍北又有第二、第三望,过溽洲,则沧溟矣。商船去时,至溽洲少需以诀,然后解去,谓之'放洋'。还至溽洲,则相庆贺,寨兵有酒肉之馈,并防护赴广州。既至,泊船市舶亭下,五洲巡检司征之,谓之'抽解',以十分为率。珍珠龙脑凡细色抽一分,玳瑁苏木凡粗色抽三分,抽外官市各有差,然后商人得为己物。象牙重及三十斤并乳香,抽外尽官市,盖粗货也。商人有象牙稍大者,必截为三斤以下,规免官市。凡官市价微,又备他货与之,多折阅,故商人病之。舶至未经抽解,敢私取物货者,虽一毫皆没其余货,科罪有差,故商人莫敢犯。

明朝嘉靖八年(1529),广东重开海禁,广海便成为九处对外进行海上贸易活动的"洋澳"之一,"广海卫又南六十里,出虎头门,又南一百五十里,抵南头城,下海可抵瓯越。西道七十里,出上弓湾,抵新会县,出城八十里为崖门。又南七十里,广海卫扼其要冲,出虎头甲子二门,则东西二洋。随舶所之,东可以至倭国,西可以通西番,此海中往来之道也。"由于在九处洋澳中最靠近南洋、西洋,又有河道直通中国内陆,水陆交通便利,广海成为国内外商人进行外贸交易的首选之地。此时的广海澳内,蓬屋(外国商人在广海从事贸易时为方便储存货物和居住临时搭建的住所)林立,政府官兵、中外商人齐聚于此,各式小贩、搬运工人以及"椎髻耳环、效番衣服声音"的通事(翻译)混迹其间,澳内"舟楫辐辏,人群熙攘",一片繁荣景象。各国商人在此地卖掉从欧洲、东南亚等地运来的各种工业产品和香料,买回中国的丝绸、陶瓷、茶叶,皆"载而来,市毕而去"。

正是得益于作为"放洋"之地的地理之便和海外商贸活动的频繁,当年的广海人在和那些肤色各异、操持着异域语言的外国商人接触过程中,在面对充满着异域情调的海外商品带来的新奇体验时,开始把目光从脚下世代固守的土地转向了渺远的大海，那些迥异于中国传统文化的海外文化因子通过广海这个小镇悄然潜入五邑大地。他们的传统文化围墙逐渐打开，开始了一种以海外文化的感性接触为基础的新的文化基因的潜滋暗长，使他们能够以一种更为开放的心态接受各种异质文化的影响。以广海为地理节点，五邑人在和各种外来文化的碰撞、接触的历史进程中，最终形成了对海外文化的初步认知和空间场域的想象，也形成了他们更为"外向"的文化心理结构。

当历史的车轮推进到近代，中国在急遽变化的历史环境中陷入了内外交困的政治经济格局，这种困境毫无悬念地转化为当时中国普通民众的现实生存危机。五邑地区人多地少，粮食短缺，匪患猖獗，普通民众在生活上更加走投无路。当美国、加拿大、澳大利亚等海外之地发现"金矿"的消息传来，"金山梦"的现实诉求和五邑侨乡在长期的历史积淀中形成的"外向"型文化心理结构，形成了巨大的内外合力，最终汇聚成中国近代史上一次最大规模的海外移民潮。于是，"父携其子，兄挈其弟，几于无家无之"的大规模的海外移民迅速席卷了五邑大地，形成了当时五邑地区的青壮年男子"谋食外洋者，十之七八"的移民盛况。

图2 江门市华侨博物馆还原的当年的广海码头场景

这次移民潮中个体命运的故事，是在一个个"抛妻别子"的悲剧性场景中展开的。"阿爸离家乡，揾钱把家养，去到金山挨凄凉。阿妈日夜盼又想，挂心肠，金山人梦乡，梦里不识金山样，梦见阿爸泪沾裳。"一曲当年传唱于五邑大地的《金山谣》，写尽了"金山客"们当年背井离乡的凄荒与悲苦。当年，五邑先侨们就在贴满美国金矿招工消息的广海码头，带着对故土的眷恋和亲人的不舍，登上那一艘艘被称作"大鸡眼"的蒸汽木帆船，和自己的亲人挥泪作别，驶入茫茫大海，走上了充满了未知和变数的海外拓荒之路。当岸上的亲人消失在这些即将成为海外游子的五邑先侨们视野中的最后一刻，广海码头上被海浪拍打的码头石，便成为这些离家漂泊的五邑游子生命中永远的记忆，在绵延百年的"亲人盼归、游子思乡"的唱和中成为五邑侨乡最有代表性的文化表征之一。

第二节
碉楼和唐人街：中西融汇中的文化坚守

2007年6月28日，中国首个华侨文化世界遗产项目——"开平碉楼与古村落"——在新西兰第31届世界遗产大会上获得通过，正式列入《世界遗产名录》，成为中国的第35处世界遗产。

碉楼作为集防卫、居住和建筑艺术于一体的多层塔楼式的建筑，是中国近现代五邑侨乡特有的社会文化环境的产物。在五邑侨乡开始大规模建设碉楼的20世纪20—30年代，匪患猖獗。基于防范土匪的现实需求，五邑华侨在吸收世界各国建筑特点的基础上，用从域外进口的水泥、钢筋建成了这样一种集防卫和居住为一体的独特建筑。碉楼造型多样，美观大方，外部装饰性强，在满足防御功能的基础上，追求建筑的形式美，往往成为村落的标志。时至今日，江门五邑依然流传着"无碉楼不成村"的俗语。

作为五邑地区侨乡文化最有代表性的历史文化符号，开平碉楼身上展示出了最为丰富而深刻的中西文化交流融汇的历史印记。当那些"没有一千有八百"的"金山客"带着装满财富的金山箱回归故里时，他们在海外的奋斗和挣扎、艰辛和汗水便在"衣锦还乡"的光环中演化为一种传奇。在经年累月的异域文化环境的熏染下，他们对于海外生活的体验和认知需要通过一种载体转化为"自我价值"的证明。碉楼作为融汇了海外多种文化元素的建筑，在其建筑外形设计中融入了大量的古希腊、古罗马以及伊斯兰等迥异于中国传统文化的异域文化艺术元素，表现出了独特审美风格和文化韵味。这些异域审美文化元素把五邑先侨对海外文化中的价值理念、审美取向的理解和接纳以建筑美学的形式做了最为充分的形象呈现，也成为五邑先侨作为海外游子确证自身存在价值的最好注脚。碉楼由于自身使用的那些在当时显得稀有且昂贵的建筑材料以及精致的欧风美韵的建筑美学表达，也成了五邑先侨们在家乡父老面前"光祖耀宗"，展示自身海外成就的主要方式之一。

图3　开平自力村碉楼（王兰摄）

正因为如此，当时开平才会出现"薄有资产及从外洋归国，无不百计张罗勉筹建筑"的大规模碉楼建筑盛况。据统计，20世纪20—30年代这一高峰时期开平建筑的碉楼曾经多达3 000多幢。从外部风格来看，开平碉楼大量地运用包括古罗马的券拱、爱奥立克风格柱廊以及巴洛克风格的山花等西方建筑艺术的元素，从而使碉楼外观上呈现出明显的海外风格，而碉楼内摆放的家具中则有海外进来的缝纫机、西洋挂钟、留声机等家居用品，让我们清楚地看到了西方社会文化是如何通过各种"洋货"日益融入五邑本土的日常生活当中。开平碉楼建筑群所包含的海外文化元素，非常生动地展示了当时的江门五邑作为侨乡对西方文化的主动接纳和吸收的文化心态。

当我们看到碉楼这种留着鲜明的海外文化印记的建筑时，我们总是会在

图4 中西结合的碉楼外墙风格（王兰摄）

其充满异域文化风情的形式背后，体会到一种我们最为熟悉和亲切的东西：岭南传统特色的内部布置、中国传统的中堂和摆件、碉楼中的各种对联以及碉楼的命名……这些和我们自身的传统文化息息相通的内容，恰恰构成了碉楼的文化内核。碉楼以一种"中学为体，西学为用"的文化格局印证了侨乡文化品格中特有的开放和包容。

图5 碉楼的内部细节（王兰摄）

如果说碉楼是以"欧风美韵"的形式呈现了五邑华侨在以中国传统文化价值为内核的基础上对外来文化的开放和接纳，展示的是五邑地区与海外文化交流中海外文化的影响力，那么五邑华侨在海外移民地区形成的唐人街则可以看作是海外移民对自身文化价值坚守的文化标记，这是作为"漂移者"的海外移民在异域他乡企图重建自己的精神文化家园的执着和坚韧。

作为全国著名的侨乡，江门五邑地区在海外的华侨华人达到180万人之多，大部分在美洲大陆，而美国、加拿大又是江门五邑华侨人数最为集中的地方。作为美国最大的"唐人街"——美国旧金山唐人街始建于1850年前后，当年因为开发美国西海岸需要大量的工人，五邑地区大量的移民来到这里。当五邑先侨们来到这样一个人生地疏、言语不通的陌生环境时，为了能更好地生存下来，出于抱团取暖的本能，他们几乎下意识地选择了聚居一处。他们团结互助，休戚与共，以便能够更好地应对不可知的困难和风险。随着聚居规模的扩大，他们开始开设方便华工生活的小茶馆、小饭铺，接着就是豆腐坊、洗衣铺等，同时把中国传统文化以各种具体的生活方式移植过来，逐渐形成了华人生活社区，即唐人街（Chinatown）。1887年，时任驻外公使随员的王咏霓在《归国日记》中有过这样的描述："金山为太平洋贸易总汇之区，华人来此者六七万人，租屋设肆，洋人呼为唐人街。六会馆之名曰三邑，曰阳和。"随着华人人数的不断增长，唐人街成了繁华街道，街上办起了华人子弟学校，提供中文教育，还有各种同乡会、俱乐部、影剧院等，成了富有中国传统文化特色的特殊街区。每逢春节，这里还会耍龙灯、舞狮子、在爆竹声中辞旧岁，保留着中国传统文化的种种习俗。

图6　美国旧金山唐人街（图片来源：360图片）

从文化心理的角度看，华侨华人作为远离故土的"漂移者"，当他们从中国大陆来到陌生的海外之地时，他们只是单纯地完成了一次"物理空间"意义上的位移，而界定他们的文化身份的空间载体却依然停留在中国大陆。这种"物理空间"上的急剧变化所导致的华侨华人"物理空间"和"文化空间"的错位，使得他们在全新的社会环境中面临前所未有的文化压力，而当时美国、加拿大、澳大利亚等华人移民之地普遍存在歧视华人的排华现象。美国最早的移民法规定，只有白人才能成为美国公民，并且在1882年通过了《排华法案》(Chinese Exclusion Act)，直接阻断了当时的华侨华人以当地人的身份融入本土社会文化的可能途径。因此，即使最初移民美国的华人吃苦耐劳、拼命工作，也依然无法被当时侨居地的主流社会接纳和认可，只能以一种"他者"的身份挣扎在社会底层，完全无法在当地主流社会文化中找到文化归属感，加之中国传统文化与生俱来的封闭性，使得当时的五邑华侨未能在和侨居地的文化交汇融合中完成自身文化心理结构的调整和重构。文化身份认同缺失的压力使得当时的华人华侨不得不面对"我是谁"的身份焦虑，远离故国家乡的他们迫切需要在一个可以重新承载自身精神文化空间的新的载体，而"唐人街"的产生和形成，以其特有的苦难经历和奋斗历史，完成了华侨华人在侨居地国家"物理空间"和"文化空间"上的契合和对接，构建了一个五邑海外华人的"异地故乡"，成为承载海外华人对中国传统文化集体记忆的符号。

第三节　栽华职业学校与景堂图书馆：现代文化教育理念的引进和吸收

在粤港澳地区，源于海外华侨的独特影响力，素有"中国第一侨乡"之称的江门五邑是最早开始现代文化教育试验的地区。伴随着五邑地区的大规模移民，五邑海外华侨华人在海外谋生创业的过程中，切身体会到自身文化教育程度不足带来的诸多生存和发展困境，也在和移居地国家的比较中看到了现代文化教育对于培养一个合格的"现代公民"和建设现代国家的重要意义。因此，在海外华侨华人的影响下，从晚清时期开始，五邑地方开始形成重视教育的风气和传统。同时，近代时期的民国地方政府为了提高国民素质，为地方自治培养更多的人才，对地方教育也很重视，认为"惟教育始能推进社会,……最要厉行强迫教育,普及于多数之人"。1924年,台山县试行地方自治获得了广州政府的批准,当时的台山县县长刘栽甫认为,台山要办地方自治,首先必须开启民智、讲求民德、增加民财,这就要发展教育、改善交通、兴办实业、开办医院和慈善机构。在这种内外合力的作用下,民国前20年,以学校教育和图书馆为标志的江门五邑地方教育和文化事业呈现出一片欣欣向荣的景象;到1930年初,台山县、开平县和新会县的中小学学校数量出现了爆发式增长,其中开平有中小学201所,台山县有中小学1 061所。与此同时,五邑地区华侨也捐资兴建了一大批不同规模、形式各异的民间图书馆,散布于五邑地区的各县城、乡镇和农村,目的是通过"筹款购备各种图书报刊及各种杂志,备众阅读,以求普遍增其知识、广其见闻、消其瑕疵,使其精神有所寄托。实施心理建设,庶不为烟赌毒害所濡染,流为社会之不良分子也"。在台山众多的华侨捐资创建的学校中,栽华职业学校是唯一的一所以"培养技术工人"为办学宗旨的职业中学。为了办好这所学校,1926年冬,学校创始人黄栽华甚至不辞辛劳,把现代职业教学必不可少的全套教学设备从美国不远万里运回家乡台山。然而,黄栽华当时的努力和付出并没有得到大家的理解和认可。在当时的大多数人看来,"学而优则仕"才是读书学习的正道,做一名技术工人,直接送去工厂做学徒就行了,大可不必花费那么多时间和钱财用于这方面的学习和培训。这种观点直接反映在学校创建之初的招生人数上——1927年9月1日学校正式招生,只招收了5名学生,第二年也只招收到了60名学生。毕业于美国哥伦比亚大学无线电专业的黄栽华,或许正是从学校招生人数上看到了当时的中国在现代教育中亟待解决的职业教育问题的迫切性,更加坚定了要办好这所对于台山乃至当时整个中国国内都有示范意义的职业学校的决心,以便从观念上纠正当时人们对职业教育的偏见。为此,黄栽华在借鉴西方现代职业教育模式的基础上,对学校的管理和运行模式进行了全面的规划和运作。

在学校管理模式上,栽华职业技术学校充分吸取了西方先进现代教育管理经验,采取了学校出资人(所有者)和管理者分开的管理模式,采取"校长负责制",聘任当时的有名的教育家黄植槐担任学校的校长,全权负责学校的日常管理工作,而作为学校出资人和捐助者的自己,黄栽华却甘愿在学校做一名普通的教师。

为了吸引更多的学生来学校学习,学校加大宣传力度,宣传职业技术学习的就业优势，同时通过各种途径奖学助学。学校设立了奖学金制度，对成绩优异的学生给予奖励。学校根据学生家庭的实际情况，对经济困难家庭的学生采取学费减半入学的优惠政策，吸引更多的学生来学校学习在学生就业问题上，由学校负责推介就业。通过学校宣传和各种激励措施的实施，学校的办学理念得到了更为广泛的认可，加之学校有目共睹的教学质量和较好的就业前景，学校于第三学年开始获得了稳定的生源，每年的招生人数稳定在200名左右。

在专业设置和教学实践活动的开展上，基于现代教育理念，栽华职业学校形成了独具特色的专业教育体系和教学模式。在专业设置上，栽华职业技术学校开设了汽车驾驶与修理、无线电收发报、有线电话、地图测绘等专业，来满足当时社会上对这些方面人才的急切需要。在人才培养模式上，学校采取半天学习专业知识和语文、数学等基础文化课程，半天进行实际操作训练的"半工半读"教学模式，强调教学的实践性和操作性。因为所学专业切合社会需求，学校学生又是经过了扎实的专业理论和实践培训，毕业的学生成为当时台山甚至广东省内的"抢手货"，大量毕业生服务于军政电台、报社电讯室、电信局、电话局、运输公司等部门，成为当地广受欢迎的人才。

栽华职业技术学校自创建到最终停办的22年间（1949年停办。其中1941—1946年因日寇入侵停办），栽华职业技术学校为台山和周边地市输送了各类技术人才3 000多人，为当地的社会经济文化的发展做出了重要的贡献。

毫无疑问，栽华职业学校的创建对于当时的中国现代教育是具有开创性意义的。当我们把栽华职业学校的成功经验放在一个更广阔的历史背景中进行审视时，我们会发现，作为中国现代职业教育的先行者，栽华职业学校的成功，为中国近现代职业教育的发展提供了一个可资借鉴的范本，其办学模式和教育理念所折射出来的人文内涵，在中国亟须大力发展职业教育的今天，依然有着不可替代的时代意义。

景堂图书馆始建于1922年，于1925年6月22日正式开馆，是由爱国华侨冯平山（1890—1931）独资创建并负责全部办馆经费的华侨私人图书馆，以冯平山先生父亲冯景堂之名命名。景堂图书馆在历经动荡不安、战乱频仍的近现代中国社会的急遽变迁之后，至今依然运转正常，延续着化文育人的社会功能,堪称国内诸多由海外华侨捐建的图书馆中的传奇。如今,已有百年历史的景堂图书馆,以其厚重的历史文化内涵,成为新会标志性的文化地理建筑之一。

图7 景堂图书馆(张奕维摄影)

景堂图书馆的创建者冯平山是一名侨居泰国的新会人,早年在香港创业,事业有成后以热心家乡文化教育事业而闻名桑梓。基于经商时遍历欧美的切身体验,冯平山对当时中西之间在文化教育水平的差距有十分清醒的认识:"(余)游于欧美,考察百业,旁及教育,既归,见吾国教育设备,办理多不如人,遂务兴办教育,不遗余力。"他也更加深刻地认识到了文化教育在开启民智和推动社会进步方面的重要意义,"余尝考外国富强之术,莫不先注重教育。"因此,鉴于当时新会虽然学校教育已具规模,但社会公共教育事业却还是一片空白的现实,冯平山决定捐资创建图书馆,以期以教育惠及民众,扩大教育范围,"使民众能自学自习,由无智而进为有智,由知识浅陋而进为知识高深"。

1925年建成的景堂图书馆位于新会中心仁寿路,馆舍面积1 250平方米。然而，作为一个纯粹的社会公共服务机构，景堂图书馆要想能够持续长久地发挥其应有的社会功能，显然不是一次性投入就可以解决问题，它不仅需要捐建者为国为乡的热情，更需要有为其久远谋划，使其能够持久保持活力的智慧，以及持续投入大量人力、物力和财力的坚持。为了保证图书馆能够在经济上得到长久的支持，冯平山专门拨定现款5万元，作为图书馆运营的基本金，存于当时的东亚银行收取利息，以利息收入来支付图书馆运营的日常开支。为了保证这笔资金做到专款专用，这笔资金由冯氏基金会专门管理，定期拨付，确保不会因为各种不确定因素的出现而中断。在场馆建设和维护上，从冯平山到其哲嗣冯秉华、冯秉芬，两代人持续不断地给予经济上的支持。到1986年图书馆新楼建成时，图书馆面积已达4 030平方米，加上后来由霍宗杰捐资兴建的霍宗杰阅览室，图书馆总面积达到了6 510平方米。

除了经济上的持续投入，在图书馆的管理和运行上，景堂图书馆也形成了合理科学的内部管理制度——采用由图书馆馆长向董事局汇报的馆长负责制，馆长全面负责图书馆的运行和管理工作，内部设立的各部门分工合作，各负其责，确保图书馆顺利运行。董事局精心挑选当地有远见和担当的文化名流担任馆长，其中第一任馆长陈照薇、第二任馆长李仪可，都是当时新会的著名的知识分子、教育家。依托历任馆长对图书馆事业的满腔热忱和责任心，景堂图书馆培养了一批优秀的图书管理团队，对景堂图书馆的不断发展壮大起到了关键性的作用。

在冯平山的大力支持下，经过景堂图书馆人的努力，截至1938年年底，景堂图书馆全馆藏书已达65 945册，其中有相当一部分为珍本善本图书。抗日战争爆发，新会沦陷，冯平山哲嗣冯秉华、冯秉芬安排当时的职员把一部分图书疏散到乡村，一部分图书运港保存。新会沦陷后，景堂图书馆疏散到罗坑和凌冲分馆仍坚持开放，在抗日战争的烽火中继续着教化育人的社会工作。1939年3月，罗坑分馆因管理员的离去而停办，后合并到凌冲。时任馆长李仪可坚守景堂图书馆凌冲分馆，开放借阅服务，办展览，宣传抗日，并于1941年增设天亭分馆，直至1949年景堂图书馆复办。

景堂图书馆作为五邑海外华侨私人图书馆的一个典型代表，其捐献之巨大，成绩之显著，精神之可嘉，使其成为五邑华侨华人爱国爱乡的标志性符号。在景堂图书馆走过的百年身影中，我们可以看到以冯平山为代表的这一代五邑华侨是如何接受现代文明的冲击和洗礼，并将他们在海外努力和奋斗的成果转化为报效祖国的现实行动的心路历程。时至今日,景堂图书馆藏书丰富,管理完善,先后被评为全国文明图书馆、广东省文明图书馆、县市文明图书馆;多次被评定为国家一级图书馆,是五邑侨乡众多的文化景观中一颗亮丽的明珠。

第四节 新宁铁路的文化之殇:
历史的必然要求和现实的不可能

20世纪初到20世纪30年代末,在江门五邑的土地上,曾经有一条铁路横跨台山、新会两地。这条铁路叫新宁铁路,它和一个叫陈宜禧的海外华侨的名字紧密地联系在一起。

图8 新宁铁路北街车站(图片来源:www.picturechina.com.cn)

陈宜禧,字畅庭,清光绪25年(1844年)出生于新宁县(今江门台山市)朗美村。19世纪中叶,新宁县人民在经历了大规模械斗等一系列剧烈的社会动乱之后,开始大规模地移民海外。1860年10月,陈宜禧随族人一起来到美国西雅图谋生。1865年,陈宜禧参加修筑美国中央太平洋铁路工程,从最底层的杂工干起,凭借自己的勤奋吃苦和出色的能力,一直做到助理工程师的职位。美国中央太平洋铁路通车后,陈宜禧开办了西雅图首家华人商店"华昌号"。1888年,陈宜禧离开"华昌号",开设了"广德号"。因其乐善好施、见义勇为,加之事业有成,陈宜禧成为当时西雅图众望所归的著名侨领。

图9 陈宜禧（图片来源：360图片）

1904年,年将六十的陈宜禧回到家乡台山,发现台山的交通依然处在"水路靠帆船,陆路靠肩挑和手推车"的落后状态。作为一个在美国拥有40年从业经验的铁路工程师,陈宜禧深知便利的交通对于一个国家和地区社会经济文化的发展意味着什么。于是,具有强烈家国情怀的陈宜禧,带着改变家乡落后交通的满腔热情和台山人特有的坚韧,开始了他的"筑路梦"——新宁铁路的建设。

对于爱国的陈宜禧而言,不仅要建成一条能够造福家乡的大铁路,更要把铁路建成中国人的"争气路"。1904年9月,陈宜禧到香港募资,提出了"不招洋股,不借洋债,工程由本县人自办"的主张,号召大家"以中国人之资本,筑中国人之铁路;以中国人之学历,建中国人之工程;以中国人之力量,创中国史之奇观"。受到陈宜禧爱国热情的鼓舞,旅居海外的华侨同胞踊跃出资参股。到1905年年底,陈宜禧便筹措了新宁铁路股银2 758 412

元，超出原计划募资金额的四倍。

然而，当陈宜禧带着他千辛万苦从海外华侨那里募集的筑路资金回到新宁，准备开始将他的"筑路梦"付诸实施时，他并不知道这意味着从此以后，他最后的生命轨迹将和这条铁路紧紧地捆绑在一起，他的命运将随着这条铁路在江门大地上的艰难延伸而变得坎坷起伏。

计划中的新宁铁路干支线跨台山、新会两地，总长133千米。修筑铁路需要大量的土地修筑路基，于是征购土地便成了陈宜禧要面对的首要难题。即使修筑铁路对于当地是一件利国利民的大好事，但当时却并不能被一般的民众所理解。当陈宜禧因为铁路规划设计的需要必须向当地乡民征购土地时，很多时候不仅得不到当地乡民的支持，反而因为涉及田域边界或迷信风水而横生枝节，以至于凡铁路经过之处，"各各乡巨村，以至小里落，各姓各族，鲜不恃其龙蟠虎踞之雄，严其彼僵此界之限，或迷信风水而反抗者有之，或博强权而反抗者有之，或闹意见借事端而起反抗者有之。"甚至"工程所至，风潮迭起，统为一百二一里间，动辄负隅以相抗者，前后不下百数十处计……"，以至于陈宜禧不得不在一种"欲骂则无声，欲哭则无泪"的焦虑状态中为购地而费尽唇舌，历尽艰辛，最后还是不得不弯轨多达39处。

1906年5月1日，新宁铁路在斗山圩鸣炮开工，计划分三期进行。1920年3月20日，新宁铁路第三期工程完成。至此，这条耗尽了陈宜禧所有的身家性命的新宁铁路在历经了14年的坎坷波折之后，终于大功告成，建成通车。

接下来，陈宜禧要面对的，是晚清到民国期间这一段中国近现代史上最糟糕的营商环境。

新宁铁路从开始筹办起，陈宜禧就不得不面对从地方到中央各级晚清官僚的昏庸闭塞和腐败贪婪。面对他们的推诿渎职，层层设卡，以至于为了方便办事，陈宜禧不得不"捐"了个三品"盐运使"的官衔。即使如此，筹办新宁铁路的文件也一直拖到1906年初才得以上奏当时的朝廷，获得慈禧和光绪帝的批准。

铁路通车后，初期营业尚有盈余，但这样的局面并没有维持多久。由于铁路沿途各车站普遍没有设置栅栏，乘客可以自由上落，加之乡民贪占便宜心态作祟，导致购票收费困难，铁路公司很快就入不敷出，经营困难。加上时局动荡，兵匪横行，登车抢劫事件时有发生。1916年7月，汾水江站一天内两次被匪徒进站登车打劫，不仅打死打伤司机、路警，还抓了乘客两三百人，使公司遭到巨大的经济打击。

更糟糕的是，对于这个横贯两县、规模不小的企业，当地的军阀官员都把它看作是可以随时搜刮的肥肉，巧立名目，强摊硬派，仅1915—1917年间，各地军官欠下铁路公司的借款便达49 513元之多。1925年，当时的粤军总司令许崇智每月向新宁铁路"借饷"1万元，驻江门的第一军向公司收饷5 000至7 500元。到了1926年，公司已经入不敷出，债台高筑，积欠的债款达140万元之多，濒临破产边缘。

公司的经营困境同时加剧了公司内部股东之间的矛盾，导致内耗不断，最终给了早起觊觎之心的贪官污吏以可乘之机。1926年，当时的广东省政府以"工潮迭起，路务废弛""管理不善"之名，组成"新宁铁路整理委员会"，武力接管陈宜禧和董事局的一切权力，陈宜禧被迫离职返乡避居。至此，陈宜禧的一腔报国热血，最终在现实的困境中化成满心的悲愤和无奈，在心力交瘁中渐至精神失常。

1929年6月25日，陈宜禧壮志未酬，含恨辞世，终年84岁。

1938年12月，新宁铁路公司接国民党命令，于年底拆除，以实行"焦土抗战"政策。新宁铁路至此拆毁殆尽，仅剩下一段路基，记录着这一段悲壮的历史。

恩格斯在论述社会悲剧时，曾经有过一个著名的定义："历史的必然要求和这个要求的不可能实现之间的悲剧性冲突"。作为一个时代的先行者和开拓者，陈宜禧"筑路梦"的时代呼喊，毫无疑问地契合了近现代中国历史发展的必然要求，新宁铁路的成功开通以及由此给江门五邑社会发展带来的深远影响，为陈宜禧所全力追求的"筑路之梦"在中国现代化进程中的历史合理性和必然性做了最充分的注脚。而陈宜禧所处的时代环境和其所追求的理想目标之间不可调和的矛盾，使得陈宜禧只能以挑战者的姿态站在历史的潮头，成为一个"大战风车"的孤独英雄。陈宜禧以个人命运的悲剧结局为代价，唤醒的正是中华民族在新的历史语境中革新图强的现代化强国之梦，也是陈宜禧作为一个时代"追梦人"的意义和价值所在。值得欣慰的是，历史发展到社会主义中国的今天，陈宜禧的梦想正在以一种全新面貌得以实现。今天的江门，作为珠西枢纽的江门站已经在新会拔地而起，在侨乡大地上无限延伸的高铁交通线，擘画着更为厚重、坚实的发展蓝图。而这，正是对陈宜禧这一代五邑华侨先贤的梦想和追求最好的呼应和纪念。

第十一章
汕头开埠往事——商业发展与文化碰撞

时光流转，城市的变迁是人们记忆深处的珍藏。习近平总书记在北京前门东区看望慰问基层干部群众时，曾说："让城市留住记忆，让人们记住乡愁。"一份回忆，温暖一座城；一抹记忆，鲜活一座城。在汕头这座百年商埠，数不尽的房屋瓦舍随着岁月的更迭变迁旧貌换新颜，数不尽的文化风情历经岁月的洗礼愈发历久弥新。这里的每一寸土地，都是时间的见证者。木心说，用两只眼睛来看世界是快乐的，一只是辩士的眼，一只是情郎的眼。在撰写汕头开埠往事、回望家乡历史的过程中，笔者能强烈感受到这两只眼睛的视角变换带来的独特写作感受。梳理历史脉络需严谨理性，而书写故乡难免乡情涌动。理性思考与感性认识，二者的起伏，让笔者的书写呈现出这座城市的多面。

第一节 缘 起

汕头的由来需追溯至明清。明万历三年（1575），汕头被称为"沙汕坪"。清代初期，沙汕坪逐渐积聚成一片陆地，俗称"鮀岛"。鮀是一种体小而圆、带有斑点的鱼,属鲨鱼的一种,又名"鲨鮀"。过去汕头海湾盛产鲨鮀,加之汕头位于鮀济桥一侧,三面环水,历史上曾是半岛,"鮀岛"之称由此而来。康熙八年(1669)改鮀浦水寨为汕头汛,汕头之称始见诸史料。康熙五十六年(1717),清政府在这里筑炮台,于是改称"沙汕头"。雍正、乾隆期间,此地逐渐被称为"汕头"。[①]

汕头初时仅有渔民、盐民在此捕鱼晒盐,后来随着商船来此贸易,商业街区形成而渐具港市雏形。它虽未正式开埠,却是非官方认可的对外贸易港口。当时对外贸易主要有三种:一是由本地人为主经营的"红头船"贸易,二是由西方鸦片商经营的鸦片贸易,三是由西方不法商人和船长经营的贩卖华人劳动力的"苦力贸易",即俗称的猪仔贸易。[②] 这三股中外海运贸易路线的交汇点,正是汕头。相对当时五个通商口岸以外的中国其他口岸,汕头的对外贸易活动特别频繁,在中外的知名度也格外高,连恩格斯都知道汕头这个东方的港口。他在1858年10月写的《俄国在运动的成功》一文中,提到"而汕头这个唯一有一点商业意义的口岸,又不属于那五个开放的口岸"。[③] 1856年第二次鸦片战争中,西方列强强迫清政府增开通商口岸时,汕头就成为他们的首选之一,在签订《天津条约》时,将设立的潮海关最终选在"沙汕头"。

第二节
开　　埠

1860年1月1日,汕头如期对美国开市,美国在妈屿岛设立了潮海关,以此对汕头的船只收税。潮海关的建立,标志着汕头正式开埠,成为一个对外开放的通商口岸。在此以前,潮州府城一直是潮汕地区商贸往来的中心。[④] 明清时期,潮州府通过一系列的地方行政建制活动,与下辖各县构成一定层级结构的行政联系,在行政等级中始终处于上层,由此成为地方行政中心。

---

① 陈艳莉,郑文义.汕头埠记忆[M].汕头:汕头大学出版社,2016:1.
② 陈荆淮."鸦片贸易"、"苦力贸易"与汕头开埠[J].汕头大学学报(人文社会科学版),2011(4).
③ 韦建桦.马克思恩格斯选集:第2卷[M].北京:人民出版社,2012:38.
④ 林立.潮学集刊:第五辑[M].北京:社会科学文献出版社,2017.

加之处于货物集散的枢纽地带,潮州府城逐步从纯粹的行政中心城市发展成为兼具经济重心的多功能城市。但由于明清实施海禁,潮州城商业重心的辐射力主要在内陆,远洋贸易在很多情况下受到约束。开埠后,汕头迅速崛起,最终替代潮州府城,成为新的商业中心。"贸易额岁有增加,其处出入卡总额为一千三百五十万两,民国十二年(1923年)增至八千四百万两;二十五年(1936年)增至一亿四千余万两,七十年间膨胀逾十一倍之巨。"①"民国期间,汕头已有海、陆、空全面发展的交通路线。"② 以汕头为重心的新区域贸易网络逐步形成,其中大致分为三类:(1)潮州当地开始以汕头作为商货中转的枢纽,各县土货多由出产地运至汕头转售,各县又从汕头购进所需货品。(2)汕头与国内其他地区开始建立直接的商业联系,相互转销,互通有无。(3)远洋国际贸易网络形成与扩展。在海外贸易中,汕头贸易以南洋诸商埠为主,主要供应侨居国外的华侨,出口陶瓷、潮绣、夏布、茶叶等土特产品,进口大米、香料、锡等舶来品。约在1950年,汕头商业发展居全国第七位。③

第三节
开埠城市的文化

城市文化是城市在长期发展中精神累积和物质累积的综合,是城市所承载的所有文化形象的综合体现。历史和传统塑造了城市的形象和个性,也造就了城市的人文生态。汕头在特殊的历史背景和发展环境中,逐渐形成了自身的城市文化特色——开埠文化。

开埠初期,外资竞相进入,汕头港樯帆云集,货栈成行。伴随西方资本进入的,还有西方宗教思想、教育理念、生产方式和医药技术等。西风东渐,具有儒家文化精髓的潮汕传统文化受到西方文化的冲击,形成中西杂处的景致。汕头在坚持潮汕传统文化的同时,博采西方先进文化思潮之长,在与世界多元文化的互补交融中,优化创新,在教育、卫生、工商业、建筑、娱乐等方面,呈现一个现代化城市的崭新面貌。

① 潮州市地方志办公室.《潮州志》[M]. 铅印本. 第919页.
② 中国地方志集成[M]. 上海:上海书店出版社,2003:101.
③ 潮州市地方志办公室.《潮州志》[M]. 铅印本,第3册,第1215页.

一、中学为主，西学为辅

开埠后，以英属基督教长老会、美属浸信会、法属天主教会为主的三大教会相继在汕头埠举办带有传教目的的中小学。1877年粤东地区，科举盛行，风气闭塞，尚未倡办学堂。学生读完小学之后，大多无从升学。于是，英国基督教长老会潮汕总会共议创办中学，聿怀中学应运而生。这是汕头市第一所教会学校。取名聿怀，盖因为基督教会希望藉着这所学校，让更多的汕头人"回到天家上帝的怀抱中"，宗教意味一目了然。学校虽然"舍不过一，生不过数十"，设备简单，但却是粤东地区最早创办的中学之一，"树岭东先声"。1919年，随着反帝反封建运动的高涨和教会政策的变化，聿怀中学停办。1929年，中华基督教会汕头区会决定复办聿怀中学，由侯乙初任董事长，组成十一人校董会，聘请陈泽霖任校长，开始了中国人自己办聿怀中学的历史。至1937年，学校举凡实验室、运动场、图书馆、教学楼、宿舍楼等一应俱全，而教督尤为谨严，名满粤东。在校学生"数逾千人，冠于岭左"，"学生求入而不得者众"，成为当时粤东最好的中学之一，书写下了一段辉煌的教育诗篇。同样是1877年，金山书院（汕头市金山中学前身）创建。在潮州总兵方耀的支持下，金山书院拥有相当可观的校产，经费充足，发展甚快。1887年，两广总督张之洞巡视潮州，指令潮州知府进一步充实书院设备、图书和师资。凭借这些有利条件，加上师生刻苦努力以及潮汕尊师重教的良好风气，金山书院很快发展成为广东著名书院之一。除办好中学教育外，金山书院还应潮汕各地的需求开设过师范讲习班、土木工程科、商科、陶瓷科等，对潮汕的社会、经济产生了较大的影响，成为当时潮汕历史最久、规模最大、设备最优、校产最多、藏书最丰、师资最强的学校，民间誉为"岭东最高学府"。1899年，丘逢甲将潮州的东文院移至汕头"同庆善堂"（今外马路129号，汕头市外马路第三小学），并改名为"岭东同文学堂"。这不仅是广东首所新式学校，在清末也是全国屈指可数的。学堂"以欧西新法教育青年，以革命维新鼓励士气"，成为培育岭东微信志士的摇篮。庚子事变后，随着清末新政的实施，中国社会开始迅速变化，西式教育尤其是英语教育在中国沿海地区受到普遍欢迎。汕头作为一所开埠较早的商业城市，对英语人才的需求亦十分迫切。英语在当时是中西交往的工具，因此掌握英语就有着很大的商业价值。1904年，澄海富商陈雨亭捐资创办私立汕头华英中学堂（汕头一中前身）。强烈的民族意识是陈雨亭迫切希望开办一所新式学校的思想动因之一。在与中外各方人士的广泛交往中，他充分认识到英语在中西交流中的作用。他敏锐地意识到英语的商业价值及其巨大的社会需求，因此迫切希望在汕头办一所英汉双语学校。华英的开办主要是为了满足潮汕乃至整个岭东地区人们学习英语与西学的需要。同年，正始小学创办，此为汕头埠历史上第一间私立的新式学堂。

西方新式学堂的出现与发展，促进了潮汕教育的改革，逐渐形成了"中学为主，西学为辅"的教育方针。其时，汕头教育呈多元化趋势，既有公立学校，也有私立学校，既有教会学校，也有传统书院，较有名的学校达100多所。这些学校顺应时代的潮流，在汲取西方现代教育理念的同时，保留着儒家传统文化思想和潮汕特有的乡谊人情，培养了一批具有本土情怀和世界眼光的潮汕学子，促进了汕头教育事业的革新和发展。

二、西医中融，善举利民

开埠后，外国传教士到汕头进行布道，一开始并不顺利。由于之前外国人在汕头贩卖鸦片，贩卖人口，导致民众对传教士存有戒心。为了获得民众的信任，传教士选择以医疗诊所为突破口，通过治病救人，获得民众信赖，进而宣传布道。福音医院便是那个时期的产物。1863年，基督教英格兰长老会派吴威廉（William Gauld）在汕头地区筹办西医医院。1867年，吴威廉在汕头市区今中马路与福平路之间开办第一间西医诊所，自此，西医药正式进入汕头。吴威廉在此诊所基础上正式建成福音医院（Gospel Hospital）并担任第一任院长。医院共有病床80张，并设有20张特殊病床，作为麻风病患者的留医处。此外，吴威廉又在附近设立医学讲习班，讲授解剖学、药物学、外科学等。经过多方筹资，新建的福音医院（汕头市第二人民医院前身）于1878年4月落成。医院设病床100张，另外还建有一特殊病院，可容纳麻风病患者20名。据1883年统计，这一年医院住院和门诊患者共4 400人，患者分别来自粤、闽、赣的城市和乡村。福音医院在当时有广泛影响，是粤东地区首创的西医医院，也是清末时期汕头最大的医疗卫生机构。福音医院作为西方传教的重要手段，虽然其最终目的是宣传宗教，但客观上，先进的医疗手段和药物极大缓解了患者的痛苦，也为汕头公共卫生事业带来新的契机。"1866—1978 年，汕头福音医院共实施'兔唇'修复手术 160 例，而当时全国'兔唇'手术量有时一年还不到 8 例。"[①] 在 1861—1921 年的 60 年间，据不完全统计，各种基督教、天主教教会在汕头地区创办的医院、诊所计 10 余所，其中基督教教会创办的医院、诊所就有 8 所，而且医院颇有规模，床位较多。此外，西方医学专著也传入汕头。1899 年，福音医院院长高似兰（英国人）和汕头医师肖惠荣合作译著了中文版《哈氏生理学》和《欧氏内科学》，进一步扩大了西医在潮汕的影响，也方便了中国医生系统学习西医并提高医疗水平。这是西方医学名著在潮汕首次被翻译。

福音医院的兴起，促进了民众对西医学技术的认知、认同和信赖。西医、西药和西方医学著作的引入，为汕头近现代医院的建设发展奠定了基础，推动了近现代医学在潮汕地区的推广和应用。

三、推陈出新，商贸兴市

开埠前，汕头工商业以家庭作坊及小型工厂为主；开埠后，汕头的民族工商业受西方商业文化思想影响，引进先进的生产方式和管理理念，自觉进行改造和发展，兴办民族工业，引进外资技术，以纺织、食品加工、日用化工为主的轻工业逐步发展起来。

（一）传教士与抽纱

抽纱，俗称"番花"，是一项工艺"舶来品"。旧时抽纱是西方人日常生活不可缺少的日用品和美术工艺品。福音医院医生莱爱力与其配偶来汕头后，对传统潮绣精湛的技艺深为欣赏。他们尝试将国外带来的一批抽纱图案和样品，加上潮汕本地出产的夏布交给教徒及周边群众加工。绣出的产品优雅细腻、绚丽多姿，比西方抽纱有过之而无不及。莱爱力把这批西方纺纱工艺和潮汕刺绣相结合的产品带到国外销售，竟被抢购一空。于是他在汕头召集一些妇女，一面传教，一面学习抽纱。自此，抽纱手工工艺传遍潮汕城乡。1899 年，美资率先抢滩汕头，创办彩成抽纱公司，这是汕头开埠后创办

---

① 陈嘉顺. 汕头影踪[M]. 广州：暨南大学出版社，2016：128.

的第一家抽纱洋行。此后,外资与华资的抽纱行相继在汕头开办,抽纱成为具有潮汕特色的新型手工业。与此同时,潮汕传统纺织业也开始从家庭手工式转向使用拉木织机的纺织小作坊,并尝试使用现代机器纺织。20世纪初,在汕头陆续出现了一批小型织布、针织的厂家。1909年,振发织布厂开办,该厂开了潮汕地区机器织布的先河。后来邹旭升从日本回国,开办岭东织染厂。此后,汕头大大小小的织布厂共100余家,纺织业呈现蓬勃发展之象。

(二) 从全外资到全中资的汕头豆饼榨油厂

豆饼榨油厂首创者是一名叫普拉特 (Thomas Platt) 的英国商人,他于1866年在牛庄开办该厂,1867年转让给怡和洋行。于是豆饼榨油厂就成了中国境内首家由外国资本经营的榨油工业厂。怡和洋竹经营该厂,主要目的在于提供汕头附近种植甘蔗所需之豆饼肥料,以保证汕头怡和洋行的一家糖厂的甘蔗原料的需要。在经营3年后,汕头豆饼榨油厂就成为"全由中国人经营"的企业,这是中国民族资本经营的第一家榨油工厂。该厂使用现代蒸汽机从蚕豆和豌豆中榨出油来,豆渣则用模具压成扁平的圆饼,用作肥料。年产量约有30万块,是汕头民族工业之始。

(三) 日用化工和制药

1902年,日商在汕头设立第一家商店,带来制造玻璃的技术人员,在汕头回收玻璃碎片,制出新产品,自此,玻璃厂在汕头兴起。20世纪20、30年代,有商人在惠州发现玻璃砂矿,就集资在汕头设厂生产玻璃。潮汕制药厂历史上以中成药生产为主体,产品制型一直是源于古方、验方、秘方为主的丹膏丸散,多是单家独户的手工作坊。20世纪10、20年代以后,开始有一些手工业作坊发展为采用部分机器生产的制药厂,较有名的是汕头华夏氏药房、广生堂、平安堂、永安堂制药厂等。

四、兼容并蓄,外洋内中

城市的"文脉"在于其宝贵的文化遗存,城市老建筑是记载、见证这座城中人们生活与文化活动的立体书卷。汕头原有建筑深受中原建筑文化的影响,集中了潮汕地域建筑文化的精华,开埠后汕头引进西方建筑文化,催生了具有中西合璧特征的近代建筑，在融汇创新中涌现了一批具有较高审美价值、艺术水准和文化价值的公共和民居建筑，体现了汕头地方历史、传统文化与外来文化的有机结合。

(一)"西洋景"

各国在汕头市区兴建领事馆、洋行、别墅及传播福音的教堂、医院、学校等西方建筑。外国人从西方带来设计图纸，运来建筑材料，精细施工。至今保存完好的有1904年的日本领事馆，1908年的天主教主教楼，1921年的潮海关办公楼，1922年的邮政总局大楼。这些建筑多为外廊式的二、三层洋楼，运用西方古典柱式，有方形、长方形和曲尺形等，突出轴线，讲究对称，主次分明，典雅华贵，坚固耐用。这些建筑正面多有雕饰繁复的三角形山墙，屋顶有人神雕像，门额上有飞舞的小天使，窗棂自首环绕花草纹饰，具有典型的西方建筑风格，皆为当时西洋建筑文化在汕头繁荣发展的历史缩影。

这些西方建筑极大影响了近代汕头的建筑风格，使汕头的建筑格局从传统建筑逐渐转变为开放商埠的格局，同时在建筑技术方面也出现了重大的变革和创新。比如，天主教主教楼是汕头历史上第一座使用钢筋混凝土结构的建筑，在抗击自然灾害中充分展现其功能优势。而类似这些建筑理念汕头人一经认识，便迅速吸纳，从此开始对西方建筑文化不断地选择、扬弃、补充、融合、兼容并蓄。胡文虎大楼作为汕头埠的标志性建筑物，以其中西合璧的建筑造型和恢宏壮观的气势著称。胡文虎大楼，即永安堂制药厂旧址，始建于1927年，建筑主体为钢筋混凝土结构，外观为扇状建筑，第四层至顶部为圆柱体望楼，属骑楼式建筑。其望楼外壁装饰以浮雕图案，细腻精美，望楼内部有螺旋式楼梯通往顶层，是汕头开埠初期最高的欧式洋楼。

(二) 骑楼文化

汕头骑楼始见于20世纪20年代，是近代汕头中西方建筑文化交融的重要表征。汕头的建筑行家汲取了西洋外廊式建筑的处理方法，将传统建筑与西式建筑相结合。汕头骑楼形式千差万别，有仿哥特式、南洋式、古罗马券廊式、仿巴洛克式、现代式和中国传统式，虽然外表上形式差异很大，但功能却是一致，即讲求商业实用性。楼下商铺，楼上住人，跨出街面的外延部分,既扩大居住面积,又可以防雨遮晒,巧妙处理了公共空间和个人空间的灰色过渡地带。门廊毗连串通成沿街廊道,上为骑楼,下为一面向街敞开、另一面是店铺橱窗,人们可沿骑楼的廊道通行或购物。骑楼里面大量采用阳台和铁栏杆,或者石材、抹灰镂空栏杆,形成虚实对比。这些设计符合潮汕多雨潮湿的气候特点和人们的生活习惯。

汕头的能工巧匠在骑楼建筑中,既融合了西方建筑的特点,也加入了个人的想象力,因此汕头骑楼呈现"外洋内中"的审美风格。每幢建筑的窗花都不一样,就是同一幢建筑,各个楼层的窗花也不一样。骑楼的立柱,也无不例外地采用西式立柱,底层是仿古希腊爱奥尼柱,2~3层是仿多立克式或方形的混合柱式。但骑楼内部的装饰雕花,却充满潮汕文化元素,如水鸟、荷花等图案。这一时期的汕头建筑,以欧洲柱式建筑为框架,搭配清丽的潮汕审美元素,使相隔万里的文化在建筑中和谐共处,构建出别具一格的美学样式。

汕头骑楼文化的典型代表是小公园的沿街骑楼,大街小巷纵横交错,"永和""永泰""永兴""永安""升平"五街被称为"四永一升平",以小公园为中心呈放射型扩张,被称为"小巴黎"。街区条条街道通码头,装卸货物便捷,宜行宜商。作为汕头重要的地方文化遗产,骑楼文化体现汕头兼容大陆文化和海洋文化,具有开放性、平民性、重商性、多元性的市井文化特征。从小公园亭、南生公司、永平酒楼到老妈宫、海关钟楼、存心善堂,从大光明、大观园剧院到胡文虎大楼、中山公园,每一座建筑都蕴含悠远的故事,构成"百载商埠"的《清明上河图》。"老汕头的城市空间格局与建筑风貌,见证了汕头'百载商埠的形成,以汕头市小公园为中心的老街区与建筑群,就像一面镜子,形象地照录了中国近现代发展历程,成为历史的缩影。"[①] 笔者外祖一家曾在小公园经商。在母亲的回忆中,小公园繁华热闹,人气喧杂。年逾七十的家母,念念不忘的是,孩提时代父亲带其到爱西食干面,恰遇防空警报,小小的她躲在父亲怀中,警报解除后,父亲为安抚她,又多点了一份猪肚汤。邻居的牙医阿娘,对母亲疼爱有加,据说牙医技术精湛,蒋介石短暂停留小公园时还曾前往治疗。母亲从前的玩伴,散落天涯,

---

① 陈志民. 论汕头城市历史文脉的延续:关于开埠文化历史建筑的"保育"与"活化"探讨 [J]. 汕头大学学报(人文社会科学版),2016 (4).

有的然而他们在网络发达的今天，视频语音聊天时，话题却总停留在半个世纪前家门口的大树，原为教会学校的小学，同学家的独栋小洋楼和从二楼雕花阳台传出的留声机里的音乐。梦里花开几许，骑楼廊下，街心亭中，嬉耍玩闹，大约是许多海外潮人梦中故园的景象。以致白头年迈、蹒跚步履之际，仍不忘在发黄的旧照片中细细寻找，儿时熟悉的百货大楼和中山纪念亭。

（三）光影交错，文化繁荣

汕头开埠后，电影、戏院、照相馆等西方文化娱乐纷纷登陆。1909年，英国人开创在汕头埠放映无声电影之先河。1922年春，德国领事署辟为临时公园，供人游玩，其东隅盖建竹篷，设立大观戏院，放映电影和表演潮剧。第一天开映《谁是盗》，剧情较佳，市民对于电影的认识为之一新，往观者甚众。1923年间，英籍人毗士氏自港来汕，租汕头旅馆（即颐养院）右旁空地，盖篷营业，名曰"真光电影院"。因毗士氏选片较佳，并请名嘴说明剧情，故营业甚佳。这些电影戏目多数为进口片，且在影片中附有中文说明，以便观众明其意。面对"外洋影片几乎有求过于供"之状况，汕头影界人士积极筹备影片制作公司。汕头首家电影制片公司——汕头新星模范制片有限公司于1926年成立，设于商业街19号。1927年3月1日，该公司在《岭东民国日报》发表《汕头新星模范制片有限公司〈侠义姻缘〉弁言》，其中说到"映剧者即社会教育之主品，能导崇尚之学识与精神，导社会于文化，补教育之不及，广人群知识之开通，增各种事业之发展"，"故外洋影片一到，几乎有求过于供之概，同仁等为谋社会之进步，挽利权之外溢，特于汕头创设制片公司"，可见当时汕头的电影从业者，已经认识到电影对于社会民众的启蒙教育作用，也意识到西方电影对中国市场的垄断地位。该公司抱爱国之心，立提高国民素质之志，定下"驾舶来品之上"之目标，终于成功拍摄了汕头第一部国产影片《侠义姻缘》，并隆重上映，可谓"开汕头映界之新纪年"，充分反映了汕头影界人士强烈的社会责任感和发展国产影片制作业的勇气、决心和毅力。

伴随着电影业的发展，20世纪30年代汕头陆续创建了新光戏院、中央戏院、大光明戏院、新华戏院、大观园戏院、胜利戏院等。大光明戏院靠近汕头港，来往客人多，酒店也多，专映中外著名影片，因此大受欢迎。戏院门面仿造欧美建筑,内部按专业影院设计,有座位1 100多个,软皮座椅为双面沙发,可以根据需要,按不同气候翻转过来使用,而且座椅之间的行距也较大,约90厘米,华丽舒适,是当时汕头市最高档的正规化电影院。新观电影院原为陶陶戏院,1925年改作放映电影,易名明星电影院。后来吧楼座木质结构改为钢筋混凝土结构,提升屋顶,延伸舞台,有座位1 530个,名列市内几大影院之首。汕头埠电影制作、放映业发达,催生了一批影视人才,如郑正秋、蔡楚生、陈波儿、伊琳等。1925年,19岁的蔡楚生在"五卅运动"的影响下参加了汕头店员工会。由于喜爱戏剧,他组织了"进业白话剧社"。第二年,他们打出了"汕头进业电影制片公司"的招牌,并在上海华剧影剧院制片公司导演的帮助下,拍摄了一部滑稽短片《呆运》。电影文化在汕头的发展与繁荣,方便了汕头民众对时政资讯的了解,也丰富了民众的文化娱乐生活。

与此同时,素有"南国奇葩"之称的潮汕本土戏剧——潮剧,同样活跃在城市空间中,成为市民休闲娱乐生活的重要组成部分。潮剧起源于南宋时期的南戏。明代中叶,潮汕地区民间戏剧音乐活动日益繁盛,南戏与本地的民间歌舞、民歌、说唱曲艺及小型戏曲相融汇,逐步形成一种用潮汕方言演唱的音乐戏剧。与过往草台戏、乡村剧团相比,近代潮剧受资本主义商业文化的影响,出现了明显的转型。城市中潮剧的演出场所,不再是临时搭建的简陋戏台。潮剧在城市戏院粉墨登场,为了吸引观众,戏院对舞台设置进行更新,在设计方面,参照现代剧院的设计,更加合理。如大观园戏院,地处老市区中心路段,戏院楼座是平底钢筋混凝土结构,并在水泥板上垫高做阶梯层;设座椅,楼下设有前座、后座和边座,通过垫高后座座椅,前后座观看角度更加合理;侧门朝着福海街,戏演完后打开,以便观众迅速离场。此外,潮剧戏班开始使用报纸传媒传递信息。潮剧广告的出现,揭示了潮剧商业化转型轨迹,报刊广告的出现,使得潮剧演出信息高效地传递到市民阶层,刺激市民文化消费。潮剧广告最早出现在1937年10月1日《民国岭东日报》,是汕头大观园老赛宝丰班剧广告,这些广告信息量丰富,涉及潮剧演出票价、演员、戏目等诸多信息。近代潮汕商业发展推动戏院文化空间的扩展,戏院又通过潮剧广告和城市消费者建立联系。潮剧演出被广告包装成为一种可供消费的产品,在获得认同的同时,刺激着消费者的消费欲望。戏院正是通过这样的手段获得利润的。在戏院、戏班、消费者的互动过程中,形成了一套以广告为维持纽带的文化机制。①

值得一提的是，在汕头埠，潮剧唱片是作为名贵洋货，和钟表、眼镜、珠宝等奢侈品一起出售的。由于19世纪30、40年代的唱片行业发展繁荣。二三十年代，上海百代、英国哥林和声、胜利在中国灌录了一批潮剧唱片。潮剧唱片中也有很多是在中国香港、泰国、印尼等地录制。当时潮剧唱片的流通轨迹，基本是在上海或国外生产后运回汕头埠，或者在海外出售，被中国香港、泰国、新加坡等地的华侨华人购买。唱片给了观众多一个欣赏潮剧的选择，潮剧的影响力也从本土逐渐扩散到东南亚地区，使有潮人的地方，就有曲调优美、轻俏婉转的潮剧。直到今天，走在东南亚的老街，偶尔还能听到熟悉的旋律从某个角落传出，也许是《陈三五娘》，也许是《柴房会》。若你走近看，多半会见到白发老人凝神闭目，在潮音中慰藉浓重的乡愁。

虽然说150年前，汕头开埠带着无奈与屈辱的色彩，但是开埠之后，资本主义经济强势进入，客观上使汕头的商贸业得到极大发展，引领和推动了近现代汕头民族工商业的繁荣和城市的发展。汕头的崛起带动了近代工业的兴起，极大地加剧了潮汕地区自给自足的自然经济的瓦解，刺激了社会经济的嬗变，从而促进潮汕经济的兴起和发展，大大地加快了潮汕地区的近代化进程。一条条骑楼老街、一座座古港码头、一处处西洋浮雕……都承载着汕头一百多年历史的厚重神韵，记载着一个又一个历经磨难而又辉煌动人的故事。汕头，寄托着海内外潮人共同的精神家园，"小公园""四永一升平"这些符号，让流散各处的潮人，轻易启动记忆的开关，令乡愁与乡情四处弥漫。而那些海外潮人的后代，对遥远故乡的认知，也是在祖辈、父辈的言说中，不断深化，历史和传统塑造城市的形象和个性，汕头在特殊的历史背景与发展环境中，形成了自身的城市文化特色——开埠文化。开埠文化，实际是世界多元文化大碰撞大交融的直接呈现。西风东渐，中西文化激荡交融。汕头传承潮汕传统文化，又博采西方各种先进文化思潮之长，在与世界多元文化的撞击、互补、交融之中，不断优化、创新，乃至转型，形成了海纳百川、开放兼容、创新争先、自强不息的"汕头文化精神"。生长在这片土地的人民，早习惯在汹涌海浪中讨生活、寻出路，加之近代西

---

① 欧俊勇. 民国时期潮剧广告之研究 [J]. 戏剧文学, 2014 (12).

方先进文化思想的影响,逐渐形成一种既有历代文化积淀又有时代投影的"海洋文化性格"。

回望汕头开埠历史,昔日海港的崛起与繁荣,既是时代的选择,也是汕头人在时代浪潮中积极应对、致力革新的结果。无法割裂的文化血脉、无限可能的发展机遇,令文化成为串联起汕头昨天、今天与明天的纽带,在时间与空间双重坐标上为汕头画出"同心圆"。

第十二章
香山文化：为什么会诞生孙中山？

　　从中山市区往南几十公里，是烟波浩渺、壮阔无垠的浩瀚南海。这里也是大陆的边缘，蜿蜒流淌的全国第三大水系珠江从这里入海，淡水和咸水在这里相遇碰撞，冲积出了一片神奇的土地，造就了山海相连、岛屿密布、水道纵横、沙田成片的自然地理环境。从5000多年前伶仃洋上的一众岛屿，到宋代的"西海十八沙"，明代的"东海十六沙"，海水冲击，沙洲连成陆地，时光更迭，沧海成桑田。

　　这样的地理环境在中国沿海地区并不鲜见，但倘若我们翻阅中国历史，了解地理对文化的影响，会惊喜地发现，这片地处南岭以南、海洋之滨，自古被封建王朝精英所忽视的南蛮之地，却意外地因远离中原内陆，免于遭受政治倾轧、王朝更迭的兴亡往复，依靠海洋发展出了繁荣发达的商业文明、多元包容的文化特质、开放领先的思想思潮、先人一步的开拓创新精神，并且因缘际会地在近代中西文明的碰撞中，为中国推开了近代文明曙光的大门，哺育了众多的革命、政治、商业精英骄子，诞生了2000多年封建王朝独裁体制的掘墓人孙中山，我们一定会为这片土地所惊叹。

　　但同时我们又不禁追问，在中国漫长的海岸线上，大大小小的城市星罗棋布，其中，地理位置优于中山者大有城在，历史文化底蕴厚于中山者不胜枚举，经济条件强于中山者亦不鲜见，然而，在风雨飘摇的近代中国，却是

— 189 —

在远离王权中心、偏安一隅的香山诞生了中国封建帝制的终结者、共和政体的缔造者,而不在政治发达、历史文化根源深厚的中原,不在明清以来政治、经济、文化中心的北京,也不在资本主义萌芽地、经济文明高度发达的江南。可以说,正是香山文化孕育了孙中山。

第一节
何谓香山文化

今天的中山、珠海及澳门一带,一百多年前还统称为香山县。从南宋绍兴二十二年(1152年)香山设县,到1925年为纪念孙中山而改名中山县,香山县前后存在800多年时间,香山地区的历史人文主要成型于这一阶段。而我们通常所说的香山文化,就是香山地区长期以来形成的政治、历史、思想、风俗、语言、社会、制度、人文等带有鲜明的香山地域特征的文化总称。它萌芽于南宋,发展于明清时期,成熟于近代。

关于香山文化的定义,学界存在多种不同意见。有学者认为,"香山文化主要是指以包括今日中山、珠海、澳门在内的香山旧属为依据,渊源于历史上人与自然以及人脉间对象性关系而形成的特定生活结构体系,是中原士族移民入徙香山带来的汉族文化与本土文化融合,并与西方文化交汇逐渐形成的一种新质文化。"有学者认为,"香山文化就是一种相对于岭南文化而言的地域次文化,包括物质层面的、精神层面的和制度层面的文化。"有学者认为,"香山文化源于中国传统,又融会外来因子的具有自身特点的物质创造、制度构建、行为规则、文化习俗以及价值取向等的总和。"也有学者认为,"香山文化是指形成与中山、珠海、澳门等古香山一带的大陆农耕文化与海洋文化交融的混合型的属于岭南文化系统的、有着自身价值体系的三级区域文化。"[1] 虽定义不同、见解不一,但有一点是确定的,即"香山文化实际上是多元文化相互激荡和相互融合的产物"。[2]

从地域角度看,香山文化是以历史上的香山县为地域基础,包括今日之中山、珠海、澳门及广州、佛山部分地区。

---

[1] 王杰,胡波. 香山文化显芳华:香山文化学术研讨会综述 [J]. 学术研究,2007 (10).

[2] 胡波. 香山文化的本质特征和历史地位 [N]. 光明日报. 2006 – 06 – 02 (008).

从文化组成看，香山文化是以本土土著文化为基础，同时融合了中原文化、海洋文化、西方文化、华侨文化、买办文化、洋务文化、南洋文化等外来文化，使得香山文化带有兼容并蓄、博采众长的特点。

从文化归属上看，香山文化与潮汕文化、客家文化、广府文化、雷阳文化等，同属岭南文化的次文化或子文化，在岭南文化范畴内，具有岭南文化的特点，是岭南文化的缩影，但又以其突出的文化特点极大地丰富和演绎了岭南文化。①

翻阅史书我们可以看到，香山，这片自古远离中原、三面环海的孤岛沙洲，在漫长的中国历史进程中，大部分时候都是默默无闻、不动声色的，在史书古籍中的记载也不过寥寥几笔，其中甚至不乏带着偏见与私狭的观点。然而，沉默背后，却在酝酿着爆发的力量。经历沧海桑田巨变，香山人在顺应着自然的变化，不断适应、改造、转化、创新、发展。"香山文化也在这种人与自然、人与社会的和谐构建中不断获得再造与新生。"② 当黄河流域的先民逐鹿中原孕育黄色文明，香山人正饮风露水开拓海洋；当内地居民强调安土重迁、叶落归根，香山人早已侨居海外、足迹遍布世界；当中原政权更迭朝代兴衰，香山偏安一隅接纳南迁避难的北方移民，并与中原文化不断融合发展；当清王朝沉醉于天朝物产丰饶闭关锁国的繁华美梦，地处大海之滨的香山最先接受西方文明的吹拂，敞开胸怀主动接纳学习西方先进文明……这个始终不入中原统治王朝之眼的南疆蛮地，以先内地一步的思想与行动，默默更新改变着自己，蛰伏等待属于它的时刻到来。当历史的车轮滚滚驶向近代波诡云谲、社会动荡的乱世，香山突然出场，就像一座酝酿已久的火山，突然喷薄而出，在近代中国乃至世界历史的天空大放异彩，成为中国近代文化的摇篮，影响中国乃至世界近代文明的走向。

---

① 王杰，胡波. 香山文化显芳华：香山文化学术研讨会综述 [J]. 学术研究，2007 (10).

② 王远明. 香山文化纲论 [J]. 学术研究，2006 (8).

第二节　香山文化：
中国近代文化与伟人的摇篮

一、临海而居、向海而兴的地理环境，培育了开风气之先的开拓创新精神

一个地区文化的产生和特点，受其地理环境、自然环境、生产方式等因素的影响，特别是在生产力水平低下的地区和时期，地理环境与生产方式对文化的生成有着极大甚至决定性的影响。也因此，靠近海洋的江南文化、岭南文化，与深居内陆的荆楚文化、巴蜀文化、中原文化、湖湘文化等地域文化有着明显的区别。前者由于地处大海之滨，文化中带有明显的海洋性特征；后者由于深居内陆，文化中更多带着大陆性特征：这是所处地域环境的差异造成的文化差别。

关于自然条件、地理环境、生产方式、经济基础等因素对文化的影响，马克思、恩格斯、列宁等思想家、理论家都有过论证和观点。比如列宁认为，地理环境的特性决定着生产力的发展，而生产力的发展又决定着经济关系以及附在经济关系后面的所有其他社会关系的发展。[①] 若我们以此视角看香山地理环境特征与香山文化特性的联系就会发现，香山文化的形成与其所处的自然地理环境和经济社会条件密切相关。

古香山历史悠久，早在 3000—6500 年前已有先民生活的痕迹，出土于前新石器时代的遗迹记载了先民在这里刀耕火种、渔猎而生的情景。远古时期的香山只是位于珠江口南海中的一个小岛，一直到秦汉时期都是属南海郡番禺县南端的一个荒岛，经历了数千年的地理变迁，才形成了如今的模样。关于香山的地理环境，许多古书都有记载，但大多只是描绘了其作为海岛狭小恶劣的自然条件。如明代《永乐大典》记载："香山为邑，海中一岛耳，其地最狭，其民最贫。"[②] 及至晚清，香山学人郑道实在《香山诗略》中描

---

① 见《列宁全集》第 38 卷。
② 胡波. 香山文化的本质特征和历史地位 [N]. 光明日报，2006 – 06 – 02 (8)。

绘了香山的自然环境、风土人情与香山人的性格特征："吾邑三面环海，有波涛汹涌之现，擅土地饶沃之美，民情笃厚，赋性冒险，闾阎栉比，林壑森秀。士生其间，既获游观之乐，复鲜生事之厄，孕育涵濡，历世绵邈；或则家承诗礼，学有渊源；或则起自孤根，性耽风雅，兴之所至，发为咏歌。虽则丰啬各殊，显晦异致，然关河边塞，能为激壮之因，吊往惊商离，不胜凄婉之调，鉴其佳什，奚让前贤。兼以僻处偏隅，鲜通中土，无门户主奴之见，有特立独行之风。"郑道实以一个香山人的视角，比较客观地描绘了三面环海的地域特点与生存环境，对于香山人善于冒险的性格特质与笃厚独行的处事之道形成的巨大影响。

海洋，浩瀚无垠，深不可测，险象环生。在生产力与科学技术低下的时期，对缺乏征服自然的智慧和勇气的人来说，海洋是一道不可逾越的屏障。但香山先民积极适应海洋，改造海洋，创造性地利用海洋，围海造田，开采渔利，同时藉着海风对外贸易，远渡重洋，寻觅新机会，也带来了思想的开放、斗志的勃发、视野的开阔、民系的活力。明清以来，广东沿海民系如潮汕人、香山人、台山人等，皆是向海洋拓展的典范，由此逐渐改变民系的文化构成，造就不畏艰险、开拓创新、敢为人先的群体特征。而"香山人在获得渔盐之利的同时，学会了围海造田和中外贸易，形成了海洋经济和农耕经济、商贸经济并重的经济社会格局，实现了本土文化与西洋文化、中华传统文化的融合和创造性转化，从而使具有包容性、多元性、开放性、重商性、冒险性、创新性、外向性、交融性的香山文化，成为岭南文化的代表"。[1]

海洋给香山先民带来向海而兴的机遇和途径的同时，也带来了难以计数的未知的风险。这种风险，除了源于海洋本身不可预测的自然力量，也来自于外敌及海盗侵扰掠袭，特别是地理大发现以来，西方侵略的脚步从海上而来，地处珠江口的东莞、香山首当其冲。早在明朝，葡萄牙人便打算在中国建立殖民地，继而开展一系列带有侵略目的的活动，侵略者、海盗在广东沿海肆意烧杀抢掠，犯下累累罪行，但在香山遭到中国守军的反击。香山人民在反抗侵略作战中，英勇作战，抵御外敌，有力地打击了侵略者和海盗，留下了许多可歌可泣的反抗侵略的英勇事迹，一代代滋养着香山人守卫海疆、保家卫国的家国情怀。孙中山曾说："吾粤之所以为全国重者，不在地形之

---

[1] 李芳清.香山文化：中国近代文化的奠基石[J].广东社会科学，2007（6）.

便利，而在人民进取性之坚强；不在物质之进步，而在人民爱国心之勇猛。"① 正是这种爱国心，让近代无数粤籍仁人志士为探索中国前行的道路、为争取民族之独立解放而前赴后继、舍生取义。

生长于大海之滨，受海洋气息与环境影响，使得孙中山的性格中带有与生俱来的海洋性特征，天然具有包容、开拓、冒险、创新的精神，对于从海上而来的新事物具有强大的接受与学习能力。香山人反抗侵略、抵御外敌、保卫海疆、守卫国土的传统思想深深植根于他的骨子，并外化成为一种自觉。在闭关锁国的时代，这种自小养成的开阔眼界、博大胸怀与冒险精神显得难能可贵，不仅奠定了他的性格基础，也促使他走上革命"医国"之路。一个深受现代西方文明浸染的思想者与封建王朝的决裂与斗争是必然的。

二、开放博大、多元包容的文化，孕育了诞生伟人的丰厚土壤

香山孕育了近代中国伟大的思想理论。1855 年，中国近代第一个留美学生容闳从耶鲁大学毕业归国后提出："以西方之学术，灌输于中国，使中国日趋文明富强之境。"② 他曾向太平天国领袖洪仁玕提出组织良好军队、设立武备学校、建立海军学校、建立善良政府、创立银行制度、颁订学校制度、设立事业学校等七项建议，可惜并未被采纳。③ 然而容闳向西方学习的思路由此可见。郑观应，香山人、近代著名启蒙思想家，同时也是戊戌变法前中国影响最大的资产阶级改良派代表人物。他著述的爱国主义和改良主义思想倾向的系列论著，如《易言》《盛世危言》等，提出较为完整反映资产阶级的维新思想体系，主张"主以中学，辅以西学"，学习西方先进的科学技术和民主制度。同时他还是中国近代明确提出实行君主立宪要求的第一人。他的思想影响了康有为、梁启超，也影响了孙中山、毛泽东，甚至改变了清王朝统治阶级对西学、洋务的看法。④ 孙中山则是中国资产阶级民主革命理论的奠基人，也是空想社会主义思潮的肇始者，他的思想与主张，树起

---

① 孙中山. 孙中山全集 [M]. 北京：中华书局，1985：478.
② 容闳. 西学东渐记 [M] // 中国史学会. 洋务运动：二. 上海：上海人民出版社，2000：184.
③④ 李芳清. 香山文化：中国近代文化的奠基石 [J]. 广东社会科学，2007（6）.

了中国资产阶级民主革命理论的大旗。此外,还有刘师复的无政府主义思想,杨匏安的马克思主义理论等,引领了近代中国最先进的理论思潮。

香山孕育了丰富的人文精神。唐朝香山人郑愚写下"此日携琴剑,飘然事远游",可见香山人胸怀天下、以身许国的豪迈之情由来已久。南粤大地虽远离中原,却自古多慷慨爱国之气,特别是明清以后,更是培育先进思想、引领政治潮流、诞生思想人物的丰沃土壤。由于地处南疆海域,香山往往最先受到来自海上的盗寇及异族侵略者的侵扰,历朝历代的香山人英勇抗争,守卫祖国疆海,展现出大无畏的献身精神,形成崇文尚武的风气、心悬家国的情怀。特别是近代,山河破碎,风雨飘摇,列强蹂躏,生灵涂炭,激发香山儿女的爱国主义精神。鸦片战争时期,香山军民就在林则徐领导下英勇抗英,取得"中国在鸦片战争中取得的首次胜利"。[①] 一代代香山儿女从海滨小镇走向中国、走向世界,孜孜求索救国图存真理,为中国革命前赴后继,展现自强不息的民族精神。

香山人是实业报国的典范。香山人自古重商,经历了宋元的孕育,明清的发展,到近代达到顶峰,素有"近代商业看广东,广东商业看香山"之称。在19世纪近百年时间里,以香山人为主的广东商人占据了广州、天津、汉口、九江各埠四家英国洋行买办的90%;上海主要洋行买办均是香山人,容、唐、徐、莫、郑五大买办家族声名赫赫,唐廷枢、徐润、莫仕扬等皆是香山买办阶层的杰出代表。同时,"香山人是中国近代工商实业的重要开拓者和推动者",[②] 对外,他们与外人开展商战,将买办资本转化为民族资本;对内,他们投身实业,创办了中国近代史上最大的煤矿开平煤矿,建设了中国第一条铁路唐胥铁路,中国第一台蒸汽车,是近代中国最大的茶叶出口商,是中国近代最大的房地产商,开设了中国第一家保险公司,等t中国第一家水泥厂,开办了名震上海滩的先施、永安、新新、大新四大百货公司等。香山由此被称为"买办的故乡","香山人"被视为"买办阶级"的同义词。[③] 可以说,买办是近代中国思想最开放、最时尚、最活跃的群体,他们以自强不息的精神,挑起实业报国、民族振兴的大业,搭建起了中西交流

---

① 《中山市志(总述)》,广州:广东人民出版社,1997:5.
② 李芳清. 香山文化:中国近代文化的奠基石 [J]. 广东社会科学,2007(6).
③ 郝延平. 十九世纪的中国买办:东西间桥梁 [M]. 上海:上海社会科学院出版社,1988:13.

的桥梁；他们践行"主以中学，辅以西学"理念，大胆借鉴和引进西方文明发展成果，除了西方货物源源不断从澳门进入中国，西方的科学技术也被引进中国。香山人在走向世界的过程中，也带去了中国产品、中国文化，向世界输出中华文明，在引进—输出、输出—引进的过程中，中西文明成果不断流动、相互渗透。

香山孕育了先进的精英队伍。近代香山群星璀璨，人文荟萃，先驱人物辈出，明清特别是近代以来，得"西学东渐"之风，香山走出涌现了一批开风气之先的精英骄子，诞生了一批在近代中国执牛耳的人物。据统计，《中国近代人物词典》收录的人物中，香山籍的就有近30个。除了前述实业领域，科技领域有唐廷枢、徐润、孙中山、容闳、杨仙逸等；教育领域，容闳利用庚子赔款招收四批共120名幼童赴美留学，其中香山籍便有39人，开创中国官费留学美国的先河，培养了唐国安、蔡绍基、唐绍仪等一批对中国社会发展起到重大影响的人物；文化卫生领域，走出了王云五、苏曼殊、萧友梅、吕文成、阮玲玉、郑君里等代表人物。香山人在政治、军事、经济、文化、艺术、教育等领域开拓创新、发展变革，开风气之先，又领风气之先，有力地推动了中国近代社会的历史进程。[1]

生于香山，长于香山，香山文化给了孙中山深厚的文化滋养。近代香山文化与西方文明的交汇，为孙中山提供了"双眼向洋看世界"的条件，启蒙了他的思想精神。香山人民反抗外国侵略与清朝反动统治的行动，使少年孙中山心中萌发了革命的种子。香山的经济发展和文化积淀，为他"天下为公"的思想提供了物质和精神的准备；其"博爱"思想，倡导世界各国、各民族、全人类的和平友好、合作发展的愿望与香山文化多元共生的特性一脉相承。香山文化还孕育了孙中山的许多追随者与支持者，他们与孙中山同生共死，为中国革命奉献一切乃至生命，如孙中山的哥哥孙眉支持孙中山革命事业直至破产，以及孙中山的同村好友陆皓东为保护同志而牺牲，杨鹤龄变卖祖业支持武装起义，等等。

香山文化孕育了孙中山与其思想文化，而孙中山也成为香山文化的集大成者，是近代中西文化交流中诞生的伟大硕果。香山文化是中国近代文化的摇篮，而孙中山则是中国近代文化的灵魂。香山诞生孙中山并非偶尔，是包

---

[1] 王远明. 香山文化纲论 [J]. 学术研究，2006（8）.

括地域、历史、文化、族群特质、思想、机遇等因素综合作用、共同推动的结果。可以说,为孕育孙中山,香山已经准备了千年。

三、中西文化交流碰撞的前沿要冲,是睁眼看世界与救国思想的萌芽之地

澳门,北邻珠海市,南临南中国海,有文字可考的建置始于秦朝,明清两代属广州府香山县,自古就是中国的一部分。地理大发现时期,澳门因其独特的地理位置进入西方开拓者和侵略者的视野。1514年,怀着野心而来的葡萄牙人抵达广东海面。1533年,葡萄牙人获得在澳门停泊船只进行贸易的许可。此后,葡萄牙人一直以人居或者租居方式居留澳门。鸦片战争,西方列强以炮火打开中国大门,葡萄牙人趁机扩大侵略地盘,强行将澳门变成葡萄牙的海外领地。1887年,随着不平等条约《中葡会议草约》和《中葡友好通商条约》签订,葡萄牙人正式占领澳门。

屈辱与荣光并存。明中叶,随着越来越多西方人到来,澳门的贸易开始蒸蒸日上,开埠后迅速崛起,成为当时中国唯一一个向欧洲打开的窗口、最早的对外港口和中西文化的交汇点。鸦片战争以前,澳门乃西方政治文明融入中国的驿站。[①] 来自西方的商品、科技、文化、艺术、思想、制度等从澳门进入内地,中国的商品与文化也经由澳门输送到欧洲乃至全世界。高峰时期,澳门每年所征的税额几乎占到粤海关征税总额的1/3。这种双向交流历经几百年,直到18世纪初,澳门逐步失去中国海外贸易的垄断优势。1842年,上海开埠后,广州的贸易地位逐渐被上海替代,澳门的外贸也逐渐为香港所替代,澳门的繁荣不复往日。然而,在300多年时间里,澳门打开了一道大门,让西方文明的曙光照进中国,孕育了中国近代文明的光源,促使中国社会发生根本性变革。如果说香山是中国近代文明的摇篮,澳门就是摇篮的核心,它为中国培养了最早的西学人才,开辟了中国学生到西方接受教育的先河,让中国人特别是香山人深刻感受和吸收西方文明。许多怀抱爱国情怀的有志之士在这里接触西方文明,思索构筑救亡与变革方案,踏上救国救民的舞台。戊戌变法时期,澳门是维新派活动的阵地;民主革命时期,澳门

---

① 尹绪忠. 论香山文化对近代中国政治发展的启蒙作用 [J]. 学术研究, 2007 (5).

为革命者提供宽阔的活动舞台。"澳门既是中国近代化的摇篮,也是政治启蒙的'温室'"。①

今天我们回溯中华传统文化与西方文化的交流碰撞,追溯孙中山的人生轨迹与思想形成,澳门是一个绕不过的地方。它不仅在中国历史发展中影响深远,也与孙中山一生紧密联系:澳门不仅是他踏入社会、走向世界的通途,是他革命活动舞台,也是他的亲友长期居留的地方。

在香山与澳门之间,有一条蜿蜒千年的古驿道——岐澳古道。"从香山县城石岐出发,沿香山古驿道仅需一日便能抵达澳门,人员、资金、货物开始通过香山古驿道在石岐和澳门之间流通。香山古驿道成为官府主导修筑、官民共享、往来于香山县城与澳门的官道。"② 孙中山的家乡翠亨村与澳门相距37千米,其父亲年轻时曾在澳门当过鞋匠,亲友亦多在澳门谋生,少年孙中山经常随父母通过古道来往于香山与澳门之间。13岁那年,孙中山与母亲取道澳门前往美国投奔兄长,接受西式教育。1886年,孙中山进入广州博济医院附设的南华医科学校学习。1887年,孙中山转入维新派人士何启创办的香港西医书院,澳门就成为他往返家乡和香港的必经之地。他与志同道合的朋友们在这里聚议,抨击时弊,倡言革命,无所顾忌。他曾说,"予在广州学医甫一年,闻香港有英文学校开设,予以其学课较优,而地较自由,可以鼓吹革命,故投香港学校肄业。数年之间,每于学课余暇,皆致力于革命之鼓吹,常往来于香港、澳门之间,大放厥词,无所忌讳。时闻而附和者,在香港只有陈少白、尤少纨、杨鹤龄三人……所谈者莫不为革命之言论,所怀者莫不为革命之思想,所研究者莫不为革命之问题。四人相依甚密,非谈革命则无以为欢,数年如一日。故港澳间之戚交交游,皆呼为'四大寇'。此为予革命言论之时代也。"③

1892年,孙中山以优异的成绩从香港西医书院毕业后,进入澳门镜湖医院任职。他首开医院西医西药施治,并向患者免费赠医,创办中西药局,经营质优价廉的药品。精湛的医术和崇高的医德,让孙中山很快在澳门声名鹊起,得到社会和民众的广泛认可,但也因此被嫉妒排挤,被迫结束在澳门的行医生涯,出走广州。但他一手创办的中西药局还继续营业,日后成为革命

---

① 尹绪忠. 论香山文化对近代中国政治发展的启蒙作用 [J]. 学术研究, 2007 (5).
② 丘树宏, 黄刚. 中山传 [M]. 北京: 新星出版社, 2021: 25.
③ 孙中山. 建国方略 [M]. 北京: 中国长安出版社, 2011.

党人在澳门活动的重要据点。

镜湖医院为孙中山踏出革命生涯的第一步提供了重要舞台,虽是行医,却以医术为入世之媒,而行革命之事。他在《建国方略》中提到,"及予卒业之后,悬壶于澳门、羊城两地以问世,而实则为革命运动之开始也。"孙中山在澳门行医只有一年时间,但这段经历却为他初期革命活动奠定了社会基础,推动着他从"医人"转向"医国"的重要转变。

作为明清以来西学东渐和中西文化交流的重要桥梁,澳门文化荟萃,宗教交汇,思想开放,领风气之先。在孙中山之前,这里已经历了维新派的洗礼,民主思想氛围浓厚,对于科学救国、教育兴邦的理念广为接受,澳门成为中国民主革命的沃土和开展活动的重要场所。正是在这里,孙中山民主革命思想得以形成;也是在这里,他彻底与改良思潮决裂,决定推翻封建帝制。他荡涤了原来盛行的维新改良思潮,在这里播下民主革命的火种,使得澳门成为辛亥革命和反复辟的重要根据地、中国近代民主革命策源地之一。在孙中山此后的革命生涯中,辉煌或落难,澳门始终与其同进退,与中国民主革命同进退,为中国民主革命与社会发展做出重要贡献。澳门是孙中山的第二故乡,孙中山的功绩为澳门增添光辉,澳门也对孙中山怀着永久的纪念和崇高的敬意。

四、家国情怀、时代召唤与个人理想高度结合,催生了"驱除鞑虏,恢复中华"的口号

时势造英雄,指出了时势对于杰出人物诞生的重要影响。古往今来,烽火乱世,便是英雄辈出的时代。近代中国特殊的国情社会,促使无数心怀家国的有志之士踏上了救亡图存、民族振兴的道路,那是一个呼唤英雄的时代,也是英雄辈出的时代。

1866年,孙中山诞生于香山县五桂山下。这一年,距离太平天国起义失败刚刚过去三年,虽然太平天国起义失败了,却掀起了农民起义的浪潮。此后,有清一朝再也没能恢复安宁时刻,封建帝制在内忧外患中走向分崩离析。

这一年,世界还发生了金融危机,带来了全球金融风暴,这也是上海开埠后遭遇的第一次金融风暴,包括宝顺商行在内的大批洋行倒闭。清廷早已

国库空虚，入不敷出，金融危机让本已岌岌可危的社会经济更加雪上加霜，政府对于百姓更加敲骨吸髓，残酷镇压，社会矛盾进一步激化。

这是中国历史的至暗时刻。两次鸦片战争的失败，使中国丧失独立主权，大片领土被割让，经济社会发展严重受阻，百姓深陷水火之中。封建王朝的苟延残喘，列强的侵略渗透与殖民统治，使中国社会一步步滑向半殖民地半封建社会的深渊。而千里之外的广东，由于毗邻香港、澳门，进入了畸形的发展阶段，形成了表面繁华的奇特景象，吸引了大批民族资本家、外国商人政要、仁人志士等的进入。

黎明前的时刻最为黑暗，激烈动荡的乱世呼唤伟人。凡此时代背景与社会现状，为孙中山的登场创造了历史条件。

在五桂山下的翠亨村，孙中山度过了他的贫苦少年时期，目睹体会了清政府之腐败、社会之黑暗与人民之苦难。受文化、环境影响，少年孙中山已表现出与传统封建迷信行为格格不入的认知，所接触的郑士良、陈少白、陆皓东等，多与秘密反清组织有关，自小接受的革命思想教育，在他心中种下革命的种子。

这一时期，孙中山的兄长孙眉在美国檀香山的事业蒸蒸日上，成为当地知名的"茂宜王"。13岁那年，孙中山随母亲经由澳门踏上前往檀香山的路。轮船行驶在茫茫海洋，"始见轮舟之奇，沧海之阔，自是有慕西学之心，穷天地之想。"学习西方、上下求索的心在少年孙中山心中萌芽。孙中山在檀香山当地学校就读，接受西方文明的洗礼；5年后回国，在广州、香港两地学习西医，希望学医实现拯世济民的愿望。然而，受西方教育影响，他更进一步看清了中国社会症结之所在，"医术救人所济有限，其他慈善事业亦然……吾国人民之艰难，皆不良之政治为之，若欲救国救人，非去除恶劣政府不可。"孙中山萌生从医人到医国的思想，重新调整了人生方向，他以医术为入世之媒，一边治病救人，一边热衷于"医国"事业。如果说他在澳门还只是暗中从事革命活动的话，到了广州之后，就变成"行医日只一两时，而从事革命者实七八时"。

此时的孙中山立志反满抗清，但仍对中国社会变革抱着改良的幻想，并将希望寄托在实力派大臣李鸿章身上。他上书李鸿章阐述他的政治理想，希望李鸿章能采纳他的意见，以此挽救中国。他在上书中写道："欧洲富强之本，不尽在于船坚炮利、垒固兵强，而在于人能尽其才，地能尽其利，物能尽其用,货能畅其流此四事者,富强之大经,治国之大本也。……夫人能尽其才则百事兴,地能尽其利则民食足,物能尽其用则材力丰,货能畅其流则财源裕。故曰:此四者,富强之大经,治国之大本也。四者既得,然后修我政理,宏我规模,治我军实,保我藩邦,欧洲其能匹哉!"然而,孙中山的意见并未得到李鸿章的重视。上书的失败也让他进一步看清满清政治之龌龊与社会现状:"时郑士良则结纳会党、联络防营,门径既通,端倪略备。予乃与陆皓东北游京津,以窥清廷之虚实;深入武汉,以观长江之形势。……而满清政治之龌龊,更百倍于广州。"①

改良中国的幻想破灭,让孙中山彻底看清现实。他将上书的文章发表在《万国公报》上,公开阐述他的革命思想,坚定走上革命改造中国的道路。同年11月24日,孙中山在美国檀香山建立了中国资产阶级革命派的团体兴中会,提出"驱逐鞑虏,恢复中华,创立联合政府"的革命纲领,领导开展武装反清政府,完成了从医生、业余革命者到职业革命家的蜕变。在其领导下,辛亥革命终结了中国沿袭2000多年的封建帝制,开启走向共和的新时代。

成立中国同盟会,终结封建帝制,建立共和体制,建立中国国民党,开创中华民国,颁布《临时约法》,创建黄埔军校、中山大学,领导二次革命和护法运动,规划中国建设发展规划,描绘中国未来宏伟蓝图……孙中山的一生系于中国革命,虽道路曲折而艰难却从未放弃,终成封建帝制的终结者、中国民主革命的伟大先驱、中华民国和中国国民党的缔造者。

厚重先进的文化滋养,睁眼看世界的先进思想,冒险开拓的海洋性格,爱国情怀的自觉行动,呼唤英雄的时代背景,仁人志士的生死追随,海内外华人华侨的大力支持等因素的共同作用,成就了伟人孙中山。纵观近代中国历史,有这样的文化、眼光、胸怀、思想、意识、传统的地区,近代中国无出香山者。若要在当时的中国诞生一位能够博采世界先进文化之众长,引领时代思想潮流的人物,终结中国延续了2000多年的帝制的人物,必然是在这一片离世界最近、思想观念最开放、改革创新意识最强、商业文明最发达,同时政治根基最薄弱的土地,而不会在封建帝制根基牢固、传统文化根源深厚、民众封建思想根深蒂固、等级观念最强烈的中原内陆,这是历史的必然,也是文化的必然。

---

① 孙中山. 建国方略 [M]. 北京:中国长安出版社,2011.

第三节　孙中山文化：
香山文化在当代的传承与发展

1925 年，孙中山于北京逝世。一个月后，香山县改名为中山县，以纪念这位从这片土地上走出的不世伟人。从此，一个人与一座城融为一体。1929 年，国民政府确定中山县为全国模范县，原因在于"中山县为总理故乡，该县为粤中最繁华之区，岁入甚巨，民智早开，人才辈出"等。1953 年，珠海市从香山县分出，1983 年，中山县升级为中山市，这座中国唯一以世纪伟人命名的城市被赋予了更多的人文内涵，伟人故乡重新吸引了世界的目光。

回望百年辛亥，香山文化哺育了伟人孙中山，孙中山以其功绩印证了香山文化的生命力与先进性，极大地丰富、拓展了香山文化的内涵。香山文化与孙中山水乳交融，互为一体，不可分割。今天，这座城市的人民自觉扛起了以切实的行动崇敬、爱戴孙中山这位民族伟人，以孙中山文化为切入点梳理、传承与实践英雄思想精神的重任。[①] 中山市秉承孙中山的精神思想，建设美丽宜居、繁荣富强城市。

为更加完整系统地传承、研究、发扬孙中山先生的文化与思想，2007 年，在中山知名文化学者丘树宏的推动下，中山市正式提出"孙中山文化"概念，包括孙中山的政治思想与理论体系、经济思想与社会主张、军事思想与战略战术，以及以上三个方面所蕴含的文化元素，更包括孙中山的文化思想、文化成果和文化遗产。[②]

2008 年，中山市在建设文化名城战略中首次提出孙中山文化概念，市委、市政府《关于加快文化名城建设的实施意见》将其列入"八大文化工程"之首，配合实施一系列文化建设措施。2010 年，"孙中山文化"工程和"孙中山文化节"被列入广东省建设文化强省纲要，并写进 2011 年省政府工作报告，"孙中山文化"由此上升到广东省命题。此后，中山开始了"孙中山文化"建设之路，策划推出了"孙中山文化周"、"孙中山文化节"、"孙

[①] 丘树宏，黄刚. 中山传 [M]. 北京：新星出版社，2021：67.
[②] 丘树宏，黄刚. 中山传 [M]. 北京：新星出版社，2021：64.

中山史迹径"、"孙中山文化艺术奖"、"中山杯"华侨文学奖，申请国家历史文化名城、国家历史文化名村，编撰主题书籍，拍摄专题片，举办交响史诗演出，召开各类研究研讨会议，以孙中山文化名义规划建设翠亨新区，建设孙中山研究基地……经过十几年建设发展，孙中山文化在中山蔚然形成规模，进一步激活中山文化基因，树立鲜明的文化品牌，彰显了文化魅力，并转化为推动中山发展和人民进步的精神力量。

中山市作为孙中山故里，不仅是中国唯一一个以伟人命名的城市，更是一街一巷、一草一木都打上了孙中山的烙印与灵魂。中山路、兴中道、孙文路等主干道，孙文公园、逸仙湖公园、兴中园等公园，孙中山故居、中山城等旅游景点……孙中山融入中山的血脉与气质，融入中山市民的日常生活，内化成为这座城市的灵魂，推动城市不断向前发展。

除了中山，粤港澳大湾区的每一个城市与孙中山都有着深厚的渊源与联系，都有着丰富的孙中山文化资源。百年前，孙中山在珠江三角洲各个城市为中华民族救亡图强奋斗过的足迹，成为今天串联起粤港澳大湾区蓬勃发展的桥梁纽带，为粤港澳大湾区之腾飞发展提供源源不断的精神文化动力。搭乘粤港澳大湾区浪潮发展腾飞，孙中山文化发展迎来更广阔的空间与历史机遇，因此，孙中山文化概念的提出，可谓是恰逢其时。

作为海峡两岸从官方到民间共同的文化记忆与精神标志，以孙中山为原点与纽带，海峡两岸进行多次交流与会面，有力推进两岸关系的和平发展。未来，如何利用孙中山与孙中山文化发展海峡两岸新关系，促进国家和平统一，是一个值得思考的着力点。可以预见，在实现祖国和平统一大业进程中，孙中山文化必然发挥重要作用。

从孙中山第一次喊出振兴中华，到今天中华民族实现伟大复兴征程，百年来，中国人民为着这个目标进行了不屈不挠的奋斗，孙中山提出的宏图夙愿，正在一步步成为现实。孙中山文化与精神力量，已然渗透至中山、广东乃至中国的政治、经济、文化、社会等方方面面。中山正擦亮文化品牌，激活文化基因，凸显文化魅力，让文化转化为推动社会发展与人民进步的精神力量，共建全球华人共有的精神家园，[1] 助力实现中华民族百年复兴梦。

我们期待孙中山文化在新的时代焕发新的耀眼光芒。

---

[1] 丘树宏. 孙中山文化一个重要的国家命题 [J]. 华夏，2020.

第三辑

历史流变与当代传播

岭南文化的表达

第十三章
"琼花"的文化位移图景——
粤剧江南、岭南之源流考

第一节
"花""雅"流变探"琼花"

以"花"冠名是中国文艺界的独特文化。从当下来看，艺术界诸多奖项与戏剧团体称谓都与"花"结缘：影视类的有"金鸡百花奖""白玉兰奖"，戏剧类有"梅花奖"，舞蹈类有"荷花奖"，民间文艺有"山花奖"；从戏剧团体来看，所有越剧团都冠名"小百花"，粤剧被周恩来总理喻为"南国红豆"，其传统称谓为"琼花"。毛泽东在1950年提出"百花齐放，百家争鸣"文艺政策。以"花"喻"文学艺术"有传统轨迹可循，"百花"可以从传统戏曲的初级阶段秦汉以降的"百戏"中找到源头。

传统戏曲成熟于宋元，发展到明代，"百戏"有了主次之分，即戏曲上的"花""雅"之分，抑或"花""雅"之争。"雅"指成熟于江南、有"百戏圭臬"之称的"昆曲"，"花"即是昆曲之外的各派地方戏种。"昆曲起至明代，到清乾隆，渐衰落了。此下遂产生了各地的地方戏，或称'土戏'，雅名称'花部'。当时一位有名哲学家焦循，特别欣赏这些地方戏，他写了一书，名《花部农谭》，来做提倡。其实昆曲在先也是一种地方戏，但昆曲是雅的，那些'花部''土戏'则是世俗的，而焦氏能欣赏到那些'土戏'，这真可谓独具慧眼了。"①"从明中叶始，昆曲的存在与发展，其意义远远超出了音乐与戏剧的领域，而成为中华民族雅文化的象征。"②"明清年间，从官方到民间，昆弋并称，一直到清末，宫廷里始终把'昆弋'大戏视为'正音'和'雅乐'；而与之相对的，则是各地被视为民间俗曲的'乱弹'，它们是不足以登大雅之堂却又深受普通民众欢迎的戏剧样式。""如李斗《扬州画舫录》所述，清代的江南，某些地位显赫的官府兴办有各类不同声腔的戏班：两淮盐务例蓄花，雅两部以备大戏，雅部即昆山腔，花部为京腔、秦腔、弋阳腔、梆子腔、罗罗腔、二簧调，统谓之乱谈。"③

在花部诸腔中，被喻为"琼花"的粤剧是一个独特的存在：从文献史料来看，粤剧最早的行会组织"琼花会馆"在佛山成立，确立了佛山为粤剧发源地的地位。"梨园歌舞赛繁华，一带红船泊晚沙，但到年年天贶（赐、赠）节，万人围住看琼花。"在乾隆十九年（1754年）刊刻的《佛山忠义乡志》里，有首竹枝词如此描写彼时佛山粤剧上演的盛况。此处的"琼花"，即是佛山最早的粤剧行业组织——琼花会馆，亦可指初期粤剧。《说文解字》解释"琼"：赤玉也，从玉夐声。传统文化以玉喻德、寓意美好，这是虚指。"琼花"亦可实指，比如地理学上的气象、物象结合体"雪花"、文学文献里的"美玉"、植物景观学里的"植株花卉"。岭表郁热，北雪不南至，粤剧"琼花"取花卉与美好之意可能性较大。可是，地方戏理应以地方有代表性的植株花卉冠以芳名，岭南史上曾有过名花"素馨花"，粤剧为何不冠"素馨"之名？粤剧为何不戴岭南名花"木棉"花冠、佛山市花"白玉兰"花冠，而是以江南奇葩"琼花"为最早的行会组织冠名？海南地方戏为琼剧，反倒是不称"琼花"。

"中国的政治轴心与文化轴心是首先沿着东西的轴线移动，然后又沿着南北的轴线变化。"④ 从戏曲史来看，明清以来，昆曲源起于文化优渥的江

---

① 钱穆. 中国京剧中之文学意味［M］//傅谨. 艺术学经典文献导读书系·戏曲卷. 北京：北京师范大学出版社，2013：196.
② 傅谨. 中国戏剧史［M］. 北京：北京大学出版社，2014：80.
③ 傅谨. 中国戏剧史［M］. 北京：北京大学出版社，2014：128-129.
④ 李浩. 唐代三大地域文学士族研究［M］. 北京：中华书局，2002：56.

南，昆曲以江南为原点突破东西、南北的轴线格局，以发散网状对各"花部"戏种产生深刻影响，包括江南以南的岭南地区。那么，从江南到岭南，从昆曲到粤剧，"以花为媒"，如何确认源流问题？一朵花的文化位移可否开启"花""雅"流变研究的契入口？南橘北枳，同理，"琼花"存活在岭南只是一个无法实证的文化符号？这些都是值得探究的问题。

第二节　江南到岭南："琼花"的文化位移图景

一、隋炀帝、扬州与"琼花"："琼花"在江南

相传，隋炀帝春夜造梦，见一奇葩。一觉醒来，便叫画师将梦中花画出来，天下有人识得，此乃天下唯扬州有之琼花。帝王下令凿建运河，要赶在春日乘龙舟南下，为了一朵花奔赴江南。运河如期完工，隋炀帝沿水路抵达扬州，琼花却一夜之间零落，帝怒伐花。待大隋江山易主，李唐盛世来临，琼花悠然复生，重敷新芽。南宋金人扬州劫掠，海陵王完颜亮将这世间唯一的一株琼花，掘回北方。然琼花未能续命，风雨飘摇的南宋如同琼花香销玉陨。北宋文士张璪有《琼花》诗云："此花已去不须嗟，亡国亡家总为他。父老不知前日事，逢人口口道琼花。"琼花作为讽喻史政的符号，其所指功能洞穿了隋、宋两代的消亡史。实际上，正史并未提及隋炀帝与琼花之瓜葛，直到明清两代，《隋炀帝艳史》《说唐》等演义小说才把兴师动众看琼花当作他的亡国罪状。炀帝下扬州是否真个为了赏花，如今不得而知，但赏琼花却一定是后人演绎出来的，盖因琼花之名，到北宋才出现。北宋文人王禹偁有《后土庙琼花诗》序云："扬州后土庙有花一株，洁白可爱，且其树大而花繁，不知实何木也，俗谓之琼花，因赋诗以状其态云。"其诗曰："谁移琪树下仙乡，二月轻冰八月霜。若使寿阳公主在，自当羞见落梅妆。"自此琼花之名，才多见于诗文记载。琼，原本指美玉，琼花颜色洁白，恍若冰肌玉骨，故以此命名。两宋文人喜爱琼花的洁白艳丽，将之比作传说中名列仙班的杨玉环。欧阳修为扬州太守时，专门为琼花修建了"无双亭"，以彰此花天下无双。南宋时《花经》之中，把琼花列为"二品八名"，虽稍逊于

第十三章 "琼花"的文化位移图景——粤剧江南、岭南之源流考

牡丹、蜡梅,也可谓当世"花王"。琼花到底是何植物,古今众说纷纭。今人大都认为,那曾经名满天下的扬州后土庙中的琼花,可能是"聚八仙"特化变异的大花、繁花品种。①

上述内容涉及两个关键词:琼花与运河,一虚一实。中国大运河隋唐时期的地理分布以洛阳为中心,南至余杭,北至涿郡,建成后的古运河成为中国交通运输大动脉,与后续的京杭大运河、浙东运河布成水运交通网络,"它们连接中国沿海与腹地,连接燕赵文化、中原文化、齐鲁文化、江南文化等文化区域",② 从物质文化资源、社会文化资源、审美文化资源三个方面构成运河流域丰厚的历史文化遗产。运河的修凿历史见证了中国政治、经济、文化中心由西向东、从北至南的倾斜、转移过程,隋炀帝透支国力建运河通渠江南是这一过程上的节点。与其说他直奔江南核心场域扬州是为了一树子虚乌有的琼花,不如说是对以"琼花"为符号的江南政治、经济、文化的权力野心扩张。运河经济促使扬州盐业、造船业、文化产业(包括戏曲、演艺业的水路传播)的繁荣,"烟花三月下扬州","扬州"实指审美文化背后的"温柔富贵之乡"。以扬州、苏州、镇江、嘉兴、杭州为代表的运河中心城市为中国政治、经济、文化的南迁做好了接应准备。一枝琼花从西北帝王梦里出发,顺水而下直抵江南,集皇家渊源、文人气息、民间传说于一体,花影绰绰、烟雾婆娑、虚实相生,其成为中国运河历史文化书写的契子与侧影。

二、李文茂、佛山与"琼花会馆":"琼花"在岭南

琼花非江南不生,若抵达岭南,那是作为江南符号的文化位移。琼花与岭南结缘的是戏曲,其与岭南戏曲场域形成偏正结构:琼花会馆。琼花作为会馆的修饰与点缀极易引人"忆江南",溯源寻求相对应的江南戏曲源流。琼花会馆最早出现在岭南腹地佛山方志《佛山忠义乡志》(乾隆版)中的"佛山总图"中,其次是以文字记录的方式出现在道光版《佛山忠义乡志》众多商业行会会馆中,但并未指明其行业名目。从咸丰年间以李文茂为首的

---

① 琼花:雪肤花貌系兴亡[J]. 博物,2019 (4).
② 刘士林. 江南文化资源研究[M]. 南昌:百花洲文艺出版社,2019:167.

— 209 —

粤剧艺人起义,遭朝廷镇压火烧琼花会馆的结局来看,其乃岭南戏曲行会无疑。

20世纪50年代后期,《羊城晚报》曾连载历史小说《红船英烈传》,说的就是李文茂造反的故事。他的事迹,也曾被写成粤剧剧本《李文茂起义》,佛山青年粤剧团也上演过以李文茂为原型的《铁血红伶》。2017年,南方日报出版社出版徐炜先生的长篇巨著《西江英雄传》,以岭南英雄李文茂为传主。清道光末年(1850年)洪秀全起义于广西金田,建立太平天国。在洪秀全的号召下,佛山粤剧伶人李文茂响应太平天国运动,率领红船弟子起义。李文茂,广东鹤山县人,清道光末年至咸丰初年粤剧凤凰仪班著名"打武家",出身梨园世家。李文茂继承父业,成为粤班著名的"二花面"(武净),以演《芦花荡》中的张飞、《彦章撑渡》中的王彦章和《挡谅》中的陈友谅著称。他平时为人"轻财尚义,颇有江湖狭义,又精武技,遂为班中打武家领袖。"① 他也是天地会有名的拳师。咸丰四年(1854年),粤剧伶人李文茂会合佛山陈开起兵,响应太平天国起义反抗清朝。李文茂穿粤剧戏服中的蟒袍甲胄,亲任三军统帅。参加起义的粤剧伶人认为反清复明首先要恢复明朝衣冠,所以他们都穿上和明朝服装相似的粤剧戏服。戏班的"北派"人马(会武功的伶人)作为起义军骨干,被李文茂编为三军:小武及武生编成文虎军,二花面及六分等编成猛虎军,五虎军及打武家编成飞虎军。李文茂率部沿两广西江进攻,在广西浔州建大成国称王,1858年春,李文茂率军攻打桂林,受伤退回柳州,清军按察使蒋益礼统湘军大举攻之,柳州融县诸地相继尽失。李文茂一再败到怀远山中,在1861年呕血病死。李文茂既死,红船子弟收拾余众投陈开,陈开慷慨誓师为文茂复仇。值太平天国翼王石达开西征军次大圩,陈开欲投未果,进退失据,被杀于大摊,残部及梨园弟子星散。

李文茂起义被镇压后,清朝总督叶名琛在广东进行残暴屠杀,株连丧命的近百万,大量伶工被杀。李文茂响应太平天国革命起义失败,但他在粤剧史上留下了光辉一页。李文茂率戏子起义称王导致政府查封戏班、禁演粤剧,甚至捣毁了"琼花会馆",使粤剧面临灭顶之灾,被禁演了几十年。在

---

① 麦啸霞.广东戏剧史略[M]//广东省戏剧研究室.粤剧研究资料选.广州:广东省戏剧研究室,1983:21.

这段粤班被禁公开演出却又得以喘息的时期，成就了三件事：一是粤戏艺人凭借入京戏和外江班的名义，学取外省戏剧表演艺术，从而丰富了粤剧的表演手段；二是李文茂率领的粤剧子弟兵在转战迁移中，把粤剧先后传入广西和云南，孕育和滋养了邕剧和壮剧；三是部分粤剧艺人被迫赴海外，到南洋或北美等地，寻找演出机会，以继续演戏谋生，促使粤剧向海外传播和发展。本地班沉寂了一段时间，其间不断努力争取演出，清同治年得到解禁。粤剧解禁后，粤戏班恢复粤剧名义演出，粤剧正式复苏。①

三、花王末路、异曲同工

琼花的面世总与帝、王相关，无论江南虚实难辨的意象，还是岭南的戏曲文化符号，皆弹指间，虽带末路之气，对后世的影响却深远悠长。从江南到岭南，琼花如何被引渡？从地域文化类同的角度来看，明清时期的江南与岭南颇多相似之处。第一，经济环境。明清时期，在内河与外洋双重地理优势的促进下，江南经济与岭南经济都在飞速发展。明代以降，佛山成为全国著名铸造、陶瓷、纺织中心，商贸繁盛，富甲一方，其与汉口、景德镇、朱仙镇并称"天下四大镇"，与苏州、汉口、北京共享"天下四大聚"的美誉。雄厚的经济基础为文化的发展与交流提供了有力的平台，经济的繁荣为戏曲文化的发展奠定了坚实的物质基础，也对以戏曲文化为代表的精神给养与娱乐消费提出更高要求。粤剧在外江班与本地班的合力作用下应运而生。第二，水域环境。江南的运河流域与岭南的珠江水系都由水与城交织建构。司徒尚纪在《珠江传》一书中阐述岭南一带多水，"利于舟楫，以水为媒"，②佛山水道西起潭洲水道上的沙口，经佛山城区（此段河道称汾江），东至广州丫髻沙，全长33千米。汾江流至汾流古渡，一河分为二支，下有峻石险滩，又古来水上商贸往来频繁，靠水路为生的时期，汾江水上往来的有商船、红船、疍家人等。红船戏班驻扎附近大基尾琼花会馆，出入有专用码头——琼花水埠，粉墨观演，热闹非凡。一方面，"珠江流域河网密布，

---

① 曾令霞，李婉霞. 源流、传播与传承：佛山粤剧发展史［M］. 广州：中山大学出版社，2018：137–142.

② 司徒尚纪. 珠江传［M］. 广州：中山大学出版社，2009：87.

早期粤剧班几乎都靠红船生存，红船班是广东梨园最具特色的戏班。"① 佛北溯浈水，"可抵神京，通陕洛以及荆吴诸省。"② 另一方面，"万历年间，苏州昆曲的影响已通过水路从吴中扩展到江浙各地，由于运河的便利，这原本是苏州一带地方艺术的曲种，沿运河进入北京，沿长江走向全国并且成为当时影响最大的剧种，还形成了各种地域性的风格，如川昆、浙昆、苏昆、北昆和沪昆等。因戏班人员衣箱众多，基本上要靠水路运输，大运河就是最便捷的航路。"③ 昆曲以大运河与长江形成的纵横水域进行传播，江南与岭南戏班之勾连主要通过水路，"明代前期，伴随官商活动南来北往，外省戏曲也经水陆路进入广东，进而到达广州邻近地区，中国大型戏曲的主要声腔弋阳腔、昆山腔、梆子腔和皮黄等，就在这时传入广东。"④ 江南琼花南迁岭南可谓顺水推舟，是一个水世界对另一水世界的寻找，无排异性。昆曲等乐音迅速在珠江水系传播、延化，散作漫天星河。商贾、军旅、艺人的流动、交往促进了地域之间的文化流通。可以说，"琼花"这一符号让昆曲文化从江南出发，在逐步向南的过程中发现了岭南。

第三节 "花"落谁家？
"琼花"引发的戏曲论争

琼花南迁，落地琼花会馆。究竟"琼花会馆"何业、何人营建？从历史文献来看，多数学者认为是祖师"张五"，他从戏曲形制、行会组织两个层面奠定了粤剧发展的根基，"雍正为时甚暂，戏剧潮流无大变易。时北京名伶张五号摊手五，因愤清廷专制，每登台辄发挥革命论调，以舒其抑塞之气，清嫉之，将置之于法；五逐易服化装，逃亡来粤，寄居于佛山镇大尾。时广东戏剧，未形发达，内容外表，具休而微；摊手五乃以京戏昆曲授诸红船弟子，变其组织，张其规模。创立琼花会馆。"⑤ 佛山本地学者认为："清

---

① 曾令霞. 小说、地方戏曲史与广府文化的自觉与缺失：评长篇小说《大江红船》[J]. 佛山科学技术学院学报，2018 (5).
② 参见乾隆版《佛山忠义乡志》卷十《艺文志》。
③ 刘士林. 江南文化资源研究 [M]. 南昌：百花洲文艺出版社，2019：181.
④ 曾令霞，李婉霞. 源流、传播与传承：佛山粤剧发展史 [M]. 广州：中山大学出版社，2018：9.
⑤ 麦啸霞. 广东戏剧史略 [M]. 广州：广东省广州市戏曲改革委员会，1940：15.

第十三章 "琼花"的文化位移图景——粤剧江南、岭南之源流考

乾隆年间，琼花会馆在佛山建立，本地班开始有了相对完善的组织和规模，本地班的建制促进了佛山民间戏曲的大发展，同时也使广府戏曲进入'红船时代'。"① 关于琼花会馆的建立时间，已成学界的公案。此文对此不作论辩，且以"琼花"线索，把重心放在江南昆剧与岭南粤剧源与流关系的探讨上。"张五"师傅作为外江班的一员，将昆曲带至岭南，建琼花会馆，这"琼花"是作为江南昆曲文化符号面世还是与早期岭南民间戏曲、宗教的亲密关系相关？

关于粤剧行会组织为何称"琼花"，以往学者的研究形成如下几派观点：

一、行业同神说

传统社会，各行各业都有神祇崇拜。"越人尚鬼，佛山为甚。"② 有意思的是，佛山以"佛"得名，崇尚的却是道教信仰。常言道，水火不容，佛山镇却水火相融。佛山地处珠江三角洲腹地，河网密布，为保舟船平安，民众供奉施水神"北帝"；烧陶业则供奉火神"祝融"；冶铁、铸造业则拜火神"华光"。"早期粤剧行会称为琼花会馆，此因粤剧艺人拜火神华光为保护神，华光庙也叫琼花庙、琼花宫，故行会也叫琼花会馆。"③ 在未有固定戏台之前，游走于珠江流域的红船戏班靠搭台唱戏，戏台多以竹子、木材为材料，防火成为头等大事，戏曲行业亦拜琼花宫火神华光，祈求护佑。这就存在二业同神的可能性，"广西粤剧研究家何国佳先生指出：'琼花会馆并非戏行会馆，而是五金炉冶的专业行会'，从事冶炼行业工人数万，信奉火神，因而建立会馆有一定的可信性。"④ 至于后续冶炼行业的琼花会馆如何成为粤剧行业的会馆，没有学者推断、考证。从文献实证这个角度来看，张骞（张五）师傅佛山教戏有史料来源；从田野调查来看，当下佛山粤剧行业每年都会举办隆重的"华光诞"及"华光巡游"，活化、延续了神话传统。

---

① 曾令霞，李婉霞. 源流、传播与传承：佛山粤剧发展史 [M]. 广州：中山大学出版社，2018：11.
② 陈炎宗：乾隆《佛山忠义乡志》卷六《乡俗志》，清乾隆十七年.
③ 龚伯洪. 琼花会馆在西关 [J]. 听广州故事·道西关历史，2019 (10).
④ 梁谋. 杂谈粤剧起源兼议众说 [M] // 广州市振兴粤剧基金会，广州炎黄文化研究会，广东八和会馆，等. 粤剧何时有：粤剧起源与形成学术研讨文集. 北京：中国评论学术出版社，2008：207.

"琼花会馆"是因供奉华光大帝的"琼花宫"转制,还是宗教场域的行业交叉?信仰的复杂落实不到实物实证这个层面。但是,作为物理空间,"琼花会馆"一定是人建而非神造。道光版(1831年)《佛山忠义乡志·卷五·乡俗》罗列了包括"琼花会馆"在内的众多会馆,并未指明其为"戏帮"。专治佛山经济社会发展史的专家罗一星在专著《明清佛山经济发展与社会变迁》一书中设"经济组织的分化与发展"一章,专门研究明清时期佛山的行会组织。他根据道光、民国时期《佛山忠义乡志》《佛山街略》《佛山碑刻》等史料,从行名、店铺数、会馆堂名、会馆创立年份、会馆地址几个方面对佛山清代手工业与商业行会进行了列表统计。资料与数据显示,清代佛山与铸造业相关的炒铁行、铸造行、新钉行、熟铁行、铁镬行、铁线行、铜铁行、杂铁行等均有自己的行业会馆;戏帮亦有自己的行业会馆:琼花会馆,创立年代为道光十年(1830),归属商业行会。① 这一材料证明"琼花会馆"并非"五金炉冶的专业行会"。不过,在"教育组织与文化生活的多样性发展"一章中,他又得出这样的结论:"琼花会馆建立于雍正年代的事实,可以在乾隆十七年(1752年)修的《佛山忠义乡志》卷首《佛山总图》中标出'琼花会馆'一建筑中得到证实。""琼花会馆产生于雍正年间,除了与摊手五在此时南下以外,还与此时佛山工商业会馆刚刚兴起相联系。""工商业会馆创立年代最早也是雍正二年(1724年)的金箔行会馆,琼花会馆出现于此时并不为晚也。"② 在琼花会馆的创建年代上,本书前后出现矛盾。

从行业神来看,"戏班行业神有不少","这些戏神有华光大帝、田窦二师、张骞先师、谭公爷及林大姑等。""每次开戏前,艺人必先进行虔诚的膜拜;每逢师傅诞还要举行隆重的祭祀仪式,并演戏祝贺。"③ 粤剧的多神祇信仰与行业安全意识、从业技艺溯源相关,"在高度流动演出、赴各乡临时搭建的戏棚演出的背景下,艺人既担当以戏剧扮神拜神的角色,又肩负娱神娱人的重任,而且在传统社会中艺人地位较低,他们容易形成一种不安全

---

① 罗一星. 明清佛山经济发展与社会变迁[M]. 广州:广东人民出版社,1994:334-338.
② 罗一星. 明清佛山经济发展与社会变迁[M]. 广州:广东人民出版社,1994:419.
③ 曾令霞,李婉霞. 源流、传播与传承:佛山粤剧发展史[M]. 广州:中山大学出版社,2018:76.

感，需要依靠宗教信仰获得安全感。"① 且因佛山自古以来制造业、商贸业发达，清雍正以来行业、商业会馆林立，包括行业会馆琼花会馆、颜料行会馆、华光新庙、同乡会馆山陕会馆、江西会馆等。为酬谢神佑以及以戏交际之目的，诸多行会乃至寺庙都会建固定戏楼舞台。"越人尚鬼，佛山为甚"，行业神信仰催生的神功戏是粤剧的一大特色。"清代以来，佛山镇内的固定戏台多建于庙宇内，据20世纪80年代佛山文物普查统计，固定戏台超过30座。"② 从戏台设置和酬神演剧来看，华光庙与琼花会馆各自有戏台，是分而治之的。戏行与铸造业共拜琼花庙华光，因而被称为"琼花"没有可靠的理由与依据。

二、广佛赛花说

关于粤剧的发源地，一衣带水的广、佛二地争执不休。焦点之一是作为粤剧成熟标志的行会组织——琼花会馆不只是佛山才有。粤剧研究学者龚伯洪在《琼花会馆在西关》一文中指出：广州也有琼花会馆。确证是李文茂率粤制艺人于清咸丰年间举行反清起义后，清官府禁演粤剧，并没收琼花会馆的财物，留下《逆产罚款实存银数清折》的档案，档中开列没收银款数写着："省城琼花会馆银一万两，佛山琼花会馆砖料银一千六百一十七两三钱六分。"省城，即广州。这就说明当时广州、佛山都有琼花会馆！出处是广州市文艺创作研究所李峰写的《证实广州有琼花会馆后产生的疑问》（下称《证实》）一文中，收入2008年3月印行的《粤剧国际研讨会论文集（下）》，后来亦收入2010年11月岭南美术出版社出版的《荔湾九章》。这份档案原件存于英国档案馆，广州博物馆也收藏了这批清代官方档案的微缩胶卷。广东省文史研究馆及中山大学历史系合编、广东人民出版社出版的《广东洪兵起义史料》亦记及此资料。我国著名戏剧研究家欧阳予倩在民国时发表的《一得余抄·谈粤剧》已谈及广州也有琼花会馆，但他所根据的只是民国初年出版、黄佛颐编著的《广州城坊志》。此书在20世纪80、90年

---

① 曾令霞，李婉霞. 源流、传播与传承：佛山粤剧发展史 [M]. 广州：中山大学出版社，2018：77.

② 曾令霞，李婉霞. 源流、传播与传承：佛山粤剧发展史 [M]. 广州：中山大学出版社，2018：60.

代已经再版,并有广东人民出版社、暨南大学出版社两个版本。

龚伯洪还指出:不仅广州有琼花会馆,还有一条街名为"琼花直街":据中华人民共和国成立前广东八和会馆最后一任会长黄君武口述的《八和会馆馆史》可知:"广州文化公园旁有一条琼花直街,是由原琼花会馆的庙宇产业等开拆而成的。"由此可知琼花会馆设在琼花庙中。成书早于《广州城坊志》二百年的《羊城古钞》记述:广州只有一座琼花庙。《证实广州有琼花会馆后产生的疑问》文记:据宣统二年刻印的《南海县志》卷三《地舆略》记载:琼花会馆所在的琼花直街属"十八甫员警西五段内街道",因此可确知广州琼花会馆是在十八甫。《证实广州有琼花会馆后产生的疑问》一文说:佛山的琼花会馆在琼花宫,广州的琼花会馆在琼花庙,此因戏曲艺人行会组织与神庙结合古已有之,全国皆然。① 乾隆、道光版《佛山忠义乡志》所插佛山地图明确了汾江之滨大基铺境内"琼花会馆"的位置。以"琼花会馆"为中心,乾隆版地图周边有武帝庙、观音庙、天后庙,道光版地图会馆周边有天后庙、帅府庙、有大王庙,庙宇密集。根据乾隆版《佛山忠义乡志》卷三《乡事志》统计,"乾隆初年,佛山镇共有神庙26座,分布在全镇15个铺区,大基铺则一个也没有。"② 这说明大基铺作为乾隆初年佛山新开发的商铺,处在商业拓展期,还未及寺庙营建阶段。《道光·佛山忠义乡志》(卷二《祀典》)、《民国·佛山忠义乡志》(卷八《祠祀二》)指出:佛山华光庙从道光年间的7座发展到民国年间的11座,这些神庙有多少是铸造业建、有多少是戏行所建,很难区分。从乾隆版《佛山忠义乡志》来看,大基铺只标了"琼花会馆"而无华光庙。会馆如若是姑苏同乡会,则与华光崇拜无多大关系;如若发展为戏帮行会,华光应该是建馆后专事供奉。佛山崇神尚鬼,如果"琼花会馆"僭越华光大帝,将供奉其的"琼花宫"挪用并更名为"琼花会馆"恐怕难服信众。可靠的解释应该是:因在水之滨,"琼花水埗"的设立便于红船出入、停靠,琼花会馆实乃戏曲行业或同乡会馆。龚伯洪先生的观点适合论述早期依附民间宗教场域生长的粤剧。如前所述,从戏台设置与酬神演剧的场地来看,清代的琼花宫与琼花会

---

① 龚伯洪. 琼花会馆在西关 [J]. 听广州故事·道西关历史, 2019 (10).
② 沈有珠. 琼花、八合创建年代考 [M]//广州市振兴粤剧基金会,广州炎黄文化研究会,广东八和会馆,等. 粤剧何时有:粤剧起源与形成学术研讨会文集. 北京:中国评论学术出版社, 2008: 254 – 255.

馆是分而置之的，不适合作笼统的论断。

除此之外，徐炜的长篇历史小说《西江英雄传》卷二第四十九回回目为"琼花直街"。小说在"外江班"占领广州戏曲市场，佛山"本地班"被官府驱赶的背景下，以佛山琼花会馆为叙事起点，辐射省城广州的琼花直街，落脚点在"琼花庙"。小说叙述粤剧史发展到"本地班"倒逼"外江班"，佛山琼花会馆打算在广州琼花直街的琼花庙建立分馆的时期。"在'本地班'艺术日臻成熟的同时，广州城的'外江班'却是王小二过年——一年不如一年，呈现出江河日下的衰落态势。这里面的原因很简单：一方面，随着东西方贸易的快速发展，草根阶层兜里也有了几个铜子，他们是本地班最坚强的拥趸；另一方面，达官贵人中的粤籍人士听外江班听得耳朵磨出了茧子，转而想听一听自家的乡音。"① 这是从粤剧受众的层面来看。另从粤剧从业者来看，"站在联兴街万芳酒楼的木楼上，可以看到一条笔直的街道沿着江面无声的向外伸展，他就是红船人魂牵梦萦的琼花直街——在祖师爷'摊手五'创建红船制度前，这里曾经是本地班艺人在广州的大本营。这条街上的琼花庙破败不堪，在红船人的心目中，它代表着一段被驱逐、被蔑视、被践踏的惨痛记忆。"② 小说认为"琼花庙"是"本地班"的根，"本地班"必须想方设法把它拿回来，把祖师爷的牌位立在广州。言下之意，认为琼花会馆缘起佛山，是佛山"本地班"一家的事。徐炜用小说还原现场的方式在一定程度上呼应了龚伯洪的观点，但是二者论述的应该是早期粤剧（戏曲与宗教共生阶段）的生存状态，没有从粤剧历史发展的角度来讨论问题。广佛争琼花，究竟花落谁家？小说是否触及真相的肌理？应该说，小说汲取了丰厚的史料资源，也兼及了学界的论争焦点，但因缺乏共时性在场体察，也无法将"文本的历史"还原成"历史的文本"。

三、戏曲位移说

昆曲被称为"百戏之母"，对各大地方戏都有滋养与影响。"乾隆以后，扬州因为盐商的原因，戏班呈畸形繁盛外，江南戏班随着昆曲传奇时代的式

---

① 徐炜. 西江英雄传［M］. 广州：南方日报出版社，2017：688.
② 徐炜. 西江英雄传［M］. 广州：南方日报出版社，2017：689.

微走向了没落。"① 昆曲在江南的饱和与式微,促使其向外流布、传播。地方化的改造、社会化的演出,改变了昆曲的精英"雅"化特质,进而走向民间。"有清一代,各地方声腔蓬勃兴起,很快就对只崇尚昆曲传奇的主流文化趣味形成强有力的挑战。"离苏州很近的扬州,当时的官设盐务机构同时设"花""雅"二部,同时还有秦腔、罗罗腔、弋阳腔、梆子等演出。"可见昆曲在众多地方声腔中逐步失却光芒的过程。"② 失却光芒的昆曲,在以江南为原点往别处辐射的路上继续搬演、传播。"昆曲在艺术上获得极大声誉和巨大成功后,必然会扩张势力,向各地蔓延发展,以巩固自身已经取得的艺术地位","当昆曲优秀的文学创作不胫而走的时候,职业班社也得以游行四方,昆曲在广大地域的流布也就成了必然的事情。"③ "昆曲究竟对今天的戏曲产生过怎样的积极影响和推动作用呢?让我们以苏州为中心,简约描绘一下昆曲的流布图。由苏州南下,昆曲明代后期流入浙江,形成浙昆,对当地多个剧种产生影响;雍正、乾隆年间随徽班进入福建,逐渐形成闽西汉剧,还影响福州地区的儒林戏的形成;明末清初进入广州,乾隆五十年时,广州至少有十三个昆曲职业班社,粤剧、潮剧大受影响。正字戏中至今还保留有昆曲剧目;清中叶进入广西,对桂剧的形成有一定的影响。"④ 广州与佛山同处珠江三角洲腹地,珠水相通,外江班所及之处佛山亦不例外也。

作为"外江班",昆曲班社抵达岭南后,必然与本地艺人发生人际交往与技艺切磋,此外还有可能共用排演场地。粤剧研究专家吴炯坚在与佛山日报记者交流中提到:"那么琼花会馆是做什么的?供奉着戏行祖师'华光',琼花会馆是本地戏班与"外江班"(即外地戏班)的艺伶排练、教习、切磋艺术之地,也是当时戏班管理的机构。"⑤ 吴先生的观点指认了琼花会馆的用途,没有论证它的出处,但是提供了江南昆曲与岭南粤剧的交融与技艺传授的问题。

从小说来看,粤剧历史小说《大江红船》里有一个观点:岭南粤剧的形成离不开江南昆曲文化及艺人的影响。"可以说明清两朝广州,有多少个省

---

① 刘士林. 江南文化资源研究 [M]. 南昌:百花洲文艺出版社,2019:251.
② 傅谨. 中国戏剧史 [M]. 北京:北京大学出版社,2014:139.
③ 宋波. 昆曲的传播流布 [M]. 沈阳:春风文艺出版社,2005:23.
④ 宋波. 昆曲的传播流布 [M]. 沈阳:春风文艺出版社,2005:215.
⑤ 琼花会馆:高山流水启后人 [N]. 佛山日报,2015-07-10.

第十三章 "琼花"的文化位移图景——粤剧江南、岭南之源流考

份的外江班，就有多少省份的地方曲调。流行于广府的昆腔曲调，并非严格限于苏州府昆山县，受江西弋阳调影响甚大，并且还糅合了徽戏、越戏、楚戏、湘戏的音。"① "粤调的唱念用的是广州白话，音调不是地道的本地南音，而是在吸收北音的基础上形成的独具特色的唱腔，简称广府梆黄调。"② 粤剧的开台例戏是《六国封相》，主要演述战国时魏、燕、韩、齐、赵、楚六国合纵抗秦，拜苏秦为相的故事。"剧目根据昆腔《金印记》改编，曲牌也是昆腔，昆腔就是后来的昆剧，广东人把昆腔叫做大腔。音域比粤音宽广，用北方话唱。"③ 受昆曲的影响，红船艺人云婉仪用扬州腔唱《赵氏孤儿复仇记》。④ 除此以外，从江南迁徙至岭南营生的歌女舞姬也是昆曲传播的主要媒介，"可以说，外江帮歌妓带来的北音，就不会有广东梆黄。可那些梆黄戏大佬倌，数典忘祖，瞧不起他们的祖师爷歌妓。"⑤ 小说依据史实进行二度创作，就外江歌伎与粤剧优伶的关系，从史料来看，众多研究粤剧的学者都引证康熙年间诗人徐振的《珠江竹枝词》："歌伎盈盈半女郎，怪他装束类吴娘；琼华馆口船无数，一路风飘水粉香。"（《广州城坊志》卷五"琼花直街"条）诗中"吴娘"乃指江南歌伎，"类吴娘"则是本地歌女仿效吴中江南歌女之风；"琼华馆"则是本地、外江歌女们的职场，有同业、同乡会馆的特征。"琼华庙"，那里是卖唱的歌女们停泊舟船的"梨园之薮"。⑥ 当然，也有相反的观点："琼花大街是指歌妓聚处而言，非指戏班而言。"⑦ "琼华馆"如何成了"琼花会馆"姑且不论，那里云集的"歌伎女郎"，则明明是卖唱的歌女，所以，不管她们是苏伎吴娘，还是越女闽姬，都不应把"琼华馆"看成是"粤剧戏班行会组织"的"会馆"。⑧ 自古"倡优一家"，《大江红船》叙述的就是倡优二家合力变草根粤剧为殿堂艺术的过程，同时以江南昆曲为师法对象，既有江南文化的底蕴，也有岭南文化的

---

① 祝春亭，辛磊. 大江红船 [M]. 广州：花城出版社，2012：108.
② 祝春亭，辛磊. 大江红船 [M]. 广州：花城出版社，2012：109.
③ 祝春亭，辛磊. 大江红船 [M]. 广州：花城出版社，2012：107.
④ 祝春亭，辛磊. 大江红船 [M]. 广州：花城出版社，2012：62.
⑤ 祝春亭，辛磊. 大江红船 [M]. 广州：花城出版社，2012：78.
⑥ 李峰. 广州也有琼花会馆 [J]. 广州：南国红豆，1994（6）.
⑦ 冼玉清. 清代六省戏班在广东 [J]. 广州：中山大学学报，1963（3）.
⑧ 李日星. 琼花会馆的建立不足以成为粤剧形成的标志 [J]. 广州：南国红豆，2011（1）.

本色。明清时期，姑苏昆曲艺人与本地倡优混班制流行广府，"琼花会馆"之名来源于江南的"花"，还是来源于岭南的"庙"？前者倾向于将"琼花会馆"看作同乡会馆，后者则将其当作同业会馆。

第四节
"琼花"里的江南余脉与岭南镜像

一、会馆：江南属性与岭南属性

《辞海》及《辞源》这样解释"会馆"：同业与同乡组成的封建性团体。"乾嘉道之间，佛山会馆林立，比比相望。"[①] 道光版《佛山忠义乡志》卷五《乡俗》附记会馆如下：当行会馆在祖庙大街、莲峰会馆在汾水长兴街、福建长汀纸行建、山陕会馆在升平街、楚南会馆在升平街、源流会馆在祖庙大街、琼花会馆在大基尾、山陕福地在西边头……兴仁帽绫行西家会馆在舒步街、筛择槟榔行会在直义街、西货行会馆在升平街、楚北会馆在青云街。其中同乡会馆、商业会馆、手工业会馆杂陈排列，琼花会馆夹杂在众多同乡类会馆当中，应该是同类相属。

"从会馆的性质和功能来看，会馆本质上是异域同乡的寓居馆舍，一般说来，本地人是不会、也没有必要在本地建立会馆。""广东不产'琼花'，即使明代真正有'粤剧戏班行会组织'的'会馆'，也未必会以'琼花'命名。如果明代'琼花会馆'的存在是事实，也极有可能是来自江苏的昆曲艺人的馆舍，而不是本地艺人的行帮会。"[②] 甚至有学者直接指认"琼花"来自扬州，香港粤剧研究者胡振先生云："'琼花会馆'是扬州商人所建。"因为顺治二年（1645）扬州被清军攻破，清军入城洗劫屠城，扬州商人南逃，

[①] 罗一星. 明清佛山经济发展与社会变迁 [M]. 广州：广东人民出版社，1994：333.
[②] 李日星. 琼花会馆的建立不足以成为粤剧形成的标志 [J]. 南国红豆，2011(1)：7-10，13.

避居佛山，建琼花会馆。① 这是粤剧"琼花"江南说最大胆的推断，至于扬州商人如何将会馆让与本地班却无法实证。从会馆史来看，会馆的出现是地域间经济、文化交往密集性不断增强的结果，会馆为往来乡党提供了地缘性交际网络与民间组织保障。明代万历以后，岭南与江南在经济、文化的地理迁徙与交流中互建同乡会馆成为常态。"来往于江南的各地商人商帮所建立的会馆，是一种地域性的工商会馆，客籍商人凭借会馆的维系，通过祀神祇、行善举等活动，以达到敦睦相宜、团结互助的目的，并籍借以谋求经营活动的发展。江南著名的会馆有万历年间建于苏州的岭南会馆，三山会馆，天启年间建于苏州的东官会馆，晚明建于南京的潮州会馆等。"② 岭南会馆在江南与岭南的文化双向传播过程中充当了优质媒介。会馆的多功能性包括"祀神祇"，酬神唱戏促进了会馆戏台建设与戏曲传播，"琼花会馆"内就建有戏台（中国昆曲博物馆就坐落在苏州全晋会馆内，馆内有苏州地区最精美的古戏台），同乡会馆的戏台经过本土文化、风俗、娱乐方式的浸染与同化，以及本地艺人的加盟，就有将其逐步演变为以本地班为主的戏帮行业会馆的可能性。戏台乃载体，也是促进外江班与本地班艺术交流、承传的媒介。从文化输出来看，明清时期，在岭南的外江班代表——江南昆曲理应是强势传播者，"琼花会馆"内昆曲大行其道，在江南的岭南会馆里唱粤剧的时机却还不成熟。乾隆年间，昆曲在江南式微进而转向各地求生存，"琼花会馆"落户佛山城北汾水之滨的新开发区"大基铺"，二者之间有一定的逻辑关系。"佛山工商业会馆的兴建，要远远晚于同乡会馆。"③ 从粤剧发展史来看，乾隆时期，虽佛山工商行会发展迅猛，依靠市场经济生长的本地戏行远未发展、成熟到成立行会组织的阶段。早期"琼花会馆"应该是江南昆曲艺人的同乡会馆，遂逐渐发展成本地、外江混班，最后演变为本地班，本地班逐渐将琼花会馆发展成为行业会馆。

---

① 梁谋. 杂谈粤剧起源兼议众说 [M] //广州市振兴粤剧基金会，广州炎黄文化研究会，广州八和会馆，等. 粤剧何时有：粤剧起源与形式学术研讨会文集. 北京：中国评论学术出版社，2008：208-209.

② 陈江. 明代中后期江南社会与社会生活 [M]. 上海：上海社会科学院出版社，2006：91.

③ 沈有珠. 琼花、八合创建年代考 [M] //广州市振兴粤剧基金会，广州炎黄文化研究会，广州八和会馆，等. 粤剧何时有：粤剧起源与形式学术研讨会文集. 北京：中国评论学术出版社，2008：256.

二、"花"腔

此外，从戏曲声腔的角度来看，"昆腔随着官吏商人的迁移传播各地。在广东各地的文献中也记录了不少昆曲在明末乃至清代盛行的情况。姑苏戏班大都唱昆腔，昆腔属于雅部，在明末已经成为广东官场和士大夫阶层所喜爱的文戏。①昆曲对后来形成的粤剧影响很大。粤剧例戏《六国封相》《天姬送子》《玉皇登殿》等所用的曲牌均来自昆曲。②还有一些粤剧常用的音乐牌子，如"哭相思""点绛唇""叹颜回""困谷"等，都是来自昆曲。而粤剧一些剧目，也与昆曲名称相对，如《浣纱计》对应的昆曲是《浣纱记》，《花木兰》对应的昆曲是《雌木兰》，《红拂女记》对应的昆曲为等我《红拂记》，传统粤剧《狮吼记》《一捧雪》《紫钗记》《牡丹亭》《燕子笺》《昭君出塞》《小青吊影》等也是来自昆曲。③就连粤剧中的一些术语如"科诨""哭相思""介""出""网巾"等，角色名称如"花面""梅香""夫旦"等均源自昆曲。④随着梆黄逐渐取代昆腔，粤语成为梆黄戏的语言方式，昆曲在粤剧中的影响逐步缩小。声腔从江南到岭南的传播与传承虽如强弩之末，但在成型后的粤剧中依然残留着江南的余响。在岭南，粤剧的传统源流与精神谱系中一直刻录着江南"琼花"花开的声音。

从史学研究来讲，法国年鉴学派的治学观点是"从阁楼到地窖"，要求研究者视线下移，注重以地下文物实证地上文献。胡适认为实证需要两个步骤：大胆假设，小心求证。目前来看，论争"琼花会馆"归属的学者在"大胆假设"这个层面走得较远，而"小心求证"这方面则缺乏有力有据的戏曲文物与文献支撑，得出多半是非客观定性的结论。历史存在两种特质：已然性与或然性。已然性是尘封历史的本质镜像，究竟如何状摹，是历史自身的问题。或然性是他者对历史多棱镜似的观照，可以有多种认知通道与阐

---

① 曾令霞，李婉霞. 源流、传播与传承：佛山粤剧发展史[M]. 广州：中山大学出版社，2018：19.
② 麦啸霞. 广东戏剧史略[M]. 广州：广东省广州市戏曲改革委员会，1983：34.
③ 陈俳侬. 粤剧源流与历史[M]. 香港：香港大成杂志社，1982：47.
④ 曾令霞，李婉霞. 源流、传播与传承：佛山粤剧发展史[M]. 广州：中山大学出版社，2018：20.

释空间，或然性的迷人之处恰恰在这里。关于粤剧"琼花"之称谓来历，其阐释史中囊括了神话原型、宗教信仰、行业会馆史、小说书写、跨地域文化溯源、艺术迁徙、文化位移、方志地理、植物花语、风俗情理等多种元素，这些内容共同积淀、建构了岭南粤剧的精神遗产。多向度包裹历史内核，兴许是还原历史的最好方法。虽然本书认定了"琼花生江南"。"琼花"作为昆曲文化的符号，连通了戏曲江南——岭南的源与流。真乃"琼花生江南，后庭余声韵。岭表无所有，聊赠一树春。"

第十四章
"消逝"的地景——关于20世纪80年代以来粤港小说的"地志书写"

  对一个地方及其文化身份来源的认知不仅与"历史/时间"相关,还指向"地理/空间"。地方空间的呈现是实体地景与人类意识相互作用的结果。生活在一个地方,必然会与其中的自然景色、地标建筑等地景发生关系。这些地景镌刻并承载了某时期人们生活的体验,默默诉说着地方的历史,并透过日常生活渗透人们的意识,从而形成某种私人或公共记忆。

  因发展的需要,尤其自回归过渡期以来,不少地景面临拆迁重建乃至消失的命运。这不仅彻底改写人们对此地的记忆,也斩断了个人与此地历史的纽带,地方历史面临被悬置乃至遗忘的命运。香港节奏快,拆迁快,港人恐惧于码头、渡轮、骑楼、木屋、小店、街招吊牌、二楼书店等的消失,消失美学兴起[①]。而在广东,随着改革开放的逐步深入,许多地景同样发生着变迁,不少民俗和建筑趋于没落乃至消逝,比如,疍家群体的逐渐消失、老城街巷的衰颓、岭南非物质文化遗产的消亡等。

  无疑,地景消失的命运已成为今日粤港两地发展的常态,引起了相当关注。比如,多年来,香港"怀旧"之风不减,很多时候还会上升到集体记忆

---

① 凌逾. 香港文坛:共同记忆与共生时空 [J]. 华文文学, 2018 (1).

第十四章 "消逝"的地景——关于20世纪80年代以来粤港小说的"地志书写"

的层面。当某些著名地景面临被拆迁的命运时,港人会不惜代价去保护它们,以此为"我城"的历史留下记忆的载体。这源自香港"变动不居"的特性,造就了港人独特的历史敏感[①]。保护地景的意识实则是一种历史危机感的寄托,以此看出人们对一段地方历史的珍视。

纵观并考察20世纪80年代以来粤港小说的地志书写,可以发现"消失"成为了不少作家笔下的主题,"消失"尤其给土生土长的作家带来强烈的感受。于是,两地作家不约而同选择重塑过去,试图建立一种与历史相延续的关系,在召唤过去记忆的过程中找回一种与岭南文化之"根"相连的认同感和归属感。在此情况下,"地志书写"成为该时期粤港小说一个非常重要的文学现象,大量关乎"消失"主题的创作应运而生。本书以粤港本土作家赓续历史的相关创作为例,尝试对这一现象做深入探究。

习近平总书记曾指出:"文化认同是最深层次的认同,是民族团结之根、民族和睦之魂。"岭南文化延续着中华文化的精神命脉,两地作家不约而同地由地景而寻根,不仅再次证明粤港两地"同根同源"的事实,也有利于巩固地方性精神凝聚力和中华文化认同感。尤其在国家大力推动粤港澳大湾区建设的今天,探讨这一现象有助于铸牢中华民族共同体意识。

第一节
重塑故乡的记忆与形象

自20世纪80年代以来,"香港社会似乎弥漫着一种愈来愈重的,对'消逝'的焦虑,大众对于香港本土文化的兴趣与关注有增无减,保育、寻索本土文化的声音不断"[②]。同样,对不少广东本土作家而言,他们也感受到岭南文化及其承载的地方实体的衰败乃至消失,书写"文学故乡"的愿望愈发浓烈。因此,两地聚焦消逝地景的"地志书写"和"文学地景"应运而生。

[①] 葛亮曾在一次访谈里提到:"香港有一个特征是我喜欢的,就是'变动不居'。它的历史也充满了变数。这种变数造就了香港人一种独特的历史敏感。这是我所珍视的部分。"(参见葛亮,刘涛. 小说应当关乎当下、关照历史:与香港青年作家葛亮对谈[J]. 朔方,2014(4).)

[②] 唐睿. 再版及简体版后记[M]//脚注. 广州:花城出版社,2017:205.

实际上，香港文学从来不缺地志书写。蔡益怀注意到这种地志书写形成了"在地抒情"的传统，而且可上溯至20世纪20、30年代，并认为："生于斯长于斯的地方就是一个作家的应许之地，就是他创作的根源所在""香港文学中这种对故土的爱，对家园的追寻、反思和认同的意识，是一脉相承的，一直延续了下来。在地抒情，从香港的生活出发，用香港人的眼睛去审视香港人的世相，用香港的话语书写香港的社会人生，这个传统在香港一直存在、一直延续，而且还会继续延续下去"①。这种对地方的记忆、想象、认同、依恋与归属感，可视为"恋地情结"，并蕴藏在"地志文学"的在地抒情传统中。这种传统的演变同样发生在广东文学，并可追溯至20世纪50年代欧阳山创作的《三家巷》时期。

时至今日，我们仍然能透过不同年代的地志小说感受作家的在地情怀，并通过具体的地景描写认识香港的过去与当下，以此重建"香港"真实而全面的形象。舒巷城笔下发生在西湾河筲箕湾、香港仔、鲤鱼门海峡以及黄仁逵笔下的柴湾、南华泳场和阿公岩等的人情物事，均流露出一股股温暖而纯美的乡土人情（《太阳下山了》《鲤鱼门的雾》《网中人50's》）；辛其氏笔下的"我"回到原来生活的钻石山木屋区，发现一切已难以辨识（《索骥》）；马国明笔下的"我"回忆童年生活在荃湾的点滴，南华铁工厂、中国染厂和大窝山寮屋区历历在目（《荃湾的童年》）；唐睿描写已消逝的安置区，为香港这本书做"脚注"（《脚注》）；潘国灵笔下的一对父女在九龙城寨公园怀古，回忆已消逝的九龙城寨（《游园惊梦》）；潘国灵还聚焦生活在旺角及油麻地一带的江湖术士与妓女等（《突然失明》《莫名其妙的失明故事》《麦田捕手》）。潘国灵、谢晓虹、林超荣、王良和、许荣辉、陈宝珍、麦树坚的笔下有徙置区、公共屋邨和唐楼，如Y形屋邨（潘国灵《合法偷窥》），H形公寓（谢晓虹《哑门》），徙置区（林超荣《蔷薇谢后的八十年代》）、华富邨（王良和《华富邨的日子》）、唐楼（许荣辉《鼠》、陈宝珍《望海》、麦树坚《千年兽与千年词》、李维怡《平常的一天》）；也斯笔下的有爱美丽重游童年生活之地，发现"她的心永远属于屯门的"元朗屯门②（《爱美丽在屯门》）；李碧华、海辛重现"塘西风月"的石塘咀（《胭脂扣》《塘西三代

---

① 蔡益怀. 在地抒情[J]. 香港文学，2016（4）.
② 也斯. 后殖民食物与爱情[M]. 北京：作家出版社，2013：107.

名花》);海辛、施叔青、黄碧云、马家辉笔下的江湖之地、风月场所,包括庙街(海辛《庙街两妙族》)、中环和上环(施叔青《香港三部曲》)、湾仔(黄碧云《烈佬传》和马家辉《龙头凤尾》)等。与香港地志文学的庞大数量和浓郁港味相比,广东的情况有所逊色。中华人民共和国成立后,虽然涌现了老一辈的欧阳山、陈残云、秦牧等大家,改革开放以后的张欣、张梅、陈国凯、孔捷生、郭小东、何卓琼、叶曙明、杨万翔等,到21世纪的梁凤莲、洪永争、谢友祥、陈崇正、林培源等中青年作家,但总体而言,书写的数量和类型还不够多样丰富。原因很多,但有一点大家都认可,那就是若非与之心气相通的本土人,若非在此浸淫多年,真正熟悉,和它心气相通,是无法写好这座城市,写出它的内里乾坤,写出它的风情和神韵①。因此,如何在作品中重拾并发扬地道的"粤味",是广东地志小说未来要着重思考的方向。

由此可见,"地方"意义的生成与完足都离不开"人",离不开生于斯长于斯的"人"。"人"对地志产生的情感就是我们常常提到的"地方感"②(或称"在地感""地方精神"),"颇能呈现对'本土'的关怀"③。历史有情,人间有意,"地方感"承载着浓厚的人地情缘,加强和巩固着人们与所在地的关系,并通过一代代人的传承来保存城市的记忆以及建构城市的形象。这如同范铭如所言:"地方感的产生或再现往往跟回忆纠缠在一起,记忆或是片段性、私密性或随机性的,但也可能是集体性的。当作家凭借自己的经验或印象形塑地志时,有时不免透过其他表征性的文物,例如照片、音乐、文献、碑志、古迹、博物馆等等,激发出地方想象。"④葛亮也说过:"发觉有关这座城市的记忆,都是来自于人。气息,声音,影像,喜乐,都

---

① 温远辉. 书写广州的粤味记忆 [J]. 广州文艺,2017(5).
② 地志书写中的"地方感"(sense of place),是能从"地方"(place)的角度去考虑人与所在地空间的关系,而呈现"人类与世界连结的先天能力",包括"对地方位置的准确认识"。[此注释转引自邹芷茵. 文学地景的趣味与价值 [M]//香港中文大学香港文学研究中心. 叠印——漫步香港文学地景一. 香港:商务印书馆(香港)有限公司,2016:第xix页]
③ 小思. 一本瞻前顾后的书 [M]//香港中文大学香港文学研究中心. 叠印:漫步香港文学地景一. 香港:商务印书馆(香港)有限公司,2016:i.
④ 范铭如. 文学地理:台湾小说的空间阅读 [M]. 麦田出版公司、城邦文化事业股份有限公司,2008:242.

负荷着人的温度。记忆或许可以作为对抗的武器,在格式化的生活里,渗透,建构,强大,最终破茧而出。"① 具体到"香港"这一语境,陈国球曾指出,"香港人"是"香港"地方意义生成的关键,即"'香港'由无名,到'香港村'、'香港岛',到'香港岛、九龙半岛、新界和离岛'合称,经历了地理上和政治上的不同界划,经历了一个自无而有,而变形放大的过程。更重要的是,'香港'这个名称底下要有'人';有人在这个地理空间起居作息,有人在此地有种种喜乐与忧愁,言谈与咏歌。有人,有生活,有恩怨爱恨,有器用文化,'地方'的意义才能完足。"② 因此,"记忆"在其中便起着十分关键的作用。这种"地方感"以及"记忆"的呈现,正需要文学来予以记录与保存。唐睿认为:"香港是个历史不长的城市,但这一百多年来,这片土地上还是有不少人生活过,他们未必就是历史伟人或者时代弄潮儿,但他们却都很实在,满有感情地在这土地上活动过,而他们的'记忆'正须我们借着文学去记住。"③ 麦树坚也提到:"如果是关乎一个城市的记忆,它更必然是靠几代作家、成千上百的作品去建成的。"④ 可见,文学在城市"记忆"保存与传承中发挥着巨大作用,需要一代代作家的努力才能实现,"许多怡人的自然风景如今名存实亡、名不符实,如果我这一代人没有记忆,又不留记录,莫说缅怀,年轻人连判断的根基都没有"⑤。

第二节
深入故乡记忆的底层

纵观21世纪粤港小说的"地志书写","地方感"在已消逝地景的书写中体现得尤为明显。"物非人非"是他们睹物(已变形的景观)思人(旧人)后的最大感慨。在也斯的《点心回环转》里,面对旧区重建,食神老薛无限感慨:"这不光是拆了几条街的旧区重建,可惜的是原来建立起来的

---

① 葛亮:《文学是时代的救赎,塑造"想象的共同体"》[EB/OL]. http://www.chinawriter.com.cn/n1/2017/0821/c404032 - 29483784. html.
② 陈国球. 香港文学大系(1919—1949)总序[J]. 香港文学,2014(11).
③ 袁欢,金莹."香港文学新动力"丛书出版 万花筒式的香港记忆新书写[N]. 文学报,2017 - 08 - 31.
④⑤ 引自麦树坚接受中国内地某报刊采访的稿件。由于此稿并未发表,经采访者同意,笔者得此一手材料并予以引用,特此说明。

社区关系，种种生活累积的经验，也一下拆掉了。"①《红白蓝的故事》里在巴黎留学的皑返港奔丧，顺便重走曾与初恋情人天蔚约会的熟悉的路，遗憾地发现：除了分科诊所门前那株刚好开满花的木棉树能给他一点安慰之外，他所感受到的，就只有怅惘②。实际上，该小说延续了唐睿长篇小说《脚注》聚焦"人与土地的互动关系"以及"被忽视的社区变迁"等话题。《照相馆》里，西西通过照相馆的结业来隐喻一段边缘旧区历史的结束。面对放在饰橱里的自己和别人的照片，白发阿娥感到自己与如此多"假"的人生活在一起，甚至产生"不知道自己是真还是假，活在一个真的还是假的世界里"迷惘③。同时，这些人于她而言既熟悉又陌生，种种眼光让她感到有点战栗不安。然而，随着照相馆的结业，这些人的"历史"也会一同埋葬。小说的结尾以婉拒小女孩照相的请求结束，暗示了"社区重建所引致的人文经验断裂，既使城市记忆失去载体，复使下一代失去文化传承之所由"④。在梁凤莲的《羊城烟雨》里，爷爷的祖屋在广州西华路的一条巷子里，几十年过去，已经没有熟悉的老街坊，"原来齐整雅致的一溜小洋楼，已经显出年久失修的那种落寞样"、"有多少旧日的时光，是再也看不到背影的了"⑤，同样隐喻着老西关历史记忆的埋没以及岭南文化传承面临断裂的情形，让人唏嘘不已。

还有作品，会借地景的变迁来反思城市的历史以及自我身份的定位。当面对童年生活的地景逐渐消失在荃湾地图时，"我"深深察觉到历史的胜利者将香港历史书写得越来越枯燥单调，让人不知道自己身在何方，当身边周围熟悉的景物都改变了，你不得不问：'我在何方？'"⑥。《心情》里，母亲属于20世纪60年代见证香港经济起飞的廉价劳动力一辈，她们"合力把这

---

① 也斯. 后殖民食物与爱情 [M]. 北京：作家出版社，2013：229.
② 唐睿. 红白蓝的故事 [J] //陶然，蔡益怀. 香港文学（增刊）. 香港：香港文学出版社，2017：92.
③ 西西. 照相馆 [J] //陶然，蔡益怀. 香港文学（增刊）. 香港：香港文学出版社，2017：38.
④ 陈智德. 解体我城：香港文学 1950—2005 [M]. 香港：花千树出版有限公司，2009：267.
⑤ 梁凤莲. 羊城烟雨 [M]. 广州：花城出版社，2017：138.
⑥ 马国明. 荃湾的童年 [M] //许子东. 香港短篇小说选（1994—1995）. 香港：三联书店（香港）有限公司，2000：78.

座都市建设神话"①。然而,从矮矮的楼房到高楼大厦,母亲一辈都只是被社会放逐的群体。地景的变化使她们想得更多的是如何在这个神话里知足并平和地生活,而不会考虑自己在这座都市的身份与价值所在。对于母亲的儿子而言,他想的是如何为自己的人生留下更多的记忆,而不是让个人的历史随着地景的消失一同被掩埋。小说写道:"但他真的多么希望能为自己写个剧本,一个真实的故事,一段小小的成长故事,小人物的有血有泪的琐事。最重要的是留下一点记忆。"②《羊城烟雨》里的主人公雨荇穿越曾经生活过的西关老街巷,过去是如此富庶的地方,现在真的现出颓势,即使经过多次整饰过的外观,也掩藏不了其中的破败。21世纪后,广州城市发展的中轴线已东移到珠江新城,西关明显已失去往日的风采。可见,粤港两地作家向我们提出了以下值得深思的问题,即:城市的历史该如何保存和书写?积淀深厚岭南文化的两个地区在新时代该如何重新定位身份和焕发新的魅力,进而传承并发扬中华优秀传统文化?

在借消逝的地景回忆点滴人事之时,人们也会自然而然地思考"原初"问题,也就是追溯人生的来处。简而言之,就是无论周围的景观如何变迁,那里都有着我们无法遗弃的"根"。《索骥》里的"我"重回旧地,可地景的变迁使"我"感受到"这城区已然舍弃了我"③,而且每一次对故地的追寻,"都只教我堕入想像的虚幻里去,几乎疑心自己走错了路,摸错了方向"④。所有的回忆都变得毫无头绪,更无奈的是这一寻根的行为无法得到儿孙的理解,他们"几乎都认为这是一件徒劳而虚渺的事情"⑤。然而,"我"并不甘心成为一个无根之人,"三十年岁月悠悠,眨眼就过去,这些年来守着这间老铺,你看,实在破得不成样子,儿子都守不住,老叫我把店

---

① 许荣辉.心情[M]//许子东.香港短篇小说选(1996—1997).香港:三联书店(香港)有限公司,2000:21.
② 许荣辉.心情[M]//许子东.香港短篇小说选(1996—1997).香港:三联书店(香港),2000:23-24.
③ 辛其氏.索骥[M]//刘以鬯.香港短篇小说百年精华(下).香港:三联书店(香港),2006:131.
④ 辛其氏.索骥[M]//刘以鬯.香港短篇小说百年精华(下).香港:三联书店(香港),2006:132.
⑤ 辛其氏.索骥[M]//刘以鬯.香港短篇小说百年精华(下).香港:三联书店(香港),2006:144.

第十四章 "消逝"的地景——关于20世纪80年代以来粤港小说的"地志书写"

铺结束,儿孙不懂得珍惜,他们对过去一无所知,也无意了解老人的心事,我倒是要常思来处的啊"①。《望海》里,面对旧楼要在钻土机的力量下夷为平地,她回忆起离婚后与爷爷在旧楼相处的点滴。爷爷虽然行动不方便,但依然极其平静愉快地谈起过去和自己的健康。每当此时,他就会"怡然的摇着比较活动自如的一条腿,在回忆中徜徉"②,给单调冷清的生活涂抹了一层亮色。此时,感情受挫的她感觉又回到了"家",找到了寄托精神的"根",并为自己曾因简单地意气用事而忽视了爷爷的存在感到惭愧。后来,爷爷病逝,一切的回忆将随着旧楼的拆卸远去,她的"根"也被强行拔起。伴随于此,是对未来之路的茫然,"再结婚?也许。但这不是唯一的路"③。与之相反的如《羊城烟雨》里,雨芊雨荇两姐妹是地道的广州人,曾有多次出国移民的机会,但她们依旧选择留在广州,与雨妈相守相伴,保存与故乡千丝万缕关联的真相以及彼此不离不弃的秘密,"因为这是广州,也只有广州,才是与她们心息想通,情愫相连的"④。

从以上三种情况可知,作家在追忆消逝的地景时不停留在书写城市记忆的表层(地理意义上的消失),而是深入挖掘城市记忆的底层(人文历史底蕴的流失)。吴潜诚曾关注地志与抒情主体位格之间的关系,"地志诗篇具体的描写地方景观,它帮助我们认识、爱护、标榜、建构一个地方的特殊风土景观及其历史,产生地域情感和认同,增进社区以至于族群的共同意识。而在地志诗篇中,风景的每一条轮廓都隐含着社会及其文学"⑤。也就是说,作家在逐步挖掘深层记忆时,不仅仅向我们展示他们的故土情结,也从人和土地的历时性演变及共时性互动中,形构出同属岭南文化的粤港命运共同体。他们的根已深扎在这片土地,血脉流淌着故乡的气息,流露出来的情愫也是与故乡和岭南文化相关联,形成了与土地无法割舍的秘密。

---

① 辛其氏. 索骥[M]//刘以鬯. 香港短篇小说百年精华(下). 香港:三联书店(香港),2006:135.
② 陈宝珍. 梦创世[M]. 香港:香港文学出版社,2015:16.
③ 陈宝珍. 梦创世[M]. 香港:香港文学出版社,2015:18.
④ 梁凤莲. 羊城烟雨[M]. 广州:花城出版社,2017:138.
⑤ 吴潜诚. 岛屿巡航:黑倪和台湾作家的介入诗学[M]. 立绪文化事业有限公司,1999:83.

第三节
重返文化的原乡

每一个作家的心中都有自己的文化原乡，而他们重建历史向度的努力，则可以视为通过写作尝试找到自己与文化原乡之间身份归属的连接点。如果把故乡比喻为一本书，那么哪些地景属于"正文"，哪些地景被标示为"脚注"？我们知道，脚注作为正文的注解，起着解释和补充说明的作用。相对于正文，脚注则处于边缘所在。在阅读的过程中，我们是否常常只是把目光放在"正文"部分而忽视了"脚注"，甚至对"脚注"不感兴趣？

事实上，在香港，除了拥有中环这些现代化景观外，还有许多底层和外来移民居住的社区，比如，已消逝的安置区，一个常常被人忽略的边缘地带。随着清拆的完成，安置区逐渐淡出港人的视野，成为被遗忘的角落。在广东，相较于陆地上的生活，疍家人之于我们，似乎有些遥远，陌生到不真实，而且常常被我们忽视乃至漠视。然而，还是有作家希望通过写作留住已消逝的美好记忆，将这些内涵丰富的岭南民俗风情重新展现在读者面前，以此为故乡这本书做"脚注"。以"安置区"和疍家人的生活作为题材在中国现当代文学史上均为罕见的现象。到目前为止，香港出现了一本名叫《脚注》的小说，描写的对象正是曾在安置区生活的港人。这本小说的作者是出生于20世纪80年代并曾在安置区生活的唐睿。回看广东，出生于20世纪70年代的阳江作家洪永争为我们展现了20世纪80年代漠阳江上疍家人的衣食住行和言语歌谣，用平实的文字描绘一幅已逝去的岭南风俗画卷，使读者感受到立体多姿的南国水乡气象，形成长篇小说《摇啊摇，疍家船》（以下简称《摇啊摇》），荣获第二届"青铜葵花儿童小说奖"最高奖"青铜奖"。两者在岭南文化归属和认同层面均可以构成互文性的对话，同频共振中形成不可分割的文化共同体。

《脚注》的港版名叫 *Footnotes*，初版于2007年，荣获第十届香港中文文学双年奖（小说奖），十年后由广州花城出版社发行简体版。据唐睿介绍，《脚注》（繁体版）的出版与香港三联书店曾举办的一个写作比赛有关，而比赛的主题为"如果香港是一本书"。当时香港正处于回归十周年之际，"天星码头"和"皇后码头"这两位香港历史的见证者在争议声中面临清

第十四章 "消逝"的地景——关于20世纪80年代以来粤港小说的"地志书写"

拆,于是民间兴起了一股"集体回忆"的风潮,坊间出现大量涉及怀旧和"集体回忆"的书籍,媒体也纷纷讨论这一话题。唐睿此时发现了许多相似且单一的现象。比如,谈到住房,大家就想到公共房屋;谈到日常食品,大家就会想到港式奶茶、菠萝油包……①似乎香港已经被"定性"了,一种"想象的共同体"由此形成,而其他没有被谈论的现象则只能遭遇被埋没的命运。为此,唐睿不无惋惜,觉得"这些声音似乎掩盖了港人生活的许多微细记忆,也抹杀了香港社会的多元特质"②,因为"香港不是单一文化的城市,而是多元、多族群的社会,每一个人都应该有不同的历史背景"③。

在唐睿看来,如果香港是一本书,这部承载着港人丰厚记忆的大书,应该在记录一项项"大多数"人的故事之余,配上一些生活在"大多数"边缘,甚至以外的人物与事件交织而成的"脚注",这本书才称得上完备④。他希望所写的故事能够为这个城市做"脚注",以此弥补"主流"声音的不足。唐睿的成长记忆和经历与主流的"集体回忆"不尽相同。他并没有住过公共屋邨,只住过长期被视为"边缘"甚至毫无价值的木屋区和安置区,而且木屋区和安置区均已在香港销声匿迹。为此,他发出了一个疑问:"在我们谈论着'大多数'人的公屋集体记忆时,我们会不会遗忘,一批为数不少,居住在唐楼、安置区或是木屋区的'少数人'的集体经验?"⑤ 如同香港所具有的混杂性文化身份,安置区的文化身份同样非常丰富,主要因为里面住了不少外来移民,而且携带着背景迥异的各地文化。他深感"事物在我们的生命里逐渐消逝和变质,如果一个时代的人不将这些东西刻画,这个时代就会慢慢被时间漂成一张空白的纸张"⑥。因此,他决定选择熟悉的"安置区"作为写作的舞台。小说地景的原型是在香港九龙钻石山寮屋区以及观塘康宁道一带的安置区,以此展现香港社会、文化与历史的多元性和复杂性,让人深入认识香港文化的底蕴和价值。可见,这部小说不仅仅是回应这股"集体回忆"的热潮,更是一种文化记忆的觉醒。

而这种觉醒同样发生在作家洪永争的身上。流经洪永争家乡广东阳江双

---

①② 袁欢,金莹.为"香港"这部书做"脚注"[N].文学报,2017-09-26.
③ 凌逾.Footnotes:写画感觉的大书:唐睿访谈[J].苏州教育学院学报,2017(5).
④⑤ 唐睿.初版后记[M]//唐睿.脚注.广州:花城出版社,2017:197.
⑥ 唐睿.初版后记[M]//唐睿.脚注.广州:花城出版社,2017:199.

捷镇的漠阳江上，有一座雄伟的引水灌溉工程拦河坝。他的家乡由于是改革开放前阳春县至阳江县的水路交通的中点，水上交通十分便捷，聚集了无数的疍家人，所以他从小对疍家人的水上生产和生活非常感兴趣，至今印象深刻。然而，随着时代的发展，传统疍家渔民亲情、环境和风俗也发生巨大的变化，漠阳江由原来的繁华景象回归平静。

洪永争之所以热衷于聚焦疍家人题材，据他所言"是因为这一题材至今鲜有作家涉猎，而这一题材既是我故乡的风物，又是我童年抹不去的记忆，我觉得有责任也有义务把这一题材写深写透"[1]。虽然洪永争不是疍家人，但16年漠阳江边与疍家人相处的经历，使他找到了写作的方向。为求细节的真实，他查找大量的资料，多次到江边、海边采访渔民，深入了解疍家渔民的生活，写出了被誉为"可能是第一部如此深刻周密地描写疍家渔民的民俗风情小说"[2]。由淳朴和敦厚的疍家民风、和睦友善通达的邻里关系以及含蓄优美的咸水歌谣构成的乡土空间，让我们记住了在中国地图上毫不起眼的漠阳江以及曾生活在其中的疍家渔民。洪永争书写陌生却亲切、朴素而充满诗意的疍家人世界的同时，也在建构属于自己的文学故乡。

《脚注》和《摇啊摇》都属于成长小说，叙述时间均为20世纪80年代，并采用青少年视角来叙述故事，在建构文学地景时逐渐回归文化的原乡。

《脚注》以少年黎军的故事为主轴，贯穿他的家人和其他安置区居民的日常生活。小说描写居住在安置区的人都是属于20世纪80年代香港的边缘群体，处于外来移民来港的草根阶层，而且以老人和小孩为主。这里住着各式各样的人物，有国民党老兵、"冒牌"医师、印尼归侨、印尼人、内地移民、孤寡老人、无牌小贩、精神病患者以及土生土长的"新一代"等。他们中的不少人都有着难以言说的苦楚或者一段不为人知的身世。在外人看来，安置区可谓是一个龙蛇混杂之地。对唐睿而言，这正是《脚注》的本意。因为活在身份暧昧的边缘地带，"他们是香港的财产，他们的存在令我们的故

---

[1] 洪永争，王杨. 洪永争：我想打造属于自己的文学故乡［N］. 文艺报，2018-10-12.

[2] 源于著名儿童文学评论家王泉根的评价，引自《〈摇啊摇，疍家船〉专家评语》，参见洪永争. 摇啊摇，疍家船［M］. 北京：天天出版社，2018，第283页。

第十四章 "消逝"的地景——关于20世纪80年代以来粤港小说的"地志书写"

事更加精彩"①。因此,在他的笔下,这群异乡人反而处在"正文"的中心位置,而本地人变成异乡人的"脚注"。到底谁是中心,谁是边缘,已难以说清,正如凌逾所言:"就整个人类史而言,所谓异乡客和本土人,不过都是历史的脚注。"② 洪永争的《摇啊摇》以被疍家人收养的男孩杨水活10岁这一年的命运纠葛与长大成"人"为主要叙述对象,描绘了一个血肉丰满的疍家少年形象。故事讲述他遭遇相当于半个母亲的姐姐出嫁后的心理冲突与心灵愈合,在得知自己的身世并需要直面与养父母和亲生父母的关系时,经历了精神上的蜕变与成熟,最终完成心理成长。作者把疍家人(水活一家)的生活放到"正文"的位置,城里人(水活的亲生父母一家)作为"脚注",让他们共同推动情节的发展。

唐睿所作的《脚注》,为香港社会、历史与文化提供了新的内容,在探讨记忆的"实"与"虚"上对历史主流叙事进行了颠覆。到了21世纪的香港,我们似乎已经读不到多少充满鲜活乡土气息的作品,而《脚注》的诞生改变了这一现状。小说展现给我们的是安置区的居民虽然都很贫穷,也过得很艰苦,但能够互相包容、守望相助,成为平民化香港的缩影,也是开放多元的岭南文化在香港这片土地的具体表现。刘志荣更直接将此作品视为香港的"乡土文学"③。我们平常阅读香港小说往往更关注其都市性的一面,实际上不少小说的都市性也夹杂着乡土性(或者指向上文提及的"在地抒情"传统),而且从香港新文学的萌芽期就已经开始。袁良骏曾在《香港小说史》里分析过刘志荣所看到的这种"乡土性"实则为都市中的"下层性"或"市井性"。纵观香港现当代文学史,在小说创作中能体现出这种"乡土性"的代表作家有侣伦、黄谷柳、舒巷城、夏易、海辛、金依、艺莎等。唐睿笔下的乡土性继承了这条线索,对香港充满赤诚之爱。他曾言,随着时代与城市的发展,乡土的认同感被弱化,故乡的定义也似乎被模糊化。虽然香港是国际大都市,日新月异,但是香港这片土地,从来没有变过。这就是他

---

① 彭国裕. 唐睿访谈:艺术创作、《脚注》及其他 [M] //唐睿. 脚注. 广州:花城出版社,2017:240.
② 凌逾. 脚注空间与脚注时间叙事 [M] //唐睿. 脚注. 广州:花城出版社,2017:225.
③ 刘志荣在读完《脚注》后,发现香港也有自己的"乡土文学"。(刘志荣. 推荐序一 [M] //唐睿. 脚注. 广州:花城出版社,2017:推荐序一第4页.)

的故乡,他爱他的故乡①。可见,这成为他能将真挚的感情投入对过往时空的怀念、回忆与书写的重要原因。

水和船寓意着流动的不确定性,致使主人公水活及其一家经历诸多漂泊无依的苦难与挫折,但大风大浪并没有阻挡他们渴求安稳与扎根的朴实心愿。洪永争坚持用质朴的白描手法描写疍家人没有色彩的世界。他们卑微、贫穷,历经磨难,但又善良、勤劳,充满人性光辉,折射出生活在最底层的中国老百姓渴望平稳安定的梦想。疍家佬夫妇含辛茹苦养大弃婴水活,年仅10岁的水活则以更大的孝心反哺养父母,而且也把这份爱回馈给当年因有困难而不得不丢弃他的亲生父母。此外,描写水活与姐姐水仙之间如母子般的呵护深情、水活因渴望读书而与李老师共筑的师生情谊等,均让读者动容。务实包容的岭南文化充分体现在疍家人群中。他们终年临水而居的坚韧乐观、亲人间血浓于水的爱以及邻里间互帮互助之情在此得到充分的显现。整部作品不过于追求写作技巧,始终贯穿着作者写实的风格和至真至实的情感表达。资深文学编辑杨柳评价:"小说'其貌不扬',但是它在缓缓的、细碎的讲述中,逐渐产生一股力量,吸引读者读下去,并为水活们的单纯美好而感动。"②

故乡与童年原是一对即此即彼的关联词,作为一种生命体验,童年具有普遍性特征。③ 每一个人的心里各有物质和文化上的原乡,物质上的原乡就是真实的故乡,而文化上的原乡就如同质朴厚道的水活,让我们找到那颗赤诚初心,筑牢岭南文化的根基。即使物质上的原乡已经消失,但只要初心不变,作家依旧可以通过写作回归文化的原乡。两部小说均采用孩童的视角展现内心渴望回"家"的张力,在历史的厚重感和阅读的轻盈感中找到一条回归原乡的通道,赓续历史中建构属于自己的文学故乡,遥相呼应中确证对岭南文化的认同感和归属感。

唐睿努力为香港这部大书作注,是希望当下的港人能够带着"有情"的眼光发现更多香港的美。他的心里有一个梦想,就是"希望许多年之后仍能

---

① 杨堤波:《唐睿印象/人物散文》,参见华南师范大学粤港澳大湾区跨界文化研究中心公众号"跨界经纬"。

② 引自《〈摇啊摇,疍家船〉专家评语》,参见洪永争. 摇啊摇,疍家船 [M]. 北京:天天出版社,2018,第284页。

③ 李红叶. 质朴从容的叙事饱含动人的力量 [N]. 广东文坛,2021-02-26.

第十四章 "消逝"的地景——关于20世纪80年代以来粤港小说的"地志书写"

缅怀一些尘封的记忆，犹如翻阅一本黑白的照相本子"[1]，让时光永驻在黑白照片中。同时，他也希望《脚注》能成为一部分人的"黑白照相本子"，希望"他们都能借着《脚注》，在文字的世界里，觅得一处永恒的休憩或踱步的空间，好让以后那些想认真细读这部大书的人，能借着《脚注》找到他们"[2]。由此可见，相较于当年"集体记忆"热以及历史的宏大叙事而言，唐睿在捕捉生活实感方面更显真挚和诚恳。洪永争同样如此，曾坦言创作的"疍家系列"是为了"寻找和记录"[3]。他将童年的记忆平实地书写下来，既完成了作家应有的义务和责任，也让我们看到了其内心深处对疍家人生和故乡历史的倍加珍视，希望通过文字留住这份终将逝去的岭南民俗遗产，让后人有机会回顾并缅怀这群曾在江海努力生活和坚韧拼搏的人群。

两地作品在"赓续历史"和"重返文化原乡"等话题的共同探索中，再次印证广东与香港同根同源，同文同种，有着不可分割的地缘、亲缘、血缘和史缘。开放包容、兼收并蓄的岭南文化，是优秀中华文化不可分割的重要支脉。共同的文化认同既是编织紧密联系、交流合作的血脉纽带，也是构建"人文湾区"的重要基础。

如果作家仅仅满足于描述地景记忆的表层，那么小说流露出的"地方感"便会显得表面化和不真实，未必能够全面认识一城一地的历史，更不能重塑地景"记忆"、保存文化命脉。相反，作家深入地景记忆的底层，也是用行动实践着米歇尔·德·赛托所界定的关于"步行者"的阅读和观看地景的方式。这种方式被唐睿称为"城市记忆的考古学"[4]。这对于认识已消逝的地景显得尤为重要，因为它们已经被埋藏在记忆的深处。因此，他产生了一种宝贵的创作体会，那就是：文学可贵的地方，就在于它能传递这种稀罕、间或微弱的声音[5]。蔡益怀对文学作品能够触摸到"香港"的实体颇有同感："香港固然是一座难以言说的城市，但透过具体的阅读，我们却不难重组出一幅拼图，认清这座城市的具体形貌，透过这些具象的画面，可以加

---

[1] 唐睿. 初版后记 [M] //唐睿. 脚注. 广州：花城出版社，2017：199-200.
[2] 唐睿. 初版后记 [M] //唐睿. 脚注. 广州：花城出版社，2017：200.
[3] 崔昕平. 生活之镜，心灵之灯 [N]. 广东文坛，2021-02-26.
[4] 唐睿，凌逾. Footnotes：写画感觉的大书——唐睿访谈 [J]. 苏州教育学院学报，2017（5）.
[5] 袁欢，金莹. "香港文学新动力"丛书出版 万花筒式的香港记忆新书写 [N]. 文学报，2017-08-31.

深我们对香港文化及港人生存状况的认识与理解。这种认识是感性的,也是理性的。通过文学阅读,香港,就不会只是一座华厦云集的海市蜃楼,不会只是繁华的市井,不会只是一张亮丽的明信片,而是可以触摸得到的,有肌理,有细节,具体可感的生命体。"[1] 梁凤莲也发出过同样的感慨:"在书写中让昨日重现,只是想探讨这座城市史的过去的生活构成与过往的肌理,在想象与回忆中体验广州不同人的经历的层次与维度,而小说则是这两者,关于探讨与体验最好的融合……我需要通过这样的书写,找到故乡真正的归属感,找到我们本地人跟这座城市关联的以及相互依存的理由,这不是复制、假设所能到达的。"[1] 由此可知,粤港两地作家通过记忆与书写共同构筑有血有肉的文学故乡,描绘并保存内心的一片应愿之地。他们均在赓续故乡历史中找到与文化之"根"相连的认同感和归属感,用作品留住共同的记忆,传承并弘扬岭南文化,筑牢粤港文化共同体。相信未来有更多描绘"人文湾区"的作品出现,延续两地珍贵的百年不解之缘。

---

[1] 蔡益怀. "倾城之恋":香港文学的在地书写谱系 [J]. 文学评论(香港),2017(48).

第十五章
广府与潮汕文化交流探因——
从陶瓷之路说起

经济发展往往是两个地区之间社会文化交流的内动力，它与行政区域辐射的外动力一起形成主客观的相契合，共同系牢不同文化区域之间的交流纽带。自秦汉始，南越建制，行政中心在今广州。同时期，潮汕地区的古揭阳也成为该行政区域的组成部分。在历史的长河中，两者的社会经济文化交流涓涓不绝，其间还出现了两个小高峰，一在宋朝，另一在清朝。前者以百窑村为标志，以宋瓷经济为引擎，发生了频繁的往来交流；后者以枫溪窑为标志，以青瓷经济为引擎，也带动了两地的密切互动。尽管两地交流是一个庞大的复合体，不是单一因素所构成的；但我们仍能从陶瓷外贸这个窗口，窥见这个庞大复合体的前世今生。

第一节
行政辐射：秦砖汉瓦里藏着两千年交情

秦时明月汉时关，本书探讨广府与潮汕地区文化交流，打算从秦汉之际开始说起，但事实上，秦汉之前的先民可能有更久远的交情，因为无考，暂且不说。

秦始皇南平百越，被视作岭南文化历史的发轫。与此同时，潮汕也在这个历史事件中走进岭南行政区域。两地历史渊源同系于此，进程上也是同步的。学者们根据纸上材料和地下材料，还原出公元前215年，秦始皇进军五岭时就统一了以揭阳岭为标志性关隘的潮汕地区，建立了古揭阳县。最初，秦军在揭西河婆建立了地方管理机构。这时大概战火未消，这个行政机构也带着军事色彩和临时性。不久之后，赵佗政权接替秦而统治南越，继承了秦时的岭南行政区域，其中也包括古揭阳县。此时，社会走向稳定，经济开始发展，古揭阳县的地方管理机构也渐渐淡去军事机构的色彩，县治所在地由具有军事要塞需求的河婆转移到了海上交通便利的澄海龟山。河婆秦代墓葬出土了大量青铜武器和陶器，而在澄海龟山汉代遗址，人们发现了县一级官署建筑的遗存。龟山遗存的建筑特点和材料，与广州中山四路南越王宫相近，"只是在礼制级别和建筑规格上不同而已"[1]。

此后，历2 000余年，潮汕行政区域从属上虽然时有出入，但整体上，广州地区作为行政中心的辐射作用所带动的两地交流延续了下来。潮汕文化学者陈平原教授说，长期的行政归属，有效地形塑一个地区的政治经济乃至风土人情。行政区划的重要性，先落实为政治与经济，最后必定影响到文化趣味以及日常生活。

有个典型的例子，就是潮州的韩文公祠建成了广府样式。这似乎是龟山遗址与南越王宫这个古早渊源在后世的呼应。韩文公祠始建于北宋咸平二年（999），距离南越王宫的时代有千年，距今也是千年，它是一个中间点。尽管今天我们看到的建筑经过了历代的迁建和修缮，较大的一次修缮是清末两广总督张之洞所修，但历次修缮，总还是在原有的基础上去修的，不说完全修旧如旧，但保留一些原有的建筑因素和艺术风格也在情理之中。在这个过程中，我们不能断言广府建筑风格于何时融入韩文公祠中，但在笔者看来，于何时融入都不奇怪。一来唐开元十年（722），潮州地区从江南道改隶岭南道之后行政归属稳定，来自广府地区的工匠与潮州建筑工匠加深交流非常正常。二来韩文公祠不同于普通民居，它发挥的是政治教化的作用，主持修建者也是历代地方官府，即使当时的民居皆以潮式建筑为主，韩文公祠也很有

---

[1] 郭伟川. 潮汕历史文化的起源及其相关问题之三：秦汉之际对岭南的统一及揭岭、古揭阳的相关问题 [J]. 广东史志·视窗, 2011（1）：37.

可能被修建成体现行政中心地区风格的广府祠宇样式。

第二节
经济驱动：熙熙攘攘，利来利往

两个不同民系之间的文化交流，最好的驱动力就是经济发展的内在需求。潮汕古代经济发展史上有两个外贸小高峰，这两个小高峰与潮汕经济繁荣期、陶瓷文化繁荣期，与广府文化和潮汕文化交流的密集期是基本重叠的。广府文化与潮汕文化所共有的海洋性也在这两个时期体现出了他们的默契。

第一个小高峰是宋代百窑村经济时期。百窑村始于唐中后期，至北宋达到极盛，以至于海外无论水下还是地下，屡有潮州宋瓷被发现。据庄义青的《宋代潮州陶瓷生产及外销综述》记述，印尼爪哇的海底和陆上，乃至巴基斯坦、阿拉伯阿拔斯王朝的首都报达（巴格达）等均屡有潮州百窑村古瓷的发现。百窑村瓷器在国内并不著名，鲜有历史时期上的藏品，出土文物也集中在潮汕当地，而且是以古窑遗址、古沉船发掘而得，墓葬中也是鲜见的。而从古窑遗址的规模和数量上看，唐宋时期的潮汕瓷器产量极大，它们只有一个方向，就是走向大规模外贸。

当此之时，作为千年商都和外贸港口的广州成为潮汕地区外销瓷的必经之路。然而，潮汕也是倚山临海，为什么广州成了潮汕外销瓷的必经之路？

这里有两层含义：第一层含义，唐宋的潮汕外销瓷产业，是在广州港这个中心都会外贸经济繁荣的刺激和带动下发展起来的。没有广州港的四夷辐辏、诸蕃云集，就没有周边地区外贸经济的兴起，也包括潮汕外销瓷产业。第二层含义是字面意思，这得从市舶司这个机构说起。唐政府在广州设立了市舶使，一般由皇帝信任的宦官担任。但唐时的市舶事务尚未如宋代那样，建立起严密的法定架构和运作程序。唐中央政府向岭南道派出市舶使，一定程度上彰显了对市舶事务的重视，但是，唐政府在经济上对海上对外贸易的依存，并没有达到宋代那样的分量。从这个角度上，宋代的海上对外贸易比唐代要繁荣和强大。这当然也得益于唐代以来积累的航海基础，有唐一代的《广州通海夷道》流传于世，便是例证。在唐的基础上，宋代科技发展和世界范围内的宜商大环境也成为海上贸易的客观有利条件。海上外贸体量的大增同时倒逼着宋政府去不断完善市舶制度，加强该领域的治理和管理，也就在北宋，诞生了世界上最早的市舶法（海关法）。

铺垫了这么多，回到百窑村瓷器的外销路径上。北宋前期，广州在海上对外贸易的地位特殊。作为北宋政府最早设立市舶司的港口城市之一，广州在熙宁之前承接了广西、福建等地进出口抽解、博买、查验、发放公凭等业务，潮州的外贸商品均应先经过广州市舶司，再出口。熙宁之后，泉州市舶司设立，对于百窑村陶瓷来说，如果销往日本、朝鲜等"东航线"，则在潮州港口装船，北上泉州办手续；如果销往南海诸国，即东南亚，乃至南亚、西亚、非洲东海岸等"西航线"，离开潮州港之后则要南下广州办理手续。自始至终，百窑村的"西航线"陶瓷之路绵延不已，往来广州的潮州商船也络绎不绝。

在百窑村主体产业的带动下，广州和潮州两地的交流是民间的、自发的，也是具有普遍性的。考量百窑村时期潮州陶瓷的生产关系形态，可以看出其时瓷窑多以个体民窑为主，窑主既是生产资料拥有者，也是生产者、劳动者。表面上，百窑村有的是大龙窑，产能较大，按道理能维持这么大的生产规模，窑主也不算小生产者了，但事实上，通过对文物本身的分析，例如出土的瓷器皿以及匣体、锤子一类生产工具上刻有合股方的姓氏、编号等，结合当时的生产力发展水平，研究者认为当时的大龙窑生产是以"股份合作制"的形式存在的。另据黄纯艳的《宋代海外贸易》一书研究，与当时外贸密切相关的海船运输行业也是存在这种形式，即在大船主之外，存在更多小生产者合股拥有海船，在雇工之外，自身也是船员，共同跑船开展运输的运营形式。换言之，当时的百窑村外贸业态不是少数豪商巨贾的行当，而是覆盖着宽广社会层面，普通百姓也热衷趋利参与，且有条件参与的行业。这种情况下发生的地域交流，既深刻广泛而又充满生机。

此种情况下，不但由朝廷直接控制的广州市舶岁入连年攀升，与市舶岁入平行的地方商税也得到有力的带动，增长迅速。"从北宋初期到中期100年间，广州商税增长幅度大大超越全国平均水平。"而在广南东路，潮州商税额也稳居前三。[①]

第二个小高峰是清代枫溪窑经济时期。关于枫溪窑发端于何时，学界有

---

① 章深. 宋代广州商税大幅度增长的原因[J]. 学术研究，2011（10）：112-113.

第十五章 广府与潮汕文化交流探因——从陶瓷之路说起

不同的界定方式,最早的一种说法是在宋之前。从地理位置上看,唐宋百窑村最密集处在潮州水东、城北,乃至澄海程洋冈一带,而枫溪位于潮州西郊。鉴于百窑村时期瓷窑在潮州遍地开花的情况,其时枫溪有窑不足为奇,只是尚未形成中心,也不等同于后世所看到的,自成一格、全面复兴的枫溪窑罢了。枫溪窑成为陶瓷业的中心在明代,但真正迎来黄金发展期是在清康熙之后。据陈沛捷、吴静的《潮汕陶瓷对外贸易史略》所载,枫溪窑的陶瓷生产在清中期翻倍增长,海外市场进一步扩大,远至欧洲,是对宋代"百窑村"的全面复兴。这个时期的枫溪瓷形成了自己的艺术特色,最为闻名的白釉瓷瓶和彩瓷花开并蒂,瓷塑、瓷雕百花齐放。枫溪瓷艺中融入了潮州木雕、嵌瓷、潮绣的艺术手法,地域特色浓烈而鲜明。

当然了,我们称其为枫溪窑经济时期,绝非只做瓷器生意,而是以之为典型的外贸经济名片,从而进入百业兴旺的历史场景。一旦经济产生大繁荣,其发展内动力就触发人流、物流、资金流的密集交流。天下熙熙皆为利来,天下攘攘皆为利往,背后带动的是不同地区社会面的深度融合。潮州陶瓷之路的复兴为何恰在这个时期?此时的广州又发生了什么?当然也是历史不吝笔墨的一页,那就是康乾时期的粤海关走向一口通商。

广府地区和潮汕地区深邃的海洋性格,在此时又一次一拍即合。据洪松森的《潮汕古代经济史略》所载,在广东,潮州成为仅次于广州的外贸基地,"(潮州)巨舶往来海上,运载土货至广州及闽浙,或远达南洋日本,转往外货输入。"

乾隆时,粤海关在澄海设立税馆,而嘉庆时编修的《澄海县志》则提供出这样的数据——"澄海以弹丸黑子之地,几操全省五分之一(税银)。"潮州外贸也成为广州十三行的重要业务构成,在潘振成向清政府请求设立公行之后,便分为外洋行、本港行、福潮行。其中福潮行办理的税务当然不只福建和潮州,而包括了各省各地,却以此命名,可见其时潮州外贸体量之大,也反映了潮州与广州商务往来之频繁密切。

由于经济的全面发展,潮州在清乾隆年间成为广东省第二大城,仅次于广州。[①] 经济实力推动了城市综合地位的提升,比如当时广东的食盐配给,

---

① 吴二持. 清代潮汕商品经济发展研究[J]. 汕头大学学报(人文社会科学版), 2015(6): 30.

除了广州的"省配"之外,就是潮州的"桥配"了。所谓"桥配",指的是韩江广济桥,这是食盐配给的具体地点,所以用它命名。直至今天,我们在广州北京路的盐运西社区仍能看到记述那段历史的壁画。翻开《潮州府志》,在《赋役》和《盐法》中有关于清代潮州盐业的营商情况。这些经营者中,除了潮州本地商人,还有不少广州商人。这些广州商人取得户部颁发的行盐执照,称为"盐引",然后扬起大帆到广济桥收买食盐,通过海路运输整船贩至零售市场,赚取差价。《潮州府志》中记载广州商人"到潮州载盐,皆获十倍之利",又载"粤船北去闽船南,船船贩得潮州盐"。从这个事例我们也可以看出,潮汕和广府之间的交流不是单向的、单一的,而是双向的、复合而立体的,在历史的长河中,因天时地利人和而激起水光闪耀的浪花。

第三节 水陆并举,软硬兼施,山海圈中"路坚强"

一个地区所处的自然地理环境,往往影响着这个地区的人文历史,以及跟其他地区之间的种种交流。对于本书所探讨的潮汕和广府之间情形如何,笔者倒不想强调他们之间莲花山脉的重重阻隔,以及潮汕地区三面倚山一面临海的另类孤独。反而在《三阳志》中,有那么只言片语,道出了潮汕地区适逢盛世应有的状态。它记载道:"州当闽广孔道,车盖幢幢,殆无虚日。"地理环境还是那个地理环境,但一句"州当闽广孔道",看待的角度不同,优势劣势也是迥异的。

就水路而言,大海是神奇的,她是阻隔,也是通途。她除了风和浪什么都没有,这种"无",可能成为比高山更难跨越的屏障。如果从这个角度看,三面倚山一面临海的潮汕地区,似乎被三面"有"和一面"无"围起来,造成无形的封闭。在这山海圈中,她酝酿自成一体的性格和文化,保留着与世无争的古中原语言、文化等种种活化石。但是,大海是神奇的,她烟波浩渺的这种"无"同时也是无限辽阔的无数条道路,而风就是马力,浪就是车辙。我们更多关注通过海路潮汕如何走向世界,但同时,海路也是潮汕连通广府地区的高效路径。如前文所述,早在2000余年前,赵佗政权管理古揭阳县,就选择了澄海龟山作为县治,其往来利用的就是便利的近海航运交通。

然而，历史上的潮汕水运却经历过真实的"沧海变桑田"。北宋时曾为百窑村瓷器重要运输港口的澄海凤岭港，到了南宋之后渐成明日黄花，原因是横陇洲在地理的自然变迁中形成陆地，昔日航道淤浅，韩江支流也向外转移，百窑村水运便利的优势随之大打折扣。有专家推测，这可能是百窑村走向销匿的原因之一。旧的港口消逝，新的港口诞生。到了枫溪窑时期，樟林港和庵埠港又应运而生，这两处港口均位于江海交汇之处。其中樟林港有一处著名的汛地叫作"乌土尾"，帆船进出樟林港都必须在这里转弯，络绎不绝的帆船转弯时翻转风帆，就像天上的神仙在看书翻页一样，因此也成了"樟林八景"之一——"仙人翻册"。另一处港口庵埠港集纳辐射韩江、榕江、练江出海口，在康熙二十四年（1685）便是粤海关七大总口之一，这得益于其地理位置的重要性。但随着海岸线的延伸，樟林港、庵埠港也渐渐淤浅并退出历史舞台。紧接着，汕头港在清末开埠，接过了潮汕外贸接力跑的接力棒，此是后话。不得不承认，沧海有时变桑田，水路交通也是动态变化的，但是此路不通，彼路又生。外贸商品的生产基地会随之转移，例如从潮州水东百窑村到西郊枫溪窑；商铺圩市也会随之转移，例如从乾隆年间的樟林八街六社被称"天上神仙府，地下樟林街"，到后来汕头中西合璧的"小公园骑楼街区"。这种转移记录了水运之变，也记录了以变应变在每一个历史时期的精彩瞬间。

　　水路之外，陆路也不曾等闲，如前文提到"州当闽广孔道，车盖幢幢，殆无虚日"的记载便说明了一些问题。张九龄修梅关古道从硬件设施入手，泽被后世，而在潮州通往广州，或说广州通往潮州的路上，最为后人称道的是软件与硬件的有机结合，也即路政制度建设。其中最典型的是对驿铺制度的不断调整和创新。时至今日，潮汕话还保留着以"一铺路、两铺路、三铺路……"来衡量距离远近的语言习惯。虽然今人说这样的话意不在精准，有时只是用来形容"远"，但追其渊源，"铺"曾经在人们的经济生活中发挥着重要作用，以致影响深远。

　　驿铺改革中有两项核心措施最具特色，很好地诠释了社会资源的有效利用和整合，达到了双赢、共赢的结果。一是"凡居民去官道远者，说令徙家驿旁，具膳饮以利行者且自利，官司百役悉蠲之。由潮而往，过客无囊日之忧心"。动员老百姓在驿铺旁安家，鼓励其开展餐饮服务业，达到"利行者且自利"的效果，而政府则"官司百役悉蠲之"，给从业店家免除一些义务。这不仅给官道交通注入综合配套设施,还促进了百姓就业,刺激了商旅消费。二是建庵为驿,僧丞一体。"守以僧,给以田,环以民居,为虑远矣。间有污败室庐,糜毁器用,横暴难禁者,僧得以闻之官而给以惩治,仆卒往往知惧,故庵殆今如始创也。"政府充分调动僧徒这个群体发挥作用,为他们建庵,"给以田",但是庵堂均建在官道设驿铺的站点上,周边住着老百姓。这样做的目的是"为虑远矣"。原来,官道沿途如果荒无人烟,商旅不仅找不到吃饭和住宿的地方,恐怕也有治安隐患。一旦有治安隐患,不仅商旅不行,就是要动员老百姓在驿铺旁安家,老百姓也未必愿意。在"守以僧"之后,僧人便充当了驿承的职责,承担庵驿日常管理,使室庐不败污,器用不糜毁,更重要的是维护治安——"横暴难禁者,僧得以闻之官而给以惩治,仆卒往往知惧"。[①]

潮汕的驿铺制度改革发生于南宋,但并不是一时而就,一人为之,历任广东运使、潮州知州对驿铺制度的逐步完善和道路硬件的点滴改善有着各自的举措,日积月累,达到了"与行中州无异"的效果。这个效果是时人也是诗人刘克庄的评价。在当时,潮州通广州的陆路上有"庵七驿三亭二",为两地交通发挥了保驾护航的作用。就这样,两地之间水陆并举,人物寒暑,川流不息,纵然有沧海桑田之变也没有切断过往来交流的通道。

第四节
同和异,构建区域文化的命运共同体

笔者一直认为,潮汕地区的发展是一个兼容并包的结果。兼容并包的本质就是交流,而且是有效交流,产生了积极作用的交流。

第一,这种交流是两地文化本身的交流,也是两地文化平台的交流。

在潮汕地区和珠江三角洲的交流中,与广府本土文化的交流是第一层;第二层则是在广府的平台上,与五湖四海,乃至五大洲四大洋的文化进行交流。这是因为,广府文化本身也包含着五湖四海有容乃大的特质,延展性极强。这两个层次的交流一直并存着,历史上是这样,今天也是如此。例如,

---

[①] 庄义青. 宋代潮州古城的城市建设 [J]. 韩山师专学报(社会科学版),1989 (1):16.

在唐代潮州窑址中，一些出土瓷器风格极似长沙窑。其时，潮汕窑陶瓷由韩江水系输往广州出口，长沙窑陶瓷沿珠江也输往广州出口，两者在共有平台上长期接触，于是便产生了相互交融。同样，在潮盐"桥配"时期，清政府划定潮州、嘉应、汀州、赣州等三十一县市均为潮盐销区，当时的广州商人到潮州载盐，也会接触福建、江西等处商人，从而产生交流。

　　第二，这种交流促使我们更理性地看待"同"和"异"。

　　我们从一组文化符号来看广府和潮汕之间的"同"。生活习俗的细节上，潮汕有"挽面"，广府也有"开面"。艺术上，从各类雕、塑、画到刺绣的题材，两地都在潜意识中反映着岭南自然环境要素，例如芭蕉红荔、波涛鱼虾图样。受重商文化的影响，民间均有着以蕉为"招"、以水为财、以鱼为"余"、以虾为"发"等图饰寓意喜好。建筑上，受陶瓷文化的影响，建筑中多以陶瓷为饰，在广府建筑中多见石湾陶塑，而潮汕建筑中多见潮汕嵌瓷。语言上，作为同是保留了众多中原古音的南方方言，抑扬顿挫，声调跨度大，以至于体现在地方音乐中，有时一句话"念"出来，就等于"唱"出来。例如，潮剧《桃花过渡》中的"正月点灯笼，点啊点灯笼"，粤曲《帝女花》中的"落花遍千里万方"，其词"念"出来时，便有了旋律的起伏高低之美。在茶文化上，无论是起于北宋的工夫茶，还是当今遍布大街小巷的广府早茶，其内核不在品味，不为养生，而在于信息空间的构建和信息获取。今人乐道西方人的咖啡馆文化，认可其最初发挥着的是信息交流作用。同样，潮汕工夫茶和广府早茶的"共餐式"氛围，也营造了适应重商文化的"信息场"，精神内核上不在其雅，而在其俗，而茶叶和茶水的品质则成为一种边饰。在今天，潮汕人仍会用"什么行情"来作为搭腔的口头语，意思是"怎么了？啥情况？"。"行情"即是行业信息，由此也可见"行情"对一个重商地区的影响。

　　在"异"的一面，当然很多，大概无法归纳得尽。以祠堂功用为例，陈雪峰在《从祠堂看潮汕文化和广府文化》一文中认为，潮汕宗族意识强，祠堂是宗族祭祀之处；广州地区历来人口流动性强，大量外来人口混居，宗族意识也就冲淡了，建起祠堂有时只是用作读书人来省城应试的"招待所"。这是一例，还有无数例。

　　笔者认为，"同"有"和"的功用，但"异"也是宝藏，有了它，一地才有自己的名片和差异化优势。这正是一地之所以能和他地进行交流的资本和吸引力。如何打造这张名片，此处以方言为例。陈平原在《潮汕文化六题——从文化学的角度》中提到，上海作家金宇澄在茅盾奖的获奖长篇小说《繁花》中改造和使用方言是一个好例子。由此我们得到一些启示，许多异于他者的地域文化，就像方言一样，要"说出来"才能"说下去"，要用活了才能真正得以传承；但是恐怕别人听不懂，所以必提升"改良"的技巧和艺术。同时，文化的载体至关重要，无形的文化放在什么载体中，它就有什么平台和渠道。以方言为例，放在传统戏曲舞台上，有着活色生香的优点，缺点是传播范围有限、保存时间短、空间小；放在街头巷尾的俚语口头禅中，有着原汁原味原生态的优点，缺点是不登大雅之堂；放在长篇小说中，优点是传播范围广，留存性好，便于雅俗共赏，缺点是平面化。在这里，以长篇小说作为方言的载体，虽非首创，但为数也不多，需要一定的创新精神。在方言之外，还有各种各样的文化元素。我们不禁要自问，它们被置于什么载体上？这个载体能到达它应有的目的吗？

自身之"异"是宝藏，他者之"异"更是。在潮汕，韩文公从古至今被作为一个政教文化符号，但最初，韩文公本人就是一个"他者"。他甚至觉得来这里工作难以接受，写诗抒发自己的郁闷，又向皇帝上表争取早日回去，并且于八个月后如愿回去了。即使是这样，他也做出了应有的文化贡献。我们且不讨论对于一个地方官员来说，八个月的时间能做多少实绩，只说他作为一个异质文化者，他所认为的"不对、不好、不应该是这样"，可能恰恰是当地人习惯了的"本来就这样"。这个导致潮汕"山水皆姓韩"的外来者名气大，所以影响力也大，而他最实在的大概是带来不同的想法和行为方式，被聪明的当地劳动人民所运用。

第三，这种交流至今还在动态地"修改"着潮汕文化，并将继续"修改"下去。

从秦朝南征开始，历次北方南迁都是或急或缓、或大或小的交流与融合，延续两千余年没有断裂，也没有句点。到了今天，潮汕文化与其他文化的交流更深、更广，潮汕文化的各种因子也像一个生态系统一样，在不断地有机更新。后人回顾今人的历史，将会记下类似这样的词汇：北上广深、春运、高铁、快递、自媒体、直播带货……潮汕有了第一代、第二代、第三代的"广漂"，准确来说并不是流向广州一城，而是向珠江三角洲即广府文化圈流动。这个群体数量极大，从春运的交通状态和珠江三角洲城市并不罕见的潮汕话社区就可窥见一斑。我们在网商平台上看到潮汕生意人通过视频直播卖"牛宁"（固体咸牛奶），紧接着顺德网友和潮汕网友开始争论咸牛奶始于谁的家乡。咸牛奶大概只是众多被"争夺起源"的美食中的普通一员，而最后的答案只有"你中有我，我中有你"。

在信息技术、现代交通和高效物流的关照下，地区间的文化交流充满身临其境的现场感，快速而猝不及防，立体而无微不至。在短短数十年间，潮汕百姓亲历风俗之变、婚俗之变、观念之变、民风之变。这种变化不是外力所强加的，而是出自民间自发的改变。这种改变的目的是缓解自身生产生活新产生的矛盾，缓解代际观念的冲突，更是为了调和不同文化交流之"异"，调节文化交融之"同"。这些改变当然是交流所促成的，但交流本身并非孤立存在，它们都是在特定时代背景下产生的，因此改变也都有着时代的气息。

纵观历史长河，每段历史都会给地区文化性格留下烙印，唐宋间长风起航铸就了傲世心气，明清时禁海迁界又留下了伤感记忆。无论闯关东、走西口还是下南洋，天南地北，其情一也。我们应该看到的是，一地的文化生态还活着，她的文化性格就在不断变化着。今天、明天终将成为历史，今人书写好今天的历史，明天就会给地区文化注入更好的文化因子。

第十六章
潮汕文化与闽南文化的交流与碰撞

从古到今,潮汕文化与闽南文化的交流与碰撞从未停止,无论从时间线还是区域线,二者交织交融,在方方面面表现出高度的共通性。有人曾对两种文化进行高度概括,称二者是"同语、同源、同俗、同食、同风"。事实证明,这种概括,真实地反映了二者之间的关系。奇怪的是,两种文化却地处两省,甚至在这两种文化下成长、生活的人并不互相认同,潮汕人不会认同自己的文化是闽南文化的从属,而闽南人也很少将潮汕文化纳入自己的文化之中。那么,历史上两种文化之间的渊源和关系如何?当下的文化现状又是如何形成的?深入研究潮汕文化与闽南文化的交流与碰撞,对于全方位、全过程了解二者的内涵与发展、渊源与演变、共性与差异,有着很强的历史与现实意义,对于加深两地交流合作,开创两地互动发展新局面,至关重要。

第一节
二者属于相同史前文化圈

考古发现,潮汕与闽南漳州均存在旧石器时代。漳州史前文化分上下两层,上层以小石器为代表,距今 0.9 万~1.3 万年,分布于诏安、平和与东山。意大利学者麦兆良在《粤东考古的发现》一书中称:"确实发现了一些真正的旧石器时代的人工制品"。① 考古所发现的南澳象山遗址,也是旧石器时代遗址,与漳州史前文化属于同一个文化系统。象山遗址出土的文物以小石器为主,石器的形状、材质、制作工艺与漳州文化遗址基本相同。根据考古学家分析,粤东与闽南的远古人类基本上构成了一个使用细小石器的文化区。漳州—漳浦—东山—南澳,大约就是一条当时存在的文化移动线②。

1956年冬,陈桥遗址被发现,这是一处新石器时代贝丘遗址。距今5 500~6 000年,大约相当于仰韶文化时期或者稍微早一点。贝丘遗址的发现,表明了潮汕沿海地区的先民,已经具备了十分明显的海洋性,有着"靠海吃海"的生活习惯,对后来潮汕地区的文化和人们的生活习惯有着深远的影响。值得注意的是,这一遗址的特点,与广东省内的新时期时代遗址不同,却与福建平潭、漳州、金门、台北等地区的贝丘遗址一致,属于相同文化圈。

到了新时期时代晚期,潮汕地区的代表遗址是山岗遗址,距今3 500~5 000年。在普宁后山遗址中,出土了7个鸡形壶,与福建闽侯黄土仑出土的鸡形壶关系密切。通过对考古遗址的研究,潮汕文化研究专家指出,"新石器时代晚期的山岗遗址出土物,除了反映出这一时期本地区生产水平的提高,还反映出与周边地区的文化多向性交流以及闽南文化影响最为强劲的趋势。"③

1974年,"浮滨文化"遗址的发现,使这一文化遗址完全成为了粤东闽南文化区的代表。该遗址距今3 400~2 900年。学界对于这一文化遗址的具体年代时期还未取得共识。但是,同属于浮滨文化这一青铜文化遗址的,还有闽南的九龙江和晋江流域,加上榕江与韩江流域,这一文化遗址分布区域正好与现代闽南语系的分布区域大致相同。也有学者推测:"浮滨人所建立的王国,可能就是古文献所说的'七闽'邦国之一"④。种种文化遗址表明,粤东与闽南地区在历史上很长一段时期属于同一个文化圈,文化渊源十分密

---

① 王治功. 关于潮汕史前文化的年代问题 [J]. 汕头大学学报(人文科学版),1999(2).

② 曾骐. 南澳岛两处古遗址研究 [M] //陈泽泓. 潮汕文化概说. 广州:广东人民出版社,2001:53.

③ 陈泽泓. 潮汕文化概说 [M]. 广州:广东人民出版社,2001:60.

④ 黄挺. 潮汕文化源流 [M]. 广州:广东高等教育出版社,1997:47.

切。这也是后来两种文化一直处于"因缘和合"状态的历史根源。当然,闽南与潮汕文化之间所表现出来的人缘、食缘、语缘、俗缘、佛缘、艺缘,还与近 2000 多年的历史交融有着十分密切的关系。其中表现最突出的就是移民潮带来的两地大多同宗同族的现象。

第二节
历史上同宗同祖

历史上,中原汉族南迁,经过与本地土著的交流、碰撞、融合,造就了现如今福建以及潮汕地区的文化现状。有一说把潮汕地区的先民归为闽越族①,主要分布在今天的福建省。尽管对于潮汕地区先民以及土著的定论仍需要学界加以考证,但是中原移民所带来的文化对闽南和潮汕两地的影响,以及潮汕地区大多数家族是福建祖,确是共同的认识。中原汉族的南迁,主要遵循先入福建,再有部分由福建莆田迁入潮汕一带的路线。因此,闽南和潮汕人的族谱中,大多数都记载着莆田先祖。祠堂门框上也写着"江夏家声远,莆田世泽长",或者"莆田家声远,陇西世泽长"。

值得一提的是,早期的移民并不是遵循中原—莆田—潮汕的路线。考古发现,早在先秦时期,潮汕地区已受华夏北方文明的影响。如潮汕地区出土的文物有先秦时期的兵器和礼器。而大规模移民则是从秦朝开始,且并非经过闽南,因为秦朝时期,闽地实际控制在闽越王手中。秦军征伐岭南,不可能由闽入粤。汉人迁徙入闽,主要开始于西汉。由移民带来的汉文化对闽南、潮汕两地的影响,为两地留下了深深的文化烙印。例如,两地文化中,保留着鲜明的中原文化特色。移民潮规模的扩大,始于永嘉之乱后。受到战乱的蹂躏,中原汉人大举南迁,迁到当时战祸未及的闽地(今福建境内),也有部分迁入了粤东地区。有考古证明,东魏兴和二年(540)的砖铭证实,中原汉人当时已经进入饶平。潮汕地区目前已发现两晋、南北朝墓的有:潮安县归湖镇乌石岭黄蜂采花地,潮阳铜盂镇孤山,揭东县地都镇枫美狮尾山、仙桥镇湖心平林村狗屎山的东晋墓;揭东县曲溪五堆西晋墓;潮安、潮

---

① 陈家麟. 潮汕地区先民考辨 [J]. 汕头大学学报(人文社会科学版),1990(4).

阳、揭阳、普宁以及梅县、丰顺等地的六朝墓①。墓的形态和出土的文物均已表明，北方文化的流入对当地产生了影响。到了唐代，泉潮地区发生移民与土著之间的啸乱，朝廷派陈政及其子陈元光出兵平乱，巩固了汉政权在当地的统治，稳定了地方的局势，促进了地区商业、文教的发展，也大量输入了中原文化，为此后大规模南下移民扫清了障碍。

真正深刻影响两地的，是宋朝时期的移民。宋代南迁移民规模剧增，大量移民进入福建。这一时期，福建地区，特别是闽南泉、漳二州和兴化军，户数与人口增长迅速，经济也得到快速的发展。由于人口过多，福建地区无法承受如此巨大的压力，导致人口疏散成为必然。而与之相比，人口相对较少、经济发展相对落后的粤东，便成了移民最好的去处。尽管此一时期也有北方移民从其他地方迁徙至粤东，但主要是以福建入粤东者多。福建入粤在宋、元、明三朝时期形成高潮，潮籍宋代名臣王大宝，明代学者薛侃、状元林大钦、兵部尚书翁万达，祖上都是由福建入潮②。移民的类型除了躲避战乱、垦荒，还有闽籍官员特别是闽南人士举家入潮做官，比如，"以知州为例，北宋知州籍贯可考者30人，闽人17人，南宋知州籍贯可考者63人，闽人36人。属官中闽人更多。"③ 又如"南宋郑凤厚《水驿记》记载：'潮居广府之极东，与闽岭比壤。凡将官于广者，闽士居十八九，自闽之广，必达于潮。故潮虽为岭海小郡，而假道者无虚日。'"④ 卸任后，大多数官员选择留在潮汕，成为当地的名门望族。如潮阳洪氏，源自福建莆田。中书省洪适之子洪圭登进士后出任潮州刺史。由于他对潮阳的风土人情情有独钟，便从莆田携眷到潮阳定居，最后终成巨室。⑤ 此外，还有因为受潮汕山水所吸引，举家迁居潮汕的。又如卢侗因游历潮州后流连忘返，于是举家迁居海阳县冠山（今澄海上华）。⑥ 大规模的移民一方面表明闽南和潮汕两地历史上是同宗同祖，另一方面则是促进了文化的传播。由此，闽南文化对潮汕文化打下了深刻的烙印。比如带来先进的农业生产经验，更重要的是将闽南地区

---

① 陈泽泓. 潮汕文化概说 [M]. 广州：广东人民出版社，2001：83.
② 陈泽泓. 潮汕文化概说 [M]. 广州：广东人民出版社，2001：94.
③ 黄挺. 潮汕文化索源 [J]. 寻根. 1998 (4).
④ 永乐大典：卷五三四五 [M] //陈泽泓. 潮汕文化概说. 广州：广东人民出版社，2001：92.
⑤⑥ 陈友义. 潮州人，福建祖 [J]. 寻根，2011 (4).

的风俗、方言、民间宗教信仰也带了过来。于是形成了现在高度接近的文化特性。随着移民，潮州民系也在逐渐形成，形成过程中深受北方先进文化的影响，也深受移民所带来的闽地文化的影响。所以南宋的《方舆胜览·潮州》已经有"虽境土有闽广之异，而风俗无潮漳之分"的记载。

第三节
方言上高度接近

由于不同移民路线和群体对福建各地区的影响，所以逐渐形成了福建各地各不相同的方言和文化特点。闽南地区形成了独特的闽南文化和方言。一个鲜明的特点就是保留着较多的古汉语，所以也有一说闽南方言是古汉语的"活化石"。[1] 移民促使潮汕地区逐渐形成了"亲闽疏粤"的文化特点，方言也自然深受闽南方言的影响。学界常把潮汕地区受闽南文化影响的过程称为福佬化的过程。关于"福佬"名称的由来，说法各一。有学者经过考证，认定"福佬"一词，"最初是粤东客家人对于潮汕人带有贬义的称呼，后来成为所有客家人对所有闽南人和潮汕人的蔑称，最后，闽南人和潮汕人也接受了这一称呼。"[2] 从中也不难看出两地文化的相似性，以至于"福佬"一词成为对两地族群的共同称呼。谢重光先生也认为，潮汕地区完全福佬化是完成于宋代。[3]

关于潮州方言福佬化的完成时间，学界看法也不同。谢重光先生认为"不晚于南宋中后期，闽南方言已成为潮州的通用语言或主流语言，换句话说，其时潮州的方言已经福佬化。"[4] 李新魁提出："元代以后——潮州方言最终形成"。[5]《潮汕文化概说》一书将时间进一步明确，"潮州民系的形成，在宋代已见端倪，发展至明代中叶由量变达到质变，成为公认的一个人群文化共同体。"[6] 其理由是潮州民系文化的重要因素之一的潮州方言最终形成

---

[1] 林华东. 论闽南文化的继承性与创新性 [J]. 闽南师范大学学报（哲学社会科学版），2020（3）.

[2] 谢重光. 福佬人论略（上）[J]. 广西民族学院学报（哲学社会科学版），2001（2）.

[3][4] 谢重光. 宋代潮汕地区的福佬化 [J]. 地方文化研究，2015（1）.

[5] 李新魁. 广东的方言 [M]. 广州：广东人民出版社，1994：298.

[6] 陈泽泓. 潮汕文化概说 [M]. 广州：广东人民出版社，2001：99.

于明初叶。该书认为，"语言是一种特殊的社会文化现象，是人类交际与思维的主要工具，文化的主要载体。潮方言是潮州民系的共同语言，是区别于其他汉语民系的主要特征，不仅是凝聚潮州民系的联系纽带，又是容纳历史、民俗、民风的载体。在客观上民系语言使民系内部有了一种共同的有感情色彩的交流思想和社会交际的工具，同时又构成了抵制或过滤外来文化影响进入本民系圈子的一道无形障碍。在封建宗族社会中，这是维护民系利益、保护民系生存的无形的文化武器，在社会生活中发挥着重要的作用。因此，在民系形成之后，方言是民系成员认同的基本标志"。① 而明初叶时间的由来也是由潮州方言被运用于戏曲上而得来。"明中叶以后，区别于用闽南话泉腔演出的梨园戏，出现了潮腔演出的潮剧"，"潮州方言的出现要早于它被运用到戏曲上，潮州方言最终的形成，既然在元代之后，明中叶之前，其时间应在明初期"。②

　　关于潮州方言形成时间的考证，重点主要在于说明潮州方言最终从闽语中分化出来的年代。而二者不仅有着密切的渊源，同样也经过年代的更迭以及多种因素的影响，形成了现在相近而有所区别的发音情况。潮汕方言属于语言学上的闽南语系，也有一说是汉语闽南方言的次方言，更为具体而言，潮汕方言主要与漳州、泉州、厦门等地区接近。马重奇先生的著作《闽台方言的源流与嬗变》通过历史比较，认为"泉州、漳州、厦门、潮汕四个闽南次方言韵书的声韵调系统基本上是相同的，其所存在的差异，主要是因为不同韵书成书时间的迟早、所反映方言区域的不同以及文读系统与自读系统的差别等原因造成的"③。而潮汕方言与闽南方言的关系，同样需要从移民历史中寻找渊源。方言的形成与演变，是随着不同历史时期移民队伍与当地相融合而形成的一个过程。随着北方移民的南迁，岭南居民也逐渐汉化，随之发生演变的还有语言。从东晋到唐末前后三次中原汉人大规模入闽，逐渐使闽方言定型，此后依然随着移民不断吸收外来语言因素。④ 而作为闽南方言分支的潮汕方言，同样经历着类似的过程，在后来再逐渐分化成独立的方言

---

　　① 陈泽泓. 潮汕文化概说 [M]. 广州：广东人民出版社，2001：100.
　　② 陈泽泓. 潮汕文化概说 [M]. 广州：广东人民出版社，2001：103.
　　③ 林玉山. 比较方言学的一部力作：评《闽台方言的源流与嬗变》[J]. 福建论坛（人文社会科学版），2003（3）.
　　④ 陈泽泓. 潮汕文化概说 [M]. 广州：广东人民出版社，2001：155.

分支。因此,"潮汕方言的'远祖',是华夏语经过吴越方言通过福建地区传入潮州的。"① 两者之间的差别在于潮汕方言的演变过程中又受到了其他语言成分的影响。由于两者受华夏古汉语和上古中原汉语的影响,所以同样保留着较多的古代汉语特点。比如潮汕话中的"行"就是走的意思,"走"就是跑,"企"就是"站立","新哺"就是儿媳妇。体现六朝雅言的代表作《世说新语》中的大量语言现象,与泉州、潮汕方言的意思一致。比如"糜"就是稀饭,"箸"就是筷子,"捻"就是捏,"奴"就是对自己小孩的称呼,等等。而分化出来的潮汕方言,随着近代诸如海外移民等其他因素的影响,逐渐形成了与闽南地区方言有明显差异的语言特色。甚至在潮汕地区各个区域,也出现了方言发音上的差异,进而引发了以何处为正宗代表的争议。总而言之,方言的演变与差异固然有种种因素的影响,但移民始终是方言演化过程中的一个极其重要的因素。而近代潮汕地区方言差异的形成,也与移民的先后和差异息息相关。

第四节
饮食文化上相同特点多

潮汕文化在闽南文化的影响下,在饮食文化上具有许多与闽南地区相同的特点。除了移民带来的文化传播外,两地之间还具有相同的地理区域特色。闽南人向海而生,潮汕地区大多数地区也是靠海,海洋文化影响下的两地,除了有着浓厚的经商传统和拼搏精神外,在饮食方面同样存在着鲜明的沿海特色。

潮汕美食的共性特点主要有四:鲜、新、奇、巧。鲜即新鲜。何以谓之为新鲜?活是也。可以说,鲜乃潮汕美食最为首要且显著的特点。潮汕人嗜鲜如命,对食材鲜活程度的执着追求,正是潮汕美食得以享誉四方的重要根源。大家喜欢蚝烙,正是因为生蚝的鲜嫩肥美;喜欢生腌和爆炒海鲜,正是因为虾蟹鱼贝的鲜活;喜欢牛肉火锅,正是因为牛是当天宰杀。在潮汕菜的菜谱中,几乎很难找到腌、腊、熏等食材。作为潮汕人,逛菜市场时,即使死虾死蟹价格便宜,一般也不会光顾;而对于冰鲜海货,也极其看重成色。

---

① 陈泽泓. 潮汕文化概说 [M]. 广州:广东人民出版社,2001:157.

值得一提的是，较之海鲜的鲜活，潮汕寻常百姓家对一碗"火足"（潮汕发音读 cu，第四声，烫的意思）肉的喜爱，正是这种对食材鲜活以及本味追求的最好诠释。"火足"肉尤以早餐食用为最佳——猪凌晨宰杀，肉上市时依然有温度，很快便出现在很多潮汕家庭的早餐餐桌上。精选的部位肉，配之以珍珠花菜，肉质鲜嫩甜美，让人回味无穷。同样，"火足"肉配米饭、干面、粿条，在潮汕地区亦是随处可见。新即创新。外界对潮汕文化的印象是传统、保守，其实并不尽然。潮汕人固有恪守传统的一面，但同样也追求创新，尤其在美食上。有一说法是牛肉丸发源于客家地区，但经过潮汕人改良之后而成为潮汕享誉天下的美食。潮汕人绝对不会满足于薄壳肉只能有一种做法，所以有了薄壳宴：炒薄壳、薄壳米炒饭、薄壳烙、竹笙薄壳、虾球薄壳、薄壳米酿黄瓜等等。一盆酸菜鱼，起源于重庆，风靡于全国。同样，在潮汕地区，酸菜鱼店亦随处可见。此外，牛肉火锅店的酱料，潮汕人也不再只拘泥于辣椒、沙茶，而是像广州的牛肉店一般，丰富多彩，以满足更多人的口味。奇即奇特。说潮汕人口味奇特，一点也不奇怪。外人常常无法理解，为什么潮汕人喜欢吃咸甜粽。的确，好咸又好甜，咸甜常常同时吃，此乃潮汕美食一个奇特的表现。比如潮汕宴席上必上一道甜糯米或甜汤，以及出名的反沙芋头或糕烧双色（芋头与番薯）等，又如脆皮大肠蘸橘子酱、猪肠胀糯米外淋甜酱、西瓜蘸酸梅汁、杨梅菠萝蘸酱油等，无一不是咸甜中和的体现。从某种程度上来讲，生腌食物、水果蘸调料、咸甜同吃本身就是口味重的体现。而相较于水果肠粉，雪糕肠粉的发明本身又是创新与口味奇特的体现。巧即精巧。潮汕人对食物口感的要求简直到了极其严苛的程度，使得厨师对食材的新鲜程度以及刀工不敢有丝毫的懈怠，而这其实是一个相互作用的过程。所以人们不难发现身边的潮汕人嘴刁，吃饭时往往喜欢对食物品头论足，外卖点粿条汤时会要求粉汤分离，炒芥蓝时一定会撕去外皮。对食物制作的精巧也是外人对潮汕美食追崇的一个重要原因。一方面，潮汕美食的精巧在于刀工。可以说，即使在普通菜市场，商贩的刀工也是十分了得，此乃入市的门槛。另一方面，潮汕美食的精巧在于酱料，吃不同菜蘸不同酱料，两者配合得相得益彰。比如鸡肉、水鱼、鱼肉蘸豆浆，卤水蘸蒜泥醋，牛肉蘸沙茶，海鲜蘸三鲜酱，鱿鱼蘸芥末，油炸食品蘸橘油，生蚝蘸鱼露，每每品尝时总会有一种十分巧妙的感觉。

　　作为八大菜系之一的粤菜的一部分，潮汕菜反而与广州菜差异较大，而与另一菜系闽菜关系密切。比如闽菜烹饪有四个鲜明特征"刀式严谨,入趣菜中;汤菜居多,滋味清新;调味奇异,甘美芳香;烹饪细腻,丰富多彩"①,与笔者所概括潮汕菜四大特征,相似处多。又如两地酷爱沙茶酱,擅长制作各种粿,且蚝烙这种将生蚝、薯粉、鸭蛋搅拌,继而在平底锅煎,只有闽南、潮汕、台湾有此种做法,均是泛闽南文化区域的饮食特色。

在喝的方面,两地对工夫茶的热爱以及泡茶的手法,可谓是高度相似。可以说,工夫茶是由闽入潮的。有学者考证,"随着武夷岩茶商路的传播,茶叶连同它的加工方法和品饮方法,从闽北一路南下,到闽南、粤东,为当地人接受。"②

第五节
两地文化的其他相近之处

除了方言与饮食,两地相近之处仍有很多。比如风俗方面,两地都有正月十五吃汤圆、游花灯的习俗。七月十五中元节,潮汕地区普遍会举办"施孤"活动,分别有祭祀、举办法事超度亡灵等,与闽南地区七月举办的"普度"相类似。中秋节,两地都有准备水果、芋头等贡品拜月娘的习俗。在民间信仰方面,两地均多拜妈祖,且敬畏神灵、先灵和生灵,尤其是在祭祀祖先方面,重乡崇祖。也有拜陈云光,比如漳州民间普遍信仰陈云光,而潮州地区也有威惠庙,且据史料记载,"按漳州陈云光祖庙北宋徽宗政和三年(1113)始获赐'威惠'庙额,不几十年间,潮州就建起了威惠庙。"③ 可见,两地在历史上的密切交流,促使两地拥有相同的民间信仰。同样,在人生礼俗方面,两地也有较多相似之处。比如两地均会在七夕举办成人礼:闽南地区是做16岁生日礼,拜七娘妈;而潮汕地区则是在15岁时出花园,拜公婆母。在宗族观念方面,两地均有极强的宗族观念,宗族文化氛围非常浓厚,这同样与移民息息相关。移民潮汕地区的家族有不少中原世家,这些家

---

① 王耀华:《福建文化概览》[M]. 福州:福建教育出版社,1994:549-550,转引自陈泽泓:《潮汕文化概说》[M]. 广州:广东人民出版社,2001:498。

② 林楚生,林雅斯. 潮汕工夫茶的来源与形态[J]. 广东农工商职业技术学院学报,2017(3).

③ 谢重光. 宋代闽南文化在潮汕地区的移植和传播[J]. 闽南文化研究,2004(2).

族十分注重自己的历史和文化传统，为两地拥有强烈的宗族血缘关系奠定了深厚的基础。在民居建筑形态方面，两地风格基本相通，民居平面布局基本相似。主要是以"'一明两暗'，'三合天井'型或是'四合中庭'型为核心，平面方整，中轴对称，天井狭小有别于北京四合院；封闭，有护厝，入门多为凹斗门。其空间的分配关系也受人们的日常生活与习俗及思想观念的制约。空间主要分割为厅堂，卧室，廊道，庭院，天井"。① 值得一提的是，"三合天井"的民居形态在漳州和潮汕地区均称"下山虎"。而潮汕地区的"四点金"则与泉州的"三间张"或"五间张"相类似。两地较多建筑还有一个相同之处，那就是屋脊文化，拥有特点鲜明的"五行山墙"，即以"金、木、水、火、土"五种样式来装饰的山墙。在绘画方面，闽派的画风在潮汕地区也十分具有影响力。舞蹈方面，英歌舞在潮汕地区十分出名且盛行，在闽南漳州地区同样也有英歌舞。而关于英歌舞究竟是由闽南传入潮汕，还是潮汕传入闽南，学界尚无明确定论。但据《中华舞蹈志·福建卷》记载："漳州《英歌舞》源于广东省普宁县。广东潮汕地区与漳州是近邻，语言相通，民间素有往来，抗日战争期间，潮汕时局紧张，不少潮汕百姓移居闽南各地。《英歌舞》艺人李记河、李明等就是于1942年由普宁县迁移到漳州定居的。他们带来了家乡的风俗习惯，也将《英歌舞》带到了漳州。"② 假如这一说法成立的话，则说明了潮汕地区"福佬化"的同时，闽南地区也有受潮汕文化的影响。最后，值得一提的是，两地之间存在联系密切的侨文化，两地方言中均有"过番歌"。同为沿海地区的闽南和潮汕地区，是下南洋的主要人力输出地。拥有相同的华侨文化和海外方言特点，海外移民除了输出文化的同时，也反向输入海外文化，比如最为明显的是方言中的外国元素。如来自英语译音的"lorry"（卡车），来自马来语的"ayan"（铁线）等。侨文化也密切了两地在侨批业的联系。比如汕头的有信、光益裕、洪万丰等侨批局的侨批投递范围都包括福建诏安县，宏通等侨批局的侨批投递范围也达到云霄县。③

总而言之，闽南地区与潮汕地区由于地理位置接近，地域特色接近，历

---

① 许丽娟. 潮汕与闽南民居建筑形态的渊源 [J]. 设计，2013（12）.
② 吴卉连. 潮汕、闽南英歌舞述略 [J]. 吉林广播电视大学学报，2010（10）.
③ 杨浩存：《闽南文化的泛区域化：闽南文化与潮汕文化比较研究的启迪》[M].《论闽南文化：第三届闽南文化学术研讨会论文集（上）》2005年11月27日.

史上属于相同史前文化圈，且通过多次移民，中原文化与地区文化交融，造就了今天两地的文化形态；而两地之间密切的文化交流与碰撞，造就了两地文化具有相同的人缘、食缘、语缘、俗缘、佛缘、艺缘等；尽管因为各种因素，当前两地的文化形态有了一定的差异，但丝毫不影响二者之间的合作与深度融合。今后，值得为之努力的是，各界力量起而行之，加强两地文化的学术研究与对话，尤其是加强两种文化比较研究，剖析文化关系背后的深层次原因，传承和创新两地文化，共同丰富中华文化内涵，为两地经济社会发展提供强大的动力。

第十七章
说不尽的东江故事

东江作为一个地理名词由来已久，但被认定为特定文化共同体的源头则是晚近的事。1990年以来，随着地域文化热的兴起，有关东江文化的研究渐成阵势。东江流域有没有形成自成一体的流域文化？东江文化的成熟期应自何时开始？地理考古发现的本土渔耕文化特性，与当前的客家文化主体有无冲突，如何连接？在学院、政府和民间的共同参与下，通过地理空间的整理、历史事件的跳跃式连接和南北文化交流的白描式总结，东江文化的倡导者、探索者和阐释者们较好地回应了上述问题，为东江文化的整体化建构提供了地理、历史和学理依据。在整理东江流域的空间格局时，人们发现，自宋以来，东江流域的空间自北向南不断拓展。随着区域的细化与重新分化，它如今不但涵盖了源头的江西省西南部，沿途的河源、惠州、东莞，还通过引水工程与国际大都市深圳、香港融为一体，成为融"传统与现代、内陆性与海洋性"于一体的地理空间。在连接晋代葛洪的炼丹养生、宋代苏轼的流放贬谪、近代反清革命和东江纵队抗日传奇等不同时期的历史事件时，人们意识到，东江既流行护身养生的恬淡之风，也有过尚勇用兵的革新之气，道家的恬淡与儒家的担当可以成为东江文化人格的双重内涵。稍加用心，我们还会注意到，与岭南文化圈的其他文化形态不同，东江文化主体是自北而来的客家文化，客家文化是中原文化一路南下，与本土渔耕文明共生却始终保持主体性的独特文化形态,是数千年南北文化交流的活样本。在对这一段文化交流史的白描式总结中,人们淡化了历史情境中不同文化的对立情状,凸显了东江文化生态圈中客家文化与潮汕、广府文化和谐共生的现实,提炼出了"兼容并蓄、开放包容"的东江文化内核。综上可知,"传统与现代融合、内陆性与海洋性兼具、道儒互补、兼容并蓄、开放包容"等东江文化特性的凝练过程,遵循对立统一的思维准则,将多样化的文化原貌进行了抽象处理,从而打造出了趋向一体化的东江文化。但若想真正把握某种文化的特性,还需回到文化所以依存的地理与人文环境之中,回到鲜活感性的生活场景里。因此,我尝试通过梳理东江的山水、美食、民间艺术和人的故事,拾取在历史长河和时代动荡中鲜活的东江文化因子,以期对东江文化肌理有更细腻的把握。

第一节
山水故事

将处在东江流域中游的惠州作为东江文化的凝聚点和枢纽站,已成为人们的共识,原因在于,惠州境内远近闻名的罗浮山和西湖,不但具有较强的自然与人文标识度,同时也是文化通融的场所与结果。

在中原文化视野中,直至晚清,"岭南"还被认为是蛮荒之地。但罗浮山在秦汉时期就负有仙山之盛名,进入了北方文人术士的游历、吟诵和生活视野之中。从其得名来看,正是在南北交融视野中,罗浮山作为仙山的人文意义得以成型。地志记载中的"蓬岛浮山来南""东海罗山、南海浮山的合一"两说可谓佐证。如我国现存最早的全国地理总志《元和郡县图志》记载:"罗浮山,在县西北二十八里。罗山之西有浮山,盖蓬莱之一阜,浮海而至,与罗山并体。故曰罗浮。"另屈大均《广东新语》记载:"考罗浮始游者安期生,始称之者陆贾、司马迁,始居者葛洪,始疏者袁宏,始赋者谢灵运。"罗浮之成名,最初得益于北地文人之兰心蕙质。如果说,北方文人南下罗浮,是在诗词文赋与求仙问道中,将罗浮塑造成世外仙境、福天洞地的话,那么,宋明之后,南方文人北上,在其回望故土的诗文之中,则赋予了罗浮现实家园的象征。在南宋的古成之、崔与之、余靖、留正、李昴英等一批岭南士子笔下,罗浮隐约有了家园的意义;而在清初岭南三大家屈大均、梁佩兰、陈恭尹的四百多篇诗文中，罗浮已经作为一个清晰而重要的家园意象，寄托着他们背井离乡的浓郁乡愁。北望与南归双重视野中的罗浮，其壮观宏伟的自然景观及其所蕴含的包容、淡定、温暖的人格内涵逐渐清晰。近代以来，在革命与战争中，当罗浮山以其伟岸险峻为东江儿女提供了天然的庇护场所和战争壁垒时，英雄气概、反抗精神和爱国主义情怀等也融汇成了罗浮文化的因子。进入 21 世纪之后，罗浮不但是东江地区重要的山水人文景观，还发展成影视基地、中医药基地和红色文化教育基地等，罗浮传统的现代性内涵更加丰厚。如今，罗浮文化已经融合了自然与人文、仙气与地气、传统与现代的因素，成为具有复合性的东江文化的重要表征。

　　文化具有山性与水性，山性意味着文化中敦重朴实的一面，水性意味着文化中飞扬飘逸的一面。地处温暖多雨的粤北，东江地区雨水充沛，湖泊处处可见，它们如一串串明珠，闪耀在东江大地之上，孕育出文化的水性。惠州西湖就是其中文气灵动的一颗耀眼明珠。与罗浮地名的源远流长不同，惠州西湖的地貌与命名历经变化。就是在静与变的辩证法里，西湖孕育了东江文化之灵。晋以前，今日西湖所在之地，还是野兽出没的荒草洼地。据张友仁《惠州西湖志》言："东汉时，湖上犹有狼虎居之，无所谓湖也。"公元 318 年东晋元帝"兴建龙兴寺于湖上"（《惠州府志》），湖初具规模。北宋州守陈偁"引湖灌田，兼鱼、藕、蒲、苇之利"，同时还在湖上筑堤造桥，修建亭榭，使之"施于民者丰"，便有了丰湖之名，成为"岭南名胜"。但西湖美人逸士般的灵秀之气，则源自大文学家苏轼与其侍妾朝云。苏轼闲居丰湖之畔，念及湖本处城西，感受如杭州西湖般的美丽风光，故为之改名为西湖，将自然本色的丰湖融入江南文统之中，留下更多想象的空间。朝云在东坡再贬惠州、众叛亲离之时，不辞山穷水恶，选择不离不弃，终病倒于岭南瘴疠之下，长眠于西湖孤山之上。千古难寻的忠敬之情，化为西湖不朽的灵魂，与重情重义的东江儿女声气相投。因缘苏轼朝云，惠州西湖融风光情义为一体，令人神往。同是宋代（1254 年），稍晚建成的丰湖书院，则使得化育万物、润泽后人的地母精神成为西湖文化的另一核心。丰湖书院原在桥西银岗岭，至清康熙年间（1695 年）迁入西湖内，渐入鼎盛时代，近百年间培养了大量人才。"人文古邹鲁"和"山水小蓬瀛"，丰湖书院以自然和人文化育英才，为东江文化的教育传承立下根基。沿此文脉，惠阳师范专科学校（今日的惠州学院）也在西湖创办，为东江地区输送了高素质的人才，成为承载东江精神气质和文化使命的标志及平台。而进入20世纪80年代，整个西湖风景区进行了更大的布局，五湖变六湖，西南部的红花湖经由改造后融入，将廖承志等革命者的足迹也融入西湖景区之中。在西湖的文化长廊里，文气与武气、传统与现代的加减乘除，使得东江文化具有了更大的涵盖度。

山水比德，如果山隐喻了远方与家园置换融合的结果，那么水则意味着保持自我与开放包容的辩证法。东江地区倚山面海，有山多水，文化的型与神融化于山水自然之中，沁人心脾，润物无声。

第二节
美食故事

东江地区的生活节奏，掺杂了道家的仙气和儒家的地气，相对闲散又务实，注重当下生活的质量。在这"日啖荔枝三百颗，不辞长作岭南人"的安居宜心之地，美食也渗透了本土文化形成的印迹与特性。我们随意品味几道名菜，就能闻到时空迁移交汇的味道，感受不同菜系相互影响的痕迹。

鹅是东江流域最重要的美食素材，广为人知的菜式有烧鹅、碌鹅、卤鹅，做法不一，但共同处都在于既注重保存鹅肉的原汁原味，又强调腌煎烧熬的时间功夫。其中以碌鹅的做法作为经典。碌在客家话里是煮的意思，但碌鹅并非简单地将鹅肉煮熟，而是要经历腌、烫、焖、浇等程序，一步一步，让鹅色相、气味和口感都呈最佳状态。但就是这有着浓郁烟火气息的鹅，在东江流域的传说里却是仙界化外之物，乃世外高人（一说是诗人谢灵运）的坐骑。当仙人自北向南骑木鹅漫游时，突见一处湖光山色，美胜仙境，便降落湖中不再离去，木鹅化作山岭卧于湖滨，仍欲展翅飞翔，故山称为飞鹅岭，所在惠城区也有了鹅城之名。从沾惹仙气的北地飞鹅到本地流行的饕餮大餐，飞鹅的仙气化作锅里的热气，恰如远道而来的客家人，吸纳周边广府、潮汕的文化元素，将一锅鸡鸭鹅肉慢炖细熬，饱含着对生活的耐心，也沉淀出包容平和的文化个性。

豆腐起源于汉代，应是随着北人南下而在宋代遍及岭南，但客家酿豆腐的做法却自成一系，在性凉清淡的豆腐中嵌入小团的香菇肉馅，以滚油煎熬成金黄块状，实现荤素的融合，既好吃又营养全面。传说酿豆腐起源于两客相争——两个客家人，一个要吃荤，一个要吃素，店老板灵机一动，做出了酿豆腐，两人都十分满意，可见酿豆腐的做法隐含了客家人和气为人之道，又颇具文化和解的意味。遵循荤素融合原则的东江名菜还有酿苦瓜、梅菜扣肉等，其制作、造型与口味均各具特色，而其蕴含的和之智慧却一脉相通；特别是可荤可素、可粗可精的客家擂茶，显现的是东江菜系在传统中原饮食文化中的创新变通与包容兼通。虽说东江菜系口感有偏重"肥、咸、熟"的一面，但萝卜粄、黄粄、艾粄、黄豆饼、煎圆等主食也保留了质朴的山间田野风，印证了客家人一路北下、不畏艰难困苦、勤俭持家的生活历史与文化传统。

东江地区水果丰富多样，柑橘、桂圆、香蕉和荔枝一应俱全，其中荔枝被认为是岭南水果之王，赢得了历代帝王贵族、文人雅士的青睐。唐代杜牧的"一骑红尘妃子笑、无人知是荔枝来"，将荔枝与封建王朝奢侈之罪关联起来，令人浮想联翩。而事实上，清亮甜美的荔枝，也的确隐藏着火气火性。苏轼初来惠州，因贪恋荔枝的美味，吃多了百十颗，竟导致"下路"不通，痛苦难耐。外表平和的东江人，关键时候揭竿而起的革命激情，是否也如荔枝一般暗含玄机？不管怎样，能将日月之光芒与土地之水气融为一体、随机转换的水果，也非荔枝莫属了。

东江美食如歌又入味，体现了文化的包容，是仙气与地气的完美融合。在生活化的东江文化旋律中，美食在绚烂与质朴之间转换从容，不断丰富着自身的文化内涵。当苏轼作为外来者踏上惠州的土地后，也注意经营生活的艺术。经他点染后的谷董羹、玉糁羹、煨芋头以及东坡肉、东坡羹等富有内蕴的美食，如今也成为东江美食传统中颇为丰厚的部分。饮食文化源于山川河流，也源于远方他者，最终慰藉哺育所有的乡人与游子。

第三节
民间艺术中的故事

艺术尤其是民间艺术既是地方文化的重要载体，也是提升地方文化的重要通道。东江流域民间艺术源远流长，丰富多彩，因为生长在多种文化的叠合空间，一些民间艺术形式上虽与其他地方大同小异，但其细微处颇见地方文化精神，具有交汇之美与并存之妙。

东江地区的民间音乐形式中,惠阳皆歌与惠东渔歌是颇具对照性的两类艺术。惠阳皆歌以客家方言主唱,属于源远流长的客家山歌中最为生活化的表现类型。所谓皆歌,即是"人人都喜欢,人人都会唱"之意。传统客家山歌是整齐的七字句,多少有些文气;而惠阳皆歌则即情即景,随口就唱,可以随意增加衬词衬句(常增加金牡丹、牡丹花),以其一学就会的简明乐调在惠阳一带流行了几百年,大体分为永湖皆歌、春牛调和惠阳山歌等三种类型,多具幽默风趣的风格,体现了临山而居的客家人劳动生活中的豁达开朗。如广东省皆歌非遗传承人廖强主创的《沥翻歌》(普通话叫《相反歌》)、黄红英的《皆歌一唱闹洋洋》等就传承了传统皆歌幽默的表达特点,成为流行甚广的名曲。

惠东渔歌以"福佬话"(属闽南语系)演唱,四句为篇,旋律自由,简单明快,既是惠东港口、平海、巽寮一带渔民的劳动号子,也是他们海上生活的真实写照。故而惠东渔歌的背后,是宋以来沿海迁移的渔民漂泊不定的生活历史。据《惠东县志》记载,惠东渔民的远祖被称为"后船疍民",宋时从福建、潮州一带迁移而来。随疍民迁徙而来的渔歌,也慢慢衍变成曲调、风格和表演形式独特的惠东渔歌。渔民常在中秋节庆、婚嫁丧祭之晚面朝大海、对月而歌,歌声深情壮丽,既唱出了他们对大海慷慨馈赠的感激之情,又道出了他们祈求平安幸福的心声,颇有宗教的肃穆意味。代表作品有咦嗳嗳调《金鸟金》(独唱,抒发看到金鸟而产生的喜悦期盼之情)、哎哎调《百花一年开四季》、啦打啲嘟啲调《一对龙虾藏礁洲》(对唱)、妹仔调等。山民与渔民,在生活中相互包容、各安其所,在艺术上也各有传承,自成风格,共同打造了东江地区山海同歌、庄谐对照的多彩艺术生态。

作为一种传统民间艺术形式,麒麟舞在东江流域流传了数百年,但它在北方的历史更为悠久,可以追溯至春秋时期孔子获麟的传说。河南省睢县蓼堤镇的"大刘寨麒麟舞"作为北方麒麟舞的典型代表,传承了明末的宫廷舞式,重在表演麒麟喜怒哀乐、惊疑醉睡等神态动作,再加上盘门杂技表演,演绎出一番热闹喜庆之气。但在客家南迁中发展成型的东江麒麟舞,随地生根、不断演绎,却形成了以武引舞、文武融通的特殊景观。从渊源来看,东江麒麟舞的产生源自于强身健体和护村守寨的现实需要。在兵荒马乱的年代,为了保护家园,村村兴办武术馆,青壮年人人练习舞麒麟和打龙形拳,以保护一方平安。从现状来看,随着安定生活的到来,麒麟舞演变成具有喜庆意味的武术表演形式，以丰富多彩的武术套路和富有生活气息的即兴发挥，反映东江文化的精神内涵。

从现在活跃在汕尾海丰、东莞清溪、惠州小金口的三种麒麟舞来看，它们各具风采，各有特色，扎根于各自的文化传统和地方生活之中，体现了中原文化在东江流域被重新塑造与再次成型的结果，也呈现了东江地区文化在融通中分头发展的独特风貌。

惠州小金口麒麟舞在内容上将古老的沙仙传说与麒麟传说加以整合，将武功武术融入充满生活气息的玩耍套路中，在"拜年贺岁舞""麒麟贺丰年"和"大头佛戏麒麟"三大套路中经常增加一些诙谐幽默的生活细节以吸引观众，生活气息浓烈。

东莞清溪麒麟舞重在表现麒麟作为神兽的凛凛威风，在造型、套路和主题上都自有特色。传统清溪麒麟用黄竹扎框，优质沙纸糊面，显得体宽、个高、尾长；麒麟上画满了牡丹、桃花、菊花、蝴蝶等色彩鲜艳、细腻生动的纹路，显得威武又有灵性。麒麟头酷似龙头，体现"龙生九子，麒麟为长"之意；头上向前崛起的五色独角，寓意"独占鳌头"和"头角峥嵘"；头、颈、嘴分别镶的塔形彩钉、铜制圆镜、金线图案寓意"人丁兴旺""驱恶辟邪""金口玉言"；身上的五色彩披，象征金木水火土五行，上绣"风调雨顺"字样。通过头尾两大套路的武术表演，这一集祥瑞于一身的神兽表现"麟趾呈祥"和"采青赐福"两大主题。头套表现麒麟从天宫准备巡视人间、巡视东南西北方、中途休息梳洗和醒来四个环节；尾套表现麒麟醒来后巡城求青的艰难与恩泽万物的过程，显现自然崇拜的丰富意味。

潮汕地区的海丰麒麟舞则别开生面，在麒麟自舞外，加入丰富的武术表演，武术的精彩处已压过了麒麟舞，隐约显现出潮汕文化对中原麒麟文化的某种对抗与重构。其表演程式通常是麒麟出场耍弄一圈后，在吹打乐节奏中，逐一上场展现打拳、弄棍、搬刀、舞尖串、尖串对铁尺、辗藤牌（一人拿虎叉，另一人左手执藤牌护身、右手持刀。其打法是以叉戳盾，以盾抵叉，并拿刀就地翻滚，做砍马足状，或者集体搬棍对打等。以上表演项目每个班子不一定样样都有，但起码要有五项，故叫"搬五彩"。随着音乐节奏的加快，表演的高潮形成，最后以麒麟在礼炮声中顿首拜谢结束。海丰麒麟舞的另一种表演形式是加入戴着巫术面具的弄麒人戏弄麒麟。其中一个戴着面目狰狞的面具（傩戏面壳）扮成魁星，手提仙拂，不时扰弄麒麟；一个头戴哪吒帽,背挂宝剑,手提弄狮球,不时同麒麟戏耍,并伴随一些武术表演。整个过程渗透出神秘肃穆的氛围,与小金口麒麟舞的生活气息和东莞麒麟舞的宫廷气息形成对照。

东江地区享有盛誉的民间艺术形式还有龙门的瑶族舞火狗和农民画。舞火狗是蓝田瑶族狗图腾的祭祀舞蹈和瑶族少女的"成年礼"活动。传说瑶族先祖靠狗奶养大,为了牢记作为"再生之母"的狗德,每年农历八月十五团圆节之夜,瑶族村庄举行集体舞火狗活动:未婚姑娘在手臂、腰部用山藤绑上黄姜叶,头戴竹笠,插上香火,扮演"火狗",边舞边吟唱古老的民歌;当舞蹈队跳到村外河边时,再将身上的黄姜叶、竹笠和香火扔到河里,以河水清洗手脚,象征驱除邪气,保持洁净。舞火狗融音乐、舞蹈、宗教于一体,既具有欣赏价值,又有民俗、历史的研究价值,为我们了解东江地区民间文化的多样性提供了鲜活样板。龙门农民画的源头是清末各种民间传统手艺,但直到20世纪70年代末80年代初,在地方政府支持下,龙门农民画才形成规模,显现个性风格。龙门农民画的主要特点是线条造型简朴夸张、主要表现乡村劳动与生活,展现了南国地域传统与民俗文化的特性,已经成为彰显地方文化特性的重要载体,其代表作品有《瑞狮贺岁》《赛龙舟》《舞火狗》《五谷之神》《愉悦龙门》等。

东江地区的民间艺术源远流长、丰富多样,但其现代传承之路并不平坦,曾面临被消解、被遗忘的命运。20世纪80年代之后,当它们被重新挖掘并尝试进入当下生活视野时,同时被发现的还有东江地区独特的文化生态,多种艺术和而不同的并存之美,以及整理隐晦、压抑的民间资源而产生的文化爆发力,这些都与江南一带立足士人传统、厚积薄发的文化传承方式形成了截然不同的风貌与走向。

第四节
历史人物的故事

天地不仁,万古如斯,而人却能在天地自然间演绎衍生,文化也由此延绵不绝,变化多端。东江流域的人,来来往往,留下的,远行的,过客或安居者,不知有多少耀眼的人生故事熔铸在东江文化的想象共同体之中,在文化的传承创新中留下鲜活的印记。

如果从空间与文化意识的互动角度来看，东江流域人的故事无非是三种：一类是远道而来的移民过客；一类是出走异乡的浪客游子；而更多的是在远方与家园的双重视野中写就对土地的深情，熔铸出文化精神的人。

葛洪（284—364）对东江乃至岭南的影响，除了源远流长的民间传说之外，已经出现不少精深系统的研究。这些研究从生活方式、哲学思想、宗教道德、医药巫术、自然科学等各个层面铺展开来，呈现了与岭南精神和文化传统密不可分的葛洪形象。他包罗万千、博大精深、复杂多变。但在文学艺术领域，还有一种将葛洪与罗浮山镶嵌的思路，那就是移居主题。在中国绘画历史中，"葛洪移居"是一个经久不衰的绘画题材，以唐代李昇《葛洪移居图》、元代王蒙的《葛稚川移居图》等最为有名。葛洪移居何以能称为重要的艺术主题，引发后来者的临摹、重创和研究？虽然道家思想一直是中国艺术最为重要的精神资源之一，但葛洪移居题材重要性的凸显，却缘于古代文人在庙堂与江湖之间难以抉择的普遍困境。葛洪移居罗浮的经验似乎呈现了摆脱这一困境的理想路径，那就是远离政治中心、重建生活中心，从庙堂走向民间，自创一脉人文精神；从更大的意义来看，葛洪功不成身亦退的人生是传统文人可望而不可即的理想形态。我们知道，葛洪出身上层士族家庭，年少时以儒学见长，也曾以儒家的"治国平天下"为理想，太安年间他奉召为将兵都尉并成功破敌，展示出过人的军事才能。但身处乱世，葛洪深知动荡社会中，个人难以自全，于是，历经挫折的他虽有将帅之才却心在朝野之外，拒绝朝廷的任命和好友的荐官，一心求道。晚年，葛洪得知交阯有仙丹出产，便携家眷同去，途经广州时，友人邓岳的无心之劝，让葛洪停下南迁的脚步，选择在罗浮山修道炼丹，成就一代道家宗师之名。葛洪由儒入道、援儒释道、儒道并济的经历也非常契合传统文人的思想与精神发展脉络。

与魏晋时的另一文人典范陶潜相比，葛洪的影响力早已超越文人士子，进入俗民底层。一方面，葛洪将魏晋以来避乱求生的隐逸无为思想付诸实践，努力探寻幸福长久的人生秘诀。渊明先生"草盛豆苗稀"，务农效果不佳，而葛洪南下突围的生活成果已成佳话。传说其辞世时容貌如生、身轻似燕，完全符合成仙永生的民间生活幻想。另一方面，葛洪在罗浮期间既开炉炼丹、熬制药草，又著书立说、传授真经，于融虚实于一体的道学实践中，还有敢于抗争天命的革命精神和冒险意识。试看《抱朴子》内篇卷十六

《黄白》中所言："我命在我不在天，还丹成金亿万年"。这一充满自信、敢教日月换新天的豪迈表述，是否就是东江流域近现代的革命行为的精神资源？2019年风靡一时的动画电影《哪吒》中，敢于违抗天庭、翻江倒海的哪吒正是以"我命由我不在天"喊出了新时代的青年箴言，可谓得到了葛洪的真传。因此，某种意义上说，葛洪移居罗浮不只是一个艺术事件，更是一个重大的文化事件，他建构了儒道并济的生活世界，实践了积极有为的生命哲学，凝练出了东江文化兼容通达的精神核心。对葛洪精神的传承光大应是东江文化走向成熟成型的重要路径。事实上，东江文化精神特质的生成与北方士子南下的思想和文化实践难以分离，这些文化精英与寻求生活空间的客家人一道，自北向南，在东江流域自植灵根，繁衍生发，终成大观。

　　与葛洪"我命在我不在天"的自在豪迈不同，苏轼（1307—1101）的"此心安处即吾乡"道出了贬谪文人重建精神家园的东江境遇。因为无法如葛洪般决绝离去、再造仙境，身处官场困厄的传统文人大多转而求得精神上的自我解脱，苏轼正是政途困顿而心灵超脱的典型代表。他在《自题金山画像》中描述过自己风雨飘零的政治生涯：心似已灰之木，身如不系之舟。问汝平生功业，黄州惠州儋州。少年的短暂得志，换得余生的一贬再贬，即便来到岭南边陲的惠州，昔日政敌仍虎视眈眈。在惠州两年零七个月的时间内，苏轼连安身之所也难寻，先后寄寓合江楼和嘉祐寺，搬出搬进数次。当他好不容易凑成一笔钱，建成白鹤新居，期待安定下来——"新居成，庶几其少安乎"。但入住新居仅63天，年已62岁的苏轼又接到前往儋州任职的贬令。官场走马楼台类转蓬，哪有个人安栖之所？然而人生于天地之间，最终可以慰藉宦游人的，仍是被贬之地的自然风物、风土人情。宋之问获罪南贬路上，屡以罗浮美景和神仙传说抚慰自己，"未尽匡阜游，远欣罗浮美""异国多灵仙，幽探忘年纪"（《自洪府舟行直书其事》）。苏轼在天气炎热、瘴痢难耐的惠州，也感受到风土人情不无美好之处："风土食物不恶，吏民相待甚厚"（《与陈季常》）。对此，学者杨子怡认为，苏轼不但把惠州当作家乡，甚至以谪为游，在江山美景的咏唱中忘却故我："仿佛曾游岂梦中，欣然鸡犬识新丰"（《十月二日初到惠州》），"归去来兮，请终老于斯游"（《和陶归去来兮辞》）[①]。杨子怡认为，以谪为游、随遇而安，正是苏轼大智

---

① 杨子怡. 论苏轼惠州诗文之变及其意义 [J]. 船山学刊，2008（4）：151.

慧的过人之处。但在我看来，苏轼是在与土地人民的共存共生中超越个人得失，达到了更高的人生境界。苏轼在惠州的短暂岁月，并无实权，却凡事亲力亲为，遇事积极谏言、上下奔走，为百姓谋事成事。如改丰湖为西湖、建一堤两桥、引山泉入城、建议在水上建碓磨坊、呼吁减租免租等，无一不显示了积极担当的意识。至于他在东江流域写下的众多诗词①，更是成为直接而珍贵的文化资源。所谓"一自坡公谪南海，天下不敢小惠州"，道出了苏轼文化惠州的功绩，显现了土地与人相互滋养的美好境界，也彰显了文化生成与发展的重要经验：杰出的生命个体与土地的相遇融合将不断丰富区域文化的内蕴。

理解东江人的流动历史有两条主线：回望中原，是北方士子不断南来的身影；放眼世界，是无数远涉异域、敢于冒险的海外移民。从东江流域走出去的百万海外华侨华人中，既有叱咤风云的人物，也有被遗忘的大多数。在中国国内，马来西亚著名侨领、吉隆坡的开发者之一叶亚来（1837—1885）颇有盛誉，而庇佑一方的怡保南道院道长龚善德却鲜为人知。但这两个闯荡东南亚的客家人，一以武力征服，一以善德守护，一文一武在异域展现了东江文化的丰厚内涵与内在活力。叶亚来和龚善德都是惠阳人，都是在太平军兵败的背景下前往南洋谋生。17岁的叶亚来到南洋后，干过掘土挑沙、筑塘养鱼的苦力活，也做过华人店铺里的小伙计，还做过厨师，干过贩猪运锡矿沙诸多杂活，也有出入赌场的经验。多年的贴打滚爬，使他积累了行走江湖的本领。1861年，24岁的叶亚来苦尽甘来，成为一方华人首领。而后又经历争夺锡矿利益的多次混战。1873年至1880年间，他控制了吉隆坡地区的管理权，成为华人甲必丹，俗称"吉隆坡王"。1883年，他还被清政府"例授中宪大夫叶茂兰敕赠三代"，获得了海外华人的无上荣耀。叶亚来依靠武力管理着锡矿之时，道长龚善德则以半道半医的方式为锡矿工人提供宗教服务②。在他担任怡保地区寺庙南天洞住持的数十年间（1879—1914年），他为南洋客家人治疗各种疾病的同时，也为他们祈求心灵的幸福安定。在19世纪末缺医少药的怡保，龚道长借药签行医，应是扩大信众群体的有效手

---

① 共发表诗171首，词12首，文339篇。
② 根据宋燕鹏的研究，怡保地区的客家人，多以锡矿业作为优先从事的行业。由于南洋华人有做法事的需要，僧侣和道士随之南来。他经过考证，认为龚善德南来的主要服务对象也是这些锡矿工人。

段。但除了医药,他还以法术闻名。当地有关龚道长的一些传说流传至今。据说以前南天洞前有放生池,经常有小顽童来偷捉乌龟等动物。龚道长为了制止顽皮的孩子来偷捉放生池的动物,口念咒语,将池边的一棵大树慢慢地倒向他们,不久后大树又渐渐恢复原状。龚道长甚至还有未卜先知的本事,对自己羽化而去的日子掐算精准,临死前告诫亲戚信徒,从容登上后洞的一百级台阶,大化而去,颇有葛洪之仪。而他流传至今的《行道百字训》[1]将儒家的基本原则和道家的修行融合并存,也深得葛洪之道。

叶亚来和龚善德文韬武略、各得其所的南洋传奇,为我们深入理解东江文化特质提供了重要镜像。在文化的跨语境传播中,在异域发扬光大的部分往往是最具活力的成分。儒道并重、兼容开放的东江精神在经受时空考验之后,势必成为活力无限的文化核心。

东江流域有主动求变的革命传统,历史上爆发的多次农民起义、近现代以来的革命历程,都可在尚武、顺势应变的江河文化中求得解释。但近代东江人的革命故事应放在更大的版图——沿海传统与江河传统的折叠空间加以定位。近代的革命者们,呼吸着海洋的气息,在走出国门、求学游学的世界经验中思考和处理家国问题。在远方与家园的移动生活版图中,近代东江人视野开阔,在大是大非之境中表现出两种典型气质:一是刚烈尚武而矜重气节,二是审时度势而进退有节。前者可举廖仲恺、邓演达、叶挺、彭湃等革命先烈,而后者或以叶剑英等为代表。他们已成为历史教科书里的传说,与生活有了距离。而另一些颇具草根气息的人,或许能让我们更好地理解东江人的双重气质。在此,不妨重新讲述曾生的故事。他的人生经历,更贴近底层的英雄想象;他的性格也因上述两种气质的融合而显得更加平易近人。

曾生(1910—1995)出生于惠阳坪山乡石灰陂的贫寒之家。因海外谋生的父亲,他走出了家门,走向了世界。香港的中学教育、海员经历和澳大利

---

[1] 《行道百字训》的内容如下:辨道依规矩,慈悲化四方。谦和兼信实,俭让与温良。敷祖根宜固,遵(尊)师本莫(忘)。待人敦利益,处己惕疏狂。切忌争功果,尤嫌论短长。慎高休执拗(拘),人我勿分张。受谤言须谨,知几事要藏。三千功积满,八百行参详。引众登仙境,调贤选佛场。慈航来普渡,位列列天堂。该文五字一句,内容涉及儒家的谦和俭让温良、尊师敬祖,以及道教为人处世的淡然态度,和"三千功圆,八百果满"的思想。最后一句"慈航来普渡",则是指道教女仙慈航道人。可知龚道长心目中,儒家的基本原则和道家的修行是并行不悖的。参见宋燕鹏:《丘逢甲南洋诗歌"南道院"考》[J].《韩山师范学院学报》,2017,38(4)。

亚商学院的中专生活，让他拥有开阔的视野、娴熟的外语技能，以及立志革新的思想。商学院毕业后，他不愿做唯唯诺诺的小商人，选择回国深造，在中山大学读书期间开始接受革命的思想熏陶，逐渐成长为一名文武双能的革命家。抗战时期东江纵队总司令的身份无疑是他人生最为闪亮的一页。1938年，针对日军登陆大亚湾入侵华南的危局，八路军决定派人在东江地区开展敌后抗日游击战争。曾生自告奋勇，回到了家乡坪山，组建了惠宝人民抗日游击总队，孤悬于敌后战场八年，取得了卓越战绩，而后和平时期主政广州也是政绩突出。然而，这样一个功勋卓越的将军，其东江纵队的经历和海外关系[①]竟在"文革"期间成了罪证。1968年，曾生被秘密逮捕，经历七年秦城监狱生活。出狱之后，他几乎丧失了思维与言语能力，① 却依然保持对人民与祖国的信心。"文革"之后，曾生主管交通、为政一方，颇得好评。1992年，82岁的他出版了自传《曾生回忆录》[②]。在这本回忆录里，他回顾了自己爱国爱乡、敢于担当奉献的一生，写出了对母亲、故园和故人的依恋之情，也对行军作战期间的问题进行了自我解剖，特别是对"文革"前夕自己盲目紧跟"形势"的行为颇有悔意。他的自传以文字为东江人立魂，留下了一代人在远走与回归的曲折历程中守护真我、回归初心的坦荡与真诚，而这也许才是东江文化中最恒久的精神力量。

东江文化的肌理，隐藏在说不尽的故事之中，等待着有心人不断发现、不断重建。通过对东江山水、美食、民间艺术和人的故事的简要梳理，一种基本认知已经清晰，那就是：东江文化和一切富有活力的文化形态一样，是人与时空互动共生的结果，是异质文化对话融合的结果。

---

① 曾生"文革"时被罗列多种罪名：一是将东江纵队定性为土匪部队，认为曾生曾投靠过国民党。二是因抗战时与盟军的联络配合被认定为美国战略情报特务。三是编造曾生1966年访问日本时玩日妓而出卖海军情报的经历。

② 曾生. 曾生回忆录 [M]. 北京：解放军出版社，1992.

第十八章
中西打通——晚清广府文人的学术形态

"广府"的空间和时间范围是动态的。本书"广府"的空间范围指明代设立广州府后确定的区域,即广州府所下辖的十三县一州①,大部分区域与今天所说的珠江三角洲地区重合。由于广府位于东亚海岸线中段的向海之地,因此广州是便利的港口;而且由于离政治中心较远,因此广州曾经成为"一口通商"之地②。可以说,广府文人与西学向来有密切接触。"西学"有广义、狭义之分。从广义上说,一切来自西方的学问都可称作西学③。曾经融入广府文化的西学主要包括佛教(唐宋时期)、基督教(元明时期)和文艺复兴后的资本主义观念等。狭义的"西学"指欧美的文化。由于广府人以南国沿海外贸城市为主要经济条件(其农村地区也是多为这种城市服务的),因此广府文化是脱离了自给自足、以使用价值为目的的农耕文化的,以价值

---

① 广州府所下辖的十三县一州,其中十三县包括南海、番禺、顺德、东莞、新安、三水、增城、龙门、清远、香山、新宁、从化;一州,指连州。

② 刘永连:《"东南丝绸之路"刍议——谈从江浙至广州的丝绸外销干线及其网络》[J]. 海交史研究, 2013 年 (1): 79 - 91.

③ 茅海建:《中学或西学?——戊戌时期康有为、梁启超学术思想与政治思想的底色》[J]. 广东社会科学, 2019 年 (4): 94 - 131. 狭义"西学"主要指随着戊戌变法的发生而由欧洲传入的文艺复兴后产生的西方近代政治、经济、社会诸学说以及天文、历算与地理知识。

和利润为目的的南国沿海商业文化。与此历史新变相关，广府文人思想需要"自主开拓"的发展精神以解决时代问题。在一个多元背景中，广府文人另辟蹊径，自主开拓，以适应本地区的需求，汲取丰富的思想资源，形成儒学发展的创新类型，占据思想发展的前沿"首发"位置。在唐宋以后的历史发展过程中，广府文人思想逐渐成为思想界的后起之秀，其后起优势体现在其思想创新上。自唐宋时期以来，广府文人有三次大的思想创新：一是在唐代六祖慧能创立了南禅宗。慧能在广府地区受到当地生活的启发，将儒学的性论禅宗化，创立南禅宗。① 而慧能的创新路径就是将儒学论性的部分佛学化。（田昌五《慧能在中国思想史上的地位》②）二是陈白沙、湛若水于明代开创和发展心学。陈白沙、湛若水等根据明代社会经济条件，以义理之学、心性之学为思想界提供了新儒学。③ 三是康有为、梁启超再次以义理之学与进化论结合，力图拯救国家于外国侵略的困厄之中。④ 可以说，广府文人思想的后起优势就在于其思想蕴含着"自主开拓"的发展精神。

晚清时期的广府文人具有中西学打通的倾向。19世纪中叶以来，随着西方的社会科学学科如哲学、文学、历史学等和自然科学学科如地理学、天文学等不断影响中国，中国文人对自己国家的传统价值的前景感到忧心。⑤ 因为，中国的社会价值理想、管治思想等与西学有较大差异。在中国社会中，儒家既是一种思想，也是一种制度存在。在西学进入中国之前，儒家观念通过其在社会管治体系和制度设计（包括国家观念、宗族礼制、社会政治体制等）中的意识形态方面的主导作用，通过科举、儒家经典的确立和儒家的社会教化、儒家对皇权的制约等举措⑥，确立了儒家观念之制度化落实。儒家

---

① 潘心颖. 慧能思想的传播路径研究 [D]. 广州：华南理工大学，2019：1.
② 田昌五. 慧能在中国思想史上的地位 [J]. 文史哲，1997 (2)：31 – 38.
③ 嵇文甫. 左派王学 [M] //《民国丛书》编辑委员会. 民国丛书：第二编 (7). 上海：上海书店，1989：3.
④ 张纹华. 汉唐广东经学 [J]. 广东石油化工学院学报，2016 (2)：35 – 38.
⑤ 任剑涛. 超越经学，回归子学：现代儒学的思想形态选择 [J]. 文史哲，2019 (4)：15 – 27，165.
⑥ 干春松. 制度化儒家的解体：1895 – 1919 [D]. 北京：中国社会科学院研究生院，2001：1.

思想（被当作真理，文士擅长）和权力两者的关系①，通过制度设计这一媒介，获得动态的平衡。经过长久的社会教化，儒家思想的一些观念深入民间，极大地影响了人们的生活。但是，此种稳定结构由于内外原因而在近代开始松弛和解体。而广府文人思想一直在为适应本土情况而不断做出调整，面对西学东渐之时依然如此。② 处于中国对外交往前沿的广府文人承担了知识更新方面的历史使命——中国文人思想的核心内涵是济世，其目标主要是推动带有"道"的理想的社会管治制度的建立，其管治理想是效率和公平（满意度）兼顾。随着鸦片战争的发生，广府文人思想的创新性表现为寻找中国经典与西学的融合点，重新认识中国传统学术，以发现中西社会历史发展走向不同的原因，并最终复兴中华民族。

由于儒家经学、子学思想往往是中国历代文人思想的主要展示平台，因此，广府文人思想也主要展示在经学上；而在治经学的两条路径（小学和义

---

① "权力"（power）是一个复杂概念，帕森斯认为，"权力是为了实现系统的目标，使资源流通的一般能力。权力的产生和利用构成了任何社会袭用的基本强制功能之一"。（帕森斯. 现代社会的结构与过程 [M]. 北京：光明日报出版社，1988：34 页.）福柯（1926—1984）认为，权力"不是指保证一个特定国家的公民的服从的一组机构与机制。也不是与暴力对立的以法规面目出现的征服手段。……这些只是权力的最后形式。我认为权力首先是多重的力量关系，存在于他们运作的领域并构成自己的组织。权力是通过无休止的斗争和较量而转化、增强或倒退着的过程；权力是这些力量关系相互之间的依靠，它们结成一个链锁或体系，或者正相反，分裂和矛盾使他们彼此孤立；最后权力如同它们据以实施的策略，它的一般构思或在组织机构上的具体化体现在国家机器、法律条文和各种社会领导权中"。（福柯. 性史 [M]. 上海：上海科技出版社，1987：90.）吉登斯对各种权力的定义作评述（吉登斯. 社会的构成 [M]. 北京：生活·读书·新知三联书店，1998：376 - 378.）。本文关注的是权力的政治领域的强制功能，并说明儒家依赖权力获得的独尊地位使其拥有了某种控制能力。

② 美国二十世纪五六十年代的中国史学家李文森认为，中国传统社会在西方入侵以前常规不变，而中国近代社会的"根本变化"依靠西方文化推动。"传统—近代"模式暗示西方理应执世界之牛耳。只有根本上放弃这套术语，才能以中国中心的视角描绘历史过程。柯文提出，中国革命不仅仅是对冲击的反应，在很大程度上是对年久日深的本土问题所作出的反应；中国过去文化中包含的一些特征不完全阻碍民主和科学的成长，也有可能促成这种转化。因此，"传统"与"近代"并不是此消彼长的关系，人类的某些超时空经验既存在于过去，也存在于现在，过去与现在是一种复杂的关系模式。（柯文. 在中国发现历史：中国中心观在美国的兴起 [M]. 林同奇，译. 北京：中华书局，2002：54 - 105. 陶阳. 生活濡化与知识演进——近代学人的早年学习生活（1880—1911）[D]. 上海：华东师范大学，2019：2.）

理之学）中，广府文人多选择义理之学以创新思想。在思想发展的路径上，广府文人往往在中原传统文化的基础上，通过融摄南洋（东南亚）文化和西洋（欧美）文化等，① 逐步形成了一种以南国沿海外贸城市的开放精神为特征的广府文人思想。广府文人收集中外文化资源以应对时艰，主要体现在三点：一是在社会理想方面希望融合中西学建立大同社会的价值观（行动的社会目标）；二是在社会管治方式方面试图进行社会管治方式改革（改善社会管治的途径）；三是在学术上试图使中西学的对话能够发生。

第一节
建立大同社会的价值观

在社会理想方面，广府文人大力发展中、西学都主张的追求社会平等、安定的观念，推动了近代制度化儒家的松弛和观念化儒家的坚守。

在明朝末年，基督教开始传入中国。② 《广州大典·子部》共收文献109种。其中，《广州大典·子部》基督教类文献有三种：德国花之安撰《马可讲义》③ 和《路加福音衍义》④；清代东莞王元深编《圣道东来考》⑤。花之安（Ernst Faber，1839—1899）的《马可讲义》展现了作者从基督思想角度阐释中国文化的概念的不同视角，呈现了中学与西学最初相遇和交融的状态。花之安是德国传教士，于1864年来到中国。他采用先学习当地文化再传教的策略，在学习中国语言和古代典籍之后，写了十多部著作。他于1899年在山东青岛病逝。花之安希冀，基督教思想可以"重生"中国文化，因此他希望将信仰传递给中国，使中国福音化。在传教动力的激励下，花之安深入研究中国经典文献，从传教士角度写下《马可讲义》，以圣经的一些观念与中国文献的概念相比较，力图使基督教思想与儒家思想在一定程度上达成融通。花之安的中西融合的路径是，将中国思想文化的核心概念放在基督教文化的框架内进行比较和辨析，然后用其神学评价体系去评价，最后得出结论，就是中国文化需要向着基督教文化方向改进。花之安在其著作《自西徂

---

① 周凌光. 广府文化的市场适应性研究 [D]. 广州：广东商学院，2013：13.
②③ 张硕. 花之安在华传教活动及其思想研究 [D]. 北京：北京大学，2007：1.
④ 见清光绪二十年羊城珍宝堂书局刻本，第414册，第1页。
⑤ 见清光绪三十二年香港铅印本。（第414册，第251页）

东》的序言中明确提出"孔子加耶稣"的中学与西学的融合途径。① 花之安作《西国学校论略》(即《德国学校论略》),于同治十二年(1873)出版②,向中国介绍德国新式学校的教学方式。

花之安的学术旨趣是传播基督教,而中国学术的旨趣是"经纪人伦"。在社会理想方面,康有为一直深度思考、设计一种解释系统,使它既能安放中国文化在人类文化中的位置,又能使中国传统文化兼容西方在君主立宪制等方面的已有发展经验或成果。为此,康有为在戊戌前提出的理论便是公羊"三世论",即人类社会要经历三世,这是一个从贫瘠到繁盛的进步过程,其中"据乱世"由君主专制,"升平世"实行君主立宪制,"太平世"实行民主共和制。③ 因为每一世的治道有所不同,因此根据社会条件的变化改制变法,是对顺应人道的表现。④

康有为在戊戌前的"三世论"延续、发展了传统公羊"三世论",其社会管治体系的顶层依然有帝王这样的统治者存在,采用的依然是帝王治道。⑤ 戊戌政变后,康有为《大同书》认为,"升平世"包含君主立宪制和民主共和制;而"太平世"则为无统治者、⑥人人平等的大同社会。康有为推举《春秋》,树孔子为《春秋》之祖,认为《春秋》得孔子的微言大义真传,要求托古改制活动遵循三统三纲原则⑦;他又立董仲舒为《公羊》之宗,以"三世论"推演了人类社会的类型演变历史。

这一理论体现了以康有为为代表的广府文人既想保持传统的既有优势,同时又兼容、利用人类文明的发展成果的本心。⑧

---

① 杨远征.《马可讲义》:基督教与中国文化的对立与融合[J]. 西安电子科技大学学报(社会科学版):2012年(1):98-102. 花之安. 自西徂东[M]. 上海:上海书店,2002:自序。

② 北京大学图书馆藏有该书广东真宝堂同治十二年刻本。梁启超《西学书目表》称:"西国学校,花之安,广州刻本"。(《饮冰室合集集外文》,下册,第1132页)自是该书的另一刻本。该书另有明治七年(1874)日本求志楼刻本。《自西徂东五卷》,德国花之安:子部杂家类(第四十九辑),第二册(总第393册),第69页。版本项:清光绪十年广东小书会真宝堂刻本。

③⑤⑥⑧ 杨天奇. 康有为文化政治诗学研究[D]. 济南:山东大学,2018:3.

④ 杨天奇. 康有为文化政治诗学研究[D]. 济南山东大学,2018,摘要1页。

⑦ 杨天奇. 康有为文化政治诗学研究[D]. 济南:山东大学,2018,摘要2.

第二节
进行社会管治方式改革

晚清时期，面对中西文化、经济、军事的冲突，广府文人通过对传统的体用观和道器范畴的灵活运用，建立了"中体西用"的中西文化交融原则，力图保持中学为体、西学为用的文化主体性，强化文人的文化自信心，为中西学的交融提供理论基础。在社会管治方式方面，广府文人的中西学的融通有三个侧面：一是在面对世界时广府文人力图强化中国人的自信心，二是吸纳西学的有益成分进入中国传统思想中，三是大力参与新社会道路选择的活动。

一、在面对世界时广府文人力图强化中国人的自信心

儒家具有"奉天法古""奉常处变"的思想。这种思想含有辩证观念在其中，即它既承认天地处于不断变化之中，"天地之德不易，而天地之化日新"（王夫之《思问录·外篇》），又主张掌握恒常的规律，"变而不失其常"（王夫之《周易外传》卷7），故文人以常、经为体，在社会生活中以"变""权"为用；"常以治变，变以贞常"（王夫之《周易外传》卷5），即坚守封建礼法制度的总原则这一"大常"，继承和发扬以儒学为主体的国家意识形态，"周虽旧邦，其命维新"①。至晚清时期，广府文人从保持中华文化的角度，力图以传统为体，西学为用，即将"宋学义理之体"与"西学政艺之用"融合起来。

在"洋务派"出现的时候，其旗帜是"西学中源"说。② 这种观点符合以天朝上国自居的中国人的文化自信③。1865年，李鸿章以"西学中源"说为理由，试图将西方机器制造技术引入中国。他认为，"即彼机器一事，亦以算术为主，而非西术之借根方，本于中术之天元。……竭其智慧不出中

---

① 《诗经·大雅·文王》。
② 干春松.制度化儒家的解体（1895—1919）[M].北京：中国社会科学院研究生院，2001：47.
③ 用"礼失而求诸野"的逻辑也可阐释"西学中源"说。

之范围"①。1876年,李鸿章在给友人的信中提及了道器观和体用论:"中国所尚者道为重,而西方所精者器为多。……于外人所长,亦勿设藩篱以自隘,斯乃道器兼备。"②

在康有为思想的成熟期[光绪十六年(1890)到二十四年(1898)],他通过给广东大儒朱一新的信,表达自己的"宋体西用"的"体用观",即对中、西学思想关系的看法:"必有宋学义理之体,而讲西学政艺之用,然后收其用也。"可见,康氏力主宋学为体,西学为用。在时间上,康氏的"中体西用"观念早于孙家鼐及后来的张之洞。③

"中体西用"的思想,早有传播者,如冯桂芬等人,但没有比较明确的说法。光绪二十二年(1896)秋,孙家鼐④在其关于大学堂计划的奏书中谈及了大学堂的办学宗旨:

> 今京师创立大学堂,自应以中学为主,西学为辅,中学为体,西学为用,中学为经,西学为纬……此立学宗旨也。以后分科设教,及推广

---

① 《海防档·机器局》,台北南港,1957,第14页。
② 引自《庸庵全集·文编》卷2。
③ 茅海建.中学或西学?——戊戌时期康有为、梁启超学术思想与政治思想的底色[J].广东社会科学:2019(4):94-131."中体西用"的思想,早有传播者,如冯桂芬等人,但没有比较明确的说法。光绪二十二年八月二十一日,管理官书局大臣孙家鼐上奏其大学堂计划,称办学宗旨为:"中国五千年来,圣神相继,政教修明,决不能如日本之舍己耘人,尽弃其学而学西法。今京师创立大学堂,自应以中学为主,西学为辅,中学为体,西学为用,中学为经,西学为纬;中学有未备者,以西学补之;中学有失传者,以西学还之。以中学包西学,不能以西学凌驾中学。此立学宗旨也。以后分科设教,及推广各省,均需抱定此意,千变万化,语不离宗。"(北京大学、中国第一历史档案馆.京师大学堂档案选编[M].北京:北京大学出版社,2001:8-13.)孙家鼐的这一奏折,主要起草人是军机章京陈炽。光绪二十四年(1898),张之洞刊行《劝学篇》,其在《内篇·循序第七》中称:"今日学者必先通经,以明我中国先圣先师立教之旨,考史,以识我中国历代之治乱,九州之风土,涉猎子、集,以通我中国之学术文章;然后择西学之可以补吾阙者用之,西政之可以起吾疾者取之,斯有其益而无其害。"又在《外篇·设学第三》中称:"四书、五经、中国史事、政书、地图为旧学,西政、西艺、西史为新学。旧学为体,西学为用。"(赵德馨.张之洞全集:第12册[M].武汉:武汉出版社,2008:168、176页.)张之洞的说法,与康有为有相近之处。
④ 孙家鼐乃管理官书局大臣。

各省，均需抱定此意……①

孙家鼐的这一奏折，主要起草人是军机章京陈炽。两年后，洋务派代表张之洞对"中体西用"说做了一些解释和论证，主张兴办近代工业而反对变法维新，利用资本主义物质文明的成果维护封建统治。光绪二十四年，张之洞刊行之《劝学篇》称："今日学者必先通经……考史……涉猎子、集……然后择西学之可以补吾阙者用之……"（《劝学篇·内篇·循序第七》）又称："旧学为体，西学为用。"（《劝学篇·外篇·设学第三》②）张之洞的说法，与康有为有相近之处。"中学为体，西学为用"八字，是在1896年4月由沈寿康明确提出。

"中体西用"也成为维新派的乐道之语。梁启超《清代学术概论》在总结"中体西用"观念的发展过程时云：

> 甲午丧师……年少气盛之士，疾首扼腕言维新变法。……李鸿章、张之洞辈，亦稍稍和之。而其流行语，则有所谓"中学为体、西学为用"者，……而举国以为至言。③

由此可知，康有为等人提出的道器观和体用观，既尊重了国人希望保持本国文化的核心需求，又表现了勇于面对自我的"器"不如西方的现实和改革的勇气。康有为在万木草堂及桂林讲学的内容体现了其中学为体的思想。康有为在致朱一新之信中曰：万木草堂的教学"以身心义理为先，……然后许其读西书也"。

梁启超认为，"中学西学""折中孔子"。梁启超（1873—1929）是康门大弟子，在光绪二十六年（1900）之前，其思想与康有为一致。康有为在完成《桂学答问》后，"属门人梁启超抽绎其条，以为新学知道之助"④。于

---

① 北京大学，中国第一历史档案馆.京师大学堂档案选编［M］.北京：北京大学出版社，2001：8-13.
② 赵德馨.张之洞全集：第12册［M］.武汉：武汉出版社，2008：168，176.
③ 梁启超.清代学术概论［M］.北京：中华书局，1954：71.
④ 《读书分月课程序》，《饮冰室合集》，第9册，中华书局影印本，1989年，专集之六十九，《序》第1页。

是，梁启超便遵师嘱，作了一个方便新学者的简写本《学要十五则》，其时是光绪二十年（1894）冬，恰好是他入康门三年。《学要十五则》以传授"孔子改制说""新学伪经说"为目的，制定出一个三年读书计划：

> 一月可通《春秋》，半载可通礼学。
>
> 然理学专求切己受用，无事贪多……经学专求大义，删除琐碎，一月半载已通……史学大半在证经，亦经学也。其余者，则缓求之耳。子学通其流派，知其宗旨，专读先秦诸家，亦不过数书耳。西学所举数种，为书不过二十本……遵此行之，不出三年……已可卓然成为通儒学者。①

梁启超《学要十五则》较康有为所开列者大为简要，且有先后阅读次序，往往具体到篇名。

光绪二十四年（1898年），戊戌变法发生。康有为上书了一系列奏折，包括《上清帝第三书》《上清帝第四书》《上清帝第五书》《上清帝第六书》等。其中，康有为《上清帝第六书》认为改革是必然的，世上"无百年不变之法"，大力推动政治改革。在戊戌时期，以康有为、梁启超为代表的广府文人力图强化中国文人的自信心，表现为以中国传统的思想（多属经学和史学②）为体、西学为用的观念。③

"中体西用"初步建构了中学与西学的关系问题，为突破旧制度而又保持传统的优秀文化奠定了基础。张之洞还强调学习西方不能停留在一些技艺

---

① 《读书分月课程序》，《饮冰室合集》，第9册，中华书局影印本，专集之六十九，第2-4页。梁启超此处所称"礼学"，不太具体，既强调了今、古文之别，又称"细玩二戴记"，再称"已可以《春秋》、三礼之学试于有司"，大约是遵从自有等差，但《礼记》《周礼》《仪礼》和《大戴礼记》都要读。

② 如，康有为《新学伪经考》提出"新学伪经说"，《孔子改制考》提出"孔子改制说"，《春秋董氏学》提出"大同三世说"。康有为. 春秋董氏学八卷附一卷［M］. // 广州大典：经部春秋类（第二十一辑）第一册（总第141册），清光绪二十三年上海大同译书局刻本，第665页。

③ 茅海建. 中学或西学？——戊戌时期康有为、梁启超学术思想与政治思想的底色［J］. 广东社会科学，2019（4）：94-131.

上，而是要从制度上突破。"西艺非要，西政为要"①。其"西政"范围不大。② 他强调，保有"圣人之心"最为关键："中学为内学，西学为外学；中学治身心，西学应世事。……如其心圣人之心，行圣人之行，……虽朝运汽机，夕驰铁路，无害为圣人之徒也。"③ 质言之，"中体西用"观念为许多更为大胆的设想的出现打开了绿灯。如郑观应、钟天纬等人提出了全面变革的主张。

尽管严复曾用逻辑观点批驳中体西用违反"公例通理"，认为"中学有中学之体用，西学有西学之体用"④，杜维明曾将"中体西用"看作是"停止思想的借口"，并且认为"张氏的二分法显然缺乏从儒学角度对西方文化挑战作出回应"⑤，但是，中体西用或许是最具有中国特色的回应方式。因为从现实发展看，正是"西用"为西方知识的传入提供了条件，并使人们思考西方强大的深层原因；同时西学本身对于建立在中国"天人合一"的自然观上的知识体系和作为这种知识体系延伸的政治结构的消解，更是极为严厉的，这一点，1895年宋育仁（1857—1931）就有了清晰的认识。他说："其（指西学）用心尤在破中国祖先之言……地与诸星同为地球，俱由引力相引，则天尊地卑之说为诬……六经皆虚言，圣人为妄作。"

中体西用观念事实上是为现实中的政治和社会变革提供一种思想和操作上的空间，反映了儒家在制度化之后的巨大的维护力量和中国人的感情因素，也体现了历史悠久的文化是不宜而且难以根本改变的社会发展规律。在西方思想学术的影响之下，中国人对待外国文化的态度也逐渐发生了根本性的变化。如"国粹派"代表人物黄节泛化了"国粹"概念："取外国之宜于我国而吾足以行之者，亦国粹也。"⑥

综之，广府文人力图强化中国文人的自信心的方式是较早提出"宋学义理之体"与"西学政艺之用"之说。广府文人采取了以中学为体的中西融合的道路，是希望保持中国的核心价值系统，又获得循序渐进的改革机会。

---

① 见张之洞《劝学篇序》。
② "学校、地理、度支、赋税、武备、律例、劝工、通商，西政也"（张之洞《劝学篇·外篇·设学第三》）。
③ 见张之洞《劝学篇·外篇·会通第十三》。
④ 见严复：《与〈外交报〉主人论教育书》。
⑤ 杜维明. 道·学·政［M］. 上海：上海人民出版社，2000：148.
⑥ 《国粹保存主义》，《壬寅政艺丛书》，政学文篇卷5。

二、吸纳西学的有益成分进入中国传统思想中

广府文人在程朱理学、陆王心学与西学之间，一直思考着将中西思想"对接"和杂糅融合的途径，论证中西道德理想的一致性。广府文人思考的主要问题是，如何吸纳西学的有益成分进入中国传统思想中。① 在西方思想中，可补充和调和中国传统思想的成分大致有三：一是纯粹知识的追求，二是个人与社会关系领域的社会契约观念（如古希腊个人主义哲学、公民道德意识等②），三是西方的平等意识。

（一）纯粹知识的追求

由于皇权追求的理想社会是帝王的统治地位稳固的社会，中国文人追求的理想社会是有牧歌情调的和谐社会，因此中国传统知识体系大多关注知识的实用性。为此，广府文人提出以西学的科学理性精神即求真观念来调和这种掣肘。③

（二）社会契约观念

广府文人引入古希腊的个人主义哲学、公民道德意识等西学思想，在个人与社会关系领域，力图增强社会成员的个人主体性，用以调和儒家思想的较强的家族观念；在社会管治体系方面，试图增加国民的民主力量，扩大人民对政治的参与权。④ 西方文化思想包括美国杜威、克伯屈、孟禄等人的思想，以及古希腊个人主义哲学等。⑤

（三）西方的平等意识

由于每一个人的生理、心理状况、成长经历和生活环境都有差异，因此，人类个体是有差异的。在先秦时代，中国人的平等观念就产生了。在平等观念发展过程的早期阶段，人们的平等观念创新主要是要求个体为了生活资料获得所付出的劳动的相同性。⑥ 如在社会经济方面，墨子要求每一个个

---

①②③⑤ 陶阳. 生活濡化与知识演进：近代学人的早年学习生活（1880—1911）[D]. 上海：华东师范大学，2019：71.

⑥ 高瑞泉. 辛亥革命与平等观念的现代嬗变：以两类革命派的思想为中心的考察[J]. 学术界，2011（7）：40-52，257-261.

体都要从事体力劳动。在社会政治方面,儒家所尊崇的道,表现为社会管理方面的仁政、礼治的伦理价值观和天下大同的理想的人类世界。① 其中,平等观念属于文人社会管理观念和大同理想的一部分。中西平等观念同中有异。现代的平等观念逐渐转变为社会生活中社会、经济、文化等的权利平等,特别是政治权利的平等。② 这在西学中发展得比较早一点和充分一点。

综之,广府文人积极参与了近代社会道路选择的社会活动,在现代平等观念与传统思想既连续又断裂的状态中,寻求社会道路的新的选择。其中,与商业社会适应的崭新的社会平等意识的建立在广府具有优先性。

三、广府文人大力参与新社会道路选择的活动

19世纪末20世纪初(戊戌运动到辛亥革命),"平等"观念不断嬗变。围绕着"平等",按照学者(革命者)对"国家"的认同程度,广府文人对新社会道路选择曾经康有为的激进的平等主义和梁启超的偏向自由主义的平等观念。③ 广府地区成为了近代中国革命的始发地,培育出了许多优秀的有志之士,推动了中国救亡图存的道路,对抵抗外来侵略有着积极的意义,并且为后来的反封建反割据提供了政治革命基础。

要之,晚清时期的广府文人思想新变体现在他们有中西学打通的倾向。

第三节
建立中西学的对话

广府文人希望,中国传统文化与西方适用思想成分能够融合。而要实现这一点,就必须贯通中西之学。而要贯通中西之学,则要做三件要事:一是学科分类,二是寻找中西学术范畴和术语的共同点,三是将公羊学的义理观与西学的有用部分相结合以产生新思想的途径。

---

①②③ 高瑞泉. 辛亥革命与平等观念的现代嬗变:以两类革命派的思想为中心的考察[J]. 学术界, 2011 (7): 40-52, 257-261.

一、广府文人试图进行中国的学科分类

广府文人的知识更新欲望非常强烈，他们试图作学科分类，以使中西学的对话能够发生。其分科的迫切原因有中外两点：一是中国古代学术源于道、归于道，具综合性；二是中国古代图书分类具综合性。

（一）中国古代学术源于道归于道，具综合性

中国古代学术具有综合性，可谓源于道，归于道。《庄子·天下篇》认为诸子百家源于道。《汉书·艺文志》亦认为，六经流变为诸子百家[1]，即六经亦源于道。《艺文志》曰：

> 六艺之文，……五者（谨案：指《乐》《诗》《礼》《书》《春秋》），盖五常之道，相须而备，而《易》为之原。故曰："易不可见，则乾坤或几乎息矣。"言与天地为终始。

这虽是概括"五常之道"，但亦说六艺源于道，而归于道，如章学诚所说"折衷六艺，宣扬大道"[2]。学术亦称为道术。

在学术形成时期，"道"涵盖了自然之道和人道。在物质层面，"道"是道路、物质变化的规律之意；在社会生活层面，"道"是社会道德、政治原则和个人修养境界的依据；在本体论层面，"道"是万物的本体，能衍生万物，被喻为万物之母。故唐代的韩愈、清代的章学诚等在"辨章学术，考镜源流"时，最重视的就是"原道"[3]。章学诚《校雠通义》首篇即为《原道》：

> 由刘氏之首，以博求古今之载籍，则著录部次，辨章流别，将以折衷六艺，宣明大道……

---

[1] 《汉书·艺文志》曰："合其要归，亦《六经》之支与流裔。"
[2][3] 章学诚. 校雠通义 [M]. 北京：古籍出版社，1956：78.

最主要的就是"宣明大道",部次、条别等都是次要的。"六艺"之类的学术,中心是"道"。

1. 六艺、诸子等的内容都是全面的

六艺、诸子等的内容都是全面的。司马迁对"六艺"曾有一个概说,意谓《易》多涉及天地、阴阳、五行等事物,故擅长于研究宇宙的变化;《礼》注重日用人伦,故擅长于探讨社会规范的建设;《书》记载先王的政事及文献,故擅长于社会管理;《诗》记载山川风物、鸟兽虫鱼、历史民风等,故擅长于考察社会风情;《乐》多是以乐化人,调和人与人的关系,故擅长于社会成员的教化;《春秋》明辨是非,故擅长于辨析政治问题和治人。① 可见,在社会生活中,各经虽然各有所"长"(如"《礼》以节人""《春秋》以道义"等),但皆为学术著作,每一种经典都包含着自然、社会和人类等各个方面的丰富知识。如春秋时期已成书的以"经纪人伦"为主的礼经《周礼》(可能是周公所作)的"冬官考工记"部分就是"手工业技术规范的总汇",它包含自然科学和今日所谓"科技"②。

诸子之书的内容也是十分全面的。子书虽然多为文人通过对"道"的阐释而提出的治国之策,但每一种子书都包含丰富的内容。如东汉高诱研究《吕氏春秋》和《淮南子》时指出,两书都是古今万物无所不备的。③ 因此每一种子书都可以今日之学科(如哲学、伦理学、军事学等)去研究它。同样它们也包含不少自然科学或科学技术的内容。除了普遍的天文、地理、草木、鸟兽之类的知识外,《墨子》的内容涉及了物理学(光学、力学)、几何学和逻辑学等学科,其书又称《墨辩》。先秦时代以后,不少学者的著作都是内容广泛的。④

而人文、社会科学方面,如法律、军事乃至文学、艺术(特别是绘画),也有一些专门性的著作出现。学校教育曾有过分科,如唐代在大学之外,有律学、书学、算学之分,也有儒、玄、史、文四学之分,不过一是很不全

---

① 司马迁. 史记:卷130 [M]. 北京:中华书局,1959:10.
② 有人对科技一词有不同看法,见前引李慎之先生之文。这里不作详细讨论。我想学与术二字由合到分,再由分到合,自有其符合实际的一面,科学、技术之合为科技或亦可乎!
③ 吕览"备天地万物古今之事",淮南"其义也著,其文也富,物事之类,无所不载"。
④ 如汉代应劭《风俗通义》,唐代封演《封氏闻见记》,宋代沈括《梦溪笔谈》等。

面，二是不经常（时兴时废），三是很不受重视，尤其是自然科学、技术之学根本不受重视。中国古代技术之传授是所谓家业世世相传的畴人，有时甚至是命令不准设这方面的学校，如北魏时期就有这样的记载：

> 其百工……当习其父兄所业，不听私立学校。违者师身死……①

由于持有如此观念，因此原本领先于世界的某些自然科学，到近代落后了。

2. 中国古代图书分类具综合性

中国古代的图书分类也具有综合性。图书分类从汉代开始，深受儒家思想影响：刘向、刘歆父子以"七略"的分类方法，对图书典籍进行分类。班固《汉书·艺文志》就是在"七略"的基础上或增或删而成的。后来，王俭有《七志》（南朝宋，我国第一部私家目录）、阮孝绪（南朝齐梁时期处士）有《七录》。至荀勖《中经新簿》时，荀勖将图书分成甲、乙、丙、丁四部。后来，《隋书·经籍志》将图书分成经、史、子、集四部。其中仅史部与今之史学大体一致。它在独立成为史部之前属于"六艺略"之"春秋"类。经史之间是有机联系着的，后世有"六经皆史"②的说法。如江瑔《读子卮言》云："盖六经既出于诸子，诸子亦可出于六经。"可见，经、史、子是一个统一的综合的整体。

最早从"六艺"中分出的史部，是唯一与现代分科之学的历史学大体一致的。所以今人称《史记》一书为当时的百科全书。因为它除了以王朝世系、人物传记为主之外，还有一个包含广泛的"八书"③，还有"儒林""滑稽""日者""龟策""货殖"等类的人物传记。此种基本史学著作体例一直沿袭两千多年，仍都有百科全书式的性质。

从六艺、七略到七志，再到甲、乙、丙、丁四部，再到经、史、子、集四部等，这是目录的重新综合。但著作都想要"备天地古今事物"。因此，从20世纪初开始，中国学者在写分科中国学术史时，都要引用《易经》《诗

---

① 魏收. 魏书·世祖纪 [M]. 北京：中华书局，1974：108.
② 参：仓修良《史家·史籍·史学》之《论明清时期"六经皆史"说的社会意义》，山东教育出版社，2000。
③ "八书"：《礼》《乐》《律》《历》《天官》《封禅》《河渠》《平准》。

经》《老子》《论语》等。人们需要"辨章学术，考镜源流"，就需分类，进行"部次条别"。这种分类不同于西方的学科分类，而是一种条理性的综合，这又产生了中国特有的校雠学。章学诚《校雠通义》的叙对这一专门学的主要内容和意义做了说明："部次条别，疏通伦类，考其得失之故，而为之校雠。"

下面说刘氏之书失传，仅有班固《艺文志》存在，郑樵"讥班固"之不当及其本身之不足等。校雠学不是文字校勘的小学问，也不应仅仅被视为图书分类的目录学。对于上文之叙述，章学诚《信摭》又进行新的综合，既是形式上分类（"条别"）的新发展，也是学术内容上的新概括：

> 总天下之大学术，而条其纲目，名之字曰《略》，凡《二十略》。……其《五略》，汉唐诸儒所得而闻；其《十五略》，汉唐诸儒所不得而闻也。①

广府文人注重学术的分科发展。罗振玉（1866—1940）是近代农学的奠基者②，他在1903年被两广总督岑春煊聘为教育顾问。③ 20世纪初，罗振玉《本朝学术源流概略》解释"古人之所谓学"说："古人为学不出伦常日用，本易知易行。"此处，罗振玉主要谈学的目的和学的内容等问题。

要之，中国古代图书分类具综合性，到了近代学科分科的需要凸显出来。

（二）西方多为分科学术

钱穆先生晚年著《中国学术通义》④，"亦可简称国学通义"，是对中国

---

① 《礼》《职官》《选举》《刑法》《食货》归为前五略，《氏族》《六书》《七音》《天文》《地理》《都邑》《谥》《器服》《乐》《艺文》《校雠》《图谱》《金石》《灾祥》《昆虫》《草木》等归为后十五略。

② 罗振玉于1890年在乡间教私塾。甲午战争之后，他深受震动，认为只有学习西方才能增强国力，于是潜心研究农业，与蒋伯斧于1896年在上海创立"农学社"，设"农报馆"，创《农学报》，专译日本农书。

③ 罗振玉：《南海县西樵塘鱼调查问答一卷（罗振玉问，陈敬彭答）》，见《广州大典》子部农家类（第四十三辑辑）第三册（总第361册），广州出版社清光绪间江南总农会石印农学丛书本，2015，第693页。

④ 台湾学生书局从1975—1984年先后出了4版。

传统学术研究的集结。该书第三版时增补了《中国学术特性》一文。全文十个部分，反复论述"中国学术尚通学为通人之传统"。其用心是弘扬中国传统，以救世道。但钱穆先生着重讲的是"尚通学，为通人"，这主要是从为学目的来说的；关于"通学"的具体阐述，也围绕"为通人"而展开。

要之，康、梁的私学教育进行了分科教学的尝试。

二、广府文人努力寻找中西学术范畴和术语的共同点

在学术分科之后，广府文人还试图寻找中学与西学的相关范畴和术语的共同点，以促进中西学的对话。与西方学术分科的方式比较，中国古代学术有不同的概念和术语。中国古代学术包括六艺、经学、子学等。如学术名称"经学""子学"原属图书分类（而且是按汉儒思想的分类），非学术分类。广府文人最初分类出来的学科主要有农学、医学、艺术、地理、天文、历算和乡土史等。如《管子》《吕氏春秋》等书的农学就非常突出。有些广府文人对客观知识即自然现象中的因果关系十分好奇，毕生从事自然科学研究。如清代的黄璟撰《游历日本考察农务日记一卷》，附（清）王瑚撰《考查北海道农务日记一卷》①。钱塘吴士鉴有赠诗《息尘合龙随笔、含嘉堂诗集、清画家诗史》。② 此外，还有清代的区柏年等编《广东农事试验场第一年报告书》③、陈望曾、唐有恒编《广东全省农林事验场第二年报告书（缺第二

---

① ［清］黄璟撰：《游歷日本考察農務日記一卷》，附（清）王瑚撰《考查北海道农务日记一卷考查北海道农务日记一卷》，见《广州大典》史部传记类（第三十一辑）第十六册（总第202册），清光绪二十八年铅印本，第685页。黄璟，字小宋、号蜀泉、铁石道人、二樵樵者，室名四百三十二峰草堂，南海（广州）人。一作番禺（广州）人。历官河南浚县知县、陕州知州。工山水、擅刻印。足迹所历每以诗画纪事。有自绘壮游图记。王瑚（1864—1933），字铁珊，民国政要，著名爱国民主人士。河北定县人。光绪进士。清末曾任知县、知府等职。曾参与组织护国军。中华民国成立后，历任湖南民政长、肃政厅肃政使、京兆尹、江苏省省长、山东省省长。后追随冯玉祥参加北伐。1926年后，任黄河水利委员会副委员长、辅仁大学国文系教授等。

② 梁艳. 清道光隆德县令黄璟其人及诗文创作探究［J］. 文化学刊，2015：15.

③ 区柏年等编：《广东农事试验场第一年报告书》，见《广州大典》史部政书类（第三十七辑）第四十三册（总第348册），广州出版社清宣统二年羊城十七甫澄天阁石印本，2015，第507页。

册)》①，香山县黄旗都市农会编辑处编《农荟（上）》②，《农荟（中）》③，《农荟（下）》④，唐宝锷辑《山东农业实用改良法一卷》⑤，等等。医学有吴普等述、叶志诜撰《神农本草经赞三卷》⑥ 等。

要之，广府文人努力寻找中西学术范畴和术语的共同点。

三、将公羊学的义理观与西学的有用部分相结合以产生新思想的途径

广府文人力图将公羊学的义理观与西学的有用部分相结合以产生新思想，以解决时代的问题。国家面临的问题是保国、保种、保文化的问题，这也是广府文人面临的时代问题。由于保文化的方法其实是发展这种文化，因此，广府文人面临的更为具体的发展问题是，随着广府城市经济的繁荣，市民阶层便要求通过参政议政的方式保全自己的私有财产，并反对抑商崇农的政策⑦。市民其实是要求政治、经济的制度改革以提供保障。⑧

公羊学的义理观与西学的有用部分可以结合以解决广府的时代问题。公羊学（属于今文经学）在汉代大显于世后，于清中叶再度在广府地区兴起，

---

① 陈望曾、唐有恒编：《广东全省农林试验场第二年报告书（缺第二册）》，见《广州大典》史部政书类（第三十七辑）第四十三册（总第348册），广州出版社清宣统三年广州十七甫澄天阁石印本，2015，第589页。

② 香山县黄旗都市农会编辑处编：《农荟（上）》，见《广州大典》子部农家类（第四十三辑）第一册（总第359册），广州出版社清末香山县黄旗都市农会刻本，2015，第117页。

③ 香山县黄旗都市农会编辑处编：《农荟（中）》，见《广州大典》子部农家类（第四十三辑）第二册（总第360册），广州出版社清末香山县黄旗都市农会刻本，2015，第1页。

④ 香山县黄旗都市农会编辑处编：《农荟（下）》，见《广州大典》子部农家类（第四十三辑）第三册（总第361册），广州出版社清末香山县黄旗都市农会刻本，2015，第1页。

⑤ 唐宝锷辑：《山东农业实用改良法一卷》，见《广州大典》子部农家类（第四十三辑）第三册（总第361册），广州出版社清钞本，2015，第747页。

⑥ 吴普等述；[清] 叶志诜撰：《神农本草经赞三卷》，见《广州大典》子部医家类（第四十四辑）第三册（总第364册），广州出版社，清道光三十年粤东抚署刻本，2015，第325页。

⑦⑧ 杨天奇. 康有为文化政治诗学研究 [D]. 济南：山东大学，2018：摘要.

成为鸦片战争前后维新运动的思想武器。今文经学注重经典的义理的阐释，不太依赖对经典的字句的训诂。① 这一点符合广府文人的需要。广府地区的经学发展时间不久，经学水平正在发展中；而根据现实需要解释经典的义理，使经典与现实发生联系，可以解决现实问题。

广府文人多采用公羊学的义理观以应对当时中学与西学如何相融的问题。历代政治家多借公羊学来议论政治，提倡"改制"；其"三世论"具有变异性，并成为广府文人接受西方进化论的思想基础。广府地区乃至全国的公羊学派的代表人物是康有为、梁启超、何若瑶②、凌曙等。康有为主张中体西用，既以孔子之道为体，以确保文化身份不变，又利用公羊学，力主以公羊"三世论"为形式的社会进化论，主张政治改良。梁启超撰《论语公羊相通说一卷》③，何若瑶撰《春秋公羊注疏质疑二卷》④，凌曙撰《春秋公羊礼疏十一卷》⑤，凌曙撰《公羊问答二卷》⑥。

广府文人有采用今文经学的具体途径。康有为成为晚清公羊学大家，主要源于其救国救民之心。在康有为早期思想阶段〔约从光绪十一年（1885）至光绪十五年（1889）〕，他主张中体西用⑦。光绪二年（1876），康有为入

---

① 杨天奇. 康有为文化政治诗学研究［D］. 济南：山东大学，2018：摘要.

② 何若瑶，清广东番禺人，字石卿。道光二十一年（1841）进士。官右春坊右赞善。旋辞归。咸丰间曾主禺山讲席。卒年六十。有《公羊注疏质疑》《两汉考证》《海陀华馆诗文集》。

③ 梁启超撰：《论语公羊相通说一卷》，见《广州大典》经部四书类（第二十三辑）第一册（总第143册），广州出版社清光绪二十三年刻本，2015，第807页。

④ 何若瑶撰：《春秋公羊注疏质疑二卷》，见《广州大典》丛部广雅丛书（第一辑）第四册（总第4册），广州出版社清光绪间广雅书局刻民国九年徐绍棨汇编重印本，2015，第519页。

⑤ 凌曙撰：《春秋公羊礼疏十一卷》，见《广州大典》丛部咫进斋丛书（第七辑）第一册（总第69册），广州出版社清同治光绪间归安姚氏川东粤东刻本，2015，第4页。

⑥ 凌曙撰：《公羊問答二卷》，见《广州大典》丛部咫进斋丛书（第七辑）第一册（总第69册），广州出版社清同治光绪间归安姚氏川东粤东刻本，2015，第89页。

⑦ 康有为早年走科举入仕的道路，先后随简凤仪、陈鹤侨、梁健修、陈葊生、杨学华、张公辅、吕拔湖等人习儒学。其祖父康赞修对他影响最大。康有为主张，"宋学义理之体"，"西学政艺之用"。

礼山草堂，随广东大儒、理学大师朱次琦学习约两年。①

光绪十五年年底，康有为参加顺天府乡试后途经上海、杭州等地，回到广州。次年，陈千秋、梁启超、徐勤来学。光绪十六年（1890）至光绪二十四年（1898），是康有为思想的成熟期。其教学内容的现存资料有四种：康所著《长兴学记》，康的门生万木草堂听课笔记，康在桂林讲学时所著《桂学答问》②。

从光绪十七年（1891）起，康有为在广州创立万木草堂，正式讲学。《长兴学记》初刊于光绪十七年四月，是康有为在万木草堂初期讲学内容的汇编。其时，他正与朱一新进行思想交锋。据陈千秋《跋记》，此书是应众弟子的要求而作。《长兴学记》注重经世之学，以利民为旨归。同年，康有为写成《孔子改制考》和《新学伪经考》[刊刻于光绪十七年（1891）]，主张变法改制。③康有为的"西学"知识主要来源于上海江南制造局翻译馆、来华传教士和京师同文馆所译之西书，多为"声光化电"之类的著作④。1893年起，康有为撰写了不少公羊学著作⑤，以经营天下为志。他认为，国家要"中兴"，就要变法改制。他根据中国已有的知识体系，以儒家学说为主导，结合西方民主思想、政治制度和文化思想的精华，开始构建关于变法的理论体系。

（一）哲学本体论

康有为试图从本体论上寻求解决时代问题的根本方法。康有为在传统的万物之母——"道"之外，提出了"元"本体，"以元为体"，它统合精神

---

① 康曾于同治十年（1872）、十一年（1873）参加童试，未中式；同治十二年（1874）、光绪二年（1876）、八年（1882）、十一年（1885）、十四年（1888）先后以捐生或荫生的资格，参加广东或顺天府的乡试，皆未中式。

② 康有为撰：《桂学答问一卷》，见《广州大典·子部》，清末刻本，第357册，第691页。

③ 《孔子改制考》《春秋董氏学》《日本书目志》三部书刊刻于光绪二十四年。

④ 王扬宗. 江南制造局翻译书目新考 [J]. 中国科技史料，1995（2）；乔亚铭，肖小勃. 江南制造局翻译馆译书考略 [J]. 图书馆学刊，2015（7）；王宏凯. 京师同文馆译书史略 [J]. 首都博物馆丛刊，1994. 江南制造局译书涉及政治学等领域者，以光绪二十四年（1898）及以后为多。

⑤ 康有为公羊学著作包括《孟子公羊学考》《论语公羊学考》《春秋董氏学》《春秋考义》《礼运注》《中庸注》《论语注》等。

世界与物质世界。① 而"以气为本","气"化生万物;"理"是人的思想意识。②康有为又"以仁为本",将"仁"提升到形上本体的地位。③ 在康氏哲学本体论中,"气""元""仁"三者不仅内容相通,而且构成"等值系统"。有学者认为,康有为的哲学构架可归结为"一体二元",即"元"是唯一的"体",而"气""仁"则是元所分解的两个"个体"。④

在康氏哲学本体论的理论构架下,康有为从"元"本体出发,通过以气解元,以仁显元,即由仁在现象界把自然、人和社会横向联成一个圆融有机整体,从而建立了以仁为本的思想体系。⑤ 也就是说,"元"和"气"最终还是表现为"仁"。人类的活动皆以"仁"为本。"仁"既是道德论范畴的宇宙本体,又是统合物质与精神的本体论范畴的宇宙本体。⑥

康有为的"仁"在形上表现为"天""道""元""气""法则",形下表现为"义""礼""智""信""引力""自由""平等""公正""博爱"。⑦ 康有为认为,西方所倡的民主、自由、平等、博爱等观念,中国一直存有,可惜由于荀学、刘歆之伪学的遮蔽,⑧ 未能得以延续。

要之,康有为由现实需求而返归传统,以"仁"为核心范畴,构建起一个"仁学"体系,用以贯通古今中外,建构儒学新形态以回应"中国处于半殖民地状态"的现实问题。⑨

（二）人性论

康有为认为,"性"是人与生俱来的自然属性,自然而至顺,是符合天道的,"性者,未有善恶",即性无善恶,因此,"善""恶"这种社会判断是不能用于评判"性"的。⑩ 在康有为看来,"善""恶"是后天形成的"习"。

性实则全是气质,并且性只有"气质之性",不存在"义理之性"。在"性本质朴"论的基础上,康有为通过援助佛学、西学,调和荀、孟,建构起自己的人性论。它既不属于自然人性论,也不是道德人性论。⑪

康有为的人性论的背后有其政治理想。康有为强调了"性"的自然属性

---

①② 杨天奇. 康有为文化政治诗学研究 [D]. 济南：山东大学, 2018：摘要.
③④⑤⑥⑦⑧⑨⑩ 杨天奇. 康有为文化政治诗学研究 [D]. 济南：山东大学, 2018：摘要.
⑪⑬ 杨天奇. 康有为文化政治诗学研究 [D]. 济南：山东大学, 2018：摘要.

的社会意义，即具有自然属性的"性"赋予人天然的权利。① 康有为指出，"人生而有欲，天之性哉"。他认为，人的眼耳鼻口之欲、身之欲，都是上天赋予每一个人的"生人之乐趣"。可见，康有为注重为人的社会权利寻找依据。

另外，康有为又寻求人性的至美至纯的境界。③他强调和谐气质、达至纯和，力倡在社会动荡、人心沉沦的情况下，复归人性，拯救处于危亡之中的国家。

四、教化论

道光以来，中外交往频繁，国家面临保国、保种、保教的时代使命。康有为力图通过教育，加强中国人的"文化自信"，追求文化平等，抵御帝国主义和文化霸权，最终实现世界大同。他受到基督教模式的启发，试图构建孔教范型——儒教，"教化"国民，提高国民的素质，"保全中国"。② 康有为的视野非常开阔，他所主张的教化并不停留在民族主义的层面，而是以救天下众生为己任，体现了"世界主义，非国别主义"。③

概言之，康有为建构了崭新的关于社会管治的理论体系，为维新活动建立学术基础。他从《公羊春秋》中发掘提升文化自信的学术资源，在新的历史语境中积聚自己的文化力量。④ 可以说，广府文人采用今文经学的具体途径。

要之，近代的广府文人开辟了中西学会通之路，其学术形态显示了中西学融摄的倾向，他们是士大夫知识分子到现代知识分子过渡的早期形态。

---

① 杨天奇. 康有为文化政治诗学研究［D］. 济南：山东大学，2018：194. ②
③ 杨天奇. 康有为文化政治诗学研究［D］. 济南：山东大学，2018：摘要.
④ 杨天奇. 康有为文化政治诗学研究［D］. 济南：山东大学，2018：摘要.

参考文献

[1] 司徒尚纪. 广东文化地理：修订本［M］. 广州：广东人民出版社，2013：第三版.

[2] 杨东平. 城市季风：北京和上海的文化精神［M］. 北京：东方出版社，1994.

[3] 曾大兴. 岭南文化的真相［M］. 北京：社会科学文献出版社，2017.

[4] 陆铭. 大国大城［M］. 上海：上海人民出版社，2016.

[5] 林语堂. 吾国吾民［M］. 南京：江苏人民出版社，2014.

[6] 江冰，张琼. 回望故乡：岭南地域文化探究［M］. 长沙：湖南师范大学出版社，2017.

[7] 江冰，贾毅. 都市魔方［M］. 广州：花城出版社，2016.

[8] 曾牧野. 话说岭南［M］. 广州：广东人民出版社，2005.

[9] 曾大兴. 文学地理研究［M］. 北京：商务印书馆，2012.

[10] 黄树森. 广东九章［M］. 广州：广东人民出版社，2006.

[11] 江冰. 这座城，把所有人变成广州人［M］. 广州：花城出版社，2016.

[12] 江冰. 老码头，千年流转这座城［M］. 广州：花城出版社，2019.

[13] 黄佐. 广东通志［M］. 香港：香港大东图书公司，1977.

[14] 屈大均. 广东新语［M］. 北京：中华书局，1985.

[15] 李锦全，吴熊创，冯达文. 岭南思想史［M］. 广州：广东人民出版社，1993.

[16] 李权时，著. 岭南文化［M］. 广州：广东人民出版社，1993.

[17] 张磊，黄明同，吕克坚，等. 岭南文化志［M］. 上海：上海人民出版社，1998.

[18] 葛剑雄. 中国移民史［M］. 福州：福建人民出版社，1997.

[19] 子月. 岭南经济史话［M］. 广州：广东人民出版社，2000.

[20] 练铭志，等. 广东民族关系史［M］. 广州：广东人民出版社，2000.

[21] 李宗桂，等. 文化精神烛照下的广东：广东文化发展30年［M］. 广州：广东人民出版社，2008.

[22] 陶斯. 文化经济学［M］. 周正兵，译. 大连：东北财经大学出版社，2016.

[23] 赵磊. 文化经济学中的"一带一路"［M］. 大连：大连理工大学出版社，2016］

[24] 蒋述卓. 岭南文化的当代价值［J］. 华南师范大学学报（社会科学版），2009（8）.

[25] 黄明同. 岭南文化的三次大兼容与三个发展高峰［J］. 学术研究，2000（9）.

[26] 徐远通. 充分发挥岭南文化在粤港澳大湾区建设中的作用［J］. 岭南文史，2018（3）.

[27] 景遐东. 江南文化传统的形成及其主要特征［J］. 浙江师范大学学报，2006（8）.

[28] 王战. 解码江南文化 [N]. 社会科学报, 2019 – 02 – 28 (6 版).

[29] 王战. 江南文化的当代价值 [N]. 文汇报, 2019 – 04 – 07 (7 版).

[30] 李文飞, 周树兴. "品评" 广东人 [M]. 北京: 中国社会出版社, 1995.

[31] 颜长江. 广东大裂变 [M]. 广州: 暨南大学出版社, 1993.

[32] 李宗桂. 广东文化改革发展 40 年 [M]. 广州: 中山大学出版社, 2018.

[33] 邓小平. 邓小平文选: 第三卷 [M]. 北京: 人民出版社, 1993.

[34] 杨东平. 城市季风: 北京和上海的文化精神 [M]. 北京: 东方出版社, 1995.

[35] 陈剑晖, 徐南铁, 郭小东. 改革开放与广东文艺 40 年 [M]. 广州: 广东高等教育出版社, 2019.

[36] 李权时. 岭南文化 [M]. 广州: 广东人民出版社, 1993.

[37] 林若. 广东改革开放的实践与思考 [M]. 广州: 广东人民出版社, 2003.

[38] 江冰, 王燕子. 广东地域文化的文学 "描述" [J]. 粤海风, 2013 (6);

[39] 钱峰. "珠江模式" 的文化意义 [J]. 中国广播, 2017 (3).

[40] 王林生. 现代文化市场体系: 粤港澳大湾区文化产业高质量发展的路径与方向 [J]. 深圳大学学报 (人文社会科学版), 2019 (7).

[41] GUISO, LUIGI, SAPIENZA, et al. Does culture affect economic out – comes? [J]. Journal of economic perspectives, 2006 (20): 23 – 48.

[42] 勒菲弗. 空间与政治 [M]. 上海: 上海人民出版社, 2008.

[43] 澳门史新编 [M]. 北京: 社会科学文献出版社, 2011.

[44] 章文钦. 澳门与中华历史文化 [M]. 澳门: 澳门基金会, 1992.

[45] 林发钦, 胡雅琳, 郭姝伶. 澳门街道的故事: 上、下 [M]. 广州: 广东经济出版社, 2019.

[46] 林发钦. 澳门历史建筑的故事 [M]. 广州: 广东经济出版社, 2019.

[47] 吴志良. 东西文化交流 [M]. 澳门: 澳门基金会, 1994.

[48] 吴志良. 悦读澳门 [M]. 北京: 作家出版社, 2014.

[49] 郑妙冰. 澳门: 殖民沧桑中的文化双面神 [M]. 北京: 中央文献出版社, 2003.

[50] 季羡林. 澳门文化的三棱镜 [N]. 羊城晚报, 1999 – 12 – 24.

[51] 王岳川. 后现代与中国文化建设 [J]. 中国文化季刊 (香港) 1997 (春夏季卷).

[52] 王可. 时间与空间: 本地区域文化研究的新观念——"岭南文化与澳门" 和 "珠江文化" 学术研讨会综述 [J]. 学术研究, 2000 (8).

[53] 凌逾, 霍超群. 从 "殉赌" 到 "殉城": 澳门赌场空间与城市文化 [J]. 中国现代文学论丛, 2019 (2).

[54] 陈志柔, 林佳蓉, 詹雪敏. 粤港澳大湾区文化融合策略: 基于岭南文化渊源史料研

究［J］. 对外经贸, 2021 (6).

[55] 班固. 汉书［M］. 赵一生点校. 杭州：浙江古籍出版社, 2002.

[56] 魏征. 隋书［M］. 北京：中华书局出版社, 1973.

[57] 吕不韦. , 吕氏春秋［M］. 黄碧燕, 译注. 广州：广州出版社, 2001.

[58] 班固. 汉书［M］. 颜师古注. 北京：中华书局, 1964.

[59] 罗香林. 古代百越分布考［M］//中央民族学院民族研究所资料室. 南方民族史论文选集. 北京：中央民族学院民族研究所, 1982.

[60] 刘昫, 等. 旧唐书：卷41　地理志［M］. 北京：中华书局, 1975.

[61] 司马迁. 史记：卷113　南越列传［M］. 北京：中华书局, 1982.

[62] 魏征. 隋书［M］. 北京：中华书局, 1973.

[63] 帕默尔. 语言学概论［M］. 李荣, 王菊泉, 周焕常, 等译. 北京：商务印书馆, 1983：99.

[64] 屈大均. 广东新语：卷十一［M］. 北京：中华书局, 1985：340.

[65] 广东省湛江市地名志编纂委员会. 湛江市地名志［M］. 广州：广东省地图出版社, 1989.

[66] 吴尚时, 曾昭璇. 广东南路［J］. 岭南学报, 1947, 7 (1).

[67] 韩养民. 中国民俗文化导论［M］. 西安：陕西人民出版社, 2002：2.

[68] 许汝韶. 茂名县志：之风俗篇　卷1［M］. 郑业崇, 修. 上海：上海书店出版社, 2003.

[69] 冼春梅. 粤西的年例祭祀圈与冼夫人的历史记忆［J］. 岭南文史, 2011 (1).

[70] 司汉迁. 史记［M］. 易行, 孙嘉镇, 校订. 北京：线装书局, 2006.

[71] 刘佐泉. 雷州半岛石狗文化探源［J］. 岭南文史, 2002 (4)：9.

[72] 刘岚, 李雄飞. 雷州石狗崇拜变迁与民族格局之关系［J］. 广西社会科学, 2008 (8)：143.

[73] 魏征. 隋书［M］. 北京：中华书局出版社, 1973.

[74] 黄体荣. 广西历史地理［M］. 南宁：广西民族出版社, 1985.

[75] 练铭志, 等. 广东民族关系史［M］. 广州：广东人民出版社, 2000.

[76] 宋锐. 雷州人是来自福建的闽南人［M］//广东省海康县文史组. 海康文史. 1984 (4).

[77] 王象之. 舆地纪胜：卷一百十六［M］. 北京：中华书局, 1992.

[78] 刘天授. 龙溪县志：卷八黄朴传［M］. 嘉靖刻本. 上海：中华书局, 1965.

[79] 欧阳保, 等. 万历雷州府志［M］//日本藏中国罕见地方志丛刊：卷五. 北京：书目文献出版社, 1990.

[80] 王士性. 广志绎：卷4［M］. 北京：中华书局, 1981.

[81] 李新魁. 广东的方言［M］. 广州：广东人民出版社，1994.

[82] 张渠. 粤东闻见录［M］广州：广东高等教育出版社，1990.

[83] 刘克庄. 刘克庄集笺校 卷135：第12册［M］. 辛更儒笺校. 北京：中华书局，2011.

[84] 光绪重修《电白县志·卷三》，1888年修，1892年刻印本影印本.

[85] 司徒尚纪. 雷州文化概论［M］. 广州：广东人民出版社，2014.

[86] 张应斌. 雷州雷神之谜：广东古越人文化追踪［M］. 广州：暨南大学出版社，2016.

[87] 贺喜. 亦神亦祖：粤西南信仰构建的社会史［M］. 上海：生活·读书·新知三联书店，2011.

[88] 何增光，洪小瑛. 东海岛、硇洲岛历史研究［M］. 青岛：中国海洋大学出版社，2019.

[89] 汪进超. 雷州半岛文化中的海洋特性［J］. 广东海洋大学学报，2015（5）：35.

[90] 苏雄，曹春宇，曹卫."人龙舞"的社会文化价值［J］. 山东体育学院学报，2006，22（3）.

[91] 黄珊珊，列炜珊，何泳欣，等. 东海岛人龙舞的传说与嬗变［J］. 中国民族博览，2021，2（4）.

[92] 安剑群，樊花梅. 非物质文化遗产保护视野下"人龙舞"的文化传承研究［J］. 西安体育学院学报，2011，28（1）.

[93] 詹双晖. 利用传统民俗文化资源促进农村社区文化建设：以粤东粤西为例［J］. 岭南学刊，2013（6）.

[94] 黄小辉. 龙年说龙和水文化［J］. 江苏水利，2012（2）.

[95] 巩建华. 论"弃龙"与"扬龙"的文化选择：兼谈人龙舞的文化价值与当代意义［J］. 中国海洋大学学报（社会科学版），2007（4）.

[96] 杨彩虹. 民俗特色文化对粤西民族传统体育影响的研究［J］. 辽宁体育科技，2018，40（1）.

[97] 张宇飞. 民俗体育活动中的休闲体育文化：基于粤西年例的研究［J］. 湖北第二师范学院学报，32（6）.

[98] 李俊卿. 粤西地域武术文化探析［J］. 湛江师范学院学报，33（3）.

[99] 王惠棣，郑玉梅. 中国舞龙文化的传承与发展研究［J］. 文体用品与科技，2017（06下）.

[100] 李如龙，庄初自己或，李健，等. 粤西客家方言调查报告［M］. 暨南大学出版社，1999.

[101] 詹坚固. 广东客家人分布状况及其对客家文化发展的影响［J］. 探求，2012（4）.

［102］罗香林．客家文化研究导论［M］．广州：广东人民出版社，2018．

［103］谢重光．客家民系与客家文化研究［M］．广州：广东人民出版社，2018．

［104］谭元亨．客家文化审美导论［M］．广州：华南理工大学出版社，2001．

［105］谭元亨．客家圣典［M］．广州：广东高等教育出版社，2012．

［106］徐肖南．走向世界的客家文学［M］．广州：华南理工大学出版社，2001．

［107］吴永章．多元一体的客家文化［M］．广州：华南理工大学出版社，2012．

［108］罗可群．海外客家文学及其前景展望：从黄遵宪《番客篇》说起［J］．海南师范学院学报（人文社科版），2002（1）．

［109］张静．美国客家英语文学作品中客家精神和身份认同探析［J］．外语教学，2019（11）．

［110］王芳恒．论客家族群与近代基督教的互动关系［J］．广西民族研究，2001（12）．

［111］钟俊昆．客家精神：文艺学视角的考察［J］．西南民族大学学报（人文社科版），2006（2）．

［112］杨义．客家文化精神与林李诗画双璧［J］．嘉应大学学报（哲社版），2001（2）．

［113］林爱芳．论林风眠的客家情怀［J］．美术向导，2011（5）．

［114］肇庆市地方志编纂委员会．肇庆市志：上［M］．广州：广东人民出版社，1999．

［115］利玛窦．耶稣会与天主教进入中国史［M］．文铮，译．北京：商务印书馆，2014．

［116］顾长声．传教士与近代中国［M］．上海：上海人民出版社，1981．

［117］谭树林．马礼逊与中西文化交流［M］．杭州：中国美术学院出版社，2004．

［118］章可．中国"人文主义"的概念史（1901—1932）［M］．上海：复旦大学出版社，2015．

［119］谢和耐．中国和基督教［M］．耿昇，译．上海：上海古籍出版社，1991．

［120］耿云志．《胡适论争集》中卷［M］．北京：中国社会科学出版社，1998．

［121］利玛窦．利玛窦书信集［M］．文铮，译．北京：商务印书馆，2018．

［122］崔瑞德，牟复礼．剑桥中国明代史：下卷［M］．北京：中国社会科学出版社，2006．

［123］钟明．金刚经·坛经［M］．太原：山西古籍出版社，1999．

［124］胡适．胡适口述自传［M］．唐德刚，整理翻译．合肥：安徽教育出版社，2005．

［125］耿云志．胡适论争集：下卷［M］．北京：中国社会科学出版社，1998．

［126］黎保荣，杨芳．关于肇庆文学与文学地理的对话［J］．特区文学，2020（4）．

［127］徐海松．明清之际欧洲传教士在杭州活动的历史真相［M］．杭州文史，2019（13）．

［128］刘志庆．广西天主教教区历史沿革考［J］．中国天主教，2015（1）．

［129］黄夏年．禅宗对中国和世界文化的影响［J］．百科知识，1996（4）．

[130] 李怡. 成都与中国现代文学发生的地方路径问题 [J]. 文学评论, 2020.

[131] 刘静. 明代来华的西洋传教士 [N]. 环球时报, 2005 (2): 23.

[132] 陈师道, 朱彧. 后山谈丛; 萍洲可谈 [M]. 中华书局, 2007.

[133] 广州府志·卷十三. 舆地略五·山川四.

[134] 李兴发. 广海历史遗迹考据 [M] // 广东省江门市政协办公室, 广东省江门市政协学习和文史委员会. 江门文史: 第51辑. 江门. 2018: 13-18.

[135] 黄槐庭.《县政建设要义》新会建设特刊, 台山: 民国22年10月, 台山西化印书馆承印.

[136] 蔡锋. 刘栽甫:《政绩卓著的台山县长》. 广东省江门市政协学习和文史委员会. 江门文史. 第44辑. [M] 江门. 2011: 25-26.

[137] 张启煌.《开平县志》(卷八·建置略二), 台山: 台山西华印书馆, 民国二十二年.

[138] 台山县侨务办公室. 台山县华侨志 [M]. 台山. 1992: 140.

[139] 蔡锋. 独树一格培养实用人才 [M] // 广东省江门市政协办公室, 广东省江门市政协学习和文史委员会. 江门文史: 第51辑. 江门. 2018: 13.

[140] 景堂图书馆. 冯平山先生七十寿言汇录 [M] 新会. 1930: 264-265.

[141] 冯平山. 冯平山自记. [M] 新会. 景堂图书馆. 1924: 5.

[142] 景堂图书馆. 景堂图书馆概况. [M]. 新会. 1926.

[143] 黄仁夫. 敢为人先的陈宜禧 [J]. 台山文化之友, 2017 (14): 18-19.

[144] 交通部铁道部交通史编纂委员会. 交通史路政编第十六册 [M]. 南京: 交通铁道部文史编纂委员会, 中华民国二十四年: 410.

[145] 广东新宁铁路志. [M] 台山. 民国三年: 379.

[146] 铁道部参事厅第四组. 铁路年鉴 (1932—1933年, 第二卷下). [M]. 南京: 1668.

[147] 西江善后督办江门行署布告·第卅二号. 民国十二年十二月三日.

[148] 陈宜禧呈粤军总司令文. 1925年7月2日.

[149] 恩格斯, 致斐·拉萨尔 [M] // 中共中央马克思恩格思列宁斯大林著作编译局. 马克思恩格斯选集: 第四卷 [M]. 北京: 人民出版社, 1972.

[150] 陈艳莉, 郑文义. 汕头埠记忆 [M]. 汕头: 汕头大学出版社, 2016.

[151] 陈荆淮. "鸦片贸易"、"苦力贸易" 与汕头开埠 [J]. 汕头大学学报 (人文社会科学版), 2011 (4).

[152] 中共中央马克思恩格思列宁斯大林著作编译局.. 马克思恩格斯选集 [M]. 北京: 人民出版社, 2012.

[153] 林立. 潮学集刊: 第五辑 [M]. 北京: 社会科学文献出版社, 2017.

[154]《中国地方志集成》[M]. 上海：上海书店出版社，2003.

[155] 郑绪荣，张如强. 汕头老城记忆[M]. 汕头：汕头大学出版社，2018.

[156] 陈嘉顺. 汕头影踪[M]. 广州：暨南大学出版社，2016.

[157] 陈志民. 论汕头城市历史文脉的延续：关于开埠文化历史建筑的"保育"与"活化"探讨[J]. 汕头大学学报（人文社会科学版），2016（4）.

[158] 欧俊勇. 民国时期潮剧广告之研究[J]. 戏剧文学，2014（12）.

[159] 孙中山. 建国方略[M]. 北京：中国长安出版社，2011.

[160] 孙中山. 孙中山全集[M]. 北京：中华书局，1985.

[161] 容闳. 西学东渐记[M]//中国史学会. 洋务运动：二. 上海：上海人民出版社，2000.

[162] 丘树宏. 国家命题：孙中山文化工程[M]. 广州：广东人民出版社，2011.

[163] 丘树宏，黄刚. 中山传[M]. 北京：新星出版社，2021.

[164] 郝延平. 十九世纪的中国买办：东西间桥梁[M]. 上海：上海社会科学院出版社，1988.

[165] 钱穆. 艺术学经典文献导读书系：戏曲卷[M]. 北京：北京师范大学出版社，2013.

[166] 傅谨. 中国戏剧史[M]. 北京：北京大学出版社，2014.

[167] 李浩. 唐代三大地域文学士族研究[M]. 北京：中华书局，2002.

[168] 琼花. 雪肤花貌系兴亡[J]. 博物，2019（4）.

[169] 刘士林. 江南文化资源研究[M]. 南昌：百花洲文艺出版社，2019.

[170] 曾令霞，李婉霞. 源流、传播与传承：佛山粤剧发展史[M]. 广州：中山大学出版社，2018.

[171] 司徒尚纪. 珠江传[M]. 广州：中山大学出版社，2009.

[172] 曾令霞. 小说、地方戏曲史与广府文化的自觉与缺失：评长篇小说《大江红船》[J]. 佛山科学技术学院学报，2018（5）.

[173] 麦啸霞. 广东戏剧史略[M]. 广州：广东省广州市戏曲改革委员会，1983.

[174] 陈炎宗：乾隆《佛山忠义乡志》卷六《乡俗志》. 清乾隆十七年.

[175] 龚伯洪. 琼花会馆在西关，琼花直街在何处？[EB/OL].（2019-03-12）[2023-02-25]. http://www.sohu.com/a/300688335_12_0045188.

[176] 崔瑞驹，曾石龙. 粤剧何时有[M]. 北京：中国评论学术出版社，2008.

[177] 罗一星. 明清佛山经济发展与社会变迁[M]. 广州：广东人民出版社，1994.

[178] 徐炜. 西江英雄传[M]. 广州：南方日报出版社，2017.

[179] 宋波. 昆曲的传播流布[M]. 沈阳：春风文艺出版社，2005.

[180] 吴炯坚. 琼花会馆：高山流水启后人[N]. 佛山日报，2015-07-10.

[181] 祝春亭，辛磊. 大江红船[M]. 广州：花城出版社，2012.

[182] 李峄. 广州也有琼花会馆 [J]. 南国红豆, 1994 (6).

[183] 冼玉清. 清代六省戏班在广东 [J]. 中山大学学报, 1963 (3).

[184] 李日星. 琼花会馆的建立不足以成为粤剧形成的标志 [M]. 南国红豆, 2011 (1).

[185] 陈江. 明代中后期江南社会与社会生活 [M]. 上海：上海社会科学院出版社, 2006.

[186] 陈俳侬. 粤剧源流与历史 [M]. 香港：香港大成杂志社, 1982.

[187] DENIS E. Cosgrove, *social formation and symbolic landscape* [M]. London：Croom Helm, 1984.

[188] HUGHES R J. *Borrowed place, borrowed time: Hong Kong and its many faces* [M]. London：Andre Deutsch, 1968.

[189] MILLER J H. *Topogtaphies*, Stanford [M]. California：Standford University Press, 1995.

[190] 安德森. 想象的共同体：民族主义的起源与散布 [M]. 吴叡人, 译. 上海：上海人民出版社, 2003.

[191] 巴什拉. 空间诗学 [M]. 龚卓军, 王静慧, 译. 北京：世界图书出版公司北京公司, 2017.

[192] 哈布瓦赫. 论集体记忆 [M]. 毕然, 郭金华, 译. 上海：上海人民出版社, 2002.

[193] 克朗. 文化地理学 [M]. 杨淑华, 宋慧敏, 译. 南京：南京大学出版社, 2003.

[194] 利罕. 文学中的城市：知识与文化的历史 [M]. 吴子枫, 译. 上海：上海人民出版社, 2009.

[195] 索杰. 第三空间：去往洛杉矶和其他真实和想象地方的旅程 [M]. 陆扬, 刘佳林, 朱志, 等译. 上海：上海教育出版社, 2005.

[196] 包亚明. 后大都市与文化研究 [M]. 上海：上海教育出版社, 2005.

[197] 包亚明. 现代性与都市文化理论 [M]. 上海：上海社会科学院出版社, 2008.

[198] 蔡益怀. 本土内外：文学文化评论集 [M]. 香港：香港文学出版社有限公司, 2015]

[199] 陈平原, 陈国球, 王德威. 香港：都市想象与文化记忆 [M]. 北京：北京大学出版社, 2015.

[200] 陈智德. 解体我城：香港文学（1950—2005）[M]. 香港：花千树出版有限公司, 2009.

[201] 陈智德. 根著我城：战后至 2000 年代的香港文学 [M]. 台北：联经出版事业股份有限公司, 2019.

［202］范铭如. 文学地理：台湾小说的空间阅读［M］. 台北：麦田出版, 城邦文化事业股份有限公司, 2008.

［203］李欧梵. 寻回香港文化［M］. 桂林：广西师范大学出版社, 2003.

［204］李照兴. 香港后摩登：后现代时期的城市笔记［M］. 香港：指南针集团有限公司, 2002.

［205］梁凤莲. 文化的原乡［M］. 广州：广州出版社, 2020.

［206］龙迪勇. 空间叙事学［M］. 北京：生活·读书·新知三联书店, 2015.

［207］洛枫. 流动风景：香港文化的时代记认［M］. 杭州：浙江大学出版社, 2011.

［208］欧阳嘉敏, 何佩莲. 香港：中西交汇奇迹地［M］. 北京：外文出版社, 2006.

［209］潘国灵. 城市学：香港文化笔记［M］. 上海：上海人民出版社, 2008.

［210］潘毅, 余丽文. 书写城市：香港的身份与文化［M］. 香港：牛津大学出版社, 2003.

［211］彭丽君. 边城对话：香港·中国·边缘·边界［M］. 香港：香港中文大学出版社, 2013.

［212］吴潜诚. 岛屿巡航：黑倪和台湾作家的介入诗学［M］. 新北：立绪文化事业有限公司, 1999.

［213］也斯. 香港文化空间与文学［M］. 香港：青文书屋, 1996.

［214］也斯. 香港文化十论［M］. 杭州：浙江大学出版社, 2012.

［215］也斯. 城与文学［M］. 杭州：浙江大学出版社, 2013.

［216］张美君. 香港文学@文化研究［M］. 香港：牛津大学出版社（香港）有限公司, 2002.

［217］赵稀方. 小说香港［M］. 北京：生活·读书·新知三联书店, 2003.

［218］赵稀方. 报刊香港：历史语境与文学场域［M］. 香港：三联书店（香港）有限公司, 2019.

［219］周毅之. 香港的文化［M］. 北京：新华出版社, 1996.

［220］周永新. 见证香港五十年［M］. 香港：明报出版社有限公司, 1997.

［221］拉宋. 香港, 浮动的小岛［J］. 香港文学, 2004（4）.

［222］蔡益怀. 在地抒情［J］. 香港文学, 2016（4）.

［223］蔡益怀. "倾城之恋"：香港文学的在地书写谱系［J］. 文学评论（香港）, 2017（48）.

［224］陈国球. 香港文学大系总序（1919—1949）［J］. 香港文学, 2014（11）.

［225］古远清. 香港当代文艺思潮的混合性结构［J］. 中国文艺评论, 2017（6）.

［226］韩丽珠. 重建的市区：被规划的城市生活记忆［J］. 文化研究：岭南（香港）, 2007（4）.

[227] 韩震. 论国家认同、民族认同及文化认同：一种基于历史哲学的分析与思考 [J]. 北京师范大学学报（社会科学版），2010（1）.

[228] 黄维梁. 活泼纷繁的香港文学：一九九九年香港文学国际研讨会论文集 [M]. 香港：中文大学出版社，香港中文大学新亚书院，2000.

[229] 梁秉钧. 嗜同尝异：从食物看香港文化 [J]. 香港文学，2004（3）.

[230] 林淑贞.《地景临现：六朝志怪"地志书写"范式与文化意蕴》，政大中文学报，（台北），2009（12）.

[231] 凌逾，薛亚聪. 挤感空间：香港城市文化 [J]. 暨南学报（哲学社会科学版），2016（12）.

[232] 凌逾. 香港文坛：共同记忆与共生时空 [J]. 华文文学，2018（1）.

[233] 刘俊. 香港文学：从"地区"文学到"特征"文学 [J]. 香港文学，2006（1）.

[234] 王少瑜. 关于"捞世界"与"虾球精神"：重读粤味文化小说《虾球传》[J]. 名作欣赏，2012（3）.

[235] 温远辉. 书写广州的粤味记忆 [J]. 广州文艺，2017（5）.

[236] 香港中文大学中国语言及文学系，香港教育学院中国文学文化研究中心. 都市蜃楼：香港文学论集 [M]. 香港：牛津大学出版社（香港）有限公司，2010.

[237] 徐诗颖. 二十世纪九十年代以来香港文学文化身份认同研究批判——以本土性与中国性的内在矛盾为核心 [J]. 文艺理论研究，2017（3）.

[238] 徐诗颖. 钩沉已消逝的"塘西"经典意象——1980年代以来香港小说中的"消失"主题探析 [J]. 香港文学，2019（10）.

[239] 徐诗颖. 赓续历史，重返原乡：论20世纪80年代以来香港小说的"历史叙事" [J]. 文学评论，2020（3）.

[240] 也斯. 都市文化与香港文学 [J]. 当代（台北），1989（6）.

[241] 钟晓毅. 香港文学：身份之中与身份之外 [J]. 香港文学，2006（1）.

[242] 钟怡雯. 从理论到实践：论马华文学的地志书写 [J]. 成功大学中文学报（台南），2010（29）.

[243] 陈琳. 二十世纪九十年代香港城市小说研究 [D]. 福州：福建师范大学，2007.

[244] 陈思. 论二十世纪七十年代以来香港现代主义文学中的物质书写 [D]. 南京：南京大学 2012.

[245] 黄静. 一九五〇至一九七〇年代香港都市小说研究 [D]. 香港：香港岭南大学，2002.

[246] 向颖. 地方经验与身份认同：论西西小说中的"香港"与"家国" [D]. 重庆：重庆师范大学，2012.

[247] 徐诗颖. 二十世纪八十年代以来香港小说中的"香港书写"研究 [D]. 南京：南京大学，2018.

[248] 张清秀. 香港文学: 一种城市文学形态 [D]. 兰州: 兰州大学, 2012.

[249] 崔昕平. 生活之镜, 心灵之灯 [J]. 广东文坛, 2021.

[250] 洪永争, 王杨. 洪永争: 我想打造属于自己的文学故乡 [N]. 文艺报, 2018-10-12.

[251] 李红叶. 质朴从容的叙事饱含动人的力量 [J]. 广东文坛, 2021 (2).

[252] 孙郁. 关于香港文学与祖国内地文学: 袁良骏答《北京日报》记者问 [N]. 北京日报, 1997-07-08.

[253] 袁欢, 金莹. "香港文学新动力" 丛书出版万花筒式的香港记忆新书写 [N]. 文学报, 2017-08-31.

[254] 袁欢, 金莹. 为"香港"这部书做"脚注" [N]. 文学报, 2017-09-26.

[255] 赵晢. 粤港澳大湾区文学共同体建构中的中华文化基因 [N]. 文艺报, 2020-12-18.

[256] 赵稀方. 香港文学探源 [N]. 大公报 (香港), 2017-03-10.

[257] 郑荣健. "香港文学最根本的根, 是中华文学": 独家专访《香港文学》杂志总编辑、著名作家陶然 [N]. 中国艺术报, 2013-03-18.

[258] 陈宝珍. 梦创世 [M]. 香港: 香港文学出版社有限公司, 2015.

[259] 陈智德. 地文志: 追忆香港地方与文学 [M]. 台北: 联经出版事业股份有限公司, 2013.

[260] 董启章. 地图集 [M]. 台北: 联经出版事业股份有限公司, 2011.

[261] 海辛. 塘西三代名花 [M]. 香港: 天地图书有限公司, 1990.

[262] 洪永争. 摇啊摇, 疍家船 [M]. 北京: 天天出版社, 2018]

[263] 黄碧云. 烈佬传 [M]. 台北: 大田出版有限公司, 2012.

[264] 黄谷柳. 虾球传 [M]. 杭州: 浙江文艺出版社, 2006.

[265] 崑南. 旗向 [J]. 好望角, 1963 (6).

[266] 李碧华. 胭脂扣 [M]. 北京: 人民文学出版社, 1993.

[267] 梁凤莲. 羊城烟雨 [M]. 广州: 花城出版社, 2017.

[268] 刘以鬯. 香港短篇小说百年精华 [M]. 香港: 三联书店 (香港) 有限公司, 2006.

[269] 马家辉. 龙头凤尾 [M]. 成都: 四川文艺出版社, 2016.

[270] 潘国灵. 消失物志 [M]. 香港: 中华书局 (香港) 有限公司, 2017.

[271] 施叔青. 香港三部曲 [M]. 南京: 江苏文艺出版社, 2010.

[272] 唐睿. 脚注 [M]. 广州: 花城出版社, 2017.

[273] 陶然, 蔡益怀. 香港文学 (增刊) [J]. 香港: 香港文学出版社有限公司, 2017.

[274] 西西. 我城 [M]. 桂林: 广西师范大学出版社, 2010.

[275] 西西. 飞毡 [M]. 桂林: 广西师范大学出版社, 2016.

[276] 香港艺术中心, KUBRICK. i-城志——我城05跨界创作 [M]. 香港: 香港艺术中心出版社, 2005.

[277] 香港中文大学香港文学研究中心. 叠印：漫步香港文学地景［M］. 香港：商务印书馆（香港）有限公司，2016.

[278] 心猿. 狂城乱马［M］. 香港：青文书屋，1996.

[279] 许子东. 香港短篇小说选（1994—1995）［M］. 香港：三联书店（香港）有限公司，2000.

[280] 也斯. 后殖民食物与爱情［M］. 北京：作家出版社，2013.

[281] 也斯. 剪纸［M］. 杭州：浙江大学出版社，2014.

[282] 黄纯艳. 宋代海上贸易［M］. 北京：社会科学出文献出版社，2003.

[283] 陈平原. 潮汕文化六题：从文化学的角度［J］. 韩山师范学院学报，2017（1）.

[284] 郭伟川. 潮汕历史文化的起源及其相关问题之三——秦汉之际对岭南的统一及揭岭、古揭阳的相关问题［J］. 广东史志·视窗，2011（1）.

[285] 刘业，吴鼎航. 广府式的祠宇韩文公祠在潮州［J］. 华中建筑，2013（11）.

[286] 庄义青. 宋代潮州古城的城市建设［J］. 韩山师专学报（社会科学版），1989（1）.

[287] 庄义青. 宋代潮州陶瓷生产及外销综述［J］. 韩山师范学院学报，1995（1）.

[288] 章深. 宋代广州商税大幅度增长的原因［J］. 学术研究，2011（10）.

[289] 洪松森. 潮汕古代经济史略［J］. 韩山师专学报（社会科学版），1990（1）（2）.

[290] 吴二持. 清代潮汕商品经济发展研究［J］. 汕头大学学报（人文社会科学版），2015（6）.

[291] 陈沛捷，吴静. 潮汕陶瓷对外贸易史略［J］. 中国陶瓷工业，2017（2）.

[292] 陈雪峰. 从祠堂看潮汕文化和广府文化［J］. 潮商，2012.

[293] 刘子川. 广府木雕和潮汕木雕之民系文化与地理环境特征［J］. 佛山科学技术学院学报（社会科学版），2012（5）.

[294] 余亦文. 潮汕歌乐文化之母：潮语［J］. 星海音乐学院学报，2012（2）.

[295] 陈泽泓. 潮汕文化概说［M］. 广州：广东人民出版社，2001.

[296] 黄挺. 潮汕文化源流［M］. 广州：广东高等教育出版社，1997.

[297] 王耀华. 福建文化概览［M］. 福州：福建教育出版社，1994.

[298] 李新魁. 广东的方言［M］. 广州：广东人民出版社，1994.

[299] 陈平原，林伦伦，黄挺. 潮汕文化三人谈［M］. 广州：广东教育出版社，2016.

[300] 张继定，徐俐华. 八闽文化世家［M］. 长春：吉林人民出版社，2017.

[301] 王治功. 关于潮汕史前文化的年代问题［J］. 汕头大学学报（人文科学版），1999（2）.

[302] 陈家麟. 潮汕地区先民考辨［J］. 汕头大学学报（人文社会科学版），1990（4）.

[303] 黄挺. 潮汕文化索源［J］. 寻根，1998（4）.

[304] 陈友义. 潮州人，福建祖［J］. 寻根，2011（4）.

[305] 林华东. 论闽南文化的继承性与创新性 [J]. 闽南师范大学学报（哲学社会科学版），2020（3）.

[306] 谢重光. 福佬人论略（上）[J]. 广西民族学院学报（哲学社会科学版），2001（2）.

[307] 谢重光. 宋代潮汕地区的福佬化 [J]. 地方文化研究，2015（1）.

[308] 林玉山. 比较方言学的一部力作：评《闽台方言的源流与嬗变》[J]. 福建论坛（人文社会科学版），2003（3）.

[309] 林楚生，林雅斯. 潮汕工夫茶的来源与形态 [J]. 广东农工商职业技术学院学报，2017（3）.

[310] 谢重光. 宋代闽南文化在潮汕地区的移植和传播 [J]. 闽南文化研究，2004（2）.

[311] 许丽娟. 潮汕与闽南民居建筑形态的渊源 [J]. 设计，2013（12）.

[312] 吴卉连. 潮汕、闽南英歌舞述略 [J]. 吉林广播电视大学学报，2010（10）.

[313] 江冰. 广东潮汕的地域文化研究：空间、风俗、饮食与文化构形 [J]. 区域文化与文学研究集刊，2020（1）.

[314] 王曦. 族群认同视域下闽南方言的跨境传播 [J]. 湖南科技大学学报（社会科学版），2020（5）.

[315] 陈友义，张妍瑾. 近代潮汕文化的嬗变及其历史启示 [J]. 汕头大学学报（人文社会科学版），2005（4）.

[316] 林朝虹，林伦伦. 客、闽、潮"过番歌"的比较研究 [J]. 文化遗产，2014（5）.

[317] 陈恒汉. 闽潮文化在"海上丝绸之路"的流播 [J]. 东南传播，2018（10）.

[318] 姚婷. 论潮汕粿印与闽南粿印的差异 [J]. 装饰，2013（12）.

[319] 陈雨彤. 闽南潮汕建筑五行山墙元素办公用品设计研究 [J]. 艺术家，2020（2）.

[320] 洪勇. 潮汕绘画源流 [J]. 书画世界，2013（3）.

[321] 王碧华，陈李茂. 泰国曼谷潮汕话与国内闽南话词汇比较研究 [J]. 嘉应学院学报（哲学社会科学），2018（1）.

[322] 马重奇. 粤东潮汕话五种闽南方言韵书音系比较研究 [J]. 福建师范大学学报（哲学社会科学版），2008（4）.

[323] 杨浩存.《闽南文化的泛区域化：闽南文化与潮汕文化比较研究的启迪》[C]// 福建省炎黄文化研究会. 论闽南文化：第三届闽南文化学术研讨会论文集（上）. 2005-11-27.

[324] 谢重光.《闽南对潮汕的人口和文化输出与潮汕地区的福佬化》[C]//福建省炎黄文化研究会. 闽南文化的当代性与世界性论文集. 2014-10-29.

[325] 高洋. 起而行之：潮汕文化的传承与创新 [N]. 中华民族报，2020-10-16.

[326] 李扬琳. 闽南文化、潮汕文化同艺连枝渊源悠久 [N]. 汕头日报，2005-01-02.

[327] 邹求栋, 苏通海. 福建漳州侨批 [N]. 闽南日报, 2010-05-12.

[328] 杨子怡. 论苏轼惠州诗文之变及其意义 [J]. 船山学刊, 2008 (4).

[329] 曾生. 曾生回忆录 [M]. 北京: 解放军出版社, 1992.

[330] 刘永连. "东南丝绸之路"刍议: 谈从江浙至广州的丝绸外销干线及其网络 [J]. 海交史研究, 2013 (1).

[331] 茅海建. 中学或西学? ——戊戌时期康有为、梁启超学术思想与政治思想的底色 [J]. 广东社会科学, 2019 (1).

[332] 潘心颖. 慧能思想的传播路径研究 [D]. 广州: 华南理工大学, 2019 年.

[333] 田昌五. 慧能在中国思想史上的地位 [J]. 文史哲, 1997 (2).

[334] 嵇文甫. 左派王学 [M] // 《民国丛书》编辑委员会. 民国丛书: 第二编 (7). 上海: 上海书店, 1990.

[335] 张纹华. 汉唐广东经学 [J]. 广东石油化工学院学报, 2016 (2).

[336] 任剑涛. 超越经学, 回归子学: 现代儒学的思想形态选择 [J]. 文史哲, 2019 (4).

[337] 干春松. 制度化儒家的解体 (1895—1919) [D]. 北京: 中国社会科学院研究生院, 2001.

[338] 周凌光. 广府文化的市场适应性研究 [D]. 广州: 广东商学院, 2013.

[339] 张硕. 花之安在华传教活动及其思想研究 [D]. 北京: 北京大学, 2007.

[340] 杨远征.《马可讲义》: 基督教与中国文化的对立与融合 [J]. 西安电子科技大学学报 (社会科学版), 2012 (1).

[341] 花之安. 自西徂东 [M]. 上海: 上海书店, 2002.

[342] 杨天奇. 康有为文化政治诗学研究 [D]. 济南: 山东大学, 2018: 3.

[343] 陶阳. 生活濡化与知识演进: 近代学人的早年学习生活 (1880—1911) [D]. 上海: 华东师范大学, 2019 年.

[344] 高瑞泉. 辛亥革命与平等观念的现代嬗变: 以两类革命派的思想为中心的考察 [J]. 学术界, 2011 (7).

后 记

敕勒川，阴山下。
天似穹庐，笼盖四野。
天苍苍，野茫茫，
风吹草低见牛羊。

每当我读到这首魏晋南北朝的民歌，就想起当年波澜壮阔的南北民族大融合。我与团队撰写的《文化岭南——文化交流互动塑造广东》一书，也正是一种发生在岭南大地的文化交流与融合。2020年完稿，直至拿到出版社三校样书时，已是四年光景过去。历经疫情三年，人生些许想法已然改变，但文化交流融汇的念头依旧鲜活。

闲时我读了广州作家张欣新出长篇小说《如风似璧》，为武洹宇博士新著《龙凤》写序，去黄花岗看了徐宗汉展览，又写了"容闳图传"书评，加上2023年底赴上海出席江南岭南文化论坛，这一连串行走与思索均投向那个既遥远又亲近的年代。更加强烈地感受"文"如何"化"了岭南，"文"为名词，"化"为动词。岁岁年年，日积月累，点点滴滴，人文日新。粤港澳大湾区建设一步一步前行的今天，文化已经不再停留在纸面，交流已在日常生活烟火气中进行。

本书各章的分工如下：前言（江冰）、第一章 岭南文化与江南文化的对话（江冰）、第二章 岭南文化与中原文化的历史渊源（于霞）、第三章 文化经济视野下的地域文化新质（聂莉）、第四章 广东改革开放与第二次"文化北伐"（吴琪）、第五章 城市空间与澳门文化精神的生成（张丽凤）、第六章 粤西文化中的"百越底色"与外来元素（李海燕）、第七章 粤西：广东"三个半文化"的半个？（江冰、蔡欣彤）、第八章 永恒的流动——客家文化的来来往往（曾婷婷）、第九章 世界史视野中的肇庆文化交流（黎保荣）、第十章 侨乡五邑——近代海外文化交流的起点（刘智敏）、第十一章 汕头开埠往事——商业发展与文化碰撞（郑冬瑜）、第十二章 香山文化：为什么会诞生孙中山？（涂燕娜）、第十三章"琼花"的文化位移图景——粤剧江南、岭南之源流考（曾令霞）、第十四章"消逝"的地景——关于20世纪80年代以来粤港小说的"地志书写"（徐诗颖）、第十五章 广府与潮汕文化交流探因——从陶瓷之路说起（张淳）、第十六章 潮汕文化与闽南文化的交流与碰撞（黄敬聪）、第十七章 说不尽的东江故事（颜敏）、第十八章 中西打通——晚清广府文人的学术形态（陈咏红）、参考文献（王雷雷），特此说明。

感谢团队的每一位成员，撰写过程的交流已然构成人生温馨的片断。感谢广州市社会科学界联合会的项目资助，鼓励我们一直向前探索。感谢广东财经大学科研处与人文与传播学院的具体指导，家的感觉一直都在。

此书亦是岭南文化"记忆之场"的一次建构，探寻过程中感受独特的岭南气质。愿与团队成员继续携手前行，探求岭南文化的独特魅力，确认岭南文化在中华文化中的特殊位置。

路还漫长，步履不停。

江 冰

2024年4月广州琶洲